中华传世藏书

【图文珍藏版】

永樂大典

精华本

第二册

[明]解縉 等⊙原著

刘凯⊙主编

線裝書局

钱塘徐氏

松庵杂诗四首

畴昔庵中人，为饥所驱去。去去竟何之，二年江上住。辛苦归得来，重寻旧栖处。屋宇缺洒扫，蚁败风雨蠹。颓漏思补葺，贫有中辍惧。人生如寄尔，复作身外虑。丁丁斤斧边，眼暗发垂素。秋深燕营巢，无乃日已暮。

松间待月明，露下衣上湿。归庵闭门坐，勿听俗尘入。挂壁灯花昏，倚窗树影直。老懒世久疏，浩歌心有适。渊明彭泽归，醉里诗成集。仲蔚蓬蒿宅，门无车马迹。

山深岚气寒，暖我唯有酒。饮酒不易对，隔林叫邻叟。相见无杂言，唯说竹利厚。明年笋当生，锄垦茧在手。事从勤苦得，此说诚不苟。客去醉则眠，径到无何有。

鼻眼不吾用，遇物辄成碍。万法何从生，要须自悟解。松庵今年秋，木犀在门外。黄蕊含清芬，因风入窗内，我已结集空，彼犹故态在。色香方横陈，无净得三昧。

周成师

古诗三首

采采芳梅枝，琐碎白云姿。在山千花怨，出山百鸟啼。操持思所寄，转趾迷所思。清披太始风，寒应太虚月。一日拂人衣，三岁香不歇。昔怀今未归，悄悄无谁语。

超超何所为，空斋听春雨。锵然金玉声，幽窗相尔汝。政以平在中，万物皆媚妩。暗想四城外，花草不可数。浮云日夜征，东皋怅何许。

德人天机深，凡子人心多。懔余思寡过，月计愧盈科。勿谓玉无玼，当知石可磨。四十尚无闻，素心恐蹉跎。汲我檐下井，浇我盘中花。清香未似之，懒惰欲如何。

大梁李氏

无题

舜裳本自完，色丝焉用补。故应盘溪翁，江海看烟雨。平生事机巧，百岁亦尘土。寒花贵晚节，顾影吾与汝。

平生霜中竹,岁晏风下草。靡靡不可救,曒曒竟谁保。仓箱固尔富,食薇可以饱。叹息复叹息,已矣勿复道。

赵希侣

效王建诗体三首

玉钗半落珊瑚枕,金屋低垂翡翠帘。莫唤女医来问病,逢春自是可曾忺。

从渠罗袜印香泥,偷向阶前问柳枝。昨日看郎来系马,杏花亭北立多时。

银钉未彻碧纱窗,秋入楼心送断肠。谁念缬花帘不卷,檐前收下玉玎珰。

来梓

六言二首

叶淅历而争堕,菊徘徊而尚开。流年逼人太甚,佳客折简不来。

行空月不著相,出岫云无恋心。胸中一丘一壑,不矶城市山林。

危槙借诗话于应祥弟,有不许点抹之约,作诗戏之

我有读书癖,每喜以笔界。抹黄锦句眼,施朱表事派。此手定权衡,众理析畎浍。历历灿可观,开卷如画绘。知君笃友于,因从借诗话。过手有约言,不许一笔坏。自语落我耳,便觉意生械。明朝试静观,议论颇澎湃。读到会意处,时时欲犯戒。将举手复止,火侧禁搔疥。技痒无所施,闷怀时一噫。只可卷还君,如此读不快。千驷客可轻,君抱亦少隘。昨问鸡林人,尚有此编卖。典衣须一收,吾炙当痛嘬。

徐文卿因放翁以《剑南诗稿》为赠,咏叹之余,赋短歌以谢

半生诵公流传诗,每恨收拾多所遗。岂知二千五百二十有四首,一旦俱为吾得之。长松驾螯风烟老,春花嫣然动碧草。只今忠愤欲白头,四海但推言语好。有文如此何所忧,世间万事元悠悠。君不见,李杜千载名不休,岂不胜彼公与侯。

庐陵刘氏以仲立于枕上和余韵,夜半得诗句,敲门唤余,余摄衣而起,相与对语于野航桥上,殊为胜绝,因再用韵

夜半诗坛喜解围,楚天云淡玉绳低。撞钟自得兴不浅,泣鬼初成人未知。踏月过桥惊鹤睡,犯霜对语伴乌啼。萧条此意欣重见,绝胜圆红醉玉厄。

黄元易

漫成

在俗参寥子,无田靖节翁。心平诗少怨,胃弱酒多中。熇熇蒸梅日,离离脱叶风。未应悲岁晏,端合幸年丰。

张韩伯

古诗

叠练如叠愁,练厚愁亦厚。登登夜深杵,随月到窗牖。不道有离人,空斋独搔首。

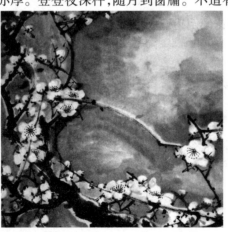

暗香图

天台徐氏

偶题

老去功名不挂怀,高眠之外只清斋。偶因种竹便多事,风叶扫余还满阶。

史文卿

偶成

一生富贵皆空梦,千古英雄只断碑。几欲含毫作天问,西风吹恨入江篱。

无名氏

无题

秦王夜宴茱萸宫,月上海棠千点红。舞女歌童留不住,荒茵蔓草啼寒蛩。

咸阳原头三月春,杨花颠倒迷行人。行人混混几来去,东去邯郸西去秦。

又绝句

照影空蒙山色里,背人扑漉水禽飞。梅花落尽春寒在,细雨斜风点客衣。

待宴黄昏未肯休,玉阶夜色月如流。朝来自觉承恩最,笑倩傍人认绣球。

总叙

《礼记》

尸之言天也,陈也。

刘熙《释名》

既定死曰尸。尸,舒也。骨节舒解,不能复自胜敛。

《论语》

"寝不尸。"注:"谓偃仰四体,似死人也。"

《白虎通》

"尸者,何谓也? 尸之为言陈也。失气忘神,形体独存。"

《朱子语录》

答余正尔:"谓尸当北首,亦无正经可考,只《丧大记》'大敛陈衣君北领,大夫士西领。'以此推之,恐国君以上尸当北首耳。然不敢必以为然,若无他症,论缺之可也。"

舆尸

《易·师卦》

六五:"长子帅师弟,子舆尸,贞凶。"

又六三

"尸或舆尸,凶。"《象》曰:"师或舆尸,大无功也。"

湁尸

《周礼·天官》

大祝大丧,始崩,以肆鬯湁尸。注:郑司农云:"湁尸,以鬯浴尸。"

冯尸

《礼记·丧大记》

凡冯尸者,父子先,妻子后。主冯,谓扶持服膺。《疏》:父母妻子,谓尸之父母妻子也。父母尊,故冯尸在先。妻子卑,故冯尸在后也。

迁尸

《礼记·士丧礼》

迁尸。注:从于牖下也。于是恌用敛衾。

虞尸

《礼记·檀弓》

既对,主人赠而祝,宿虞尸。注:赠以币送死者于圹也,于主人赠祝先归。

载尸

《左传》

宣公十二年:晋帅救郑,楚熊负羁囚知罃、知庄子以其族反之,厨武子御,下军之士多从之。每射,抽矢菆,纳诸厨子之房。厨子怒曰:"非子之求,而蒲之爱。董泽之蒲,可胜既乎?"知季曰:"不以人子吾子,其可得乎?吾不可以苟射故也。"射连尹襄老,获之,遂载

其尸。射公子谷臣，囚之，以二者还。

鞭尸

《史记》

伍子胥父奢及兄尚为楚平王所杀。子胥奔吴，后从吴王破楚入郢，平王已死，子胥掘其墓，出其尸，鞭之三百。

《西汉书·王莽传》

陈歆言虏犯边者，皆效单于咸子角所为，莽怒，斩其子登于长安，以视诸蛮夷。单于知死咸立，求其子登尸，莽选儒生能颛对者送登尸，敕令掘单于之墓，棘鞭其尸。

《晋书·载记·慕容俊传》

时俊夜梦石季龙啮其臂，寤而恶之，命发其墓，剖棺出尸，蹋而骂之曰："死胡安敢梦生？"天子遣御史中尉阳约数其残酷之罪，鞭之，弃于漳水。

伍子胥

《资治通鉴》

唐文宗太和九年，时崔峻潭已卒，亦割棺鞭尸。

《宋史·常安民传》

安民字希右，邛州人。登熙宁六年进士举，后拜监察御史。上言张商英在元祐时，上吕公著诗求进，谀佞无耻。近乃乞毁司马光及公著神道碑。周秩为博士，亲定光谥为文正，近乃乞斫棺鞭尸。陛下察此辈之言，果出于公论乎？前后至数十百上，度终不能回，遂丐外。帝慰勉而已。

又《何时传》

时为临江司理参军，时郡狱相传旧斩一寇，尸能行一里许，众神之，塑为肉身皋陶。时至，取故牍阅，此寇尝掠杀数人，曰：如此可为神乎？鞭之湛于水中，人服其明。

《密斋笔记》

姚苌掘苻坚尸，鞭挞无数，裸剥衣裳，荐之以棘，坎土而埋之。姚苌又梦苻坚将鬼兵入营，苌惧走入宫，宫人迎苌刺鬼，误中苌阴，出血石余，苌遂患阴肿，医刺出血如梦，竟狂言而死。姚苌已鞭坚尸，尚能见梦邪！

僇尸

《晏子·内篇》

景公之嬖妾婴子死,公守之,三日不食,肤着于席不去。晏子曰:婴闻之,朽而不殓,谓之僇尸。臭而不收,谓之陈胔。及明王之性,行百姓之诽,而内嬖妾于僇胔,不可。"公曰:"寡人不识,请因夫子而为之。"

行尸

《抱朴子·内篇·金丹卷》

丹者,长生之要,非凡人所当见闻也。万兆蠢蠢,唯知贪富贵而已,岂非行尸乎?又论仙卷行尸之人,安得见之,假今游戏。

委尸

《抱朴子·内篇·至理卷》

抱朴子曰:召魂小丹三使之丸,及五金八石小小之药,或立消坚冰,或入水自浮,能断绝鬼魅却虎豹,破积聚于腑脏,歼二竖于膏肓,起卒死于委尸,返惊魂于既逝。夫此皆丸药也。

流尸

《抱朴子·内篇·释滞卷》

林邑以神□王庸,蜀以流尸帝,此五经所不载,周孔所不说,可皆复云无是物乎?

又《辨问卷》

龟令流尸而更生。

《续后汉书》

孙霸与太子和构隙,时全寄、吴安,孙奇、杨竺等阴共附霸,图危太子,潜毁既行,太子

以败,霸亦赐死,流竺尸于江,凡穆以数谏戒竺,得免大辟,犹徙南州。霸赐死。又诛寄、安、奇等,咸以党霸构和故也。

枕尸

《续后汉书·司马孚传》

曹髦遇弑,百官莫敢奔赴,孚枕尸股哭之曰:"杀陛下者,臣之罪也。"奏推主者。会郭太后令以庶人礼葬孚,以群公上表,乞以王礼葬,从之。

弃尸

《续后汉书·董卓传》

卓发何苗棺,出其尸,支解节断,弃于道边。又杀苗母舞阳君,弃尸于苑枳落中。

《通鉴纪事本末》

僖宗光启三年,毕师铎讨方士吕周之败,获其党诸葛殷,杖杀之,弃尸道旁。怨家抉其目,断其舌,众以瓦石投之,须臾成冢。

封尸

《抱朴子·内篇·论仙卷》

京观封尸,仰干云霄。

《新唐书》

杨思勖,罗州石城人。本苏氏,冒所养姓。少给事内侍省,从玄宗讨内难,擢左监门卫将军,帝倚为爪牙。开元初,安南蛮渠梅叔鸾叛,号黑帝,举三十二州之众,外结林邑、贞腊、金邻等国,据海南,众号四十万。思勖请行,诏募首领子弟十万,与安南大都护光楚客,繇马援故道,出不意,贼骇贻不暇谋,遂大败。封尸为京观而还。

投尸

《南史·宋宗室列传》

文帝子劭,与始兴王浚反,孝武举兵诛之,投劭、浚尸首于江。

《资治通鉴》

昭宗光化二年正月,卢龙节度使刘仁恭,发幽沧等十二州兵十万,欲兼河朔,攻贝州,拔之。城中万余户尽屠之,投尸清水。注:清水,即清河之水。

登尸

《南史·宋南平王传》

元嘉中,魏大武围汝南,汝南太守陈宪保城自固,魏人簿攻,死者与城等,遂登尸以陵城,宪锐气愈奋。

横尸

《资治通鉴·隋纪》

开皇九年,帝谓群臣曰:平陈之初,我悔不杀任蛮奴,受人荣禄,兼当重寄,不能横尸徇国,乃云无所用力,与弘演纳肝,何其远也。卫懿公与狄人战于荥泽,为狄人所杀,弘演纳肝以徇之。

《旧唐书》

僖宗广明三年,三月丁卯朔壬申,沙陀军与贼将赵章、尚让战于成店,贼军大败,追奔至良天坡,横尸三十里。王重荣筑尸为京观。

《金志·开国功臣传》

天祚长春之役,兵势甚盛,众皆怀惧。又盛寒,雪深尺余。银木先锋接战,少顷,车马左旋三转,已横尸满野。《银木传》。

剉尸

《资治通鉴》

唐武宗会昌四年,诏发刘从谏尸,暴于潞州市三日。石雄取其尸置毬场,斩剉之。

问尸

《新唐书·骠骑传》

苴那时大破吐蕃青海腊城二节度军于北谷,青海大兵马便乞藏遮遮,腊城兵马使悉多杨朱、节度论东柴、大将论结突黎等皆战死,执笼官四十五人,铠仗一万,牛马称是,进拨于葱栅。乞藏遮遮,尚结赞子也,以尸还之。

阁尸

《朝野佥载》

五溪蛮父母死于村外,阁其尸,三年而葬。

娱尸

《百夷传》

其俗,父母亡,不用僧道祭,则用妇人祝于尸前,诸亲戚邻人各持酒物于丧家,聚少年百数人,饮酒作乐,歌舞达旦,谓之娱尸。妇人群聚,击碓杵为戏。

僵尸

《吴子·图国篇》

僵尸而哀之,无远于仁矣。

《太平广记·苏子训传》

子训尝至陈公家言曰：吾明日中时当去。至时，子训乃死，尸僵，手足交胸上，不可得伸，状如屈铁，尸作五香之芳气，达于巷陌，其气甚异。殡之，棺裂而去。

《倦游杂录》

华岳张超谷岩石下有僵尸，齿发俱完。春时，游人多以酒沥口中，呼为卧仙。嘉祐中，有石方丈余，自上而下，正塞岩口，岂非仙者所蜕，山灵不欲人亵慢也？

《资治通鉴·后唐明宗纪》

天成三年，王都秉胜悉其众与契丹五千骑，合万余人，邀王晏球等于曲阳，战于城南。晏球集诸将校，令之曰："王都轻而骄，可一战擒也。今日诸君报国之时也。"悉去弓矢，以短兵击之，回顾斩，于是骑兵先进，奋挝挥剑，直冲其阵，大破之。僵尸蔽野，契丹死者过半，余众北走，都与秃馁得数骑仅免。卢龙节度使赵德均邀击契丹北走者，殆无孑遗。

《宋史·赵葵传》

金人叛，葵率土豪祝文蔚等，以精骑横冲之，金人僵尸相覆。相持至夜分，金人虽敛而阵如故，葵急会将校，选死士数千，黎明四面奋击，呼声撼山谷，金人走，秉胜逐北，斩首数千级，副统军投戈降。

转尸

《汉书》

表死转尸。应劭曰：死不能葬，故尸流转在沟壑之中。

焚尸

《程子遗书》

古人之法，必犯大恶，则焚其尸，今风俗之弊，遂以为礼，虽孝子慈孙，亦不以为异。更是公方明立条贯，元不为禁，如言军人出戍，许令烧焚，将骨殖归。又言郊坛须三里外方得烧人，则是别有焚尸之法。此事只是习惯，便不以为事。今有狂夫醉人，妄以其先人棺椁一弹，则便以为深仇巨怨。及亲拽其亲而纳之火中，则略不以为怪，可不哀哉！又晋俗尚焚尸，虽孝子慈孙，习以为常。程明道先生为晋城令，教谕禁止，民始信从。而先生去后，郡官有母死者，惮于远致，投以烈火，愚俗视效，先生之教遂废，识者恨之。

江少虞《类说》

河东人众而狭，民家有丧事，虽至亲，悉燔爇，取骨烬寄僧舍，以至积久，弃损乃已，习以为俗。韩稚珪镇并州，以官锸市田数顷，俾州民骨肉之亡者有安葬之地。古者反逆之人，乃有焚如之刑，其士民则有敛殡衬葬之礼，惟胡夷礼泊僧尼许从夷礼而焚枢，齐民则一皆禁之。今韩公待俗以礼法，真古循吏之事也。

《叶水心集》

泉州罗源俗丧死者，焚尸，靡其骨，众薰合和，凌风飘扬曰升天，以尤细为孝。宋时林熙叔为罗源簿，雕文禁止，治塚甓藏之，始变其俗。

《罗泌路史》

甚矣，焚尸之酷也，其禽兽之不若乎？夫人之所以异于禽兽者，以其存心也，以其有礼也。孟子曰："存心养性，所以事天也。存者者，尽其事而无愧之谓尔。生有养，死有葬，所谓事也。"子夏曰："伤哉贫也，生无以为养，死无以为礼也。"人之生世，岂惟自求饱暖逸乐而已哉？生欲以为养，死欲以为礼尔。今也生无以为养，而又离之，死无以为礼，而又焚之，非惟离之，又绝之；非惟焚之，又弃之，可谓人乎？孔子曰："今之孝者，是谓能养，至于犬马皆能有养，不敬何以别乎？"夫能养亦难矣，而犹未足为孝。然则孝者，岂惟能养而已哉？必有敬焉。既不敬，复不养；既不养，复不葬，此何礼耶？曾子曰："慎终追远，民德归厚矣。"长祭之礼薄，则倍死忘生之人众矣。弊惟不弃于狸马也，弊盖不弃马埋狗也。孔子贫无盖，于其狗死犹与之席，圣人之于物，亦且致其尽矣。"父兮鞠我，母兮育我。"而顾生离之，至于冻馁而弗之顾。比其死也，后一举而焚之，扑之湍流，微尘漂散，示以不返，其不及犬马也远矣。嗟夫！焚事，夷俗也，在昔三代，罪至恶逆，乃有焚尸，所以示陵迟，而绝之人类也。奈何末代不知其故，反徇夷俗，举陵迟恶逆之刑而施其亲，岂不大可哀耶？尝试语，求砭孕者胎必伤，扶生者尸必痕，天地之所以使人重其生也。觉昏而梦灵，生冥而死神，造物之所以谨其死也。立和表为神道，陈玄舆而设伪物，启途较遣嗥而祝发之，勿震勿惊，凡所以安神而安灵者，惟恐其少不至。斧棺裂椁，过者泷魄，是所谓妥灵耶？方其炽焰，皮皱益罐，筋骼缩朒，至有起而蹲者，兹禽兽亦不忍，而孝子顺孙，时且为之，于汝安乎？抑尝稽之雷公之书，炮炙之方，一骨一石，必曰存性。而今爇者，唏薪熇煤，橐而鼓之，务竭其事，靡遗余力，父母之一性果复存乎？然而愚者卒惑，至自喜其能然，曰予之能事毕矣。反控其故，则曰佛者教也，彼善为祝而善忏，是将生善地也。吁！一何愚人至此极耶！世有道人溺者，语人曰：我善为祝，将俾而为水仙，而第溺毋忧，而信之乎？夫既已离而绝之，方且燔不根之故，措以为荐。既已焚而弃之，方且作无用之蛮语以为祝，其果信乎？生受离绝之苦，死受焚弃之酷，而顾区区从事于无所有益之为祝，是之谓放饭流啜而问无齿决，其不情诬悖也明矣。曩予观于《秘阁闲谈》，有郑氏张福诠者，贵粜，为雷所扑，其妻焚之，中道忽仆，既而评曰：福诠震死，亦备苦矣，而又见焚，不已甚乎？予以是知焚事之为罪者苦也甚矣。可不戒欤？《易》曰："敦艮，吉。"《象》曰："敦艮之吉，以厚终也。"夫欲人之归厚，必自人伦始。人伦之切，莫若丧祭，而顾可略耶？截千金之璧者，缇衣十袭，匣户九局，斋沐而出之，犹恐不敬，况于亲乎？王乔之仙，彼固以为天下玉棺，是则人情之不可磨灭者，虽天上不废也。且其说曰：世尊之死，金棺银椁。其

自举也盖若此,而顾以焚弃之事待世人乎?谓不然矣。若曰:能遗形乎?则波旬之叫笑,文殊之硕足,果遗形乎?然则今为焚事者,真禽兽之不若也。孝子顺孙,盍亦为之却虑而深思邪?虽然,流俗之为之,抑有由矣。举佛事,则曰无余赀而不葬也。溺阴阳,则又曰无善地而不葬也。嘻!上世无佛,地狱何无?末代诵经,天堂何有?天堂无则已,有则君子登。地狱无则已,有则小人入,而顾佛者何如?忠孝既昭,三鹤自戾,碑诔虽崇,无后可守。高纬之父母,非不卜宅兆;隋文之墓田,非不叶吉,而反为殃,亦可以理晓矣!然则世之君子,盍亦为之劝相而节度之乎?设棺椁以敛之,捐圹原以安之,使比化者不暴于外,追远者不失其处,而又为之法制以禁其逾期不葬。而为佛事说阴阳者,其亦庶乎其可矣!

《史记·酷吏传》

尹齐为淮阳都尉,病死,所诛灭淮阳甚多。及死,仇家欲烧其尸,尸亡去,归葬。徐广曰:尹齐死未及敛,恐怨家亦烧之,尸亦飞去。《西汉书·广川惠王传》:惠王孙去为广川王,去有幸姬,王昭早王地余许以为后。去尝疾,姬阳成昭信侍,视甚谨,更爱之。去与地余戏,得袖中刀,审问状服,欲与昭平共杀昭信,咨问昭平不服,以针针之,强服。乃会诸姬,去以剑自击地余,令昭信击昭平,皆死。后昭信病,梦见昭平等以状告去,去曰:房乃复见畏我,独可燔烧耳。掘出尸,皆烧为灰。

《续后汉书》

公孙度为辽东太守,故河内太守李敏,郡中知名,恶度,恐为所害,乃将家属入于海。度大怒,掘其父冢,剖棺焚尸,诛其宗族。

《北史·齐本纪》

武平五年,南安王思好反,尚书令唐邑等大破之。思好投火死,焚其尸,并其妻李氏。以唐邑为录尚书事。

《旧唐书·哀帝本纪》

天祐二年,十二月已巳,敕蒋玄晖,身居密近,擅弄威权,鬻爵卖官,聚财营第,而苞藏悖逆,稔侵奸邪,虽都市已处于极刑,而屈法尚慊于众怒,更示焚弃之典,以惩显负之踪。宜追削为凶逆百姓,仍委河南府烧尸于都门外,聚众烧尸。

《契丹志》

天赞六年夏四月朔,从马直指挥使郭从谦叛,庄宗中流矢而崩,善友敛乐器覆尸而焚之。

《乐善录》

卢沂夜梦一人至其家诘之,则曰:我回北村赵小大也,向以牧羊堕山下,大怖间,一念蹶然,奋身而起,但见傍横一尸,意谓必同牧者,即而视之,则我身也,方知已是死矣。欲投壳既不能,欲舍去又不忍,盘旋狼狈,久无依归。忽见父母恸哭而来,不胜感怆。既而积薪焚我,我再三告之,终不听,掣其衣不顾,须臾烈焰一燎无遗。月淡山空,每自悲叹。今夕偶为一老人相引至此,亦自觉非我家也,无多语我。呜呼!人至于死,诚亦可怜,叹言而无以发其声,欲动而无以寓其力,虽有区区之意,奈何无从使人闻知,正令闻知,亦有何力量而能为作救护？人之在生，其可不远自澡雪，使冤罪两无，一念清净，来如着衫，去如脱裤，岂不愈于大夜无归，惇然但守于枯腐者乎？

《棠阴比事》

刘湜知耀州，有盗掠人子女，擒获，即诈死，伺间即逸去。再捕得复然。湜令焚之。郑克曰：掠人子女之罪，法不至于戮尸。若昼时埋之，且使人守之，其徒亦何能为耶？虽盗善伏气，而土塞鼻，数日之后，与焚之等矣！虽不焚可也。

收葬会尸

《续后汉书·钟会传》

会死，功曹向雄收会尸葬之。司马昭召雄责之曰：往者王经之死，卿哭于东市，而我不问。今钟会躬为叛逆，而又辄收葬，若复相容，其如王法何？"雄曰："昔先王掩骼埋胔，仁流朽骨，当时岂先卜其功罪而后收葬哉？"

收抱章尸

《前汉书·云敞传》

敞师事同县吴章。王莽秉政，章坐要斩，弟子千余人，莽以为恶党，皆禁锢不得仕宦，门人尽更名他师。敞时为大司徒掾，自劾吴章弟子，收抱章尸，归棺敛葬之，京师称焉。

收葬蕃尸

《东汉书·陈蕃传》

蕃与窦武谋诛宦官，事泄，遂执蕃，送黄门北寺狱，即日害之。其友陈留朱震，时为铚令，闻而弃官哭之，收葬蕃尸，匿其子逸于甘陵界中。事觉，系狱，合桎梏，震受考掠，誓死不言，故逸得免。后黄巾贼起，大赦党人，乃追还逸官。

乞葬谭尸

《相台志》

王修事袁绍子谭，谭为太祖所戮，修遂诣太祖乞收葬谭尸，然后就戮。太祖嘉其义，

听之。

求崔杼尸

《左传》

襄公二十八年,崔氏之乱丧,群公子故鉏在鲁,叔孙还在燕,买在句渎之丘。及庆氏亡,皆召之,且其器用而及其邑焉。释卢蒲嫳于北竟,求崔杼之尸,将戮之,不得。叔孙穆子曰:"必得之。武王有乱臣十人,崔杼其有乎?不十人不足以葬。"既崔氏之臣曰:与我其拱璧,吾献其枢。于是得之。十二月乙亥,齐人迁庄公殡于大寝,以其棺尸崔杼于市。国人犹知之,皆曰"崔子也。"

逆乐祁尸

《左传》

定公九年,宋公使乐大心盟于晋,且逆乐祁之尸,辞伪有疾,乃使向巢如晋盟,且逆子梁之尸。

止乐祁尸

《左传》

定公八年,宋乐祁使于晋,被执,至是归卒于大衡晋士鞅曰:"宋必叛。不如止其尸以求成焉。"乃止诸衡。

问白公尸

《史记·伍子胥传》

叶公虏石乞而问白公尸处,不言将烹。石乞曰:"事成为卿,不成而烹,固其职也。"终不告。

叱贾谧尸

《晋书·阎缵传》

贾谧被诛,缵过叱谧尸曰:"小儿乱国之由,诛其晚矣。"

归求父尸

《资治通鉴》

唐肃宗乾元元年,颜杲卿子泉明,为王承业所留,因寓居寿阳,为史思明所虏,裹以牛革,送于范阳。会安庆绪初立,有赦得免。思明降,乃得归。求父尸于东京,得之,遂并袁履谦尸,棺敛以归。

哭求父尸

《唐书·朱甘传》

河南人杨牢有至行。父茂卿从事田氏府。赵军反,杀田氏,茂卿死,牢之兄弟三往索父丧,虑死不果。牢自洛阳走常山二千里,号伏叛垒,委发羸骸,有可怜,仇意感解,以尸还之。草缞,冬月往来太行间,冻肤皲痛,衔哀雨血,行路稠人,亦为挥涕。朱甘以书荐于尹,后牢亦举进士。

《乐善录》

饶娥,其父渔于鄱上,醉不能舟,遂以溺死。娥求尸不获,哭于岸上,三日而绝,明日父尸乃出。鼋鱼鼍蛟,浮死万数,塞川下流,鄱傍小民,莫不惊叹。呜呼！娥本渔人,莫知礼义,但以一念为父,立通神明,能使水族有浮死之戮,大哉孝乎！

《金史·张中孚传》

中孚父达仕宋,时宗翰围太原,其父战殁,中泣涕请迹父尸,乃独率部曲千余人入大军中,竟得其尸。

还其父尸

《旧唐书·刘德威传》

德威孙易从历岐州司兵参军。易从父审礼为行军总管击吐蕃,兵败为所执,诏许易从入蕃省之。及审礼卒,易从号哭,昼夜不止,毁瘠过礼。吐蕃哀其志行,还其父尸柩。易从徒跣万里,扶护归于彭城,为朝野之所嗟赏。

溯峡求父尸

《宋史·秦传序传》

传序充夔峡巡检使,李顺之乱,贼众奄至,传序督士力战。城坏,传序赴火死。传序家寄荆湖间,子爽溯峡求父尸,溺死。人以为父死于忠,子死于孝。奏至,太宗嗟恻久之,录其次子煦为殿直,厚赐其家。煦卒,后以其弟昉为三班奉职。

间行求父尸

《宋史·马元方传》

元方父应图尝知顿丘县。太宗攻幽州,应图部刍粮没虏中,元方去发为浮屠,间行求父尸不得,诉于朝,帝哀之,为官其兄元吉。

战处得父尸

《宋史·高斯得传》

斯得知沔州,稼之子也。端平二年九月。稼死事于沔,时元丘屯沔,斯得日夜西向号泣。会其僮至自沔,知稼战没处,与斯得潜行至其地,遂见稼遗体,举以归,见者感泣,服除而哀痛不已。

投笺求弟尸

《异苑》

河内荀儒,字君林,乘冰省舅氏,陷河而死。兄伦求尸,积日不得。设祭水侧,笺,与河伯。投笺一宿,岸侧水开,尸手执笺浮出。伦又笺谢。

诈认弟尸

《北史·魏李崇传》

崇为扬州刺史,有定州流人解庆宾兄弟生事,徙扬州,弟思安,背役亡归。庆宾惧后役迫责,规绝名贯,乃认城外死尸,诈称其弟,为人所杀,迎归殡葬,颇类思安,人莫能辨。有女巫阳氏,见鬼说思安被害之苦,饥渴之意,庆宾又诬同军苏显角、李盖等所杀,经州讼之,二人不胜楚毒,各自款引。狱将决,崇疑而停之,密遣二人,非州内所识者,诣庆宾曰:仆在北州,比有人过宿,疑其有异,便即诘问,乃云是流兵背役,姓解,字思安,时欲送官,苦见求,及称有兄庆宾在扬州,相图城内。嫂姓徐,君幸矜愍,为往告报,见申委曲。家兄闻必重相报。今且见质,若往不获。送官未晚,是故相造申此意,君欲见顾,几何当放?贤弟若其不信,可见随看之。庆宾失色,求少停,具以报崇。摄庆宾问之,伏引,更问盖等,乃云自诬。寻思安亦为人缚送。崇召女巫,鞭之一百,其断狱精审,皆此类也。

兄焚弟尸

《容斋三笔》

子守赣,一将兵逃至外邑,杀村民于深林。民兄后知之,畏申官之责,即焚其尸,事发系狱,以杀时无症,尸不经验,奏裁刑寺,辄定罪断配。子持敕不下,后奏论之,未下而此兵死于狱。

收葬友尸

《唐书·王义方传》

义方素与张亮善。亮抵罪,义方以晋府参军直弘文馆,贬吉安丞,徙洹水。亮兄子

皎,自朱崖还依义方,将死,诿妻子,愿以尸归葬,义方许之。以皎妻少,故与之誓于神,使奴负柩,辍马载皎妻,身步从之。既葬皎原武,归妻其家,而告亮墓乃去。

往哭友尸

《有官龟鉴》

王方翼,其友赵持满诛死,尸诸道,亲戚莫敢视。方翼曰:"栾布哭彭城,义也;周文王掩骼,仁也。绝友义,蔽主仁,何以事君?"遂往哭其尸,具礼收葬。

诈降收主尸

《北史》

西魏赵贵从贺拨岳平关中,岳为侯莫陈悦所害,将吏奔败,莫有守者。贵谓其党曰:"吾闻仁义,岂不常哉?行之则为君子,违之则为小人。朱伯厚、王修感遇意气,尚能蹈履名节,况吾等荷贺拨公国士之遇,宁可自同众人乎?"因涕泣歔欷,从之者五十人,乃诣悦诈降。悦信之,因请收葬岳,言辞慷慨,悦许之。贵乃收岳尸还营,奔平凉,共谋讨悦平之。

伍员漂尸

《抱朴子·嘉道篇》

嗟乎!伍员所以怀忠而漂尸。

《史记》

吴王阖闾,使使赐伍子胥属镂之剑,曰:"子以此死。"子胥乃告其舍人曰:"必树吾墓上以梓,令可为器,而抉吾眼,悬吾东门之上,以观越寇之入灭吴也。"乃自颈死。吴王闻之大怒,乃取子胥尸,盛以鸱夷革,浮之江中。

潮水漂尸

《吴越春秋》

吴会稽分地曰重山者,大夫种所葬也。在西乡郭外,后潮水穴山,漂去其尸。俗云伍子胥秉潮水取以去,今山胁有缺处。

晏子哭尸

《史记·管晏传》

晏子伏庄公尸哭之,成礼而去。《索隐》曰:《左传》:崔抒杀庄公,晏婴入,枕庄公股而哭之,成礼而出,崔抒欲杀之。

晏子

李扬哭尸

《旧唐书·长平生王叔良传》

叔良孙晋,先天中为殿中监,兼雍州长史,甚有威名。寻生附会太平公主就诛,寮吏皆奔散,唯司功李扬步从不失在官之礼,仍哭其尸。姚崇闻之曰:"乐向之俦也。"擢为尚书郎,后官至泽州刺史。

李固暴尸

《东汉书·五行志》

顺帝末,京都童谣曰:"直如弦,死道边,曲如钩,反封侯。"后梁冀专国号令,李固幽毙于狱,暴尸道路,而胡广、赵戒等,封卿亭侯。

吴起伏尸

《史记·吴起传》

楚悼王死，宗室大臣作乱，攻吴起，起走之王尸而伏之，击起之徒，因射刺吴起，并中悼王。太子立，使令尹尽诛射吴起而并中王尸者。坐射起而夷宗死者，七十余家。

古冢伏尸

王子年《拾遗记》

縻竺用陶朱计术，日益亿万之利，货拟王家，有宝库千间。竺性能赈生恤死。家内马厩屋侧有古冢，有伏尸，夜间涕泣声，竺乃寻其泣声之处，忽见一妇人袒背而来，诉云：昔汉末妾为赤眉所害，叩棺见剥，今袒在地，羞昼见人，垂二百年。今就将军乞深埋，并弊衣以掩形体。竺许之，即命为棺椁，以青布为衣衫，置于冢中，设祭既毕。历一年，行于路西，忽见前妇人所着衣，皆是青布，语竺曰：君财宝可支一世，合遭火。今以青芦杖一枚，长九尺，报君衣服棺椁之惠。竺挟杖而归。所住邻中，常见竺家有青气，如龙蛇之形，或有谓竺曰：将非怪也。竺乃疑此异，问其家僮，云：时见青芦杖自出门间，疑其神，不敢言也。竺为性多忌，信厌术之事，有言中忤，即加刑戮，故家僮不敢言。竺货财如山，不可算计，内以方诸盆瓶，设大珠如印，散满于庭，谓之宝庭，而外人不得窥。数日，忽青衣童子数十人来云：縻竺家当有火厄，万不遗一，赖君能恤敛枯骨，天道不辜君德，故来禳却此火，当使财物不尽。自今以后，亦宜防卫。竺乃掘沟渠，周绕其库，旬日，火从库内起，烧其珠玉十分之一，皆是阳燧早燥，自能烧物。火盛之时，见数十青衣童子来扑火，有青气如云，覆于火上即灭。童子又云：多聚鹳鸟之类，以杯火灭，鹳能水于巢上也。

户中伏尸

《晋书》

王浚在幽州，谣曰："城门似藏户，中有伏尸王彭祖。"

《元史》

汪世显子良臣进攻嘉定，皆万寿坚守不出，良臣进垒簿城，万寿悉军出战，大破，伏尸蔽江，万寿出降，良臣奏免其死。

厅下伏尸

《太平广记》

张希望移厅,见鬼人冯毅曰:厅下有伏尸,晋朝三品将军极怒,公可避之。望笑不信,后果见鬼持弓矢,射中膊胛,其日卒。又郑从简居厅事,常不佳,令巫观之,曰:有伏尸,姓宗,妻姓寇,在厅基下。掘之三丈,果得旧骸。有铭如其言,移出改葬而绝。

三虫伏尸

《太平广记》

谢自然云:凡食米,体重;食麦,体轻。辟谷入山,须依众方,除三虫伏尸。

微服求尸

《南史·齐袁彖传》

彖伯父觊见诛,宋明帝投尸江中,不许敛葬。彖与旧奴一人,微服求尸,四十余日乃得,密瘗石头后冈,躬自负土。

号哭求尸

《南史·宋刘悛传》

悛父勔于大航战死,悛时遇疾,扶伏路次,号哭求勔尸。勔尸顶复伤缺,悛割发补之,持丧墓侧,冬日不衣絮。

哀泣求尸

《新唐书·王少玄传》

王少玄父隋末死乱兵,遗腹生少玄。甫十岁,问父所在,母以告,即哀泣求尸。时野

中白骨覆压,或曰:以子血渍而渗者,父骴也。少玄铣肤,阅旬而获,遂以葬。

冒锋求尸

《程雪楼集·匡氏褒德碑》

一日宋兵暴至,母子相失,母哭曰:"天乎,吾子死,匡氏绝矣,我生不如死。"乃冒锋镝于乱尸中得之,卒幸全。

入城求尸

《宋史·赵立传》

建炎三年,金人攻徐王,复拒守,命立督战,中六矢,战益厉。城陷,复与其家皆死,城始破。立巷战夺门以出,金人击之死,夜半得微雨而苏,乃杀守者入城求复尸恸哭。

缢杀藏尸

《东汉书·刘玄传》

更始封长沙王,时常依谢禄居,刘恭亦维护之。三辅苦赤眉暴虐,皆怜更始,而张邛等以为虑,谓禄曰:"今诸营长,多欲纂圣公者。一旦失之,合兵攻公,自灭之道也。"于是禄使徒兵与更始共牧马放郊下,因令缢杀之。刘恭夜往收藏其尸,光武闻而伤焉,诏大司徒邓禹葬之于霸陵。

买棺收尸

《西汉书·佞幸传》

董贤死,埋狱中,贤所厚吏沛朱栩自劾去大司马府,买棺衣,收贤尸葬之。

莫敢收尸

《续后汉书·王允传》

初平三年,董卓部曲将李傕、郭汜等合谋为乱,攻围长安城,收杀之,时年五十六。长子侍中盖、次子景定,及宗族十余人,皆见诛害。天子感恸,百姓丧气,莫敢收允尸者。故平陵令赵戬,弃官营丧。帝迁都于许,思允忠节,使改葬。

布裳裹尸

苏子由《古史·叶公列传》

叶公父曰沈尹,成败吴师于雍、澨,二战皆伤,谓其臣吴句卑曰:"子以吾首免。"句卑布裳到而囊之,藏其身而免其首。

马革裹尸

《东汉书》

马援征九真贼军还,故人多迎劳之。平陵人孟异,名有计谋,于坐贺援,援谓之曰:"吾望子有善言,乃同众人耶? 昔伏波将军路博德开置七郡,裁封数百户。今我微劳,猥飨大县,功簿赏厚,何以能长久乎? 先生奚用相济?"异曰:"愚不及。"援曰:"方今匈奴、乌桓,尚扰北边,欲自请击之。男儿要当死于边野,以马革裹尸还葬耳,何能卧床上在儿女子手中邪?"异曰:"谅为烈士,当如此矣。"

《宋史·崔翰传》

翰雍熙为镇安将军,淳化二年召还,以疾留京师。稍间,入见上曰:"臣既以身许国,不愿死于家,得以马革裹尸足矣。"上壮之。

《忠义传》

黄友尝语子弟曰:天下承平日久,武事玩驰,万一边书告警,马革裹尸,乃吾素志。他日收吾骸,足心黑子为识也。其忠诚许国,根于天性如此。

宋李曾伯《可斋集·谢
制帅特荐启》

虎头食肉,知无福将之缘;马革裹尸,几中胡儿之手。脱命万死,挺身一归。

《赵孟頫集·武威郡公谥武毅制》

虎头食肉,惜万里之未侯;马革裹尸,虽百身而莫赎。

蘧蒢裹尸

《魏书·刁冲传》

曾祖雍作《行孝论》曰:及于末世,至蘧蒢裹尸,倮而葬者,确而为论。

黄幡裹尸

《齐东野语》

滕茂实,字秀颖,吴人。国史作杭州人,初名祼,登政和第,徽宗改赐今名。靖康初,以大学正兼明堂司,令与路允迪、宋彦通举使金国,割三镇太原。寻奉密诏据城不下,金人怒之,因于云中渊圣北,迁茂实冠裳迎谒,拜伏号泣,请侍旧主,俱行不从,且诱之曰:国破主迁,所以留公者,盖将大用。遂留之雁门。先是,自分必死,遂嘱友人董诜,以奉使黄幡裹尸而葬。且大书九篆云:宋使者东阳滕茂实墓。复作诗自叙云:茂实奉使无状,不复返父母之邦,所当从其主以全臣节,或怒而与之死,幸以所杖幡裹其尸,及以所篆九字刊之石,埋之台山寺下,不必封树。后竟以忧愤成疾殂。北人哀其忠,为之起墓雁门山,岁时致祭焉。

以席裹尸

《晋书·王敦传》

敦病笃,谓子应曰:“我亡后应便即位,先立朝廷百官,然后乃营葬事。”及敦死,应秘不发丧,裹尸以席,蜡涂其外,埋于厅事中,与诸葛瑶等,恒纵酒淫乐。

衣车载尸

《续后汉书》

熹平元年,窦太后崩。太后本迁南宫云台,宦者积怨,窦氏遂以衣车载后尸,置城南市舍。数日中,常侍曹节欲用贵人礼殡,帝曰:"太后亲立,朕躬统承大业。《诗》云:'无德不报,无言不酬。'岂宜以贵人终乎?"于是发丧成礼。

篮舆载尸

《南史·刘歊传》

大中大夫琅邪王敬胤以天监八年卒,遗命不得后设魄旌,一芦废籍下,一枚覆上。吾气绝,便沐浴,篮舆载尸,还中侯大夫墫中。

畚车载尸

《新唐书·高宗武皇后传》

薛怀义宠稍衰,而御医沈南璆进。怀义失望,因火明堂。太后羞之,掩不发。怀义愈恨,恣怏怏。乃密诏太平公主,择健妇缚之殿中,命建昌王武攸宁、将作大匠宗晋卿率壮士击杀之。以畚车载尸,还白马寺。

拉杀舆尸

《晋书·诸葛长民传》

长民弟黎民,轻狡好利,固劝之曰:"黥、彭异体,而势不偏全。刘毅之诛,亦诸葛氏之惧。可因刘裕未还以图之。"长民犹豫未发,既而叹曰:"贫贱常思富贵,富贵必履危机。今日欲为丹徒布衣,岂可得也?"裕深疑之,骆驿继遣辎重,兼行而下,前克至日,百司于道候之,辄差其期。既而轻舟径进,潜入东府。明旦,长民闻之,惊而至门,裕伏壮士丁旿于幕中,引长民进语,素所未尽皆说焉。长民说,旿自后拉而杀之,舆尸付廷尉,使收黎民。黎民骁勇绝人,与捕者苦战而死。小弟幼民,为大司马参军,逃于山中,追擒戮之。诸葛氏之诛也,士庶咸恨正刑之晚,若释桎梏焉。

布囊盛尸

《西汉书·王孙传》：

王孙病且终，令其子曰："吾欲嬴葬以返吾真，必亡易吾意。死则为布囊盛尸，入地七尺。既下，从足引脱其囊，以身亲土。

木柜盛尸

《孝友同风》

都波国者，铁勒别种，南去回纥十三日。死亡，以木柜盛尸置山中，或悬于树上，送葬哭泣，略与突厥俗同。

俗不葬尸

《新唐书·宗室孝节曹孙嵩传》

嵩开元初为汝州刺史，四迁至黄门侍郎，检校太原以北诸军节度使。太原俗为浮屠法者，死不葬，以尸弃郊，饲鸟兽，号其地曰黄坑，有狗数百头习食胔，颇为人患，吏不敢禁。嵩至，遣捕群狗杀之，申厉禁条约，不再犯，遂革其风。

家隶葬尸

《新唐书·田令孜传》

僖宗闻变，与田令孜保东城自守，群臣不得见。左拾遗孟昭图请对不召，因上疏极陈：君与臣一体相成，安则同宁，危则共难。昔日西幸，不告南司，故宰相、御史丞、京兆尹悉碎于贼，唯两军中尉，以扈乘舆得全。今百官之在者，率冒重险，出百死者也。昨昔黄头乱火照前殿，陛下唯与令孜闭城自守，不召宰相，不谋群臣，欲入不得，求对不许。且天下者，高祖太宗之天下，非北司之天下。陛下固九州天子，非北司之天子，北司岂悉忠于南司？廷臣岂无用于敕使？文宗时，宫中灾，左右延使不到，皆被显责，安有天子播越而宰相无所豫，群臣百官，弃若路人。已事诚不足谏，而来者冀可追也。疏入，令孜匿不奏，矫诏贬昭图嘉州司户参军，使人沉于蟆颐津。初，昭图知正言必见害，谓家隶曰："大盗未

殄,宦竖离间君臣,吾以谏为官,不可坐观覆亡。疏入必死,而能收吾骸乎?"隶许诺,卒葬其尸,朝廷痛之。

同棺葬尸

《太平广记》

河南少尹李则卒,未敛。有一朱衣来投刺申,自称苏郎中。既入,哀恸甚,俄顷尸起,与之相搏,及暮方息。孝子入见二人并卧在床,长短形状,姿貌鬓髯,衣服一无差异,于是聚观不能识,遂同棺葬之。

作坑藏尸

三槐《王氏杂录》

庚寅岁,湖州孔目官朱氏以米八百硕,作粥散贫,是岁生服,服为从官润州金坛县。陈元熙宁八岁,饿莩无数,作万人坑,每一尸,设饭一瓯,席一领,纸四贴,藏尸不可纪。是岁生廓,又生度,皆为监司,孙登仕者相继。

马屎埋尸

《新唐书·宗室孝节四世孙说传》

监军王定远颇横恣,彭令茵者,以久劳不服,定远怒杀之,埋马屎中。其家请尸,不许,举军怨,说上其事。德宗以奉天扈从功,恕死免官。

杀人埋尸

《太平广记》

唐有陈延美者,世传杀人,人莫有知者。清泰朝,侨居邺下御河之东,偎大第而处。少年聪明,衣着甚侈,薰浥兰麝,鞯马华丽。其居第内外张陈,如公侯之家,妻妾三两人,皆端严娇淑。有妹曰李郎妇,甚有美色,善音律。延美亦能弦管,常乘马,引一仆于街市,或登楼,或密室狎游,所接者皆是膏梁子弟。曲尽谭笑,或引朋侪至家,则异礼延接,出妾与妹,令按丝吹竹,以极其欢客,则恋恋而不能已也。时刘延皓帅邺,偶失一都将,访之经

时，卒无影响，责其所由甚急。陈密携家南渡，诸大梁高头街，僦宅而居，复毕饰出入。未涉旬，因送客出封丘门，饯宾之次，邺之捕逐者至，擒之于座，泊系于黄沙以讯之。且通除剿，邺中都将外经手者近百人。初居高头宅，未五日，陈不在家，偶有盲僧丐食于门，其妹怒其犹，使我不利市，召入剿之，瘗于卧床之下。及败，官中使人厮出邺下，搜其旧居，果于床下及屋内，积叠瘗尸，更无容针之所。以至邻家屋下，皆被探为穴，藏尸于内。每客坐要杀者，令啜汤一碗，便暗然无所知，或用绳缢，或行铁锤，然后截割盘屈之，占地甚少。盖陈李与仆者一人，妹及妻等，争下手屠割。如是年月极深。今偶记得者，试略言之。先有二人货丝者，相见于砖门下。诱之曰："吾家织锦，甚要此丝，固不争价矣。"遂俱引至家，双毙而没，其货又曾于内黄纳，一风声人，寻亦毙于此屋。又于赵家菜园，见一贫官人，有破囊劣驴，系四跨铜带，哀而诱之至家，亦毙于此屋。又有二军言往定州，去亦不广，有赀囊，遂命入酒肆饮之，告曰：某有亲情在彼，欲达一缄，请一人同至家取书，至则点汤一瓯，啜呷未已，绳罥已在项矣。未及剚截之间，其伴呼于门外，急以布幕盖尸于墙下，令李郎出应之曰：修书未了，且屈入来。陈执铁锤于扉下俟之，后脚才踰门限，应锤而殪于地，后欤曲剚斫而瘗之。其膏梁子弟，及富商之子死者甚众。泊今所由发掘之，则积尸不知其数。有母在河东，密差人就擒之。老妪闻之，愕然嗟叹曰：吾养此子，大不肖，渠父杀数千人，举世莫能有知者，竟伏枕而终。此不肖子，杀几个人，便至败露。遂搜其家，见大瓮内，盐渍人腿数只，妪恒啖之。因至邺下，见其子，不顾而唾之，自言其向来所杀，不知其数，此败偶然耳。时盛夏，一家并钉于衙门外，旬日而殂。

诏埋遗尸

《宋书·桂杨王休范传》

元徽中，休范以反伏诛，诏建康、秣陵二县，收敛诸军死者，并杀贼尸，并加藏埋。

狗埋人尸

《温州志》

大德元年，平阳罹风潮，暴尸遍野，狗噬鹰餐，狼籍可畏。独南监田畈中一尸，狗睨之不忍食，彷徨而去，须臾，数狗群至，跑土为坎，推尸其中，反土掩之。

同坎瘗尸

《通鉴纪事本末》

僖宗光启三年，毕师铎讨吕用之败，囚高骈在道院，秦彦供给甚薄。有相割者，彦与

毕师铎出师屡败,疑骈为厌胜,外围益急,恐骈党有为内应者。有妖尼王奉仙言于彦曰:扬州分野极灾,必有一大人死,自此喜矣。甲戌,命其将刘匡时杀骈并子弟甥侄,无少长皆死,同坎瘗之。乙亥,杨行密闻之,帅士卒缟素向城,大哭三日。

捐俸瘗尸

《宋史·孝义传》

杜谊知永城县,岁捐俸钱三十万,以收瘗汴渠之溺死者,凡四千余。

鼠食遗尸

《南史·齐废帝东昏侯纪》

帝好出游走,不欲令人见之,驱斥百姓,唯置空宅而已。前魏兴太守王敬宾,新死未敛,家人被驱,不得留视,及家人还,鼠食两眼都尽,如此非一。

棚上置尸

《隋书·契丹列传》

契丹部落,共为大棚,人死则置尸其上,居丧之年,唯四哭。

树上悬尸

《隋书·奚列传》

奚死者,以苇簿裹尸,悬之树上。

《契丹志》

契丹风俗,父母死而悲哭者,以为不壮,但以其尸置于山树上,经三年后,乃收其骨而焚之。因酹酒而祝曰:冬月向阳食我,若射猎时,使我多得猪鹿。其无礼顽嚣,于诸夷最甚。

投江抱尸

《越绝异记》

孝女曹娥者,上虞曹盱之女。盱能弦歌抚节,为巫乐神。汉安二年五月五日,于时迎伍君,逆涛而上,溺死,不得其尸。时娥年十四,悲慕思盱,哀号江畔,旬有七日,遂即投衣江中,求其父尸。呪曰:父在此,衣裳即沉。其衣忽沉,娥即投身水中抱父尸而出,邑人怜之,乃为礼葬。

水涌得尸

《新唐书·罗道琮传》

道琮,蒲州虞乡人,慷慨尚节义。贞观末,上书忤旨,徙岭表。有同斥者死荆襄间,临终泣曰:人生皆有死,独委骨异壤耶! 道琮曰:吾若还,终不使君独留此瘴路左去。岁余,遇赦归,方霖潦积,各失其殡处。道琮恸诸野,波中忽若溢沸者,道琮曰:若尸在,可再沸,祝已,水复涌。乃得尸,负之还乡。寻擢明经,仕至太学博士,为时名儒。

捕贼得尸

《宋史》

杜衍知永兴军,民有昼亡其妇者,为设方略,捕立得杀人贼,发所瘗死尸,并得贼杀他妇人尸二,秦人大惊。

刳蛟得尸

《三山志》

尝有洪氏浣纱,植柱庙旁,见若银卮浮水中,褰裳探之,水渐深,为蛟所吞。其家诉于神,不终日,雷雨暴作,刳蛟于水滨,得女尸蛟腹中。洪氏感泣,虚其居,刻木为像,塑其女配焉。

海水浮尸

《棠阴比事》

蔡高为长演县尉,有媪,二子渔于海而亡。媪指某氏为仇,告县捕贼。高乃阴察仇家,得其迹,与媪约曰:期十日不得尸,则为媪受捕贼之责。凡宿海上七日,潮浮二尸到,验之皆杀也,乃捕仇家,鞠之而伏法。

梦水工送尸

《太平广记》

韦骀者游岳阳,骀亲弟骙,舟行溺于洞庭湖。骀乃恸哭,移舟湖神庙下,欲焚其庙。忽于舟中假寐,梦神人来谒骀曰:幽冥之途,无枉杀者。傥求丧不获,即我之过,当令水工送尸湖上。骀惊悟,遽止,果获弟尸于岸。

瘗奠流尸

宋《续通鉴长编》

仁宗天圣二年,遣内臣自汴口至泗州,牧瘗流尸祭奠之。

海边流尸

《太平广记》

汉灵帝光和元年,辽西太守黄翻上书,海边有流尸,露冠绛衣,体貌完全。翻感梦云:我伯夷之弟,孤竹君子也。海水坏吾棺椁,求见掩藏。吏民嗤视之,皆无病而死。

帐中停尸

《隋书·突厥列传》

突厥有死者,停尸帐中,家人亲属,多杀羊马而祭之。绕账号呼,以刀划面,血泪交下,七度而止。于是择日,置尸马上而焚之,取灰而葬,表木为茔,立屋其中。图画死者形像,及其生时所经战阵之状。

布被覆尸

《东汉书·酷吏传》

董宣为洛阳令,卒于官。诏遣使者临视,惟见布被覆尸,妻子对哭,有大麦数斛,弊车一乘。

汉灵帝

珠襦覆尸

《南唐书·朱元传》

保大末,周师入淮南,元宗命元从齐王景达救寿州。元恃功,或违景达节制,监军使陈觉与元素有隙,且嫉其能,屡表元本学纵横,不可信,不宜付以兵柄。元宗乃命杨守忠代之。守中至,元愤怒,欲自杀,其客宋坥止之,遂举寨万余人降周。由是诸军皆溃,边镐、许文续、杨守忠皆被擒,寿州亦不守,遂画江请盟矣。元在江南娶查氏文徽女,至是伏诛。文徽累表乞贷死,不从。以珠襦覆尸于市,哭之陨绝,观者皆垂泣。

发棺验尸

《新唐书·韩瑗传》

长孙无忌死,李义府等奏瑗与通谋,遣使即杀之。既至,瑗已死。发棺验视,乃还追削官爵,籍其家子孙,谪广州官奴。

剖棺断尸

马令《南唐书·灭国传》

王审知自唐末时,自立为闽王,至其少子曦,性倔僵难制。国计使陈匡、范增算商之法以献。曦曰:"匡范,人中之宝也。"已而岁入不登其数,乃借于民以足之。匡范以忧死,其后知其借于民也,剖匡范棺,断尸,弃之水中。

剖棺暴尸

《续后汉书·王凌传》

凌与外甥令狐愚密协计,欲废齐王芳而立楚王彪。遗将军杨弘,以废立事告兖州刺史黄革,革、弘连名以白司马懿。懿将兵讨之,凌欲药死,张武等皆自首。乃穷治其事,赐楚王彪死,诸相连者,悉夷三族。众议咸以为《春秋》之义,齐崔抒、郑归生,皆加追戮,陈尸断棺,载在方策,凌愚罪,宜如旧典乃发凌愚冢,剖棺暴尸,于近市三日,烧其印绶朝服,亲土埋之,进弘、革爵为卿侯。

《资治通鉴》

唐睿宗景云元年六月,追削武三思,武崇训爵谥,断棺暴尸,平其坟墓。

《新唐书·藩镇刘悟传》

悟子从谏死,以积袭不奉诏,敕诸军进讨,积平,有诏从谏且死,宜剖棺暴尸于市三日。石雄发视,面如生。一目尚开,雄三斩之,仇人则其骨几尽。

守卫暴尸

《东汉书·杜乔传》

乔被大将军诬劾,系死狱中,与李固俱暴尸于城北。家属故人,莫敢视者。乔故掾陈留杨匡,闻之号泣,星行到洛阳,乃著赤帻,请为夏门亭吏,守卫尸丧,驱护蝇虫,积十二日。都官从事执之以闻,梁太后义而不罪。

发棺戮尸

《续后汉书·皇甫嵩传》

嵩与张角弟梁，战于广宗，大破之，斩梁，获首三万级，悉虏其妇子。角先以病死，乃发棺戮尸，传首京师。

《晋书·王敦传》

有司议曰：王敦滔天作逆，有无君之心，宜依崔抒、王凌故事，剖棺戮尸，以彰元恶。于是发瘗出尸，焚其衣冠，怨而形之。

《资治通鉴》

唐僖宗广明元年，黄巢发卢携尸，戮之于市。

《南史·朱龄石传》

桓温伐袁真于寿阳，真以宪兄弟潜通，温并杀之。龄石父绰逃归温。寿阳平，真已死，绰辄发棺戮尸。温怒，将斩之，温弟冲请得免。绰受冲更生之恩，事冲如父。

孔平仲《杂说》

唐失驭臣之术矣，代宗之于元载，纵之至于已甚，乃赫然发怒，加以大戮，妻子并死。又伐其祖父冢，剖棺刑尸。若能驭之于初，岂至是欤？

马令《南唐书·灭国传》

王昶，审知次子也。世为闽王。及昶卒，国人迎延羲立之，既立，更曦曦，自昶世倔强难制。昶相王倓每抑折之。曦曦立而倓已死，命发冢戮尸。倓面如生，血流被体。

《辽史·刑法志》

天祚乾统元年，凡大康三年，预枢密使乙辛所害者，悉复官爵，籍没者出之，流于远者还乡里。至二年，始发乙辛等墓，剖棺戮尸，诛其子孙。

又《奸臣传》

第十三，道宗大康初，与奸臣耶律燕晋等谋废太子，迁北院枢密副使。后陈阴害太子计，耶律乙辛从之。及乙辛出知南院大王事，亦出十三为保州统军使，卒。天祚乾统间，剖棺戮尸，二子之里得、念经皆伏诛。又奸臣张孝杰，道宗大康六年既出奸臣耶律乙辛，上亦悟孝杰奸佞，寻出为武定军节度使，坐私贩广济湖盐及擅改诏旨，削爵贬安肃州，数年乃归，大安中死于乡。天祚乾统初，剖棺戮尸，以族产分赐臣下。

《元史·奸臣传》

阿合马死,世祖犹不深知其奸,及询孛罗,尽得其罪恶,始大怒曰:王著杀之诚是也。乃命发墓,剖棺戮尸于通玄门外,纵犬啖其肉,百官士庶,聚观称快。子姓皆伏诛,没入其家属财产。

瓦砾击尸

《旧唐书·李子通传》

朱灿,亳州城人也。大业末,从军讨长白山,贼遂聚结为群盗,自称迦楼罗王,聚至十余万,引军渡淮,屠竟陵、沔阳,所至杀戮,噍类无遗。僭称楚帝,建元昌达,攻陷州县,皆发其藏粟以充食。军中罄竭,无所虏掠,乃取婴儿烹而啖之。显州首领杨士林,率兵背灿,大战于淮源,灿战败,奔于王世充。东都平,获之,斩于洛水之上。士庶疾其残忍,竟报瓦砾以击其尸,须臾封之若冢。

《新唐书·崔胤传》

朱全忠令其子友谅,以兵围开化坊第,杀崔胤。汴士突出,市人争投瓦砾击其尸,年五十一。郑元规、陈班等皆死。

又《高骈传》

毕师铎徙高骈东第,禽诸葛殷,腰下得金数十斤,乃缢而死,市人投瓦砾击尸,俄而成冢。

裼衣殴尸

胡安定《言行录》

沈氏子,泰州海陵人,父因使酒拳死平人。沈氏子睹其父惊惶,计无所出,因号呼裼衣,就殴其尸。为巡警者擒送,洎讯于狱,具伏拳死人之罪。或潜问之:汝父殴人而汝代之,汝年少,奚忍若是? 对曰:吾不忍父就刑,吾上兄下弟可以供甘旨,视死怡如也。狱吏具案,依律弃市,闻见咸为凄怆。

哥舒决尸

《南郡新书》

天宝中,哥舒翰为安西节度使,控地数千里,甚著威令。时差押知兵马使张擢,上都

奏事,值杨国忠专权好货,擢逗留不返,因纳赂交结。翰续入朝奏,擢知翰至惧,求国忠拔用,国忠乃除擢兼御史大夫,充剑南西川节度使,敕下,就第辞翰,翰命部下就执于庭,数其罪而杀之。俄奏闻帝,却赐擢尸,更令翰决一百。

布囊绕尸

《北史》

韦□戒子曰:昔王孙以布囊绕尸。详本传。

凿冰沉尸

《北史·魏济阴王传》

济阴王孙晖业天保二年于宫门外骂元韶,文宣闻而杀之,并斩临淮公孝友。孝友临刑,惊惶失措,晖业神色自若,仍凿冰沉其尸。

建塔漆尸

《太平广记》

有佛陀萨师者,编籍于岐阳法门寺,衣食俱乞于里人。开成五年六月,召里中民告曰:我今夕死矣,汝为吾塔,瘗其尸。果端坐而卒于里中。人建塔于岐阳之西岗,上漆其尸,而瘗焉。后月余,或视其首,发仅寸余,弟子即剃去。已而又生,里人大异,遂扃其门,竟不开焉。

屋下陈尸

《世说新语》

张湛好于斋前种松柏,字处度,小字骒时袁崧出游,每好令左右作挽歌,时人谓张屋下陈尸,言松柏可为棺具,袁道上行殡。

天囚行尸

《西汉书·王莽传》

是岁南郡秦丰众且万人，平原女子迟昭平能说经，博以八投，亦聚数千人，在河阻中。莽召问群臣禽贼方略，皆曰此天囚行尸，命在漏刻。注：服虔曰：八投，奕博经：以八箭投之。

成鬼行尸

《三国志·孙策传》

注：策与刘表将黄祖战，大破，上表汉帝曰：表之鸱张，以祖气息，而祖家属部曲，扫地无余。表孤特之虏，成鬼行尸，诚皆圣朝神武远振，臣讨有罪得效微勤。

常如行尸

《南史·宋谢庄传》

孝武时，拜庄吏部尚书。庄素多疾，不愿居选部，笺自陈两胁癖趼，殆与生俱，每痛来逼心气，余如绠利，患数年，遂成痼疾，岘岘惙惙，常如行尸。

传泄行尸

《太平广记》

上元夫人命侍女纪罗容促到扶广山，敕青真小童出左右，六甲灵飞致神之方十二事，当以授刘彻也。纪罗容至云：尊母欲得金书秘字，六甲灵飞左右策精之文十二事，欲授刘彻，辄封一通付信，且彻虽有心，实非仙才，讵宜以此传泄于行尸乎？

阴吏按尸

《茅亭客话》

成都漆匠艾延祚,甲午岁为贼所驱于郡署,令造漆器。五月六日,或闻鼓鼙声,及火起,乃天兵至郡也。延祚上树,匿于秋叶间,见杀戮。至夜下树,于积尸中卧至中宵,闻传呼将吏十余人,无烛炬。因窃视,不见其形,但闻按据簿籍称点姓名,僵尸闻呼,一一应,唯不唱延祚而过,乃知圣朝讨叛伐逆,屠贼之数,奉天行讨,故无误矣。

雷震失尸

《大平广记》

博陵崔咸独在斋中,夜雷雨后,忽有一女子踰垣而入,咸疑其遁者,将旦而毙。咸惊,未敢发,乃出占其失女家者。须臾,有六七人丧服行语,若有所寻者。咸从而问之,乃曰:吾舍小娘子亡三日,昨夜方敛,被雷震尸,起出,忽不知所向。咸问其形容衣服,皆是宵遁者。乃具白昨夜之状,引至家验之,果是其尸,衣裳足履皆泥污。归将葬,而尸重不可致,咸乃奠酒祝语之,乃去。时天宝元年六月。

婢死失尸

《太平广记》

柳叔伦婢细辛取水浣衣,空中有物,倾器倒水,伦拔刀斫之,觉有所中,以火照之,流血覆地。后婢病死,伦移尸出外,明日觅尸,不知所在。

太一守尸

《太平广记》

南真曰:若人死暂游太阴者,太一守尸,数满再生,而飞天也。

虎与守尸

《严州府志》

蔗山在淳安县绝顶,有泉涌出成池,冬夏不竭。遇旱,祷之有应。山之虎狼,并不伤物。道人住庵者,多独坐而化虎,与之守其尸。

蓝蒉秘尸

《五代·薛史·晋张万进传》

万进为彰义节度使,沉湎无节。疾笃日,节州兵将乱,乃诏副使万庭圭,委其符印。记室李昇素憾凌虐,知其将亡,谓庭圭曰:气息将奄,不保晨暮。促移就第,岂不宜乎? 庭圭从之,万进寻卒,遂以蓝蒉秘尸而出,即驰骑而奏之。诏命即至,而后发丧。其妻素狼戾,谓长子彦球曰:万庭圭逼迫危病,惊扰而死,不手戮,奚为生也? 庭圭闻之,不敢往吊。

江融冤尸

《太平广记》

唐左史江融,耿介正直。徐敬业反,被罗织。酷吏周兴等,冤枉奏杀之,斩于东都。临刑曰:吾无罪枉戮,死不舍汝。遂斩,仍激扬而起行,刑者踏倒还起,生如此者三乃绝。无何,周兴败。

出神入尸

《青琐高议》

长清县有李生,孝于其母,倾赀以交先生袁元。一日生忿,欧跛者至死,求先生阖户闭目。生已被吏执,俄而死者起坐,行去甚远,吏乃舍生。先生闭目端坐,一日乃开眼,谓曰:跛者固已死矣,吾出神入其尸,使走焉。吾驰其尸,今在灵岩山洞涧,傍人不至处矣。

标识战尸

《资治通鉴》

太宗贞观十九年,太宗亲征高丽,徙营安市城东岭,己卯,诏标识战死者尸,俟军还,与之俱归。

堆垛死尸

《百川学海》

《许彦周诗话》:凡作诗,若正尔填实,谓之点鬼簿,亦谓之堆垛死尸云。

车载盐尸

《资治通鉴》

唐僖宗中和四年,时黄巢虽平,秦宗权复炽,命将出兵,寇掠邻道,陈彦侵淮南,秦贤侵江南,秦诰陷襄、唐、邓,孙儒陷东都、孟、陕、虢,张晊陷汝,郑卢唐攻汴宋,所至屠翦焚荡,殆无孑遗。旺之日翻其残暴又甚于巢。军行未始,转粮车载盐尸以从。注:以死人尸,实之以盐,以供军粮,从才用翻。北至卫滑,西及关辅,东尽青齐,南出江淮,州镇存者,仅保一城,极目千里,无复烟火。

发棺无尸

《抱朴子·论仙篇》

武帝梦同少君登嵩高山,有使者乘龙持节从云中下云:太一请少君。帝觉,语左右曰:如我之梦,少君将舍我去矣。数日,少君称病死。久之,帝令人发其棺,无尸,唯衣冠在。

《搜神记》曰

初,钩弋夫人有罪,以谴死,殡尸大臭而香。及昭帝即位,改葬之,棺空无尸,惟丝履

存焉。

掘冢无尸

《相台志》

佛图澄既卒,石季龙葬之于漳水西紫陌。后有沙门从雍州来,称见澄西入关。季龙掘而视之,惟有一石而无尸。又有佛调者,澄之弟子也。亡数年,其弟子八人入西山伐木,忽见调在高岩上,姿仪俨然,众惊喜作礼曰:和尚在耶?调曰:吾常在耳,因具问知旧可否?良久乃去。八人归以语同学,众欲验之,乃共发冢开棺,不复见尸,惟衣履在焉。

弃疾请尸

《左传》

襄公二十二年,楚王杀子南于朝,子南之臣谓弃疾,请徙子南尸于朝弃疾,子南子。曰:君臣有礼,唯二三子。三日,弃疾请尸,王许之。既葬,其徒曰:行乎?曰:吾与杀吾父,行将焉入?曰:然则臣王乎?曰:弃父事仇,吾弗忍也。遂缢而死。

死亡传尸

《罗泌路史》

高辛记生亡之用,而死亡传尸。详帝。

苍头赴尸

《续后汉书·董卓传》

时吕布等斩卓于北掖门,主簿田仪及卓苍头前赴其尸,布又杀之。

不反其尸

《东汉书·周咨传》

遗书敕子胤曰：梁伯鸾父没，卷席而葬。身亡不及其尸。梁伯鸾父护，寓于北地而卒，卷席而葬。鸿后出关适吴，及卒，葬于吴要离冢傍。

勿归其尸

《孔丛子·论势篇》

齐攻赵，围廪丘，赵使孔青帅师五万击之，克齐军，获尸三万。赵王诏勿归其尸，将以困之。子顺聘赵，问王曰：不归尸，其困何也？曰：其父子兄弟悲苦无已，废其产也。子顺曰：非所以穷之也，以臣愚计，贫齐之术，乃宜归尸。王曰：何谓？对曰：使其家远来迎尸，不得事农，一费也。归所葬，使其送死终事，二费也。一年之中，丧卒三万，三费也。欲无困贫，不能得已。王曰：善。既而齐大夫闻子顺之谋，曰：君子之谋，其利博哉。

蝇集其尸

《棠阴比事》

庄遵为扬州刺史，行部内，忽闻哭声，惧而不哀，问之，乃曰：夫遭火烧死。遵疑焉，令吏守之。有蝇集于尸之首，吏乃披发视之，得铁钉焉，因知其与奸人共杀其夫也，即按伏其罪。

蝇不集尸

《倦游杂录》

皇祐末，洞贼侬智高陷横山塞，邑州司户参军孔宗旦白郡守陈珙，乞为之备。珙曰：智高来要招安，岂敢作过也？宗旦知其不用，贼必东下，遂以粮料院印作移文，具陈贼状，俾沿江郡县设备。既而城陷，贼执之，宗旦叱骂，不绝于口，被斩于市。时方盛夏酷热，青蝇旁午，不集其尸，贼亦异焉，命瘗之。

灵鹫食尸

《临邑国记》

有灵鹫善知人吉凶,觇人将死,食尸肉,乃尽去。

引替睹尸

《南史·宋后妃列传》

殷淑仪丽色巧绝,宠冠后宫。及薨,孝武帝常思见之,遂为通替棺,欲见,辄引替睹尸。

井中有尸

《棠阴比事》

张昇知润州,有妇人夫出不归,忽闻井中有尸,即往哭之曰:吾夫也。以闻于官,昇命集邻里验之,皆言井深不可辨。昇曰:众皆不辨,妇人独知其为夫,何耶? 讯之,乃奸人所杀,而妇人与闻其谋也。

子夜之尸

《山海经图赞》

子夜之尸体,分成七,离不为疏,合不为密,苟以神御,形归于一。

孔明之尸

《抱朴子·钦士篇》

郅都之象,尚使劲虏振慑,孔明之尸,犹令大国寝锋。

残刑之尸

罗泌《路史·因提记》

东方有君子之域,西方有残刑之尸,寝居直梦人死为鬼,岂得谓之无邪?

叩头谢尸

《太平广记》

烈女吕荣,许昇妻也。昇为贼杀,遂就千秽,荣秉节不听,遂见杀。是日雷雨晦冥,贼叩头谢尸葬之。

追蛇活尸

《酉阳杂俎》

长寿寺僧晋言他时在衡山,村人为毒蛇所噬,须臾而死。发解,肿起尺余,其子曰:暂昝老若在何处?遂迎孝昝至。乃以灰围其尸,开四门。先曰:若从足入,则不救矣!遂踏步握固,久而蛇不至。昝大怒,乃取䬫数升,捣蛇形咀之。忽蠕动出门,有顷,䬫蛇引一蛇,从死者头入,径吸其疮,尸渐伍,蛇庖缩而死,村人乃活。

群乌鸣尸

《训女蒙求》

《晋书》:陕有妇人,年十九嫠居,事姑甚谨。姑病死,其叔姑女诬其杀母,有司不能察,诛之。时有群悲鸣尸上,盛夏暴尸,十日不腐。

竹杖化尸

《太平广记》

壶公尝告长房曰:我某日去,卿能去乎?长房欲去之心不可复言,欲使亲眷不觉知去。公乃取一竹杖与长房,戒之曰:卿以竹杖归家,便可称病,以此竹杖置卿所卧处,默然便来。长房如公言。去后,家人见房已死,尸在床,乃向竹杖耳,乃哭泣葬之。

《仙传》

长房欲学道于壶公,家人忧之。翁乃断一青竹,度与长房齐,使悬于舍。家人见之,即长房形也。以为缢死,大小惊号,遂殡葬之。长房立其傍,而莫之能见也。

异物咀尸

《张氏可书》

仆顷在京师,因干出南薰门,见一村夫醉,坠护龙濠池水,亟拯之,则已毙,其背上有一物,极类荷叶累覆之,以剑方可取,有百余口,咀其背肉已尽,竟不识是何物也。

用锦囊尸

《荃翁贵耳集》

元祐初,司马公薨,东坡欲主丧,遂为伊川所先。东坡不满意伊川以古礼敛,用锦囊其尸。东坡灵而指之,欠一信物字,当写作信物一角,送上阎罗大王。东坡由是与伊川失欢。

以笥贮尸

《唐书·李少良传》

大历八年,有晋州男子郇谟以麻总发,竹笥苇席,行哭长安东市。人问之,曰:我言字三十,欲以献上,一字言一事,即不中,以笥贮尸,席裹而弃之。京兆以闻,帝召见,赐以衣,馆内阁,问,状多讥切,载其言团者,愿罢诸州团练,使其言监者,请罢诸道监军,大抵

类此。

买水浴尸

《岭外代答》

钦人始死,孝子披发,顶竹笠,携瓶瓮,持纸钱,往水滨号恸,掷钱于水,而汲归浴尸,谓之买水,否则邻里以为不孝。今钦人日用,以钱易水,以充庖厨。谓之沽水者,避凶名也。邑州溪洞,则男女群浴于川,号泣而归。

布帕缠尸

《南史·梁元帝本纪》

魏师克城,帝在幽逼,梁王詧遣尚书傅准进士囊而殡之。后以布帕缠尸,敛以蒲席,束以白茅,以车一乘,葬于津阳门外。

赠死不及尸

《左传》

隐公元年:赠死不及尸,吊生不及哀,预凶事,非礼也。注:尸者,未葬之通称,言不及其尸在殡之时。

上书乞收灵尸

《东汉书·李固传》

大将军梁冀既以诬罪诛固,乃露其尸于四衢,令有敢临者加其罪。固弟子汝南郭亮,年始成童,游学洛阳,乃左提章钺,右秉铁锧,诣阙上书,乞收灵尸。不许,因往临哭,遂守丧不去。夏门亭长呵之曰:李、杜二公为大臣,不能安上纳忠,而兴造无端。卿曹负至,公犯诏书。亮曰:亮含阴阳以生,戴乾履坤,义之所动,岂知性命?何以死相拒?亮长叹曰:居非命之世,天高不敢跼,地厚不敢蹐,耳目视听,口不可妄言也。太后闻而不诛。

烧屎煮尸

《五代史》

李茂贞。昭宗时为宦官劫幸凤翔,梁军围之。城中食尽,至烧人屎煮尸而食,父自食其子,人争其肉。

号哭抚尸

《晋书》

赵王伦害张华之时,洛中震悚,唯阎缵敢独诣东市,号哭吊尸而抚之曰:早语君逊位而不肯去,今果不免祸。

李茂贞

车频《秦书》曰

初慕容晄在邺,居石虎宫,梦虎啮其臂,募人求虎殡所在,女子李菹告晄在东明观下,掘得之,尸僵不毁,晄裸而骂之曰:死胡敢梦生天子。鞭挞毁辱,投之漳河。河流迅疾,终不移转。晄后为臣虎所执,乃悟而悔焉。苻圣以李菹无状,少长悉坑之。

卧者为尸

《续后汉书·祢衡传》

曹操送祢衡与刘表,众人为之祖道者,皆坐卧不起以折之。衡至,乃坐而大哭号。众问其故。衡曰:坐者为冢,卧者为尸,尸冢之间,能不恋乎。

毗婆尸

罗泌《路史发挥·老子化胡篇》

然释氏之无知者,辄讳其事,又从而诬罔之,非毗婆尸之意。而老子者不知出此,乃复群起而较其容仪之盛衰,与夫出世之先后以争之,只见其弗能胜尔。

封殽尸

《左传》

文公三年,秦伯伐晋,济河焚舟,取王官及郊。晋人不出,遂自茅津济,封殽尸而还。注:封,埋藏也,埋藏殽战死士之尸而还。

《史记·晋世家》

秦缪公大兴兵伐晋,渡河取王官,封殽尸而去。晋恐,不敢出,遂城守。

又《秦本纪》

缪公三十六年,缪公复益厚孟明等,使将兵伐晋。渡河焚船,大败晋人,以报殽之役。于是缪公乃自茅津渡河,封殽中尸。注:贾逵曰:封识之。为发丧,哭之三日。

女丑尸

《山海经·海外西经》

女丑尸生,而十日炙杀之,在丈夫北,以右手鄣其面。十日居上,女丑居山之上。

又《图赞》

十日暵,女丑以毙。暴于山阿,挥袖自翳。彼美谁子,逢天之厉。

女尸

《山海经》

《山中经·中次七经》:姑媱之山,帝女死焉,其名曰女尸,化为䔄草,其叶胥成。言叶相重也。

荧惑守积尸

《隋书·帝纪》

炀帝大业十三年,秋七月壬子,荧惑守积尸。

天尸

《新唐书·天文志》

建中元年十一月,岁星食天尸,天尸与鬼中星。占曰:有妖言,小人在位,君王失枢,死者大半。

呪力起尸

《华严经》

佛子譬如死尸,以呪力故,而能起行,随所作事,皆得成就。详"严"字。

海不宿尸

《宝云经》

譬如大海,不宿死尸。何以故?海法尔菩萨,法海一切结漏,烦恼死尸,及恶知识,亦不同宿。何以故?菩萨法尔故。叶云

鬼鞭死尸

《经律异相》

昔有人死,魂还自鞭其尸。傍人问曰:是人已死,何以复鞭报?曰:此是我故身,为我作恶,见经戒不读,偷盗欺诈,不孝父母,兄弟惜财,不肯布施。今死,令我堕恶道中,勤苦痛毒,不可复言,是故来鞭之耳。

孝子擎尸

《宗镜录》

昔有禅师在山坐禅,见一孝子,擎一死尸,来向禅师前着便哭云:何故杀我阿母?禅

师知是魔,思云:此是魔境,我将斧斫,却可不得解脱。便于柱上取斧,遂斫一斧。孝子走去,后觉股上湿,便看,乃见血,不期自斫。详"镜"字

饿鬼打尸

《宗镜录·引论》

云:有一沙门行诸禅观,时在冢间,夜见饿鬼打一死尸。问曰:何以打此死尸?答曰:此尸困我如是,是以打之。道人曰:何不打汝心?打此死尸,当复何益?详"镜"

天人摩尸

《翻译名义》

云:有人见一天人散花尸上,以手摩之,问言何谓散花?此尸答云:是我故身。在生之日,孝顺父母,忠信事君,奉事三尊,承受师教,令我神得生天,故来报之耳。

蝇乐臭尸

《法苑珠林·十恶篇》

云:悲夫迷徒障重,弃三车而弗御;漂沦苦海,任燋烂而不疲。若苍蝇之乐臭尸,似飞蛾之投火聚。详"恶"字。

罗刹争尸

《阿育王经》

摩偷罗国有一男子,于其路中,见一神庙,即往寄宿。见二罗刹,共争死尸,各言我得是人,见已出家修道。详"王"字

尸化华厾

《类说》

第四祖优娑趜多,随方行化,魔宫震动,波旬竭力,以害正法,密持璎珞,伺尊者入定,

縻之于颈,尊者取人狗蛇三尸,化为华鬘以酬。波旬大喜,引颈受之,即变三种臭尸。波旬尽其魔力,不能移动,乃升六欲天,告诸天主及梵王求解。王曰:若因地倒,还因地起。离地来起,终无其理。波旬即礼尊者,哀露忏悔。毱多曰:汝可自唱归依。三宝魔王合掌,三唱,华鬘悉除。四祖化导最多,每度一人,以一筹置石室,纵十八时,广二十时,充满其末。后得提多迦,乃付大法眼藏。

万兆行尸

《仙传》

无上元君曰:万兆蠢蠢,名曰行尸。详见"君"字。

度尸

《度人经》

道言夫末学道浅,或仙品未充,运应灭度,身经太阴,临过之时,同学至人,为其行香,诵经十过,以度尸形如法。

尸解

《抱朴子·内篇·论仙卷》

按汉《禁中起居注》云:少君之将去也,武帝梦与之共登嵩山。半道,有使者乘龙持节,从云中下云:太乙请少君。帝觉,以语左右曰:如我之梦,少君将舍我去矣。数日而少君称病死。久之,帝令人发其棺,无尸,唯衣冠在焉。按《仙经》云:上士举形升虚,谓之天仙。中士游于名山,谓之地仙。下士先死后蜕,谓之尸解仙。今少君必尸解者也。近世壶公将费长房去,及道士李意期,将两弟子皆在郫县,其家各发棺视之,三棺遂有竹杖一枝,以丹书于杖,此皆尸解者也。

《类说》

王母曰:此子勤心已久,不遇良师,尸解下方,吾甚不惜。今匈奴未弥,边陲有事,必令其仓猝,舍天下之尊,便入林岫。如其回改,吾六数来。

《太平广记》

上元夫人谓王母曰:阿母既有念故来心,当赐与解尸之方耳。又云:保命君曰:尸解

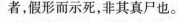

者,假形而示死,非其真尸也。

《云溪友议》

麻姑山,山谷之秀,草木所奇。邓仙客至延康,四五代为国道师,而锡紫服。洎死,自京华归葬是山,是谓尸解也。然悉为丘垅,松柏相望,词人经过,必当兴咏几千首。忽有一少年,偶题一绝句,不言姓字,但云天峤游人耳。后来观其所刺,无后为文。且邓氏之名,因斯稍减矣。诗曰:"鹤在芝田鸡在笼,上清那与俗尘同。既言白日升仙去,何事人间有殡宫。"

《江湖纪闻》

端平年间,有道人到吉州,善画竹石,不泊店,不挂搭。道人居无定所,尝大雪中,跌坠西街河岸,复为雪所压,越七八日始霁。厢吏掘雪将葬之,方鼾鼾睡酣。后在楼前刘宅,倚壁立化,壁上书一大水字。邻近衰钱买棺,葬于刘家塘上。越十数年,谢经略自强作万人缘,开棺视之,满棺皆水,惟一绦存。后在岳州,寄书谢吉州道友。或云其尸解也。

《延祐新安后续志》

金野仙梁之字彦隆,休宁人。淳熙元年八月十二日死,葬于城阳山。后有自蜀中见之,为携家问归,即其殁之岁。或谓之尸解。

《句容县新志》

葛洪坐至日中,兀然若睡而卒,时年八十一。视其颜色如生,体亦柔软,举尸入棺甚轻,如空衣,世以为尸解得仙云。

尸异

《南史·刘怀慎传》

刘亮在梁州,服食欲致长生,迎武当山道士孙怀道,使合仙药,服之而卒。及就敛尸,弱如生。

《北史·李先传》

李预字元凯,服玉经年,云有效验,而世事寝食,皆不禁节。又加好酒损志。及疾笃,谓妻子曰:吾酒色不绝,自致于死,非药过也。然吾尸体必当有异,勿速殡,令后人知飧服之妙。时七月七旬,长安毒热,预停尸四宿,而体色不变。

《太平广记》

元和、长庆间,有郭寿者,与刘执谦友善,二人每恨出显不得通约,先殁者当来告。后执谦卒,寿居华阴,一夕独处,闻户外曰:郭君无恙。聆其音,执谦也。引与话旧。执谦曰:冥途祸福,昭然不可欺。夜分,忽觉有臭气发于左右,即以手扪之,讶,其躯大,不类执谦。嵩知为他怪,因揽其袂,以身加之,牢不可动。将晓求去,曰:不遗我,祸且及子。嵩不答。俄天晓,见一胡人,长七尺余,如卒数日者,秽不可近,即弃郊外。忽有数人来视曰:果吾亡兄也,亡已数日矣。昨夕忽失其尸所在,遂取之而去。又伪蜀宁江节度使王宗黯生日,部生皆持物为贺,独巫山令裴垣,贫无庆献。宗黯大怒,召裴至,诬以他事,生沉滟滪堆,水中三日,尸不流,卓立波面。宗黯颇不自安,神识烦挠,竟得疾暴卒。

又处士郑宾于言,尝客河北,有村正妻新死,未敛。日暮,其儿女忽觉有乐声,渐近至庭宇,尸已动矣。及入房,如在梁栋间,尸遂起舞,乐声复出。尸倒,旋出门,随乐声而去。村正举杖击之,尸倒,乐声亦止。遂负而返。

《小说蒙求》

崔子文学仙于王子乔,子乔化为白蜺,子文惊,引弋击之,俯而视之,乃子乔之尸也。须臾为大鸟飞去。

《摭遗新说》

周助,畿邑封丘人,年十七八,风采甚美。父为助约同邑孙氏为妇,已问名纳采。一夕,孙卧病,谓其母曰:料不起矣,所不足者,不得侍助之巾栉,虽死,为泉下恨矣。孙卒,助闻其容色绝品,又知其瞑目之说,私心快快。与同里李生善,以情告之,李生庸人无识,但其志锐然敢为者也。因谓助曰:此易耳。今方大冬,孙死未数日,尸固未变,容色如旧,破其棺视之,何害?助然之,与李生极饮,暮出郭,至其窆所,掘之,见其枢,李生乃令助自起其盖,则尸欻然而起,执助曰:郎真有情者也,我已化去,而能见遇,夫妇之情尽矣。乃起与助携手而行。助初为之鬼也,又疑其更生,复见其颜色若桃李,亦不惧,乃共踰一垣,助脱袍藉地与孙合。既已,助复询之,则不语。以手举之,则不动,奄然死矣。助惊呼李生共举其尸,复还窆所,盖棺整殡而去。助不半年亦死。

《夷坚志》

蜀人安自牧丧妻之后,买妾曰柔奴,付以阃政,恃主人宠嬖,恣横颇甚。一婢安儿,产子方满月,用计杀之,而逐其母。乾道七年,自牧以制置司干官卒于成都,其家归常州,寓居新兴寺。柔奴感水蛊疾,岁余而死。所亲盛子东及诸安族来搆,以俟大殓,命僧修设薦严,方呪亡位食,尸忽自起而生。众骇惧奔走,惟一老僧独留不去,曰:此尸蹷尔,何足畏?伸脚蹙之倒,亟昇入棺,咸以为积恶之报。又陈乔仕江南为门下侍郎,及王师问罪,乔既死,从吏撤扉而瘗之。明年,朝廷嘉其忠,诏改葬,后见其尸如生,而不僵,髭发郁然。初求尸不得,人或见一丈夫衣黄,半臂举手,影自南廊而过。掘得尸,以右手加额上,如所睹者。

《国老谈苑》

卢多逊既卒,许归葬,其子察护丧,权厝襄阳佛寺,将易以巨椽,乃启,其尸不坏,俨然如生,遂逐时易衣。至祥符中犹然。

《墨客挥犀》

杜德死,葬路傍。后为大水浮其尸出,为耕夫立其尸于路傍,扣之,蓬蓬若空草,亦异

人也。

《能改斋漫录》

滕待制宗谅，谪官秋浦时，州吏有刘某者，妻有美色，俄病死，浴装在槟，未及钉盖。忽然化为异状，皮青发红，若世所画鬼将之类，州吏悲而畏之。既葬，即弃家为道士，入九华山不返。宗谅后在北方，犹寄以诗，所谓九华刘道人是也。又屠说多不胜纪也。尝记先子云：乡人饶之翰者，熙宁中，免乡荐至南省试，不中。会有诏旨，庆历二年，举子特与推恩，而之翰兄之才，实应此令，然死久矣。之翰苦贫，乃诈冒其兄，遂受试将作监主簿，人皆恨其不能少忍三年，以用已应令取官，而为是欺天事。既而之翰选补封州司理参军，秩满之日，作诗数句，言且死之意，遂而病死。其家初为之棺敛，如世俗之常，而尸辄起坐者再三，封之，官民叹异之。乃用浮屠法，泥傅其尸而真佛屋焉。盖理如此者，岂可从下士论之。

《赤城续志》

道猷姓帛，居赤城山，卒于山室，尸犹平坐，而举尸体绿色。义熙末，隐士褚世标入山登岩，见猷尸不朽，其后欲往观者，辄为云雾所惑，无得窥也。

师

三师

《有官龟鉴》

三师，太师、太傅、太保。

《事物纪原》

《尚书·周官》曰：乃立太师、太傅、太保。兹惟三公。晋以为上公。后魏始号三师。

《西汉书·百官公卿表》

太师、太傅、太保，皆古官。平帝元始元年，皆初置，金印紫绶。太师位在太傅上，太保次太傅，前后左右将军，皆周末官。秦因之，位上卿，金印紫绶。汉不常置，或有前后，或有左右，皆掌兵及四夷。有长史，秩千石。

《百官志》

太师、太傅、太保，是为三公。应邵曰：师，训也。傅，覆也。保，养也。师古曰：傅，相也。盖参天子坐而议政，无不总统，故不以一职为官名。又立三少为之副，少师、少傅、少保。是为孤卿，与六卿为九焉。《记》曰：三公无官，言有其人，然后充之。师古曰：不必备员，有德者乃处之。舜之于尧，伊尹于汤，周公、召公于周是也。

《晋书·百官志》

太师、太傅、太保，周之三公官也。魏初唯置太傅，以钟繇为之。末年又置太保，以郑冲为之。晋初以景帝讳故，又采《周官》官名，置太宰以代太师之任。秩增三司，与太傅、太保皆为上公。论道经邦，燮理阴阳，无其人则阙。以安平献王孚居之。自渡江以后，其名不替，而居之者甚寡。

《南齐书·百官志》

太师、太傅、太保,周旧官。汉末董卓为太师。晋惠帝初,卫瓘为太保。自后无太师,而太保为赠。齐唯置太傅。

《宋书》

太师、太傅、太保为三公,训护人主,导以德义,天子加拜,待以不臣之礼,非人则阙矣。汉制,保、傅在三公上,号曰上公。自后常然。

《北史》

后魏朱世隆辞太保,前废帝特制仪同三师之官,次上公之下。

《隋书·百官志》

后齐多循后魏,置太师、太傅、太保为三师。又曰三师不主事,不置府僚,盖与天子坐而论道者也。

《礼仪志》

隋临轩册命三师诸王三公,并陈车辂,余则否。百司定列,内史令读册,讫,受册者拜受出,又引次受册者如上仪。若册开国郊社,令奉茅土立于仗南西面。每受册讫,授茅土焉。

《贞观政要》

贞观六年,诏曰:"朕比寻讨经史,明王圣帝,曷尝无师傅哉?前所进令,遂不睹三师之位,意将未可。何以然?黄帝学太颠,颛顼学禄图,尧学尹寿,舜学务成昭,禹学西王国,汤学威子伯,文王学子期,武王学虢叔。前代圣王,未遭此师,则功业不著乎天下,名誉不传乎载籍。况朕接百王之末,智不同圣人,其无师傅,安可以临兆民者哉?《诗》不云乎?'不愆不忘,率由旧章。'夫不学,则不明古道,而能政致太平者,未之有也。可即著令置三师之位。"

《唐书·百官志》

三师三公。太师、太傅、太保各一人,是为三师。太尉、司徒、司空各一人,是为三公。皆正一品。三师,天子所师法,无所总职,非其人则阙。三公,佐天子理阴阳,平邦国,无所不统。亲王拜者,不亲事祭祀,阙则摄。隋废三师。贞观十一年复置,与三公皆不设官属。

《唐六典》

太师一人,正一品。 太傅一人,正一品。 太保一人,正一品。

《尚书》云:成王既黜殷命,灭淮夷,归酆,作《周官》,立太师、太傅、太保,兹为三公。论道经邦,燮理阴阳。孔安国曰:师,天子所师法。傅,傅相天子。保,保安天子于德义。《礼记》云:设四辅及三公,不必备。惟其人,言使能也。汉承秦制,不置三公。汉末,以大司马、大司徒、大司空为三公。师傅之官，在三公上。后汉因之，师傅尊号曰上公。置府僚。魏晋江左皆然。后魏太师太傅太保，尊号曰三师。后周又为三公。隋氏又为三师。皇朝因之。《汉书》云：太师、太傅、太保，皆古官。金印紫绶。《汉官仪》云：俸月三百五十斛。《齐职仪》云：品第一，金章紫绶，进贤三梁冠，绛朝服，佩山玄玉。周武王以太公为大师。《诗》云："维师尚父，时维鹰扬。"成王以周召为之，《书》云："召公为保，周公为师，相成王为左右。"汉高后元年，置太傅，以右丞相王陵为之。后省。八年复置，寻省。哀帝元寿二年复置。平帝元始元年，置太师、太保，孔光以太傅迁太师，王舜以车骑将军为太保。王莽以大司马领太傅，又置少傅为四辅。莽篡位，以太傅、太保、国师、国将为四辅焉。汉光武唯置太傅，有府僚，拜故密令卓茂为之。明帝以邓禹为之。章、安已下初即位，皆置太傅录尚书事。其人亡，因罢。迄于汉末，献帝初平二年，又置太师，以相国董卓为之。魏氏以钟繇、司马宣王为太傅，郑冲为太保，太师不见其人。晋以景王名师，乃系《周官》名，置太宰以代之，武帝以安平　为太宰，郑冲为太傅，王祥为太保。江左太师并因晋为太宰。梁封十八班，班多者为贵，上公班第十八秩，万石。陈以为赠官。后魏三师正一品，非勋德崇重不居焉。北齐因之。后周依《周官》，以太师、太傅、太保为三公。不置府僚。隋氏依后魏为三师，因后周不置府僚，初拜于尚书省上。炀帝二年，废三师官。皇朝复置，仪制依隋氏。三师，训导之官也，其名即周之三公。汉哀平间，始尊师傅之位在三公上，谓之上公，明虽天子必有所师。其后或废或置，大抵无所统职。至后魏，特称三师以正其名，然非道德崇重，则不居其位，无其人则阙之。故近代多以为赠官，皇朝因之。其或亲王拜者，但存其名耳。

《唐书·宰相年表》

三公三师七十一人：秦王世民，齐王元吉，荆王元景，吴王恪，徐王元礼，韩王元嘉，霍王元轨，舒王元名，相王旦，东王宪，申王扬，邠王守礼，忠王浚，薛王业，庆王悰，广平王俶，福王绾，抚王纮，荣王帻，建王震，已上二十人宗室亲王。裴寂，房玄龄，长孙无忌，李勣，武三思，杨国忠，杜佑，裴度，王涯，李德裕，李让夷，杜悰，白敏中，令狐绹，夏侯孜，韦保衡，王铎，郑畋，郑从谠，萧遘，韦昭度，孔纬，杜让能，徐彦若，崔胤，王搏，柳粲，已上二十七人宰相及前执政迁者。李光弼，郭子仪，王思礼，李抱玉，仆固怀恩，田承嗣，李正已，朱泚，李宝臣，侯希逸，马燧，李晟，李光颜，乌重胤，王智兴，李载义，李克用，王建，韩建，朱全忠，已上二十人以军功进者。武攸暨，李辅国，于頔，韩弘，已上四人以恩泽进者。

江少虞《类苑》

国朝历三公三师者，太祖即位，天雄节度符魏王彦卿，自守太尉为太师，定难节度西平王李中令彝兴，自守太傅为太尉，荆南节度南平王高中令保融，自守太保为太傅。

《宋书·职官志》

三师三公，宋承唐制，以太师、太傅、太保为三师，太尉、司徒、司空为三公。为宰相亲王使相加官，其特拜者不预政事，皆赴上于尚书省。凡除授，则自司徒迁太保，自太傅迁太尉，检校官亦如之。太尉旧在三师下，由唐至宋加重，遂以太尉居太傅之上。若宰臣官至仆射致仕者，以在位久近，或已任司空、司徒，则拜太尉、太傅等官。若太师则为异数，自赵普以开国元勋，文彦博以累朝耆德，方特拜焉。虽太傅王旦，司徒吕夷简，各仕宰相，

二十年,止以太尉致仕。熙宁二年,富弼除守司空兼侍中、平章事,辞司空侍中。三年,曾公亮除守司空检校太师兼侍中,以两朝定策之功辞相位。六年,文彦博除守司徒兼侍中。九年,彦博除守太保兼侍中,辞太保。元丰三年,以曹佾检校太师守司徒,兼中书令。九月,诏检校官除三公三师外,并罢。又以文彦博落兼侍中,除守太尉。富弼守司徒,皆录定策之功也。六年,彦博守太师致仕。八年,王安石守司空,曹佾守太保。元祐元年,文彦博落致仕太师平章军国重事,吕公著守司空同平章军国重事。崇宁三年,蔡京授司空,行尚书左仆射。大观元年,京为太尉。二年为太师。政和二年,京落致仕,依前太师,三日一至都堂治事。九月,诏以太师、太傅、太保古三公之官,今为三师,古无此称,合依三代为三公,为真相之任。司徒、司空,周六卿之官。太尉,秦主兵之任,皆非三公,并宜罢之。仍考周制立三孤,少师、少傅、少保,亦称三少,为次相之任。至是,京始以三公任真相。三公自国初以来未尝备官,独宣和末,三公至十八人,三少不计也。太师三人,蔡京、童贯、郑绅。太傅四人,王黼、燕王俣、越王偲、郓王楷。太保十一人,蔡攸、肃王枢、至仪王楟。渡江后,秦桧为太师,张俊、韩世忠为太傅,刘光世为太保。乾道初,杨沂中、吴璘并为太傅。绍熙初,史浩为太师,嗣秀王为太保。自绍熙后,三公未尝备官。其后韩侂胄、史弥远、贾似道专政,皆至太师焉。

《贾黯传》

黯为中书舍人,权知审刑院为群牧使,时封拜皇子,并除检校太傅。黯言太师、太傅、太保,是为三师。天子之所师法。子为父师,于义不可。盖前世因循不思之过,请自今皇子及宗室属卑者,皆无兼师傅官,随其迁叙,改授三公。下两制议,请如黯奏。而中书亦谓自唐以来,亲王无兼师傅者,国朝以三师三公皆虚名,故因而授之,宜正其失。诏可。迁给事中权御史中丞。

《百川学海》

师,傅,保,辅佐人主,其名甚重,非道尊德重不可以居也。师,导之教训。傅,傅其德义。保,保其身体。如周召、毕公之于成王,可以当是名矣。汉之张禹、孔光,辱莫甚焉。邓禹其庶几乎?后世以为阶官而序进之,失其本旨矣。若皇子加官,而冠以师、傅、保之称,此何义也?子虽贤而可为父之师、傅、保乎?况有年方孩幼,即加是官者,尤悖理矣。故英宗治平二年,御史中丞贾黯力陈其非。四月丙午,诏止加三公太尉、司徒、司空是也。自此名正言顺,人无得而议。宣政以后,至以师、傅、保加之宦竖,其悖理尤甚矣。

《金史》

太师、太傅、太保各一员,皆正一品。师范一人,仪刑四海。

《元史・百官志》

三公太师、太傅、太保各一员,正一品,银印,以道燮阴阳,经邦国。有元袭其名号,特示尊崇。太祖十二年,以国王置太师一员。太宗即位,建三公,其拜罢岁月皆不可考。世祖之世,其职常缺,而仅置太保一员。至成宗、武宗而后,三公并建而无虚位矣。又有所谓大司徒、司徒、太尉之属,或置或不置,其置者,或开府,或不开府,而东宫尝置三师三少,盖亦不恒有也。

三师。太师、太傅、太保，历代多有之。一太殷建官有六太，其一曰太宰，自周以后，亦常有之，余五太则无。三公，太尉、司徒、司空，历代有之。二太，太司马，大将军，历代亦有之。诸位从公，诸将军及光禄大夫开府者，历代亦时有之。官属等。历代有置有省，亦多同说。所以不更各具本府，但依时代都言之。其大将军自其本篇。汉有三师而不见官属，以丞相为公，置司直长史，后改丞相为司徒，则曰司徒、司直长史。具宰相篇。其太尉后改为大司马。绥和初，始置长史一人，掾属二十四人，御属一人，令史二十四人。改御史大夫为大司空，置长史加中丞。具御史大夫篇后汉初，唯置太傅，有长史一人，掾属十人，御属一人。不知何曹。后置太师，董卓尝居之，尽自为也，而不见官属。太尉属官，有长史一人署诸曹事，卢植《礼法》曰：如周小宰，掾史属二十四人。分主二千石，长史迁除，迁民户祠祀，农桑、奏议、解讼、邮驿、转运、盗贼、罪法、兵、货币、盐、铁、仓谷等事。黄阁主簿，省录众事。掌阁下咸仪。记室令史，掌上章表报。后汉末，陈琳阮瑀皆为曹公记室军国书檄，皆所作御属。掌为公卿阁下咸仪。司徒属官有长史一人，掾属三十一人，令史及御属三十六人。正曰掾。副曰史。陈宠辟司徒鲍昱府，是时三府掾属专尚交游，以不肯亲专为高。宠独勤心物务，转为辞曹，专掌天下狱讼。时司徒辞讼久者数十年，事类混错，易为轻重。宠为昱撰《辞讼比》七卷，决事科条皆以事相从，昱奏上之。其后公府奉以为法司空属官，长史一人，掾属二十九人，令史及御属三十二人。正曰掾，副曰属。《汉书》旧注云：公府掾比古元士四命者也。或曰，汉初掾史，辟皆上言之，故有秩皆比士。其所不言，则为百石属。其后皆自辟除，故通为百石云。其大司马从事中郎正行参军，大司马亦有正行参军也。晋有太宰、太傅、太保，唯杨骏为太傅，增祭酒为四人，掾属二十人，兵曹为左右也。杨骏辅政，引潘岳为太傅主簿。太宰、太保，官属不见。太尉、司徒、司空，并有长史司马。太尉虽不加兵者，吏属皆绛服。泰初三年，又置太尉军参军六人，骑司马五人，官骑十人，而司徒加置左长史长差，次九品，铨衡人伦，冠绥与丞相长史同。主簿左右，东西曹掾各一人，若有所循行者，增置掾属十人。武帝时，司徒督州郡农桑，未有赏罚之制，宜遣掾属循行。诏遂使司徒督察州郡播植。若有所循者，增掾属十人。又温峤请司徒置田曹掾，州一人劝课农桑。初，王浑字玄冲迁司徒，仍加兵。浑以司徒文官，主吏不持兵及吏属绛衣，自以非是旧典，皆令皂服，论者美其谦而识礼。司空府加置导桥掾一人，余略同。后汉咸宁初，诏以前太尉府为大司马府，增至祭酒二人，帐下司马官骑大车鼓吹，左右光禄，光禄三大夫开府者，皆为位从公。品秩俸赐仪制与诸公同，加兵者增置司马一人，从事中郎二人。刘琨为司空，以卢谌为从事中郎。主簿记室督各一人，舍人四人，兵铠、士曹、营军、刺奸、帐下都督、外都督、令史各一人。主簿以下，令史以上，皆丝服。司马给吏卒如长史，从事中郎给侍二人，主簿记室都督，各给事一人。其余临时增崇者，则褒加，各因其时为节文，不为定制。其祭酒掾属，白盖小车，七韬车，施耳、后户、皂辅、犊车各一乘，自祭酒以下，令史以上，皆零辟朝服。其为持节都督者，增参军为六人，其余如常加兵公制。孙楚，字子荆，为佐著作郎，参石苞骠骑车事。楚既负其才气，颇侮易苞。初至，揖曰：天子命我参卿军事。初，参军不敬府主，楚既轻苞，遂制施敬，自楚始也。宋有太傅、太保、太宰、太尉、司徒、司空、大司马，诸府皆有长史一人，将军一人，又各置司马一人。而太傅不置长史，掾属亦与后汉略同。自江左以来，诸公置长史仓曹属，东西阁祭酒各一人，主簿舍人二人，御属二人，令史无定员。领兵者置司马一人，从事中郎二人，参军无定员。加崇者置左右长史司马，从事中郎四人，掾属四人，则仓曹增置属，户曹置掾，加崇极于此也。其司徒府若无公，唯省舍人，其府常置其职僚，异于余府，有左右长史，东西曹掾属，余则同矣。余府有公即置，无则省。齐有太宰、大司马，并为赠官，无僚属。太尉、司徒、司空是为三公，特进

位从公,诸开府仪同三司位从公,开府仪同如公。凡公督府置位,长史司马一人,咨议参军二人,诸曹有录事、功曹、记室、户曹、仓曹、中直兵、外兵、骑兵、长流贼曹、城局、法曹、田曹、水曹、铠曹、集曹、右户十八曹。局曹以上署正参军,法曹以下署行参军,各一人。其行参军无署者为兼员。其公府佐史,则从事中郎二人,仓曹掾、户曹,属东西阁,祭酒各一人。主簿舍人御属二人,加崇者则左右长史四人,中郎掾属并增数。其未及开府,则置亦有佐吏,其数有减小。府无长流,置禁防参军。初,晋令公府长史着朝服,自宋大明以来着朱衣。齐王俭为司徒左长史,请依晋令复旧制,不着朱衣,时议不许。又曰,王秀之常云,位至司徒左长史,可以知止足矣。又陆慧晓为司徒右长史,谢朓为左长史,府公竟陵王子良谓王融曰:我府二上佐,前代谁可比?融曰:两圣同侍,未有前例。梁武受命之初,官班多同宋、齐之旧,有丞相、太宰、太傅、太保、大司马、太尉、司徒、司空、开府仪同三司等官。诸公及位从公开府者,置官属,有长史司马咨议参军,掾属从事中郎,记室建安王《为雍州表》求管记,乃以江革为征北记室参军,革弟观又为参军记室,任昉曰:文房之任,总卿兄弟。故历代皆为文士之笔选云。主簿列曹参军,行参军舍人等官。其司徒则有左右二长史,褚球字仲宝。为司徒左长史,加貂台佐。加貂自球始也又增置左西掾一人,自余僚佐同于二府,有公则置,无则省,而司徒无公,唯省舍人,余官常置。开府仪同三司位次三公,左右光禄大夫优者则加之,曰三公。置官属陈三师二大并为赠官,而无僚属。其三公有府长史司马,咨议参军,从事中郎、掾曹属、主簿,祭酒录事,记室正参军。

后魏,三师无官属,后又置太宰,以元天穆为之。增置佐吏,三公及二大,并有长史司马、咨议参军、从事中郎、掾属、主簿、录事参军、功曹、记室、户曹、中兵等参军。诸曹行参军,祭酒参军事,长史兼行参军督护。其太尉司徒,与二大属官阶同,唯司空府官每降一阶。

北齐,三师二大三公,各置长史司马咨议参军,从事中郎、掾属、主簿、录事,功曹、记室、户曹、仓曹、中兵、骑兵、长流、城局、刑狱等。参军事东西阁祭酒,及参军事,法、墨、田、水、铠、集、士等曹,行参军督护等员。司徒则加左右长史。长史,主史司马,主将舍人,主阁内事。皆自秦官也。从事中郎,从事中郎,汉末官也。陈汤为大将军,王凤从事中郎,在主簿上。所掌秩与长史同。掾属,主诸曹事。主簿,所主与舍人同,祭酒所主亦同。令史,主诸曹文书。此皆自汉官也。陈汤为大将军,王凤从事中郎是也。御属参军,自后汉也。孙坚参骠骑军事是也。参军所主与掾属同。其仪同三司,如开府者,亦置长史以下官属,而减记室,仓城属田、水、铠、士等七曹各一人。其品亦下三公府一阶。其三师二大佐吏则同太尉府也。后周以太师、太傅、太保为三公,而不见僚属。隋三师亦不见官属。而三公依北齐置府僚,后省府及僚佐置,公则坐于尚书都省,朝之众务,总归于台阁。唐三师、三公并无官属,宋亦如之。

太子太师

《大戴礼》

昔者周成王幼在襁褓之中,太公为太师。

《史记·外戚世家》

云:汉高祖以商山四皓为太子太师也。

《晋公卿礼秩》

太子太师，秩与卿同。

《晋官品令》

太子太师，品第三，旧砚尚书令，位在卿下，进贤两梁冠，绛朝服。

《后魏书·百官志》

太子太师，右从第一品上。

薛综《让少傅表》

先生之建太子，必择九德之师，六行之傅。

《晋书·何劭传》

劭，字敬祖，与武帝同年。有总角之好。帝为王太子，以劭为中庶子。及即位，转散骑常侍，甚见亲待。惠帝即位，初建东宫，太子年幼，欲令亲万机，选六傅，以劭为太子太师，通省尚书事。

《职官分纪》

唐贞观十六年，太子太师魏玄成薨。帝追思不已，谓侍臣曰："夫以铜为镜，可以正衣冠。以古为镜，可以知兴替。以人为镜，可以明得失。朕常保此三镜，以防己过。今玄成殂逝，遂亡一镜矣。"又曰："玄成亡后，朕遣人至宅，就其书函得表一纸，草字皆难识，唯前有数行稍可分辨，云天下之事，有善有恶，任善人则国安，用恶人则国乱。公卿之内，有爱有憎，憎者唯见其恶，爱者唯见其善，爱憎之间，所宜详慎。若爱而知其恶，憎而知其善，去邪勿疑，任贤勿二，可以兴矣。其遗表如此，然在朕思之，恐不免斯事。公卿侍臣可书之于笏，知必谏也。"冯定为太子詹事，时宰臣郑覃兼太子太师，欲于尚书省上，定奏曰，据六典，太师居詹事府，不合于都省礼。上乃诏于本司上事，人推美之。

《事文类聚》

长孙无忌为太子太师，同中书门下一品，同三品自此始。《唐职林》

《晋东宫故事》

皇子诣崇贤门迎师傅。颜真卿改太子太师。李希烈陷汝州，卢杞乃建遣真卿，四方所信，若往谕之，可不劳师而定。诏可，公卿皆失色。李勉以为失一元老，贻朝廷羞，密表固留。至河南府，河南尹郑叔则以希烈反状明，劝不行。答曰："君命可避乎？"既见希烈，时朱滔、王武俊、田悦、李纳使者皆在坐，谓希烈曰："闻太师名德久矣。公欲建大号，而太师至。求宰相，孰先太师者？"真卿叱曰："若等闻颜常山否？吾兄也。禄山反，首举义师。后虽被执，诟贼不绝于口。吾年且八十，官太师，吾守吾节，死而后已，岂容若等胁邪？"诸贼失色。《唐本传》。卢钧守太子太师，帝元日，太飨含元殿，钧年八十，升降如仪，音吐鸿

畅,举朝咨叹。

《旧唐书·文宗纪》

大和八年十月辛卯,以中使田全操充皇太子太师。甲午,皇太子见太师路随于崇明门。

《茅亭客话》

后唐大同三年,魏王统军克蜀,孟先主尚庄宗妹福庆长公主。自太原节度驰赴西川。至明宗晏驾,宗室丧乱,朝士奔窜,有新罗僧携庄宗诸子为僧,入蜀投孟主,即福庆长公主犹子也。因为起院,以庄宗万寿节为名额,蜀人号为太子太师。暨圣朝吊伐,入见阙庭,有小师宗莹,酷好为诗,其师自京归,检校其院,隳残殆尽。宗莹与院主元亮,设谋闻于时政,以其师后唐宗裔,不合住川,由是为所奏,发遣赴阙,太师忧患,卒于剑门。元亮与太师同日暴亡。宗莹因顺贼入城,焚烧院宇,寄食诸寺中,风恚,二三年间,患疮疥狼狈,终亦自缢而死。呜呼,不畏于天,不孝于师,能无及此乎!

《文昌杂录》

太子太师张公升,大中祥符八年岁在乙卯登科。熙宁九年丙辰终于许州阳翟县里第。公起布衣,致使相,自初仕至薨谢,历一甲子,近世所无也。

《文苑英华·授宋王成器太子太师制》苏颋撰

门下,孟侯之礼,虽归于冢嗣;太伯之风,实尚于高节。左卫太将军宋王成器,幼而聪惠,长则温仁,礼乐同归。质文相半,孝以为政。每用因亲,忠而立诚。所期尊主,故能乐于为善。好在服儒,占蚁穴以探微,登省台而成赋。自奄有梁宋,作藩邦家,其仪孔臧,其德可大,朕之元子,当践副君。以隆基有社稷大功,神祇《唐书》作人神金属,由是朕前恳让,言在必行,天下公议,《唐书》作至公诚不可夺。爰符立季之典,庶叶从人之愿,况别为九州,必资于牧伯;贞夫万国,先伫于师傅。式副金谐之求,仍光不拜之宠。可雍州牧,扬州大都督,太子太师,别加实封二千户,赐物五千段,细马二十疋,奴婢十房,金银器皿二百事,甲第一区,良田三十顷,余如故。主者施行。

《授信安王祎太子太师制》孙逖撰

门下,传导元子,师长庶寮,必在正人,无非旧德。太子少师上柱国信安王祎,宗室良翰,朝廷硕老,践忠公而体立,节明肃而成用。顷膺大任,频总中权。掌夏司春,是为六官之长;戢兵禁暴,何止万人之敌。睦亲尚齿,念旧录功,宜优天秩之荣,俾极宫臣之位。可光禄大夫,守太子太师,勋封如故。

唐陆宣公《翰苑集·李勉太子太师制》

立国之本,所系于元良。弘教之方,必由于端士。非精识前典,德冠当时,恭敬温文,其将安仿。吾是以辍台阶之老,选宗室之贤,辅翼春闱,是资教谕。检校司徒同平章事充大清宫使、崇文馆大学士、上柱国汧国公李勉,忠信孝友,直方简俭,达君臣父子之际,知

礼乐教化之端。虚澹保和，贞明寡欲，求旧则德懋，叙亲则属尊，师范国勋，无易其选。可检校司徒兼太子太师，散官封勋如故。

《李卫公集·赐新授太子太师杜衍制》

卿道崇德茂，体方行正，业成廊庙，心存丘壑。往以时事，来还宰旅，秉此难进，确然莫夺。虽违又辟之望，实有镇浮之益。深惟元老，想见高风。师范之尊，东宫莫二。举兹崇秩，明昭有德，公器斯在，雅道有光。宜略常谦，即膺成制。

宋《洪文安公集·同知枢密院事王纶
父赠太子少师咏赠太子太师制》

朕奉燔瘗于崇丘，衰神祇之大报，诞旉赈施，交被幽明，兴言辅臣，追念先德，宜布褒荣之律，少舒怵惕之怀。具官某，履信自持，潜光不售，扬名后世，但知连屋以藏书。教子义方，果见肯堂之底法。服在枢机之邃，相予禋祀之成，念余庆之所蒙，举愍章而亟下。储宫极品，师位最高，尚其如存，绥我异渥。

洪适《盘洲集·虞文父祺太子太师制》

蜀道，文儒之林也。在西汉时，严、马、渊、云，禀灵江汉，擅声四海，后来仰之，如庆云景星，曾未闻父子继美，及致身鼎辅者。我宋勃兴，异材间出，高视前古，世载其英。具官某，包括群书，洋溢嘉闻，登名月窟，仕不隆振，储休子舍，大其门闾。光践鸿枢，兼握政柄。聚精会神，景行爽高。宫师褒禭，制墨未干。兹讲神釐，复申恤册，以彰教忠之训，以慰显亲之心。没有知也。尚荣享之。

洪浩《鄱阳集·赠太子太师制》

敕：惟天无私，积德必报。于公笃高门之庆，臧孙开有后之祥。矧节义贯于一时，勋名垂于万世，宜侈传家之福，启予同德之良，苟非厚愍册之褒，何以示忠臣之劝！左中大夫同知枢密院事洪遵故父任徽猷阁直学士，左朝散大夫，赠左光禄大夫，谥忠宣。皓德望仪于列辟，问学肩于先儒，十九年牧海上之羊，凤高苏武之节；八千里感朝阳之鹗，咸推韩愈之忠。方颁促召之音，遽起云亡之叹，独有遗经之满箧，遂诒嗣子以承家。跻于庙堂，二我枢筦，肆厥延登之始，爰加追赍之恩。虽西清学士之班，未究平生之蕴，而东宫维师之秩，兄为窀穸之光。歆我殊荣，服之无晒。可特赠太子太师，余如故。

郑起潜《立庵集·端明殿学士
别之杰故父宣义郎致仕，已赠太子
少师□，赠太子太师制》

枢副之登，幸哉有子。愍饰之命，加乎其身。具官某父某，行著乡评，学推儒望。珪璋内抱，躬全韫玉之藏；弓冶亲传，家有篆金之训。维予政地，嘉尔义方，爰陟秩于宫师，用增光于家庙，非特广朕漏泉之泽，抑亦表尔教忠之功。灵其克歆，礼则为称。

《加赠王蔺故父太子太师制》

敕：朕图惟厥初，莫先孝治，二三执政，爵位既崇，追显其亲，累封叠宠，兹其时矣。太

中大夫参知政事，无为县开国伯，食邑八百户，食实封二百户，王蔺故父任朝奉大夫，赠太子少师之道，学识醇深，气节刚正，儒术节之吏事，词章继于古人。载驰华使之车，仕非不远；通班文石之陛，志乃竟违。收其蕴蓄之余，贻尔贤哲之嗣。参和公鼎，益大德门，兹正位于宫师，庸增光于祢庙。恩典弥渥，尚其歆承。可特赠太子太师。

陈靖《上真宗乞置东宫师保札》

臣伏见皇太子，光践承华，照临方内，游雷成象，正位于青宫；五辂和铃，炳仪于清庙。惟宾寮之具尔，独师保之阙如。且夫师者，师法其规模。保者，保安于德义，苟旷厥任，未协前经。臣是以辗转三思，揣摩群籍，冀有确论。上赞昌朝，粤自五帝选贤，三王授予，虽揖逊之或异，在训导以攸同。虞舜之书，则曰教胄子；姬周之典，则曰延冲人。著于格言，莫重尊教。虽然，服冕裘，陈卤簿，此可以庄礼容于外也，未若就道德，敦孝恭，此可以发智理于内也。伏愿陛下，隆邦家之本，考沿袭之文，延揖公台，克备师傅，体二圣之基绪，副三灵之宅心，人谋大同，知有尊于调护；神器光属，亦共贯于守成。又惟陛下，颁列藩房，凤昭圣范，历试京邑之繁重，备尝稼穑之艰难，虽勿用以居潜，已重晖而合照。故太宗皇帝英心专断，大略制权，谓六传而可虚，俾庶务而从简。今皇太子适膺储位，方在妙龄，是宜设彼师臣，丰其礼数，恢七教已兴之德业，广五行俱下之聪明。春诵夏弦，遍遵行于故事；左辅右弼，率永赖于正人。臣谨按《汉书》，始元五年六月，诏曰："朕以眇身，获保宗庙，战战慄慄，夙兴夜寐，修古帝王之事，通保傅者。"是知保傅之重，不可不备也。又伏睹唐正观十七年散骑常侍刘洎，以谓皇太子初立，宜尊贤重道，以昭圣德，遂上书论列，亦有宪章。然而师傅之名，未闻沿革之制。臣学识寡陋，罔测津涯，伏乞陛下选载笔之洪儒，俾其检讨，召秉钧之元辅，计之久长，庶使左右周储，赖旦奭之耆德；羽翼汉室，蹑园绮之高踪。上符宗社之灵，下副华夷之愿。臣适当暮齿，尚玷周行，请老归田，案礼经而愧晚，封章言事，表臣节之有终，傥蒙宸鉴俯回，离明增耀，不独臣死生幸甚，抑亦使兆庶同欢。

太子少师

《六典》

太子三少，掌奉皇太子。以观三师之道德而教喻焉。

《晋书》

惠帝以卫尉裴揩为太子少师。

《宋书》

太子少师、少保，并晋置。

《后魏书·百官志》

太子少师，右第二品上。

《职官分纪》

后魏郭祚,领太子少师。祚曾从世宗幸东宫,明帝幼弱,祚持一黄瓟出奉之,时应诏左右赵桃弓与御史中尉王显,迭相脣齿,深为帝所信。祚私事之,时谤祚者号为桃弓仆射、黄瓟少师。

唐李纲拜太子少师。时纲有脚疾,不堪践履,太宗特赐步舆,令纲乘至阁下,数引入禁中问以政道。又令舆入东宫,皇太子引上殿,亲拜之。纲于是陈君臣父子之道,问寝视膳之方,理顺词直,听者忘倦。太子尝商略古来君臣,必教竭忠尽节之事,纲懔然曰:"托六尺之孤,寄百里之命,古人以为难,纲以为易。"每吐论发言,皆辞色慷慨,有不可夺之志,太子未尝不耸然礼敬。贞观十三年,以房玄龄为左仆射,拜太子少师,玄龄上表逊位,优诏不许。玄龄固让,乃下诏曰:"夫选贤之义,无私为本。奉上之道,当仁是贵。列代所以引风,通贤所以叶力。卿忠肃恭懿,明允笃诚,草昧霸图,绸缪帝道,仪形礼阁,庶政惟和,辅翼春宫,望实斯在。而忘彼大体,徇兹小节,虽恭教谕之职,乃辞机衡之务,岂所谓弼余一人,共安四海者也。宜听此怀,无烦固让。"玄龄固不奉诏,又诏曰:"玄龄德为时秀,位隆朝右,业履恭俭,志怀冲退,频表陈诚,固辞执法,朕旰食思治,虚己钦贤,方资启沃,共康兆庶。岂得由其雅尚,用亏彝典。便可断表,即令摄职。"太宗因谓侍臣曰:"太子师保,古难其选。若成王幼小,周公为傅,左右皆贤,日闻雅训,自幼及长,便为圣君。秦之胡亥,赵高傅之,后以刑法。及其立也,诛功臣,杀亲族,惨酷不已,旋踵而亡。以此言之,善恶由于习近。"又曰:"房玄龄拜太子少师,时皇太子将行拜,备仪以待之,玄龄深自卑损,不敢修谒,遂归于家,有识者莫不重于崇让。"

唐休璟,年力虽衰,进取弥锐,时尚宫贺娄氏用事,休璟乃为其子娶贺娄氏养女,以为妻,因以自达。由是起为太子少师,为时所讥。许敬宗为太子少师。乾封初,以年老不能行步,特令与司空李勣每朝日各乘小马入禁门,至内省。

王起,迁太子少师,判兵部事,侍讲如故。以其家贫,诏每月割仙韶院料钱三百千添给。起富于文学,而理家无法,俸料入门,即为仆妾所有。帝以师友之恩,特加周给,议者以与伶官分给,可为耻之。

《唐书》

长庆中,以兼太常卿赵宗儒为太子少师。太常有师子乐,备五方之色,非会朝聘享不作焉,至是中人掌教坊之乐者,移牒取之,宗儒不敢违,以状白,宰相以为事在有司执守,不合关白,而宗儒忧恐不已,宰相责以懦怯不任事,故换此散秩。

《旧唐书·礼仪志》

总章元年二月,皇太子弘幸国学,释奠,赠颜回太子少师。

《事文类聚》

元和以来宰相,有两李少师,故以所居别之。一曰靖安少师,一曰永宁少师。《职林》文宗议选旧德,保护东宫,乃以太子少师召萧俛。

《宋史·职官志》

国初,师傅不常设。仁宗升储,置三少各一人,参政李昉兼掌宾客,及升首相,遂进少傅,此宰相兼官僚之始也。丁谓兼少师,冯拯兼少傅,曹利用兼少保,是时实为东宫官。余多以前宰执为致仕官。若太子太师、太傅、太保,以待宰相。官未至仆射者,及枢密使致仕,亦随本官高下除授。太子少师、少傅、少保,以待前执政。惟少师非经顾命不除。若因迁转,则递进一官至太师,即迁司空。天禧末,皇太子同听政,乃以首相兼少师,自后神宗、钦宗、孝宗、光宗,在东宫皆不置。开禧三年,史弥远自詹事入枢府,乃进兼宾客,已而太子侍立,遂以丞相钱象祖兼太子少傅。明年,景宪太子立,象祖兼少师,弥远以右相兼少傅。未几,弥远丁内艰,象祖亦去位。又明年,弥远起复,遂兼进少师。景定元年,度宗升储,以贾似道为少师。

《文苑英华·授唐休璟太子少师制》

苏颋门下:君臣之道,钦若从蘗,师保之寄,人具尔瞻,必在耆德,共康庶政。特进前行尚书右仆射、同中书门下三品、上柱国宋国公致仕唐休璟,自天锡梦,维岳降精,心竭忠公,器包文武,庙堂隆栋,委以弼丞,帷幄运筹,推其决胜。爰当宰任,固辞揆职,私第悬车,耆年益壮,公门轼马,朔见逾闻。求旧所期,怀贤是切。谕于三善,况待正人。营于百工,孰过元老?宜纡几杖,俾作盐梅。可行太子少师、同中书门下三品,散官勋如故。

《授岐王范太子少师等制》

黄门赞翼皇储,允归师保,崇敬叔公,谅属亲贤,虢州刺史上柱国岐王范,秘书监兼幽州刺史、上柱国薛王业等,明允笃诚,温良恭俭,忠孝先于令典,文儒伟于成业,自为我藩翰,拥其干旄,雅闻邵伯之诗,尤美鲁公之政。虽颁条是务,而导礼兼资。因入拜于承明,停来仪于博望。范可太子少师,虢州刺史,业可太子少保,兼幽州刺史,勋封等各如故,主者施行。

《元丰怀遇集》

《故资政殿学士、太子少保致仕元绛可特赠太子少师》

敕,进退之礼,始终不愆。存殁之恩,衰荣宜称。肆颁明命,闵锡故臣。具官某,和厚温恭,文采自饬,政司密勿。宿有将明,知止乞身。厥惟嘉尚,遭兹奄忽,弥用尽伤。厚往饬终,加隆宠数。尚其冥漠,识我徽章,可。

《故太子少保、充资政殿学士致仕赵抃可特赠太子少师》

敕,朕有爵禄,以礼天下之士,惟贤才者得以备其尊崇,生而都荣名,殁而被余宠。非真以称公义,维以尽于朕心。具官某,厚德足以镇浮,清名足以激浊。行己事上,始终洁完。为时老成,实朕良弼。不复强起,今其云上。锡兹褒嘉,申我伤恻。维尔有闻,责于无穷,可。

王之道《相山文集》

《追赠太子少师》

敕,于公以仁恕治狱,老于尺曹;而定国相汉栖筠以忠正事主,终于御史,而吉甫相唐。夫报不在其身，则祉必施于后，积善之庆，神理不诬。中大夫参知政事、无为县开国男食邑三百户、赐紫金鱼袋王蔺故父任朝奉大夫，赠通奉大夫之道，以明练有为之才，抱刚毅不回之节，服勤州县，有志事功。曩在扰攘，保全乡社，寇不临于一境，活何止于千人。嗟颜驷之不逢，喜臧孙之有后。今其次嗣，翊我化钧，是以似之，见典刑之犹在，所凭厚矣。知世德之灵长，肆因授任之初，申锡追荣之命，升宫师之亚秩，赍愍册于幽扃，尚其英灵，歆此优渥，可特赠太子少师。

加赠少师

敕，士有抱负器业，砥名励行，自见于世，而用之未尽者，乃以训其子。今登元枢，重我本兵之地，则褒崇之典追报其亲，盖亦理之宜，而事之称也。太中大夫知枢密院事兼参知政事、庐江郡开国侯食邑一千二百户，食实封三百户王蔺故父任朝奉大夫、赠太子太师之道，学博而文瞻，材全而识明，亶收儒科，浸阶朊仕，两持使节，风采犹存。埶遏长途，位不配德，克生贤佐，始大尔门。进亚公师，爰颁命绋，官品增峻，用诏无穷。可特赐少师。

《洪文安公集》

《贺允中父任承议郎赠左中散大夫坦赠太子少师制》

人伦之孝，莫大于扬名。王者之恩，尤高于锡命。睠弼臣之鼎贵，即考庙以追荣。具官某，为世闻人，不跻朊仕，种德百年之计，非此其身；遗子一经之传，克昌厥后。方延登于政地，亟加贲于泉扃。储位之孤，师位为冠。尚营魂之未泯，对茂渥以灵承。

《知枢密院事陈诚之父任右宣教郎致仕赠太子太师宏赠少师制》

《昊天有成命》，载赓郊祀之诗。圣主得贤臣，实赖精神之助。肆哀喜觌，追宠祢庭。具官某，肃括饬躬，高明养气，见谓一乡之善士，不跻三接之康侯，非此其身；自信籝金之训，幸哉有子。立登枢筦之华，属兹丰礼，可缓褒典。即春宫之峻品，冠夏篆之巍班。尚期如存，歆我休渥。

李壁《雁湖集》

《姜特立父绶赠太子少师》

为人臣者，以忠义殁身，虽千载之远，闻其风而敬之。矧先帝藩邸之臣，义方所自，耳目相接，凛然如生。因其子贵，加之恤典，尚何靳哉。具官某，故父某，位不尽才，忠能效节，造物之报，在其后人。依乘风云，事我圣考。方挂冠于神武，爰正位于泰官。视其恩数之当行，孰若追荣之最急。锡之新命，畀以宫师。岂特慈人子显亲之思，亦以彰人臣死事之报。英灵不泯，光宠其承。

郑起潜《立庵集》

《端明殿学士同签书枢密院事金渊以新除封、赠父巳、赠奉直大夫祖文、赠太子少师制》

共政登庸，进西府枢机之贰。教忠崇报，跻东宫辅翼之师。孝莫大于显亲，恩聿隆于锡命。具官某父某，含章独善，迪行素纯，践履足配于先民，宽厚自孚于仁里。传家有庆，高驷马于门闾；知子甚明，植三槐于门户。由尔义方之训，弼吾宥密之谟。因尝叠被于徽章，兹用峻加于愍饰，庆风云之会，涣宠渥以方新；感雨露之濡，发幽光而奚憾。克绥厥

《赵概集》

金紫光禄大夫太子少师张化生墓志、乐全先生男张方平铭

睢阳有隐君子清河公,世家宋人。自唐五季代,藩帅擅势,豪杰多见縻用。公曾祖克,以材略仕归德军,显名,东诸侯节度使皆倚以自重。领亳州刺史行州事。祖文熙,通经,从使府辟为军事推官。考峤,太平兴国五年进士擢第,风表秀伟,长民有政。太宗皇帝临轩召对,嘉其器望,选知郓州,赐之亲礼,优以全俸,搢绅以为宠,终尚书都官员外郎。今赠太子少傅。少傅笃厚长者,夫妇奉佛,中身未有子,相与精祷。久之,夫人梦天人乘空而降,捧一婴儿授之,曰:"以是为而子。"因妊生。公幼而庄介,不戏弄,不嬉笑,人莫敢狎侮。稍长就学,记诵强敏。他日少傅曰:"人不学不知道,道在六经也。"曰:"诺。"即习通诸经,然非其好也。他日又问盍婚宦乎?曰:"诺。"婚而未宦,少傅即世。遂不复仕。曰:"向者从父之命,今姑从吾志。"赀业素厚,悉属之弟,十余年间,隳荡无余,一不为问。久之,其子方平通显于朝,比至翰林学士承旨,户部尚书参知政事。天泽下施,自业流根,公自大理评事太子中允太常丞,历尚书、工部、刑部、兵部员外郎郎中,至秘书少监,以及今赠。子领益部,赐公阶朝散大夫,解三司使,赐公金紫,皆特恩也。家人奉章绶,服以拜赐,然不再服矣。从子之官,所至官舍,入府门,更罢乃出,僚吏无识者。金陵、钱塘、秦亭,有林园楼堞,可以眺望山川之胜,未尝至其所也。其在京国乡里亦尔,独处一室四十余年,世缘人事不以自累,贪爱巧伪之为,平生不接于心术。菲饮食,衣至于不任,补纫而后易。羞有常物,不得辄有加者。居处器用,不易其旧。夫人先公殁十七年。夫人既殁,不复见妇人之面。孙娶妇入门,隔窗一参,竟不之识。早岁犹有山僧野客,间相见者。晚年,悉不复接,家有吉凶之事,悉不复知,其节孤峻如此。尚书自钱塘丁太夫人忧,候朝京口钱塘净慈寺。老宿僧惟清,行甚高,闻公常日宴坐,语其徒曰:"是公,岂所谓得一切清净功德,庄严三昧者耶?我为善知识,应为发起宿世善根。"乃至丹阳请见,公欣然接纳。清问:"公住无所住耶?"公曰:"我住正住。"清曰:"公亦忆念耶?"公曰:"如是,我正忆念。"后数相见,公竟别无叩问。清告其徒曰:"是不可思议。"当知公已久植众德本,已得诸根清净,得大善寂力,住无生法,忍入甚深智慧。往者虽子孙常所亲近,亦不知公所存,由是乃知公游方之外远矣。尚书早晏定省,燕居侍坐,语寒温外,未尝及他。因事警策,必有深旨。尚书自南京迁秦州,虑公乐乡里,且迎侍道远,请于朝,求寝新除。诏书三下,公谓其子:"吾犹可行,君命当得取必也哉。吾闻先人话前朝事,要官重寄,莫敢以便私辞命者。吾从若在滑州官舍,所居东壁见题名记,曹侍中除滑州节度,自降麻到官,中间不浃日,有如是偃蹇者耶!"既行,左右奉舆,公曰:"此何为者。"尚书前白,迓人实多,数易不足为劳。公曰:"吾从先人屡领郡矣。"见郡遣逆者,白直不过二十人,无兵卒也。自雇车乘,家人橐装共载,今官长自奉乃尔。天下安得不困,吾平生未尝用人力,今以老身,使人肩舆往还五千里。竟不就舆。乘马度陇阪,西人见闻,莫不叹息。其义方大体如此。公自少无疾,不服药,未尝令医胗脉。治平四年,岁在丁未,九月示疾,十月三日昧爽,寝适兴居,曰:"东方明乎,吾其逝矣。"言终而殁。弥日顶温至于眉宇间,七日而殓,手足不僵。上闻嗟恻,使近珰吊,内司宾临奠,以太子少师告第,享年八十有三。配仁寿郡夫人嵇氏,静温有贤德。公讳某,字化生,化生云者,先少傅以是识其所生之梦也。王父赠太子少保,王母苏氏,武功郡太夫人。妣刘氏,彭城郡太夫人。一子,尚书公也。二女,长适士人

盖襄。次适比部员外郎蔡修。孙曰庆基，大理评事。熙宁元年戊申，冬十一月十五日甲申，葬于宋城县仁孝曲。孤子方平泣血铭。曰：

世报生身本如幻，如幻起灭非实相。智者明知起灭空，故离诸缘还自性。公植善根非一劫，宿集众德妙庄严。现有眷属常远离，虽在家居已明脱。痴惑所生诸烦恼，不可污染如莲华。不修观行常寂然，是则名为真宴坐。常正定中无依慧，万行非功自成就。是则名为真功德，河沙无量空无边。净智妙明非识想，岂与色声共生灭。来如月影水中圆，去若浮沤归海性。金刚坚固无有坏，须弥卢山不动摇。离一切相清净身，超越假名出三界。

卷之九百二十 二支

师

太子三师

《礼记·文王世子》

曰:凡三王教世子,必以礼乐。乐,所以修内也。礼,所以修外也。礼乐交错于中,发形于外,故其成也,怿恭敬而温文。又曰:立太傅、少傅以养之,欲其知父子君臣之道也。太傅审父子君臣之道以示之,少傅奉世子,以观太傅之德行而审喻之。太傅在前,少傅在后,入则有保,出则有师,是以教喻而德成也。师也者,教之以事,而喻诸德者也。保也者,慎其身以辅翼之,而归诸道者也。《记》曰:虞、夏、商、周有师保,有疑丞,设四辅及三公,不必备,惟其人,语使能也。

《数类》

太子三师三少,是为六傅。太师、太傅、太保、少师、少傅、少保也。又曰六师。
《晋史》曰:愍怀建宫,乃置六傅,三太三少。自元康之后,诸傅或二,或三,或四,或五。

《隋书·百官志》

太子太师、太傅、太保,是为三师,掌师范训导,辅翼皇太子。

《唐书·百官志》

东宫官,太子太师、太傅、太保各一人,从一品,掌辅导皇太子。每见迎拜殿门,三师答拜。每门必让三师坐。太子乃坐,与三师书,前名惶恐,后名惶恐再拜。太子出,则乘辂,备卤簿以从。少师、少傅、少保各一人,从二品,掌晓三师德行,以谕皇太子,奉太子以观三师之道德。自太师以下,唯其人,不必备。先天元年开府,置令丞各一人,隶詹事府。寻废。

《唐六典》

太子太师一人,太傅一人,太保一人,并从一品下。

《史记》

秦孝公使商鞅设法,而黜太子师傅,则秦有其职也。汉氏唯置太傅,秩二千石,属官,有太子门大夫,庶子,洗马,舍人员,后汉太子太傅,秩中二千石,掌辅导太子礼,如师,不

商鞅变法

领官属。至魏,太子太傅为第三品。汉魏故事,皇太子于二傅执弟子礼,皆为书,不曰令。太傅于太子不称臣。晋初,东宫不置詹事,事由二傅。少傅立草,太傅书真,以为储副体尊,遂命诸公居之,而本司位重,或行或领也。咸宁中。备六傅之职,朗陵公何邵为太子太师,避景帝讳,改为帅。安丰侯王戎为太傅,武陵侯杨济为太保,其后或置或省。怀帝为太弟,又备六傅。东晋,明帝在储宫,置保傅之位,而无二师。晋令太子太保品第三,进贤两梁冠,绛朝服,佩水苍玉,银章青绶。宋、齐、梁并不置。后魏、北齐置之。正第二品,号东宫三太。后周不置,隋氏置之。正第三品,皇朝因之,而加其秩。太子出,则乘辂备仪。太子三师,以道德辅教太子者也。至于动静起居,言语视听,皆有以师焉。

《册府元龟》

长孙无忌为司徒,定策立晋王为太子。太宗以无忌为太子太师,房玄龄、萧瑀为傅保。制曰:明两之重,实固宗祧。辅导之职,莫先师保。是以吕望、召奭,腾芳于有周;叔孙玄成,继美于隆汉。司徒赵国公无忌,器范宏邈,风鉴秀远,材称栋干,地兼姻戚。佐命之功,勒乎钟鼎;论道之誉,穆乎台槐。股肱是属,邦国收赖。教谕少阳,佥望斯在。司空梁国公玄龄,体业忠肃,识具弘通,诚著霸图,功宣鼎业。奉上之节所怀必尽,益国之事知无不为,必能厉兹六行,审喻三善。特进宋国公瑀,操行清约,识局贞正,夙受先遇,早升朝右。立身之操必在于直道,体国之心无忘于忠义,辅翼储二,望实攸归。无忌可太子太师,玄龄可太子太傅,瑀可太子太保。又以黄门侍郎褚遂良为太子宾客。

《郑氏谭绮》

称太师、太傅、太保曰春宫三师。

《唐会要》

皇太子见三师礼　　贞观十二年七月,礼部尚书王珪兼魏王师。上问黄门侍郎韦挺曰:"泰昨与珪相见,若为礼节?"挺对曰:"见师之礼,拜答如仪讫。"王问珪忠孝,珪答曰:"陛下,王之君也,事君思尽忠。陛下,王之父也,事父思尽孝。忠孝之道,可以享天祐,余芳可以垂后叶。"王曰:"忠孝之道,已闻教矣,愿闻所习。"答曰:"汉东平王苍云,为善最乐。"上曰:"我尝语泰,汝之事师,如事我也。"泰每先拜珪,珪亦以师道自居,物议善之。十七年四月二十一日,上谓房玄龄、萧瑀曰:"太子三师,以德导人者也。若师礼卑,则太子无所取则。"于是诏令撰《三师仪注》。太子出殿门迎,先拜,三师答拜。每门让三师坐,太子乃坐。与三师书前名"惶恐",后名"惶恐再拜"。其年,皇太子承乾失德,魏王有夺嫡之渐,内外疑议。上恶之,谓侍臣曰:"当今朝臣,忠謇无逾魏徵,我遣傅皇太子,用绝天下之望。"及草诏,曰:"徵其辞乎?"皆曰:"徵已拜侍中,必不受师傅。"上曰:"徵识吾此意,当不固辞。"及诏为太子太师,徵自陈有疾,诏答曰:"汉之太子,四皓为助。我之赖卿,即其义也。知公疾病,可卧护之。"即拜而奉诏。其年四月,英公勣为特进太子詹事,仍同中书门下三品。上谓勣曰:"我儿新登储两,卿旧长史,今以官事相委,故有此授,屈资勿怪也。以孤思之,无越卿者,公往不遗李密,今岂负于朕哉。"勣雪泪致词以谢。是月,诏宰臣刘洎、岑文本、褚遂良往东宫与皇太子游处为宾客。初,洎上疏,以皇太子初立,宜尊师重学,与正人游。故上嘉叹其行焉。大和八年十月,太常礼院奏,今月十七日,皇太子与太师相见,请前一日,开崇明门内外门,所司陈设,依奏。开成三年四月,敕宜令师保宾客詹事,左右春坊五品已上官,每至朔望日伏下后,与前件官诣崇明门,谒见皇太子。其一官两员已上者,任分番,如遇阴雨休假,及辍放,并权停。其年八月,敕太子太师郑覃每月与宾詹、左右春坊五品已上官,谒见皇太子。宜令每月更添一日,以二十六日、二十二日诣崇明门谒见,若遇阴雨休假,及辍朝放朝,即取以次双日。余准今年四月敕处分。九月敕太子太师,及东宫官,每月二十六日,诸崇明门谒皇太子宜停。

师氏

《书·顾命篇》

师氏。注:师氏,大夫官。

《周礼·地官司徒》

师氏,中大夫一人,上士二人,府二人,史二人,胥十有二人,徒百有二十人。师氏,掌以媺诏王,以三德教国子。一曰至德,以为道本。二曰敏德,以为行本。三曰孝德,以知逆恶。教三行,一曰孝行,以亲父母。二曰友行,以尊贤良。三曰顺行,以事师长。居虎门之左,司王朝掌国中失之事,以教国子弟。凡国之贵游子弟学焉。凡祭祀宾客,会同丧纪军旅,王举则从,听治亦如之,使其属帅四夷之隶,各以其兵服守王之门外。且跸朝在野外,则守内列。

元豫章《熊朋来集》

师氏之官,诸儒或以为周召之职,公孤之副。愚按,武王之在牧野,固以亚旅师氏叙于司徒司马司空之下,则公孤之外,别有师氏之官,故其秩为中大夫,为上士,会同军旅,王举则从,使虎贲兵服之士属焉,皆不忘牧野时。

宋《吕东莱集》

周《师氏箴》:谏之道有三难焉,曰远,曰疏,曰骤。远则势不接,疏则情不通,骤则理不究。其言不行也,固也。彼周设师氏之官,渊乎其用意之深乎。师氏之官,实居虎门之左,而诏王以媺者也。其势近,其情亲,其言渐,若江海之浸,膏泽之润,日加益而不知焉。周公之设官三百六十,官必掌一事,事必寓一意,而师氏独列地官之属,实周公致意之深者。想夫成周之隆,出入起居同归于钦,发号施令同归于臧者,师氏抑有助焉。昔周太史辛甲,命百官官箴王阙,而《虞人之箴》独传。窃意师氏之所献,必反覆绅绎,辞烦意笃,足以为百代箴规之法。然求之于蠹书漆简之中,虽断章片辞,邈不可得,是可叹已。用敢追述其事,而为箴曰:

若昔忠臣,格君之非。启心沃心,日化月移。虽有嘉猷,情或未信。势疏地远,千说一听。苍周之兴,稽古建官。左右贤后,治格多盘。时惟师氏,诏王以媺。巽以入之,曰义曰理。原念媺恶,水火背驰。火盛水竭,媺胜恶微。燕闻穆清,诚意恳款。先养所长,姑置所短,性复其源,善迎其端。辅翼圣学,功不可刊。侈丽之欲,将发复止。暴慢之虑,将萌复已。师师之谏,惟一惟精。君失无迹,我谏无形。于惟辟王,独制万乘。必求畯贤,举以自近。且承暮弼,前赞后襄,气体默移,其道大光。苟不鉴此,正直屏弃。仆隶之臣,诺诺唯唯。堂下日远,堂上日高。虽复虚宁,乌知民劳。圣人复作,斯理不易。小臣司规,敢告执戟。

国师

马明叟《实宾录》

汉王莽以刘歆为国师,歆后自杀。更以䜣为国师。《莽传》:又号国师云。后魏刘延明,隐居酒泉,教授为业,蒙逊礼待,月致羊酒。牧犍尊为国师,亲自致拜,命官属以下皆北面受业。本传

《梁书·王承传》

承,仆射昧子,七岁通《周易》,选补国子生。年十五,射策高第,除秘书郎,历太子舍人,后为国子博士。时膏腴贵游咸以文学相尚,罕以经术为业,惟承独好之。发言吐论,造次儒者,在学训诸生,述《礼》《易》义。中大通五年,迁长史兼侍中,俄转国子祭酒。承祖俭及父昧尝为此职。三世为国师,前代未之有也。

《宋史·列传》

宇文虚中,建炎中,资政殿大学士为祈请使,使金国,为金人所拘留。虚中有才,金人加以官爵,后累官进金紫光禄大夫,金人号为国师。

《元史》

《铁歌传》:宪宗尊铁歌叔那摩为国师。

《张立道传》:立道奉使安南,传上命晓之,日燧,曰:"公,大国之卿,小国之师也。"

龟兹国师

《晋书·鸠摩罗什传》

罗什出家,东度葱岭,龟兹王闻其名,郊迎之,请为国师。

三帝国师

唐《张说集·大通禅师碑》

诏请西来趺座觐君,肩舆上殿,屈万乘而稽首,洒九重而宴居。传圣道者不北面,有盛德者无臣礼,遂推为两京法主,三帝国师。

天使国师

岳珂《桯史》

宋施宜生,福人也。后为虏中礼部尚书。方显时,有龟山僧至其国,言于亮而尊显之,俾乘驿至京东视海舟,号天使国师。

三藏国师

《元史·本纪》

至顺二年,特命沙津爱护持必剌忒纳失里为三藏国师,赐玉印。

又《释老传》

其年,又赐必兰纳识理玉印,加号普觉圆明广照弘辩三藏国师。

灌顶国师

《元史·顺帝纪》

至元三年十二月,西域僧加剌麻至京师,号灌顶国师,赐玉印。

高丽国师

《高丽图经》

国师之称,盖如中国之有僧职纲维也。其上一等,谓之王师,王见则拜之。皆服山水衲袈裟,长袖偏衫金跋遮,下有紫裳乌革铃履,人物衣服虽略与中华同,但高丽人大抵首无枕骨,以僧祝发乃见之,颇可骇讶。《晋史》谓三韩之人初生子,便以石压其头,令扁,非也。盖由种类资禀而然,未必因石而扁。

诏为国师

《佛祖统纪》云:北齐文宣诏高僧法常为国师,又敕昙延法师为大统,尊为国师。
武后敕神秀禅师入京行道,历三朝,皆礼为国师。
肃宗诏南阳惠忠禅师入见,号称国师。
代宗诏南岳法照为国师。
宪宗赐沙门知玄悟达国师,封澄观大统清凉国师。
吴越王钱俶奉沙门德韶为国师。

宗师

《玉海》

《汉平纪》:元始五年正月,祫祭明堂,诸侯王二十八人,列侯百二十人,宗室子九百余人,召助祭礼毕,封孝宣曾孙信等三十六人为列侯,余益户,赐爵金帛,补吏各有差。诏曰:"惟宗室子,皆太祖高皇帝子孙及兄弟吴顷、楚元之后,汉元至今十有余万人,莫能相

纠,或陷入刑罪。其为宗室,自太上皇以来,族亲各以世氏郡国,置宗师以纠之,致教训焉。二千石选有德义者。盖闻帝王以德抚民,其次亲亲以相及也。昔尧睦九族,舜惇叙之。朕以皇帝幼年,且统国政,惟宗室子皆太祖高皇帝子孙,及兄弟吴顷、楚元之后,汉元至今十有余万人,虽有王侯之属,莫能相纠,陷入刑罪,教训不至之咎也。《传》不云乎?'君子笃于亲,则民兴于仁。'其为宗室,自太上皇以来族亲各以世氏郡国,置宗师以纠之,致教训焉。二千石选有德义者以为宗师,考察不从教令,有冤失职者,宗师得因邮亭书言宗伯,请以闻。常以岁正月赐宗师帛各十匹。"

《东汉书·李通传》

通字次元,南阳宛人也。世以货殖著姓。父守,身长九尺,容貌绝异,为人严毅,居家如官廷。初事刘歆,好星历谶记,为王莽宗卿师。平帝五年,王莽摄政,郡国置宗师,以主宗室。盖特尊之,故曰宗卿师。李守为莽宗卿师。

卢植献书窦武曰:"宜依古礼,置诸子之官,召王侯爱子,宗室贤才,崇训导之义,简其良能,随用爵之,强干弱枝之道也。"

《晋武帝纪》

咸宁三年,春正月丙子朔,诏曰:"召穆公纠合兄弟,而赋《常棣》之诗,此姬氏所以本支百世也。今以卫将军扶风王亮为宗师,所当施行皆咨之。"

《汝南王亮传》

晋宗室盛,无以统摄,以亮为宗师训导,观察有不遵礼法,小者正以义方,大者随事闻奏。梁王肜亦为宗师,彭城王紘领大宗师,东晋省。

《魏书·官氏志》

初以八国姓族难分,故国立大师小师,令辨其宗党,品举人才,自八国以外,郡各自立师,职分如八国,比今之中正也。宗室立宗师,亦如州郡八国之仪。

《职官志》

宗正,统皇族宗人图牒,哀帝省并太常。

元魏天赐元年十一月,命宗室置宗师。八国州郡各置师以辨宗党,举才行,如魏晋中正之职。太和二十二年,以彭城王勰为宗师,有不遵教典,随事以闻。西魏广陵王欣为大宗师。后周有宗师中大夫。

《资治通鉴》

唐高祖武德二年二月丙戌,诏诸宗姓居官者,在同列之上,未仕者免其徭役。每州置宗师一人以总摄,别为团伍。

《会要》

诏宗绪之情,义越常品宜有旌异,以明等级。天下诸宗姓任官者,宜在同列之坐。无职任者,不在徭役之限。每州置宗师一人以相统摄。

《文苑英华》庾信《杞公让宗师表》

臣某言,伏见诏书以臣为使持节骠骑大将军,开府仪同三司,宗师中大夫,伏奉纶音,心魂震詟。臣闻尧分四岳,是以望秩山川。舜命九官,是以光华日月。必须易—作似刑以德,明试以功,乃可协和万邦,咸熙庶绩。臣幼无学植,长阙才成,鸿都之门不能定其章句,鸡鹿之塞无以名其碑碣。凭天汉之派水,附弱木之分枝,东岳则朝宿有名,南宫则门阑有籍,在臣庸劣,久知满盈。武阳以功臣之重,特拜宗卿;东平以母弟之尊,超登上将。臣有何德能兼此荣?臣早倾庭荫,曾未扶墙,母氏慈训,哀矜劳苦。甫及成人,复垂捐弃。几筵如在,忍离鞠育之恩;终天无报,叩地难任。欲草土丘陵,终身茔域,霜露申履时之感,莺雀展回翔之心,不悟天泽沛然,谬垂提拔。当今玉烛调和,既非金革之世;璿玑齐政,岂忘松槚之余。况复一枝踦曲,终危九层之台;一服岑蹄,必伤千里之驾。皇帝钦明文思,光宅区宇,礼格四方,无容夺臣此志。孝治天下,自当哀臣此情。太宗为师,更求同姓之国;元戎恭乘,别选贤能之臣。伏愿览青蒲之奏,曲允微诚;诏凤凰之池,特收严召。则天慈无滥,私愿获从,臣之容身,便当有地。不任荒悚战惧之诚,谨诣朝堂,奉表以闻。

诸侯师

《东汉书·刘般传》

般少时笃志修行,讲诵不息。建武八年,东至洛阳修经学。是年光武下诏封般为苗丘侯,奉孝王祀,使就国。徙封杼秋侯。十九年行幸沛,诏问郡中诸侯行能,太守荐言般束修至为行,诸侯师。帝闻而嘉之,乃赐般绶钱百万缗,帛二百匹。

唐《柳宗元集·送班孝廉觐省序》

外王父以将相之重,九命赤社为诸侯师。

先师

《礼记·文王世子》

凡学,春官释奠于其先师,秋冬亦如之。注,官,谓礼乐《诗》《书》之官。《周礼》曰:凡有道者,有德者,使教焉。死,则以为乐祖,追祭于瞽宗,此之谓先师之类也。若汉礼有高堂生,乐有制氏,《诗》有毛公,《书》有伏生,亦可以为之也。凡始立学者,必释奠于先圣先师,及行事必以币。注:谓天子命之教,始立学官者也。有国故则否。注:若唐虞有夔、伯夷,周有周公,鲁有孔子,则各自奠之不合也。始立学者,既衅器用币。注:告先圣先师以器成。天子视学,乃命有司行事,兴秩节,祭先圣先师焉。注:兴,举。秩,常。节,礼也。使有司摄其事举常礼,不亲祭者,视学观礼耳,非为彼报也。

《东汉书·孔僖传》

章帝过鲁,幸阙里,祠孔子。帝谓僖曰:"今日之会,宁于卿宗有光荣乎?"对曰:"明王圣主,莫不尊师贵道。今陛下亲屈万乘,辱临敝里,此乃崇礼先师,增辉圣德,至于光荣,非所敢承。"

《儒学传序》

太宗贞观六年,诏罢周公祠,以孔子为先圣,颜氏为先师。

《孔氏释录》

太宗贞观二年,房玄龄建言,周公仲尼皆圣人,然释奠于学以夫子。大业以前,皆以孔子为先圣,以颜子为先师,别祀周公。尊孔子为先圣,以颜子为配。高宗显庆二年七月十一日,太尉长孙无忌等议曰:"案新礼,孔子为先圣,颜子为先师。又准贞观二十一年,以孔子为先圣,更以左氏等二十一人与颜子俱配尼父太学,并为先师。今据永徽令文,改用周公为先圣,遂出孔子为先师,颜子左氏为从。据汉魏以来,取舍各异,颜子、夫子互作先师,宣父、周公迭为先圣,求其节文,递有得失。所以贞观之末,亲降纶言。依《礼记》之明文,酌康成之奥说,正夫子为先圣,加众儒为先师,永垂制于后昆,革往代纰缪。仲尼生衰周之末,拯文丧之弊,祖述尧舜,宪章文武,弘至教于六经,阐儒风于千世,自汉以降奕叶封侯,崇奉其圣,迄于今日,胡可降兹上哲,俯入先师。今请改令从诏,于义为允。其周公仍依别礼配享武王。"诏从之。开元八年,李元瓘奏称先圣孔宣父庙,先师颜子配坐,十哲列象,七十子图形于壁。

《唐摭言》

开元五年九月,诏曰:"古有宾献之礼,登于天府,扬于王庭,重学尊师,兴贤进士,能美风俗成教化,盖先王之繇焉。朕以寡德,钦若前政,思与子大夫复臻于理,故他日访道,有时忘食,乙夜观书,分宵不寐。晤专经之义,笃学史之文,永怀覃思,有足尚者。不示褒崇,孰云奖劝?其诸州乡贡明经进士见讫,宜令引就国子监谒先师,学官为之开讲,质问其义。宜令所司优厚设食,两馆及监内得解举人,亦准此。其日,请资官五品已上,及朝集使往观礼,即为常式,《易》曰:'学以聚之,问以辩之。'《诗》曰:'如切如磋,如琢如磨。'此朕所望于习才也。"

《事物纪原》

《唐书·刘伯刍传》

伯刍子允章,咸通中为礼部侍郎,请诸生及进士第,并谒先师,则兹礼起于唐懿宗之世,刘允章请也。

又《选举志》曰:开元五年,使令乡贡明经进士见讫,国子监谒先师,是则开元之礼,第施于贡士,而咸通时允章所请,纠开元贡士之礼而为之制也。《唐会要》云:开元五年五月八日也,摭言又以为九月诏。

《乐府诗集·隋先圣先师歌》无名氏

《诚夏》：经国立训，学重教先。三坟肇册，五典留篇。开凿理著，陶铸功宣。东胶西序，春诵夏弦。芳尘载仰，祀典无骞。

《周子遗文·告先师文》

敢昭告于先师兖国公颜子，爰以迁修庙学成，恭修释菜于先圣至圣文宣王。惟子睿性通微，实几于圣，明诚道确，夫子称贤。谨以礼币藻齐，式陈明献，从祀配神。尚飨。

宋《杨诚斋集》

谒先师邹国公文言圣师者，必曰孔孟。言亚圣者，必曰颜孟。某，诸生也。初学为邑，视事之三日，而首谒于先师，礼也。

算学先师

《宋史·本纪》

大观三年，诏算学以黄帝为先师，风后等八人配飨，巫咸等七十人从祀。

师

童子师

唐《韩昌黎集·师说》

童子之师,授之书而习其句读者也,非吾所谓传其道、解其惑者也。

《爱日斋丛钞》

眉山刘微之巨,教授郡城之西寿昌院,从游至百人。苏明允命东坡兄弟师之。时尚幼,微之赋鹭鸶诗末云:"渔人忽惊起,雪片逐风斜"。坡从旁曰:"先生诗佳矣,窃疑断章无归宿。曷若雪片落蒹葭乎?"微之曰:"吾非若师也。"坡兄弟应制科,微之赠诗有曰:"惊人事业传三馆,动地文章震九州。老夫欲别无它祝,只愿双封万户侯。"自是三苏名著天下,而微之竟不第。郡三公以遗逸举,不服。乡人但呼为孝廉。其卒也,范蜀公吊以诗曰:"案前曾立二贤良。"今《颖滨集》中送家安国诗:"城西杜下老刘君,春服舞雩今几人。"自注:"微之先生门人,惟仆与子瞻兄,复礼与退翁兄皆仕耳。"正谓此。东坡云:"吾八岁入小学,以道士张易简为师。童子几百人,师独称吾与陈太初"。予叹刘孝廉、张道士为童子师,有二苏者出焉,虽若没世隐约,氏名讫不泯。坡晚在海南,作《众妙堂记》,谓梦见张道士如平昔,而直云眉山道士张易简。教小学常百人,予幼时亦与焉,以其师也。则名之似过,或欲传其人故名。

《宋史·韩侂胄传》

侂胄以势利蛊士大夫之心,薛叔似、辛弃疾、陈谦皆起废显用当时,固有困于久斥,损晚节以规荣进者矣。若陈自强,则以侂胄童子师,自选人不数年致位宰相,群小阿附,势焰薰灼。陈自强者,福州闽县人,字勉之。自以尝为韩侂胄童子师,欲见之,无以自通。适僦居主人出入侂胄家,为言于侂胄。一日召自强,比至,则从官毕集,侂胄设褥于堂,向自强再拜,次召从官同坐,侂胄徐曰:"陈先生老儒,汩没可念。"明日,从官皆荐其才。

置五经师

《东汉书·明帝纪》

永平九年夏四月,为四姓小侯开立学校,置五经师。袁宏《汉纪》曰:永平中,崇尚儒学,自皇太子诸王侯,及功臣子弟,莫不受经。又为外戚樊氏、郭氏,阴氏、马氏诸子弟立学,号四姓小侯,置五经师。

一字师

陈纂《葆光录》

李建州频,与方处士千为吟友,频有《题四皓庙诗》,自言奇绝,云:"东西南北人,高迹此相亲。天下已归汉,山中犹避秦。龙楼曾作客,鹤氅不为臣。独有千年后,青青庙木春。"示于千,笑而言:"善则善矣,然内有二字未稳,作字太粗而难换,为字甚不当。千闻'率土之滨,莫非王臣。'请改作称字。"频降伏,而且惭悔前言之失,乃曰:"圣人以一字褒贬,此其明矣。"遂拜为一字之师。是以罗夕拜题于卷后云:"中间李建州,夏汭偶同游。顾我论佳句,推君最上游。九霄无鹤驭,双鬓老渔舟。世难方如此,何当浣旅愁。"

《唐摭言》

李相读春秋,误以叔孙婼敕略,呼为敕晷。有小吏曰:"某缘师受,误呼文字。今闻相公呼婼为揣,方悟之耳。"公曰:"不然。"因检《释文》,果敕略反。公大惭,号小吏为一字师。

戴埴《鼠璞》

《南堂野史》载张迥寄远诗:"蝉鬓凋将尽,虬髭白也无。"齐己改为"虬髭黑在无。"迥拜为一字师。

陶岳《五代史补》

齐己携诗诣郑谷,咏早梅云:"前村深雪里,昨夜数枝开。"谷曰:"数枝非早也,未若一枝。"齐己拜谷为一字师。一谓张迥礼齐己,一谓齐己礼郑谷,岂一事讹为两人,将齐己以其师人者还为人师耶?然改白也为黑在,则是两字师也。

《建康志》

礼部尚书张咏,知昇州,召溧阳宰萧楚材食,楚材见几案有一绝云:"独恨太平无一事,淮南闲杀老尚书。"萧改恨作幸字,公出视藁曰:"谁改吾诗?"左右以实对,萧曰:"与

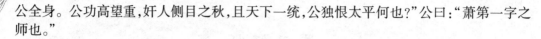

公全身。公功高望重,奸人侧目之秋,且天下一统,公独恨太平何也?"公曰:"萧第一字之师也。"

《随隐漫录》

"云山苍苍,江水泱泱,先生之德,山高水长。"李泰伯易"德"为"风"。"日斜奏罢长杨赋",半山易为"奏赋长杨罢。""白玉堂中曾草诏,水晶宫里近题诗。"韩子苍易为"堂深宫冷。"晁无咎《试交趾进象表》云:"备法驾之前陈。"周益公易"陈"为"驱"。古词云:"春归也只消戴一朵荼蘼。"宇文元质易"戴"为"更"。皆一字师也。

《鹤林玉露》

杨诚斋在馆中,与同舍谈及晋干宝。一吏进曰:"乃千宝,非干也。"问何以知之,吏取韵书以呈,"千"字下注云:晋有千宝。诚斋大喜,曰:"汝乃一字之师。"

《密斋笔记·祭丞相鲁公文》

读书破万卷,而歉然犹欲求一字之师。

一世师

《太平御览》

李元冲,一世之师也。见其貌者,肃如也。观其行者,穆如也。

宋王安石《临川集·祭范颍州文》

呜呼!我公一世之师,由初迄终,名节无疵。

百世师

《孟子》

圣人,百世之师也。伯夷、柳下惠是也。故闻伯夷之风者,顽夫廉,懦夫有立志。闻柳下惠之风者,薄夫敦,鄙夫宽。奋乎百世之上,百世之下闻者,莫不兴起也。非圣人而能若是乎?而况于亲炙之者乎?《公孙丑篇》集注:程子曰:"子路,人告之以有过则喜,亦可谓百世之师矣。"

《东汉书·法真传》

友人郭正称之曰:"法贞,名可得闻,身难得而见。逃名而名我随,避名而名我追。可谓百世之师者矣。"乃刊石颂之,号曰玄德先生。

宋《苏东坡集·韩文公庙碑》

"匹夫而为百世师,一言而为天下法。"

赵善璙《自警编·书濂溪书堂》

上继去圣,下开来哲。昭然如日月之明,亦足以见百世之师。

《杨诚斋集·贺张丞相再相启》

巍然三代之佐,展也百世之师。

元《程雪楼集·陈先生墓碑》

呜呼,公之制行如此,岂惟当世之师,百世之师也。

《谢上蔡语录》

子路百世之师拣难割舍底,要不做便不做。孟子将来与舜禹作一处举扬。

万世师

宋綦崈礼《北海集·宋祭舜帝庙文》

维帝以圣绍尧,以功传禹,道德之盛,万世所师。

《元史·加封孔子碑》

所谓祖述尧舜,宪章文武,仪范百王,师表万世者也。

千里师

宋孙觌《鸿庆居士集·回通判启》

循良千里之师,磊落万人之杰,伐柯取则,幸同声气之求;倾盖相从,尽索形骸之外。

孔子师

《史记》

甘罗答吕不韦。

项橐七岁为孔子师。

孔子谓南宫敬叔曰："吾闻老聃博古知今,通礼乐之原,明道德之归,则吾师也,今将往矣。"

《吕原明杂记》

老子曰："古之善为道者,非以明民将愚之。"《书》称尧之德曰："平章百姓,百姓昭明。"《记》曰："明明德于天下。"《老子》曰："报怨以德"。孔子曰："以直报怨,以德报德。"老子曰："知不知上,不知知病"。孔子曰："知之为知之,不知为不知。"盖孔子未尝师老子也。

《淮南鸿烈解·修务训》

项托七岁为孔子师,孔子有以听其言也。以年之少,为间丈人说,救敲不给,何道之能明也。

孟子师

赵岐《孟子序》

孟子,长师孔子之孙子思。

《韩昌黎文集·送王埙秀才序》

孟轲师子思,子思之学,盖出于曾子。

穆公师

《孔丛子》

子思居鲁,穆公师而尊之。

文侯师

《史记·仲尼弟子传》
子夏为魏文侯师。

范蠡师

太史公《素王妙论》

计然者，蔡丘濮上人。其先晋国公子也，姓辛氏，字文当，南游越，范蠡师事之。

列子师

《列子》

列子既师壶丘子林，友伯昏瞀人，反居南郭，从之处者数百。

遗三师

金杨弘道《小亨集·叔能题黄鲁直书》

其父母安康大君行状墨迹后曰："以为子者尚其孝，以业文者尚其辞，以学书者尚其法，传之子孙为三师。"

更三师

《元史》

许衡幼有异质，七岁入学，授章句，问其师曰："读书何为?"师曰："取科第耳!"曰："如斯而已乎?"师大奇之。每授书，又能问其旨义。久之，师谓其父母曰："儿颖悟不凡，他日必有大过人者，吾非其师也。"遂辞去，父母强之不能止。如是者，凡更三师。稍长，嗜学如渴，后果大显于世。

置四师

《东汉书》

王莽为太子置师友四人，以故大司徒马宫为师疑，故少府宗伯凤为傅丞，博士袁圣为

阿辅,京兆尹王嘉为保拂,是为四师。

置博闻师

《史记·赵世家》

武灵王少未能听政,置博闻师三人。

建学立师

《小学》

惟圣斯恻,建学立师。

《宋史·范纯祐传》

纯祐父仲淹守苏州,首建郡学,聘胡瑗为师。瑗立学规良密,诸生随之不敢犯,自是苏学为诸郡倡。

《元史·窦默传》

默又言:"三代所以风俗淳厚,历数长久者,皆建学立师所致。今宜建学立师,博选贵族子弟教之,以示风俗之本。"帝嘉纳之。

讲学必立师

刘炎《迩言》

或曰:"近世何师道之不立邪?"曰:"古者师道德,汉魏以来师经学,隋唐而降所师者,场屋之文而已。宜乎师道之不立也。讲学必立师,尊师,尊其道也。不尊其道,非贤师何如焉。"

立有若为师

《史记》

孔子既没,弟子思慕。有若状似孔子,弟子相与立为师,师之如夫子时。

《吴箕常谈》

夫子殁，群弟子以有若似孔子，相与共立为师。他日有问，而不能答，卒之避席。退之曰："弟子不必不如师，师不必贤于弟子。"岂有为而言欤？不然，则非所以为训也。

舍盖公为师

《史记》

曹参为齐相，乃避正堂，舍盖公而师之，齐果大治。

求宿士为师

《职官分纪》

陈虞寄善属文，性冲静，少笃行，造次必于仁厚。陈文帝谓到仲举曰："衡阳王出阁，须得一人旦夕游处，无掌书记，宜求宿士有行业者。"仲举未知所对，帝曰："吾自得之矣。"乃以手敕用寄，寄入谢，帝曰："所以暂居卿游藩，非止以文翰相烦，乃令以师表相事。"

拜韦母为师

裴景仁《前秦记》

符坚幸太学，问博士经典，博士卢壶对曰："周官礼注未有其师，韦逞母宋传其父业，得《周官音义》，自非此母，无可授。"后坚于是就宋立讲室书堂，生徒百二十二人，隔绛纱幔而授业焉。拜宋爵号宣文君，赐侍婢十人。

以刺史为师

唐《韩昌黎集·柳子厚墓志铭》

唐柳子厚为柳州刺史，衡湘以南为进士者，皆以子厚为师。

以圣贤为师

《宋史·孙固传》

固尝曰:"人当以圣贤为师,一节之士不足学也。"

《名臣言行录》

蔡沉年仅三十,即屏去举子业,一以圣贤为师。平居仰观俯察,默坐终昏,瞭然有见于天地之心,万物之情,反求诸躬,众理具备,信前圣之言不予欺也。

以心为师

《关尹子》

善弓者师弓不师羿,善舟者师舟不师奡,善心者师心不师圣。

《魏书·徐遵明传》

遵明曰:"吾今始知真师所在。"猛略曰:"何在?"遵明乃指心曰:"正在于此。"

元《程雪楼集·慧敏公神道碑》

上问汝何所习,对曰:"臣以心为师。"

《里仁子·父母篇》

或问师曰:"或师人,或师古,师心,则为下矣。尧师君畴,舜师务成昭,禹师西王国,汤师成子伯,文王师骇时子思,武王师号叔太公,孔子师老聃,郯子师襄苌弘,是师人也。读《论语》而师孔子。读《孟子》而师孟子。读《大学》《中庸》,而师曾子、子思,是师古也。若夫独学而无友,孤陋而寡闻,是师心也。

以苦为师

《晏子·内杂篇》

景公割地将封晏子,晏子辞不受,曰:"富而不骄者,未尝闻之。贫而不恨者,婴是也。所以贫而不恨者,以苦为师也。今封易婴之师,师已轻,封已重矣。"

万物为师

《太平御览》

符子曰:"玄冥子谓由有子曰:'子有师乎'? 由有子曰:'吾将以万物为师矣。'"

主善为师

《书》

咸有一德,德无常师,主善为师。善无常主,协于克一。《朱子语略》:"德无常师,主善为师。善无常主,协于克一。"上两句,是教之以其所从师。下两句,是教之以其所择善而为之师。这四句极好看。南轩云:自"人心惟危,道心惟微"数语外,惟此四句。但舜大圣人之言语泽沦,伊尹之言,较露锋芒得些。这说得也好。

终善为师

《晏子春秋·内篇》

景公问晏子曰:"人性有贤不肖,可学乎?"晏子对曰:"《诗》云:'高山仰止,景行行止。'止者,其人也。故诸侯并立,善而不怠者为长。列士并学,终善者为师。"

道德为师

《文选》杨雄《羽猎赋》

"历五帝之廖廓,陟三皇之登闳。建道德以为师,友仁义以为朋。"

抗颜为师

《儒学警悟》

韩退之抗颜为人师,尝曰:"籍辈虽屡指教,未知其果不叛去否。"湜之谕业曰:"韩吏部之文,如长江秋涨,千里一道,冲飚激浪,纤流不滞。然而施于灌溉,或爽于用。"推此言也,是殆未纯北面也。又翱之祭愈曰:"我游自徐,始得兄交,视我无能,待予以友。"是尝肯就弟子之列。

韩愈

坎壈为师

黄庭坚《豫章集·宋乔年真师赞》

士之坎壈,以其智多。因坎壈以为师,用智多以见已。

教授为人师

王充《论衡》

通书千篇以上,万卷以下,敷畅壅闭,审定文义,而以教授为人师者,通人也。

可为人师

《东汉书·荀爽传》

爽,字慈明,幼而好学,年十二能通《春秋》《论语》。太尉杜乔见而称之,曰:"可为人师。"

文为人师

《南史》

梁徐勉,字修仁,年六岁,属霖雨,家人祈霁,率尔为文,见称耆宿。宗人孝嗣尝谓诸子曰:"此人师也,尔等则而行之。"

经为人师

唐《杜工部诗·荐伏湛疏》

经为人师,行为人表。

宋《欧阳公集·孙明复墓志铭》

翰林学士赵槩等十余人上言,孙某行为世法,经为人师,不宜弃之远方。乃复为国子直讲。

俭为人师

宋齐丘子《化书·俭化篇》

乳童拱手,谁敢戏之,岂在乎黼黻也? 牧竖折腰,谁敢背之? 岂在乎刑政也? 有宾主之敬,则鸡黍可以为大享,岂在乎箫韶也? 有柔淑之态,则荆苧可以行妇道,岂在乎组绣也? 而王者之制,设沟隍以御之,陈棨戟以卫之,蓄粟帛以养之,张栏槛以远之。盖有机于民,不得不藏。有私于己,不得不防。夫能张俭之机,民自不欺。用俭之私,我自不疑。夫俭者可以为大人之师。

学为明师

《韩非子》

然则为匹夫计者,莫如修行义,而习文学。行义修,则见信,见信则受事。文学习,则为明师,为明师则显荣。此匹夫之美也。

才为文师

宋《苏颖滨集·贺欧阳副枢密启》

位在枢府,才为文师,兼古人之所未全,尽天力之所难致。文人之美,夫复何加。

心为严师

《宋史·列传》

黄裳进言于嘉王曰:"为学之道,当体之以心。王宜以心为严师,于心有一毫不安者,不可为也。"且引前代危亡之事以为儆戒。王谓人曰:"黄翊善之言,人所难堪,惟我能受之。"

正己为严师

《许鲁斋语录》

正心之始,当以正己为严师。凡所动作,则知所惧。如此一二年间,守得牢固,则自然心正矣。

训人如严师

《后周书》

苏绰为文帝行台尚书,常言为国之道,爱人如慈父,训人如严师。

善恶皆我师

《论语》

子曰:"三人行,必有我师焉,择其善者而从之,其不善者而改之。"注:三人同行,其一我也。彼二人者,一善一恶,则我从其善而改其恶。则是二人者,皆我之师也。尹氏曰:见贤思齐焉,见不

贤而内自省,则善恶皆我之师,进善其有穷乎。《左传·襄六年》

郑人游于乡校。乡人之学校,以论执政,论政得失,然明谓子产毁乡校如何,患人于中谤议国政。子产曰:"其所善者吾则行之,其所恶者吾则改之。是吾师也,若何毁之。"

文王我师

《孟子》

公明仪曰:"文王我师也,周公岂欺我哉?今也小国师大国而耻受命焉,是犹弟子而耻受命于先师也。如耻之,莫若师文王。"

天赐我师

《新唐书·则天传》

高宗头眩不能视,侍医张文仲、秦鸣鹤曰:"风上逆砭血,头可愈。"后内幸帝,殆得自专,怒曰:"是可斩!帝体宁刺血处耶?"医顿首请命。帝曰:"吾眩不可堪,听为之。"医一再刺,帝曰:"吾目明矣。"后帘中再拜谢曰:"天赐我师。"身负缯宝以赐。

疏广吾师

《晋书·羊祜传》

祜与弟琇书曰:既定边事,当角巾东路归故里,为容棺之墟,以曰士而居重位,何能不以盛满受责乎?疏广是吾师也。详本传

叔度吾师

《续后汉书·高士传》

黄宪,字叔度,世贫贱,父为牛医。颖川荀淑至慎阳,遇宪于逆旅,时年十四。淑竦然异之,揖与语,移日不能去。谓宪曰:"子,吾之师表也。"既而前至袁阆所,未及劳问,逆曰:"子国有颜子,宁识之乎?"阆曰:"见吾叔度邪。"陈蕃、周举尝相谓曰:"时月之间不见黄生,则鄙吝之萌,复存乎心。"

杜陵吾师

宋《吴坰总志》

黄杖,字济川,山谷老人犹子也。年十九岁,会山谷自涪归,寓荆州,教以诗律。济川曰:为学当师古,吾叔源流实自杜陵,即吾师也。余时尚幼,方恭老人侍立在傍。会有乞草堂诗者,山谷即试之,济川援笔立成,曰:"径入小庭迁,登登岂按图。主人缘雅趣,有客爱规模。鸥与邻翁狎,船从稚子呼。何当迎接汝,有梦隔江湖。"山谷大奇之。即别,以所用研,并手校注释杜诗以遗之,且铭研曰:"其重也,可以压险者之累卵。其坚也,可以当谤者之铄金。其圆也,可以消非意之横逆。其方也,可以行立心之直方。夫如是,则研为子师,亦为子友。善友在前,良规在后。"后三年,余与济川别,乃举以相赠,盖传衣也。呜呼,济川肉烂久矣,而二物悉罹于兵火,念之令人鼻酸。

步兵吾师

《北齐书》

齐李元忠为侍中,虽处要任,不以物务于怀,每言宁无食,不可使我无酒,阮步兵吾师也,孔少府岂知我哉。

痛饮真吾师

唐《杜工部集·戏赠郑广文虔》

得钱即相觅,沽酒不复疑。忘形对尔汝,痛饮真吾师。

足为汝师

《南史·梁到溉传》

湘东王绎为会稽太守,以溉为轻车长史,行府郡事。武帝敕绎曰:"到溉非直为汝行事,足为汝师。"

卫交愿师

《韩诗外传》

卫公子交见于子思曰:先生圣人之后,执清高之操,天下之君子莫不服先生之大名也。交虽不敏,窃慕下风,愿师先生之行,幸顾恤之。子思曰:公子不宜也。夫清高之节,不以私自累,不以利烦意。择天下之至道,行天下之正路。今公绍康叔之绪,处战伐之世。当务收英雄,保其疆土,非所以明否臧,立规检,修匹夫之行之时也。

外国愿师

《新唐书·艺文列传》

萧颖士授河南府参军,倭国遣使入朝,自陈国人愿求萧夫子为师者,中书舍人张渐等谏不可而止。

兄弟同师

《北史》

贾思伯,字士休,与弟思同师事北海阴凤。业成,无资酬之,凤质其衣。时人语曰:"北海阴生不免痴,不识双凤脱人衣。"及思伯之部,送缣百匹遗凤,因具车马迎凤,凤惭不往。

为子求师

《后魏书》

魏宗室钦,为右仆射,托高僧寿为子求师。师至,未几逃去。钦让僧寿,僧寿曰:"凡人绝粒七日乃死,始经五朝,便尔逃去。去食就信,实有所阙。"钦大惭,待客稍厚。

为子延师

《言行龟鉴》

吕原明，正献公之长子也。正献公通判颖州，欧阳文忠公适知州事，焦先生千之伯强客文忠公所，严毅方正。正献公招延之，使教诸子。诸生小有过差，先生端坐召与相对，竟夕不与之语。诸生恐惧畏服，先生方略降词色。

敕子从师

《世说》

太傅东海王越镇许昌，以王安期为记室参军，雅相知重。敕世子毗曰："夫学之所益者浅，体之所安者深。闲习礼度，不如式瞻仪刑。讽味遗言，不如亲承音旨。王参军人伦之表，汝其师之。"

白首从师

《文中子》

繁师玄闻董常贤，问贾琼以齿，琼曰："始冠矣。"年二十，师玄曰："吁，其幼达也。"琼曰："夫子十五为人师焉。夫子谓文中子。陈留王孝逸，先达之傲者也，然白首北面，岂以年乎。琼闻之，德不在年，道不在位。"

舍职从师

《文中子·魏相篇》

子之韩城，自龙门关先济，贾琼、程元后。关吏仇璋止之，曰："先济者为谁？吾视其额颡如也，重而不亢。目灿如也，澈而不瞬。口敦如也，阖而不张。凤颈龟背，须垂至腰，参如也。与之行，俯然而色卑。与之言，泛然而后应。浪惊舵旋而不惧，是必有异人者也。吾闻之，天下无道，圣人藏焉，鞠躬守默，斯人殆似也。"程元曰："子知人矣。是王通者也。"贾琼曰："吾二人师之，而不能去也。"仇璋曰："夫杖一德，乘五常，扶三才，控六艺，吾安得后而不往哉。"遂舍职从于韩城。子谓贾琼曰："君子哉！仇璋也。比董常则不

足,方薛收则有余。"

负笈从师

《邴原别传》

原旧能饮酒,自行后,八九年间酒不向口。单行负笈,苦身持力。至陈留,则师韩子助。颖川,则宗陈仲躬。涿郡,则卢子幹。汝南,则交范孟博。适留,则友符伟明。游太学,则师仇季智。之陈国,则亲庞德公。入汝南,则师黄公度。临归,师友以原不饮酒,会米肉送原,原曰:"本能饮酒,但以荒思废业,故断之。今当远别,因见赆饯,可以一饮宴。"于是每坐饮终日不醉。

负帙从师

《魏书·李业兴传》

业兴少耿介,志学精力,负帙从师,不惮勤苦。

负卷从师

马明叟《实宾录》

北齐张雕武好学,精力绝人。负卷从师,不远千里,后为侍中,加开府。

蹑屩从师

《宋史·陆佃传》

佃居贫苦学,夜无灯,映月光读书。蹑屩从师,不远千里过金陵,受经于王安石。

折节从师

《南史·朱异传》

异年十余,好群聚蒱博,颇为乡党所患。及长,乃折节从师。

辞亲从师

《宋史》

王存幼善读书,年十二,辞亲从师于江西,十年始归。时学者方尚雕篆,独为古文数十篇,乡老先生见自以为不及。

辞母求师

《北史·雷绍传》

绍九岁而孤,十八给事镇府,使洛阳,见京都礼义之美,还谓同僚曰:"徒知边备尚武以图富贵,不谓文学身之宝也。生世不学,其犹穴处,何所见焉。"遂逃归,辞母求师。经年,通《孝经》《论语》。尝读书至人之行,莫大于孝,乃投卷叹曰:"吾离违侍养,非人子之道。"即还乡里,躬耕奉养。

步担求师

《汉书》杜乔少好学,常步担求师。

《齎金求师》

马令《南唐书·儒者传》

夏宝松工诗,晚进儒生求为师事者,多齎金帛,不远数百里,辐辏其门。

千里寻师

《东汉书·李固传》

固,司徒郃之子也。貌状有奇表,鼎角匿犀,足履龟文。少好学,常步行寻师,不远千里,遂究览坟籍,结交英贤,四方有志之士,多慕其风而来学。京师咸叹曰:"是复为李公矣。"

《宋史》

王庠颖悟,七岁能属文,年十三,与其弟序闭户穷经史百家书传注之学,寻师千里,究其旨归。元祐中,吕陶以贤良方正直言极谏科荐之,庠推以让宋朝杰。崇宁壬午岁,应能书,为首选。

千里追师

《晋书·董景道传》

景道,字文博,弘农人也。少而好学,千里追师,所在唯昼夜读诵,略不与人交通。明《春秋》三传、《京氏易》、马氏《尚书》《韩诗》,皆精究大义。三礼之义专遵郑氏,著《礼通论》,非驳诸儒,演广郑旨。

千里迎师

《仪真志》

孙锡,字昌龄,世为广陵巨室。父再荣,悉推田宅与诸兄弟,独携锡居建安军杨子县,遂为真州人,千里迎师,立学舍市书,至六七千卷,锡刻意诵习,年十九,举开封进士第二。

孟尝迎师

《韩诗外传》

孟尝君请学于闵子。使车往迎闵子,闵子曰:"礼有来学,无往教。致师而学不能礼,

往教则不能化。君也，君所谓不能学者也，臣所谓不能化者也。"于是孟尝君曰："敬闻命矣。"明日祛衣请受业。《诗》曰："日就月将。"剑虽利，不砺不断。材虽美，不学不高。虽有旨酒嘉殽，不尝不知其旨。虽有善道，不学不达其功，故学然后知不足，教然后知不究。不足，故自坏而勉。不究，故尽师而熟。由此观之，则教学相长也。子夏问《诗》，学一以知二。孔子曰："起予者商也，始可与言《诗》已矣。"孔子贤乎英杰而圣德备，弟子被光景而德彰。《诗》曰："日就月将。"凡学之道，严师为难。师严，然后道尊。道尊，然后民知敬学。故太学之礼，虽诏于天子无北面，尊师尚道也。故不言而信，不怒而威，师之谓也。《诗》曰："日就月将，学有缉熙于光明。"

郡守不迎师

《文选》扬雄《解嘲》

当今县令不请士，郡守不迎师，群卿不揖客，将相不俯眉。

天子不召师

《孟子》

且君之欲见之也，何为也哉？曰：为其多闻也，为其多贤也。曰：为其多闻也，则天子不召师，而况诸侯乎？

敕朝臣举师

《北齐书·孙灵晖传》

后主时为潼郡太守。天统中，敕令朝臣推举可为南阳王师者，吏部尚书尉瑾表荐灵晖，征为国子博士，授南阳王经。绰虽不好文学，亦甚相敬重，启除其府谘议参军，绰除定州刺史，仍随之镇。绰所为倡蹙，灵晖唯默默忧烦，不能谏正。绰欲以管记马子结为谘议参军，乃表请转灵晖为王师，以子结为谘议。朝廷以王师三品，启奏不合，后主于启下手答云："但用之。"仍手敕南阳书，并依所请，儒者甚以为荣。

筑宫亲师

《史记》

邹子如燕,昭王拥彗先驱,请列弟子之座而受业。筑碣石宫,身往亲师之。

聚徒往师

《宋史·安焘传》

焘字厚卿,开封人,幼警悟,年十一从学里中,羞与群儿伍,闻有老先生,聚徒往师之。

捧手问师

《管子·弟子职篇》

若有所疑,捧手而问之,师出皆起。

谢承《后汉书》:

董春,字纪阳,会稽余姚人。少好学,师事侍中祭酒王君仲,受《古文尚书》,后诣京房受《易》。究极经旨,条列科义,后还为师。立精舍,远方门徒学者常数百人,诸生每升讲堂,鸣鼓三通,下横经捧手请问者百人。

下床拜师

《海内先贤传》

仇览,字季智,郭泰赍刺从之,曰:"暮来留宿。"明旦,下床拜之。曰:"君非泰友,乃泰师也。"

省疾拜师

《崔鸿后集》

初：姚泓之为太子，受经于太学博士淳于岐。岐病在家，泓以师者人之表范，传先圣之训，加在三之义，不可以不重，亲诣省疾，拜于床下。

无钱资师

《后汉书》

邴原年十一丧父，家贫，邻有书舍，原过之必泣。其师问之曰："何泣？"原曰："孤者易伤，贫者易感。夫学者必有父兄，羡其不孤而得学。"师感之，曰："欲学何书！"原曰："无钱资师。"师曰："敬有志，徒相教，不求资。"遂从学也。

半俸奉师

《元一统志》

令狐峘再谪三衢，遇田敦为牧，乃门生也。方相见，敦曰："吾今日方见坐主。"乃分半俸奉之。

金紫加师

《宋书》

武帝登祚，加颜延之金章紫绶，领湘东王师。

重教尊师

《颜先生百衲锦》

凡人之性，未有不善，亦未有不资于教也。自古迄今，无圣愚贤否皆知师之可尊者，重教法也。

尊礼儒师

元王恽《秋涧集·总管王公碑》

所至兴修庙学，尊礼师儒，崇礼让而抑豪强，务致差赋办集，尊礼儒师，民安俗阜。

尽礼敬师

《续后汉书》

荀攸，字公达。文帝在东宫，太祖谓曰："荀公达人之师表，当尽礼敬之。"

尊师重道的典故——程门立雪

庾公不害师

《孟子》

郑人使子濯孺子侵卫，使庾公之斯追之。子濯孺子曰："今日我疾作，不可以执弓，吾死矣夫。"问其仆曰："追我者谁也。"其仆曰："庾公之斯也。"曰："吾生矣。"云云庾公之斯至，曰："夫子何为不执弓。"曰："今日我疾作，不可以执弓。"曰："小人学射于尹公之他，尹公之他学射于夫子。我不忍以夫子之道反害夫子。"

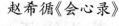

赵希循《会心录》

庾公之斯不欲以其师之道害其师,则当明告卫君辞此行,可也。今用兵于敌,而以私恩废君命。于子濯孺子则为端矣,于国事非端也。

致尸于师

《后汉书》

任末,蜀郡繁人,少习齐《诗》,为郡功曹。后奔师丧于道,物故临命。敕兄子造曰:"必致我尸于师门,使死而有知,魂灵不惭,如其无知得士而已。"造从之。

触刃殡师

《续后汉书·牵招传》

招年十余岁,诣同县乐隐受学。后隐为车骑将军何苗长史,招随卒业。值京都乱,苗隐见害,招俱与隐门生史路等,触蹈锋刃共殡敛隐尸,送丧还归。道遇寇,路等皆悉散走,贼欲斫棺取钉,招垂泪请赦,贼义之,乃释而去。由此显名。

弟子称师

《韩诗外传》

齐景公谓子贡曰:"先生何师?"对曰:"鲁仲尼。"曰:"贤乎?"曰:"圣人也,岂直贤哉。"景公嘻笑,曰:"其圣何如?"子贡曰:"不知也。"景公勃然作色,曰:"始言圣人,今言不知,何也?"子贡曰:"臣终身戴天,不知天之高也。臣终身践地,不知地之厚也。若臣之事仲尼,譬犹渴操壶杓就江海而饮之,腹满而去,又安知江海之深乎。"景公曰:"所誉得无大甚乎?"子贡曰:"臣赐何敢直言,尚虑不及耳。臣誉仲尼,譬犹两手捧土而附泰山,其无益亦明矣。不誉仲尼,譬犹两手把泰山,其无损亦明矣。"景公曰:"善,岂其然? 岂其然?"

《册府元龟》

汉杨雄,字子云,蜀郡成都人。为郎,久次转为大夫。雄少从严君平游学,既而仕京师显名,数为朝廷在位贤者称君平德。隋王通门弟子数百人,会议曰:"吾师其至人乎。自仲尼以来,未之有也。"

弟子不称师

《儒学警语》

《礼记》载曾子数子夏之罪云："吾昔与汝从夫子于洙泗之间,退而老于西河之上,使西河之人疑汝于夫子,汝罪一也。"注云:"言其不称师也。盖古之君子,言必称师,示有所授,且不忘本也。"故《子张》一篇载群弟子之语,而子夏之言十而未尝称师,曾子之言五而三称曰"吾闻诸夫子",则子夏为鲁子所罪,固其宜矣。

《礼记》

乐正子春曰:吾闻诸曾子,曾子闻诸夫子。盖曾子称师,故子春亦称师也。又知古人注解各有所本,不若后人妄意穿凿也。

方仁声《泊宅编》

王通,隋末隐白牛溪教授,学者常数百人,唐将相如王、魏辈,皆其门人也。既显,绝口不道其师,此何理哉?

弟子倍师

《孟子》

陈良,楚产也,悦周公、仲尼之道,北学于中国。北方之学者,未能或之先也。彼所谓豪杰之士也。子之兄弟事之数十年,师死而遂倍之。又曰:今也南蛮鴃舌之人,非先王之道。子倍子之师而学之,亦异于曾子矣。

赵善璙《自警编》

或问无垢先生曰:"苏伯益从来气直,学问不在诸门弟子后,先生亦素喜之,今以小不至而怒之甚,何也?"先生曰:"直固可喜,不逊亦可恶。弟子于师,岂可悖慢?皆学问不进故耳。如汪圣锡自幼登上第,急忙来就我学,遂磨砻涵养,更不少露圭角,便见他不凡,不知苏子在门墙几年,而狠气犹未退。吾所以怒之者,亦是与一服良药耳。"孔子待子路,其理亦可推,子路每每来犯夫子。南子之见,既为之不说,佛肸之召,又欲其不往,将正名也,则鄙之以为迂。将之弗扰也,则疑其或非礼。故夫子每每怒之,既讥之以无所取材,又恶之以不得其死,以门人为臣,则谓其欺天。因率尔而对,则谓其不逊。或言其知德之鲜,或退其在于兼人,其所以怒之者,盖亦甚矣。故子路以此遂日加提省,卒为高弟。但恐苏子资质胜这药力不得耳。

弟子嘲师

《汉书·儒林传》

边韶，字孝先。文学知名，教授数百人。韶口辩，曾昼日假寐，弟子私嘲之曰："边孝先，腹便便。懒读书，但欲眠。"韶潜闻之，应时对曰："边为姓，孝为字。腹便便，五经笥，但欲眠，思经事。寐与周公通梦，静与孔子同意。师而可嘲，出何典记！"嘲者大惭。

弟子刺师

《类说》

方干师徐凝，干尝刺凝曰："把得新诗草里论。"反语曰："村里老李频师。"方干后频及第，诗僧清越赠干诗云："弟子已得位，先生犹灌园。"

怀怨杀师

《太平广记》

会稽孔基有学，族人孔敞使二子礼基为师，而敞子并凶狠，基因言于敞，二儿常有忿志。敞寻亡。服制既除，基以宿旧，乃赍羊酒往看二子，二子犹怀宿怨，潜遣奴路侧杀基。奴还未至，乃见基来，张目攘袂厉声言曰："平生有何怨恶，候道见害，反天忘父，人神不容，要当断汝家种。"从此之后，数日见刑。孔氏兄弟相继而夭。

法行于师

《史记·秦纪》

孝公用商鞅施法，法不行，太子犯禁，鞅曰："法之不行，由于贵戚，必欲行法，先于太子，太子不可黥，黥其师。"

不劳于师

唐《李文公集·司空杨公墓志》

服习文学,不劳于师,爰始有名,既于永归。

勤过父师

广州府《南海志》

简克已,本州人,少习科举业,已而厌之,远游湖湘,师事南轩先生。数年讲性理学,既得其传,退归杜门,不妄与人交。尝燕坐门塾,里巷子弟肄业过其门者,必呼其前,历问所业,间举《语》《孟》要语为之讲解。有通习者,抚而奖之,不通者辄加警诲,其勤过于父师。士无长少,咸称简先生。

恩犹父师

《鲁文忠公行状》

公之于肇,属则兄弟,恩犹父师。

为世父师

《范忠宣公集·祭司马温公文》

天胙有邦,俾之元龟,笃生我公,为世父师。

立为世师

《鹖冠子》

伊尹酒保,太公屠牛,管子作革,百里官奴。海内荒乱,立为世师。

著作世师

《续后汉书·秦宓传》

昭烈定益州,广汉太守夏侯纂请宓为师友祭酒,领五官掾。称曰:"仲父。"宓称疾,卧在第舍,纂将功曹古朴、主簿王普,具厨膳即宓第宴谈。宓卧如故。纂问朴曰:"至于贵州养生之具,实绝余州矣。不知士人何如余州也。"朴对曰:"乃自先汉以来,其爵位者,或不如余州尔。至于著作为世师,不负于余州也。"

文章世师

曾巩《元丰类稿·哀词》

麟凤出而旁午兮,犹氤氲而扶舆,笃生我公兮,以文章为世师。

世以为师

宋《陈舜俞集·谢越州知府大卿启》

多闻博识,世以为师,清谈雅言,闻者成诵。

为宗族师

宋晁无咎《鸡肋集·崔君墓志铭》

道不远人,出孝入弟,可以为宗族师。

为士宗师

晁补之《上李中书启》

赞天化育,为士宗师。

一国宗师

《金楼子·杂记下篇》

诸葛、司马二相,诚一国之宗师,伯王之贤佐也。孔明起巴蜀之地,蹈一州之土,省任刑法,整齐军伍,提步卒数万,长驱祁山,慨然有河洛饮马之志,仲达据天下十倍之地,仗兼并之众,处牢城,拥精锐,无擒敌之意,若此人不已,则雍梁败矣。方之司马,理大优乎。

乡邑宗师

《东汉书·谢弼传》

弼方直中正,为乡邑所宗师也。

儒教宗师

《元史·列传》

张德辉与元裕北觐,请世祖为儒教太宗师,世祖悦而受之。

人文宗师

唐《颜鲁公集·赠孙逖序》

夫然,公信可谓人文之宗师,国风之哲匠者矣。

儒宗文师

唐《韩昌黎集·进平淮西碑文表》

儒宗文师,磊落相望。

度德而师

《杨子·修身篇》

度德而师，易子而教。

《文中子》

度德而师，易子而教，今亡矣夫。

至德可师

《世说新语》

李元礼尝叹荀淑、钟皓曰："荀君清识难尚，钟君至德可师。"

学皆可师

《晋书·范粲传》

粲高亮贞正，有丹风，博涉强记，学皆可师。远近请益者甚众，性不矜庄，而见之皆肃如也。

德学可师

《前燕录》

刘赞，字彦贞，平原人也。经学博通，为世纯儒。约己贞清，非礼不动。慕容廆重其德学，使太子晃师事之。

学行可师

《唐书》

　　贺德仁,越州山阴人,少与从兄德基,俱事国子祭酒周弘正,咸以词学见称。时人语曰:"学行可师贺德基,文质彬彬贺德仁。"德仁仕陈,至吴兴王友,入隋授豫章王府记室参军。王以师资礼之,恩遇甚厚。

宿儒老师

《程子》

　　今虽老师宿儒,尚不能晓其义。况学者乎?是不得兴于诗也。

老成良师

《续通鉴长编》

　　仁宗庆历七年,帝曰:"朕昔在东宫,崔遵度、张士逊、冯元为师友,此三人者,皆老成人。至于遵度,尤良师也。"

君子良师

曹彦约《吕谷集·上封事》

　　法家拂士,君子之良师也。危言激论,朝家之恶石也。

真学者师

《名臣言行录·程颢诔》

　　范祖禹曰:"自孟子没,中庸之学不传,后世之士不循其本,而用心于末,故不可与入尧舜之道。先生以独智自得,去圣人千有余岁,发其关键,直睹堂奥,一天地之理,尽事物

之变,真学者之师也。"

学者当师

《闻见善善录》

治平中,李公择数为朋友言,吕正献未尝闻其疾声,见其遽动,亦未尝草书,学者当师慕之。

事是当师

程子《训象新书》

彼之事是,则吾当师之。彼之事非,则吾又何校焉。是以君子未尝校也。

自谓得师

《伊洛渊源》

马涓巨济,状元及第,为秦州签判。初呼状元吕进伯为帅,谓之曰:"状元云者,及第未除官也。既为判官,不可曰状元也。"巨济愧谢。进伯又谓巨济曰:"科举之学既无用,修身为己之学其勉之。"时谢显道为伊川程氏之学,进伯每屈车骑,同巨济至之,则显道为讲《论语》,进伯正襟肃容听之,曰:"圣人言行在焉,吾不敢不肃。"又数以公事案牍委巨济详覆,且曰:"修身为己之学不可后,为政治民其可不知?"巨济自以为得师。后在朝,为台官有声,每叹曰:"吕公教载之恩也。"

归如得师

张文潜《宛丘集·祭刘贡父文》

故事旧章,在廷不知。有问于子,归如得师。

事无常师

《鬼谷子·忤合篇》

世无常贵,事无常师,圣人无常与,无不与。无所听,无不听。成于事而合于计谋,与之为主。

我有师师

《书·梓材》

注:师师,以官师为师也。

经各有师

宋《苏颖滨集·河南府进士策问》

法立于上,则俗成于下,故两汉之间,经各有师,师各有说,异师俗说,相攻如仇雠。

百僚师师

《书·皋陶谟》

俊乂在官,百僚师师。注:师师,相师法也。

典常作之师

《书》

周官学古入官,议事以制,其尔典常作之师。注:典常,当代之法也。周家典常,皆文武周公之所讲。画:至精至备,凡莅官者谨师之而已。

天地之师

《鹖冠子》

景则随形,响则从声,故形声者天地之师也。

无为之师

唐独孤及《昆陵集·庆鸿名铭》

恭己南面,无为之师。

后事之师

《战国策》

张孟谓赵襄子曰:"臣观往古之美,臣主之权,均之前事,后事之师。君若改图,则臣力不足。"

贾谊《新书·过秦论》

鄙谚曰:"前事之不忘,后之师也。是以君子为国,观之上古,验之当世,参之人事,察盛衰之理,审权势之宜,去就有序,变化应时,故旷日长久,而社稷安矣。"

王安石《临川文集·周革转官制》

语曰:前事者,后事之师也。

求之盲师

《上阳子·序》

根器劣而钝者,求之盲师。一知半见,自喜自幸。

耻于相师

《上阳子》

嗟夫,时之高人胜士,负不世之才,而执一方之见,往往不足以语大道者,非耻于相师,则过于聪明,况其下此者乎。

当仁不让师

《论语》

子曰:"当仁不让于师。"注:当仁,以仁为己任也。虽师亦无所逊。言当勇往而必为也。盖仁者,人所自有,而自为之,非有争也,何逊之有? 程子曰:为仁在己,无所与逊。若善名在外,则不得不逊。子家子或曰:当仁不让于师,师所从受道也。何为而不让? 答曰:为善,欲其敏也,舜闻一善言,见一善行,若决江河,沛然莫之能御,又何让焉。

绞胎枕

《儒学警悟》

右军书,本学卫夫人,其后遂妙天下,所谓风斯在下也。东坡字,本出颜鲁公,其后遂自名家,所谓青出于蓝也。黄鲁直诗,本是规模老杜,至今遂别立宗派,所谓当仁不让也。若乃学退之而不至者为孙樵,学渊明而不至者为白乐天,则又所谓减师半德也耶。

吏师

《韩非子·五蠹篇》

明主之国,无先王之语。以吏为师。

《史记·李斯传》

斯上书曰:令陛下并有天下,辩白黑而定一尊,而私学乃相与非法教之。制闻今下,即各以其私学议之,率群下以造谤,如此,禁之便。臣请诸有文学诸书、百家语者,蠲除去之。不去者,医药、卜筮、种树之书。若有欲学者,以吏为师。

《两汉蒙求·薛宣朱博赞》

曰：薛宣、朱博，皆起佐史，历位以登宰相，宣所在而治，为世吏师。及居大位，以苛察失名，器诚有极也。

宋张方平《乐全集·吕公神道碑》

云：吕文靖公以龙图直学士知开封府，都邑务剧，尹正才难，击断者杂中善良，循恕者并容奸蠹。公之为理，雅得其术，机芒不施，区囊自破，治政清静，府庭肃然，逮今言尹京之政，公为吏师。

张孝祥《于湖居士集·淮东漕魏郎中启》

壤然一代之名士，备更险夷；信矣中兴之吏师，所至办治。

法令师

《西汉书·薛宣传》

宣子惠为彭城令，宣从临淮迁至陈留，过其县，桥梁邮亭不修。宣心知惠不能，留彭城数日，案行舍中，处置什器，观视园菜，终不问惠以吏事。惠自知治县不称宣意，遣门下掾送宣至陈留，令掾进见，自从其所，问宣不教戒惠吏职之意。宣笑曰："吏道以法令为师，可问而知。及能与不能，自有资材，何可学也？"众人传称以宣言为然。

章句师

唐《柳宗元集·答严厚舆论师道书》

马融、郑玄者，二子独章句师耳。今世固不少章句师，仆幸非其人。

义利师

《聱隅子·生学篇》

或曰："古之师也，师乎为义。今之师也，师乎为利。何也？"曰："异乎吾子之闻也。古之所谓义者，义乎其心。利者，利乎其人。孰云义利之异哉。"

绛县师

《左传》

襄公三十年:三月癸未,晋悼夫人食舆人之城杞者。绛县人或年长矣,无子,而往,与于食。有与,疑年,使之年,曰:"臣,小人也,不知纪年。臣生岁,正月甲子朔,四百有四十五甲子矣,其季于今,三之一也。"吏走问诸朝,师旷曰:"鲁叔仲惠伯会郤成子于承匡之岁也。"史赵曰:"亥有二首六身,下二如身,是其日数也。"士文伯曰:"然则二万六千六百有六旬也。"赵孟问其县大夫,则其属也。召之而谢过焉。曰:"武不才,任君之大事,以晋国之多虞,不能由吾子。使吾子辱在泥涂久矣,武之罪也。敢谢不才。"遂仕之,使助为政。辞以老,与之田,使为君复陶,以为绛县师,而废其舆尉。

师汝昌言

《书·益稷》

皋陶曰:"俞,师汝昌言。"注:师,法也。皋陶以其言为可师法也。

永乐大典 精华本

祗师言

《书·毕命》

惟公懋德,克勤小物,弼亮四世,正色率下,罔不祗师言。

仗师臣

《职官分纪》

轩辕,圣人也,仗师臣而授图。

赖卿师矩

《唐绘》

刘祎之,字希美,高宗时拜相王府司马。谓曰:"卿家忠孝,朕子赖卿以师矩,冀蓬在麻中,不扶而挺也。"

张昭有师法

《吴志》

张休字叔嗣,太帝以子登为太子。登读《汉书》,习知近代之事,以张昭有师法,重烦劳之。乃令休从昭受读,还以授登。休弱冠,与诸葛恪、顾谭等俱为太子登僚友,以《汉书》授登。

斛斯有师法

《北史·斛斯征传》

大和三年,周武帝以征有师法,诏令授诸皇子。宣帝时为鲁公,与诸皇子等成服青衿,行束修之礼,受业于征,仍并呼征为夫子,儒者荣之。

君师贤圣

《古三坟书》

君阳师君、师贤圣以询道也。

承师问道

《抱朴子·祛惑篇》

凡探明珠不于合浦之渊,不得骊龙之夜光也。攻美玉不于荆山之岫,不得连城之尺璧也。承师问道不得其人,委去则迟迟冀于有获,守之则终己竟无所成。虚费事妨功,后虽痛悔,亦不及已。世间浅近之事,犹不可坐知,况神仙之事乎?虽圣虽明,莫由自晓,非可以历思得也,非可以触类求也。诚须所师,必深必博,犹涉沧海而挹水,造长洲而伐木,独以力劣为患,岂以物少为尤哉?夫虎豹之所余,乃狸鼠之所争也。陶朱之所弃,乃原颜之所无也。所从学者,不得远识渊潭之门,而值孤陋寡闻之者。彼所知素狭短流促,倒装与人,则靳靳不息。分损以授,则浅薄无奇。能其所宝,宿已不精。若复料其粗者以教人,亦安能有所成乎。譬如假谷于夷齐之门,告寒于黔娄之家,所得者不过橡栗□褐,必无太牢之膳,锦衣狐裘矣。或有守事庸师,终不觉悟,或有幸值知者,不能勤求。此失之于不觉,不可追者也。

尊严师道

《名臣言行录·程颐》

初,明道尝谓先生曰:"异日能尊严师道者,吾弟也。若接引后学,随人才而成就之,则子不得让焉。"

师道自居

《晋书·王祥传》

天子幸太学,命祥为三老。祥南面几杖,以师道自居,圣贤言行故事,虞韶以成纂集。宋哲宗即位幼冲,冲,童也。时方童幼。召程正叔为崇政殿说书,正叔,伊川先生也。名颐,字正叔。崇政讲殿名,说书劝讲之官。正叔以师道自居,每侍讲,凡侍奉哲宗在讲筵时。甚庄。正叔极其庄敬。继以讽谏,讽因言寓戒,以感动之。上畏之。上哲宗也。时潞公为平章军国重事,潞公,姓文,名彦博。平章宰相以上之官,重臣也。年九十矣,封上恭甚,进士唱名,其时哲宗坐御殿放举人及第,传唱进士姓名。侍立终日,潞公侍立殿上。上屡曰:哲宗频顾潞公云"太师少休。"少,如字,太师,潞公官名,不呼其名,而以官称之,尊敬之也。休,止息也。谓潞公年高,久立恐劳,令暂止息。公顿首谢,顿首,俯首至地,恭之至也。立不去。潞公,虽已高年居尊位,执守臣礼,不敢便安。或谓正叔曰:"或人以潞公之事告正叔。君之倨,呼正叔为君,倨傲也。视潞公之恭,谓以正叔之倨傲比之潞公之恭谨。议者以为未尽。"或者疑谓正叔未能尽事君之礼。正叔曰:"潞公三朝大臣,事幼主不得不恭,事君尽礼臣职当然。潞公世受国恩,虽为重臣,不可以尊贵废礼。吾以布衣为上师傅,敢不自重。上,谓哲宗也。布衣,微贱时所服。正叔自言起身微贱,为师傅之职,以德义训导人主,天子所尊敬之臣,固当以尊严自居。吾与潞公所以不同也。"大臣与师臣各有其体。二者不同。

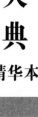

高选师友

《职官分纪·晋刘寔传》

寔通古今,清身洁己,行无瑕玷。为国子祭酒,愍怀太子初封广陵王,高选师友,以寔为师。

八师不可为

《楚辞·七谏》

曰:谁使正其直是兮,虽有八师而不可为。注:八师,禹、稷、契、皋陶、伯夷、垂、益、夔也。

儿_{小儿症治十一}

小儿急慢惊论

张子和《儒门事亲书·发惊潮搐症》

夫小儿三五岁时,或七八岁,至十余岁,发惊潮搐,涎如拽锯,不省人事,目瞪喘急,将欲死者。《内经》曰:此皆得于母胎中,所受悸惕怕怖,惊骇恐惧之气。故今小儿轻者为惊吊,重者为痫病风搐,为腹中积热,为脐风。已上症候,可用吐涎及吐之药。如吐讫,宜用朱犀、脑麝、清凉坠涎之药。若食乳之子母,亦宜服安魂定魄之剂,定志丸之类。如妇人怀孕之日,大忌惊忧悲泣,纵得子,必有诸疾。

小儿手足搐搦症。李氏一小儿病,手足搐搦,以示戴人。戴人曰:"心火胜也,勿持捉其手,当从搐搦。"此由乳母保抱太极所致。乃令扫净地,以水洒之,干,令复洒之,令极湿,俯卧儿于地上。良久,浑身转侧,泥涴皆满,仍以水洗之,少顷而差。

《养生必用·论急慢惊风》

小儿惊痫,古医经方论,但云阴阳痫,而今人乃云急慢惊。今立方一准古圣贤为治。阳痫属腑,于治痫方中去温药。阴痫属脏,于治痫方中用温药。寒温等药,皆于治痫方中增损之则无失。又小儿虫症,与痫相类,学者审别之。_{载《幼幼新书》}

《阎孝忠附方·论小儿急慢惊》

古书无之,惟曰阴阳痫。所谓急慢惊者,后世名之耳。正如赤白痢之类是也。阳动而速,故阳病曰急惊。阴静而缓,故阴病曰慢惊。此阴阳虚实,寒热之别,治之不可误也。急惊由有热,热即生风。又或因惊而发,则目上目札,涎潮搐搦,身体与口中气皆热。及其发定,或睡起即了了如故,此急惊症也。当其搐势渐减时,与镇心治热药一二服,《直诀》中麝香丸,镇心丸,抱龙丸,辰砂丸,及至宝丹、紫雪之类。候惊势已定,须臾,以药下其痰热,《直诀》中射惊丸,软金丹,桃枝丸之类。或用大黄、朴硝等药。利下痰热,心神安宁即愈。治急慢惊,世人多用一药,有性温性凉,不可泛用,宜审别之。又治慢惊药,宜去龙脑,纵须合用,必以温药为佐,或少用之。

《万全方》小儿诸风并
《天瘹客忤方·论小儿》

有急惊候,有慢惊候,又有天瘹候,又有客忤候。此数者,大同而小异。夫身体壮热,忽然之间,四肢抽掣,痰壅口噤,谓之急惊。身体壮热,心神不安,呕吐痰涎,睡中多惊,乍发乍静,荏苒经日,谓之慢惊。皆由内有积热,外感风邪,候有迟速,因而为名。其曰天瘹者,盖出于惊风之候也。以其手足搐搦,眼目上戴,如鱼之着钓,遂以为名。大抵因惊而生热,因热而生风,指病而谓之惊风,指候而谓之天瘹。治法亦同。其所谓客忤者,取其触忤之意,小儿未有所识,外人适至,因而惊忤,故曰客忤。古人论说,谓人从外来,衣服经履鬼气,或牛马之气,皆为忤也。其状吐下青黄赤白,腹痛夭矫,面色变易,状貌似痫,眼不戴上,其脉弦急数者,是其候也。故治法有用粉丸,并法术者。载《幼幼新书》

张杲《医说》

急慢惊风,小儿发痫,俗云惊风,有阴阳症。因身热面赤,而发搐搦上视,牙关紧硬者,阳症也。因吐泻,或只吐不泻,日渐面色白,脾虚成冷,而发惊不甚搐搦,微微目上视,手足微动者,阴症也。阳症用凉药,阴症用温药,不可一概作惊风治也。又有一症,欲发疮疹,先身热惊跳,或发搐搦,此非惊风,当服发散药。

郑端友《全婴方》

分阴阳痫症　　吐虚者曰慢惊风,泻虚者曰慢脾风,吐泻虚者曰阴痫,吐热惊搐曰阳痫。慢惊风,眼偏喜开。慢脾风,眼偏喜闭。阴痫,眼半开半闭。阳痫,眼半鲜半青。急惊风,十生一死。慢惊风,十死一生。

论阴阳痫症　　阎氏云急慢惊,古人书无之,惟曰阴阳痫。所谓急慢惊风者,后世名之,大抵治法须判阴阳。阳痫,急惊,阳动而速,身热脉浮,口中气热,大便实而小便赤,或食或不食,其病在腑而易治也。阴痫,慢惊,阴静而缓,身凉脉沉,口中气冷,大便泻而小便青,或吐或不吐,其病在脏,故难治也。

论半阴半阳　　身热脉浮,精神恍惚,或吐或泻,不思乳食发搐,即是半阴半阳合病。身凉脉沉,精神倦怠,不吐不泻,又能乳食发搐者,亦是半阴半阳合病。正如伤寒,半是表半是里之义也。

论急慢惊互变　　阎氏云,治急慢惊风,古人多用一药,有性温性凉,不可泛用,宜审别之。钱氏云,急惊合凉泻,慢惊合温补,此是定法也。其间有急惊凉泻而不愈,变为慢惊。有慢惊温补而不愈,变为急惊。互相更变者多矣。所以古人撰一方一药,治急慢惊观互变之症,其意有理。惜乎当时有失详注,如两症交互者,宜用通治急慢惊药。

论急惊变为慢惊之因　　急惊变为慢惊者,因壮热精神恍惚,忽发惊搐,医以吐下药太过,多以凉惊药不愈,荏苒经日,脾虚不实,昏睡露睛,涎鸣气粗,肢冷肚疼,时作瘛疭,此急惊变成慢惊也。张氏云,急惊不除,进退不定,荏苒经日,乍静乍发,呕吐痰涎,鸣气潮搐,为慢惊。

论慢惊变为急惊之因　　慢惊变为急惊者,因伤乳食,或吐或泻,时作瘛疭,医以温热药太过,以暖惊药不愈,体热涎盛,面红目赤,大便不通,小便赤涩,舌白唇红,忽发惊搐,此慢惊变成急惊也。钱氏云,慢惊多因性太温,及热药治之,有惊未退,而别生热症者,有病愈而致热症者,有反为急惊者甚多。以上二症互相更变者,盖小儿易虚易实也。

李柽《小儿保生要方》

论急慢惊风,乃阴阳痫症候。小儿发痫,圣人首说阴阳痫,俗能分耶?俗云惊风有阴阳症,因身热面赤,而发搐搦,目上视,牙关紧硬者,阳症也。因吐泻,或只吐不泻,日渐面色白,脾虚或冷,而发惊不甚搐搦,微微目上视,手足微动者,阴症也。阳症用凉药,阴症用温药,不可一概作惊风治也。又有一症,欲发疮疹,先身热惊跳,或发搐搦,此非惊风,当服发散药。

施庐《续易简方》小儿惊例

儿医之难尚矣,愚尝深考之,惊风急慢之候皆可畏,俗惟慢惊愁杀我为说。且如小儿,或因吐泻,或只吐不泻,或久泻不吐,脾土既亏,日渐困悴,面青神慢,冷而发惊,不甚搐搦,微微上视,手足轻动,此慢风候也。局方出药固多,兼治急慢两症,皆失乎凉。近世明医,以白丸子末,与金液丹末等分,蒸饼为丸,如小绿豆大,米饮送下,如未能咽,清饮调徐徐饮之。痰多加白丸子,泻未止加金液丹。风定即当调脾,惟四君子汤,加扁豆山药,各炒为末,每半钱,姜枣煎服。若欲生风,四君子汤加半夏曲炒没食子等分,入冬瓜子数粒同煎。若虚甚作慢惊,脉来微缓,研震灵丹二三粒,十分极细,米饮调下。若困而不醒,只以附子半钱切碎。水一盏,姜三片,丁香五粒,煎四分温灌之。醒即住药,皆量儿之大小加减与之。或已作风候,虽有既济丹、来复丹,二药品味相类可用,莫若八神来复丹为佳。盖以来复丹加南星、半夏二曲为巧。若四肢厥冷,黑附子尖二个,生去皮,蝎梢七个,熟硫黄末一钱七,十分细末,姜汁和丸,小绿豆大。一岁儿十九丸为率,米饮下。治慢急诸惊,大概如此。若急惊候,其症身热面赤,或唇红脉数,或搐搦上视,或牙关紧急,咬齿有声,或身腰反折,宜进少苏合香丸,次以白丸子末,加全蝎僵蚕末,淡生姜汤,人参汤,任意调服。此顺气下痰,解热散风之剂。或关格未利,宜以麝香当门子研细,薄荷汤调下。有顷刻十发者,以生地龙一条,去土,入五福化毒丹一丸,同研如泥烂,薄荷汤少许调灌。治急惊诸症,大概如此。其他不敢专其治。详见《和剂类例》中。

僧本璹《医学症类》

小儿患急惊发热症,苏合香和青州白丸,姜汤调下为妙。热盛者,下痰去热即愈。一味麝香、当门子,薄荷汤磨下,无不定者。仓卒,只以生姜薄荷研,取自然汁灌之,自佳。若吐泻后为慢惊慢脾最难治,其法惟当温中补气,疏风化痰,但当渐止其本药,亦忌于大过。盖脾虚不能胜,则症益变乱,不可不知。小儿以胃气为主,四君子汤乃其圣药。钱氏惺惺散,虽感冒发热,亦必以参苓白术为主。若吐泻疳惊之类,谓胃气药,尤不可阙。其禀性中寒者,理中汤当时时服之。怯甚者可术附汤。若脾虚作慢惊慢脾,四君子汤加附子,或以震灵丹两三粒为末,米饮调下。量大小加减最妙。小儿虚实,惟以面色察之,若面赤,唇肿燥,眼肿,气喘促,为脾有热。面青白,眼神慢,长嘘气,即中寒,脾胃虚也。

演山省翁《活幼口议》

急慢惊风等症:惊者,总名也。婴孩小儿心气不足,智志率伏,恍惚无定,神不守舍,怯人怕物,渐作怖畏。怖畏之盛,已作恐惧。恐惧之多,乃抱怔忪。怔忪之久,则自惕愕。

惕愕既有,癔疭已为。斯乃心气不足而生之渐,但分轻重耳。又有心气虚弱,暴触作惊,更不由渐,即便面青唇白,视之定睛,目无所视,听之哄聪。耳无所闻,精神顿忘。心智全失,及至良久收敛。且五脏六腑,虚处所受惊风而作疾,已述前议。然幼幼多因吻母不意之乳,耗其心气,作惊以渐。凡小儿因水火所加者,悸也。自跌扑所致者,恐也。人物之所触者,愕也。惕惕不散,郁郁闷于胸堂者,怔忪也。是知积惊难散,由其不能自化。如恐恐悸悸者,盖自能知之矣。不为积聚,且怖畏之诚常在其中,无以自遣,偶因触闷心神。其肝主风,其脾生痰,其肺作热,其心发惊。四症相临,重者先发,假如雷声霹雳,至响不为咎者何?盖声相应,情无所加矣。惟有小儿在僻静处,或神庙中,心存怖畏之时,忽被无知小人,戏叫鬼来鬼来,且儿奔走无门,惊气入心,若不速利其惊气,少顷则指甲黑,唇口青,所受重害,不可得疗理。自古及今,调理婴孩,最为难事。悉皆凭药取愈。且惊风至难也,慢惊又难也,慢脾候尤难也。今摘述调理小儿至难者症候。前后有所不堪疗理,或古人未备其意,或已著于集,后人未明者,今与详悉本末,开陈利害,指于迷途,直径可进,庶有益于学者胸次。务家治产之夫,及仕宦子弟,易晓其理。幼幼阴阳,稍有偏侧,遵而扶之,不至夭横。暇日熟研,可补缓急,良士一观,足知野老肺腑,意不藏机,亦无缘饰巧伪,更无妄诮隐情。直欲普济,使婴孩初生,自幼至长,有患无疏,受疾不害,欢忻鼓腹,歌笑嬉娱,父母即无颦眉蹙额忧苦之叹,怡然顺事,不劳再三,快哉妙哉!至诚咸获休焉。

急惊风症　　逆症似顺。议曰:顺逆有别,阴阳不均,症候相加,色脉致乱,惟是惊风发作,按脉察症以较之。阳候症脉,俱得其阳。阳者顺也。阴候症候,俱得其阴,阴者逆也。阳候有阴脉者,其症欲传阴候,得阳脉者,其症反是也。谓如急惊风,乃是阳痫得脉浮数洪弦,阳中之阳。又有得脉沉缓,阳中有阴。慢惊风,乃是阴痫,得脉沉细迟弱,阴中之阴。又有得脉浮大,阴中有阳,所言逆症似顺,乃谓阴中有阳。助阳不醒,回阳不生,其候偏亏,虽则阴中有阳,其阳非真脉。使疑二不可考理,详而知之,察其可否而后已。

《卫生宝鉴》

洁古老人辨急慢惊风,急惊阳症。小儿咳痰热于胸中,是少阳胆府受病,谓热则生风,因闻大惊而作,所谓东方震卦,得火气而发搐。火本动焰,须风而动。当用利惊丸,导赤散,泻青丸,地黄丸。搐止,服安神丸。

慢惊阴症　　小儿吐泻病久,脾胃虚损,大便不聚,当去脾间风,先以宣风散导之,后用使君子丸、益黄散,其利则止。若不早治,即成慢惊,名曰癔疭。以搐不甚搐,脾土虚损,致被肝木所乘,属诸脏受病也。用温补羌活膏主之。

《玉诀方》

小儿惊风候歌　　面青呵欠即因惊,吼哇绕啼睡不宁。上窜喘粗频发热,呃乳肠虚泻痢青。此患先除惊气,后退惊风,次下惊涎,后调胃气,乃安矣。载《幼幼新书》

袁当时《大方》论曰:小儿之疾,惊痫最甚,古所谓阴阳痫者,即今所谓急慢惊风也。阴痫本于胎禀怯弱,或因大病吐利后,或热极生风,或大惊受恐而成。面青白色,体冷,口中风冷,反拗多啼,夜不得寐,手足瘛疭,目睛上视,项背强直,牙关紧急。或呕逆涎潮汗出,口眼相引,时发时止,心神恍惚,或加昏塞,此阴痫慢惊也。面色赤热,元禀素盛,或因痰酸碱滑腻生硬油面之物,以致胸膈不利,心气不通,痰热相盛。暴然发作,或因大叫大声,恐悸震慑,以致膈有顽痰,肝动风热,发则扬眉瞬目,抽手掷足,反张强直,此阳痫急惊

也。大率治阴痫以温药,治阳痫以凉药,大概如此。然用温药者附子硫雄,不容不谙,否则寒疾未已,热疾复起伤生。用凉药者轻粉大黄,不容不谙,否则热未退,冷备虚人。治法细察盈虚,明知无损,则小儿之疾,无枉亡,医者之德,无罪戾。

方

《玉诀方》

治惊风候云:此因惊积涎实加胸膈,宜用生银丸,乌犀膏,行风下涎。

方并见本门

《仙人水鉴》治小儿睡惊丸:

天南星一个。大者酒浸,杵为末。乳香 水银结成沙子 琥珀末各一钱。牛黄 白龙骨各半钱。青黛三钱。

右细研。入石脑油和。如有小儿患急慢惊风,丸如红豆大,用薄荷汤化破一丸,令小儿服后,睡觉顿安。如大人伤风,亦用薄荷汤,茶嚼下一丸顿安。

古方治小儿急慢惊风歌曰:一瓮朱砂一瓮雪,一个大虫一个蝎,四味匀研化作尘,和时更用生人血。已上三方载《幼幼新书》。

右以雀儿饭瓮儿空者一个,量飞过。细朱砂一瓮儿,腻粉一瓮儿,雀儿饭瓮儿内取出者,虫子一个,全蝎微炒一个,四味研匀,用乳汁调一字,令儿服之。

王衮《博济方》:禤银丸,治小儿急慢惊风,涎潮发搐不定,常服解心肺痰壅不利。

水银一两,黑铅一分,结砂子。腻粉一分研 干蝎一分,全整者。 黄明胶一片,慢火炙令黄。 铅白霜一两研。青黛一分研。 香墨一寸研。百草霜二两研。牛黄一分研。川巴豆一两,去皮心,醋煮令黄色研。

右一味。除合研药外,细杵罗为末,再一处细研千百下,用粟饭为丸,如绿豆大,捻禤,每服五七丸,干柿汤下。薄荷汤亦得,更酌儿大小、肥瘦、虚实,加减与服之。唯利下青黏滑涎为效。

镇心丸:治小儿急慢风惊,搐搦不定,中焦壅热,化痰理惊。

金银箔各三十片。 牛黄一钱研。 茯神半两,去皮木。 人参半两。 龙脑一钱研。防葵半两。 铁粉半两研。 雄黄一分研。 朱砂半两研。 犀角一分错。 龙齿一钱。大黄一分蒸。

右十二味,都研匀细,炼蜜为丸,如小鸡头大,每服看儿大小,薄荷汤化下。如大人心神不定,及多怔忪,亦宜服之。

乳香散:治急慢风惊发搐。

乳香半两研。甘遂半两。

右二味同研细,每服半钱,用乳汤调下,用小便调,尤妙。

《和剂局方》定命丹:治小儿急慢惊风,天瘹撮口,潮发搐搦,奶痫壮热,昏塞不省。

青黛研半钱, 蟾酥干者酒浸,一宿一钱。 麝香研一字。 干蝎全者七个,微炒。 白附子炮为末,半分。 天南星炮为末,一分。

右件细研令匀,以粟米粥和丸,如绿豆大,别以青黛为衣,每服一丸,荆芥薄荷汤化

下。后困睡无疑，但有患者，先化半丸，滴入鼻中，嚏喷者必差，一本不用天南星。

大天南星丸：治小儿急慢惊风、涎潮发搐、目睛上视、口眼相引、牙关紧急、背脊强直、精神昏塞、连日不省。

龙脑研。 牛黄研。 乳香研各一钱。 天南星牛胆制者半两。 人参。 天麻去芦。 防风去芦，各一分。 朱砂研三钱。 干蝎十四个，汤浸润去土，微炒为末。 麝香研一钱半。

右件研杵令匀，炼蜜和丸，如大鸡头大。每服一丸，荆芥薄荷汤化下。量儿大小，以意加减服，不计时候。

至圣保命丹：治小儿胎惊内吊、腹肚坚硬、目睛上视、手足抽掣、角弓反张。但是涎痰壅盛，一切急慢惊风，悉皆治之。

全蝎十四个。 白附子。 天南星炮。 白僵蚕直青者炒。 朱砂研。 麝香研各一钱。 防风去芦义。 天麻各二钱。 金箔十片。 蝉蜕去泥一钱。

右为细末，入研药和匀，以粳米䉼饭，取中心软者捏为丸，每两作四十丸。初生儿半丸，乳汁化下。周岁儿一丸，金银薄荷汤化下。十岁已上，有急候者二丸，薄荷汤化下。常服镇心安神化痰，除一切惊风症候。

蛇头丸：治小儿急慢惊风、手足抽掣、眼睛直视、角弓反张、症候危急者。

蛇含石十个，煅三度醋淬，却用甘草汤煮出酸气，研飞为细末。 铁腻粉。 神砂研。 蝎梢。 五灵脂酒浸去砂。 白附子炮。 郁金炮，各二两。 龙脑别研半两。 麝香研一两。 花蛇头十个，酒浸，用齿并肉。

右为细末，面糊为丸，如鸡头大。每服一丸，薄荷自然汁磨，以井花水化开，量儿大小，加减与服。

辰砂茯神膏：治小儿急慢惊风、潮涎搐搦、手足抽掣、心膈烦躁及疗惊啼、睡不宁帖、腹中疔痛。

酸枣仁。 代赭石烧醋淬研。 乳香炙别研，各一两。 茯神去木，一两半。 朱砂研飞半两。 麝香研一钱。

右为细末，炼蜜丸，如鸡头大。每服一丸，用金银薄荷汤研下。更量岁数加减与服。常服镇心，安神定志，此药比他惊药大不同，温平不冷。

《谭氏殊圣方》：治小儿急慢惊风、牙关紧急、眼睛上视、腹中胀时发气、众药不可治。

干蝎一个，足尾头，甲全用，少些不妨。

右用大薄荷叶包定，上用麻线缚之，用炭火炙，薄荷连蝎香熟为末，入麝香一字。再合研为末，每服一字，腊茶清调下。如病大吃半钱，更看儿女岁数多少加减。 经验方：不用麝香，用汤调下。 庄氏家传：不用麝香，入生龙脑少许。如儿虚，减脑子去茶清，用薄荷汤下。 赵氏家传：用竹沥水下。 元和纪用经：名至圣散，治小儿阴阳痫，手足抽掣，病后虚风百种，积生恶症悉主之，仍用紧小干蝎四十九枚，每一蝎以四叶薄荷包合，棉线系之，火炙焦，去绵末之，金银汤调之，豆许大。 三岁倍之，量大小加至半匕，以麝香牛黄少许，调服益佳。

麝朱散：治小儿急慢惊风。

麝香一字。 朱砂二钱研细。 赤头蜈蚣一条。 蝎梢七个。 棘冈子七个，须是棘枝上者，妙焙干用肉，不用壳。

右为末，每服半钱，煎金银薄荷汤下。如常服一字。

治小儿急慢惊风：

真金箔。　银箔各十片。　辰砂半两。　麝香半钱。　白僵蚕三十个炒。　赤石脂醋煮。　防风。　远志去心各一两。

右件四味，捣罗为细末，次入先四味一处细研，拌和令匀，炼蜜为丸，如鸡头子大，朱砂为衣，用蛀竹水吞下，每服一丸，忌死物之肉。

治小儿急慢惊风：

朱砂一钱。　金头蜈蚣不以多少。　全蝎不以多少。

右件三味为末，每服半字，鼻内㗜之。

又方：白丁香一钱。　腻粉一字，用生姜自然汁，和作饼子，慢火炙熟，每五岁已下至三岁重者气实用一字已，上三岁已下一字已下。

已上各作一贴，临时旋合和一贴，入后药一钱，或半钱。

木鳖仁三钱。　蜜陀僧二钱。　水磨雄黄一钱。

右三味同为细末，五岁已下至三岁一钱，三岁已下半钱已来，蜜水米泔调下，临睡。

绞胎三彩骑马俑

《茅先生方·夺命散》：治小儿急慢惊风，大人急中用此妙。

铜青。　朱砂各二钱。　腻粉半钱。　麝香少许。　蝎尾一十四个去针。

右件为末，每服一字半钱，用薄荷腊茶清调下。此药治天瘹脐风，客忤卒死，撮口鹅口，木舌喉痹，胙腮风壅，并皆要此药。吐下风涎，然后依形症调理。

良方黑丸子：治小儿急慢惊风。

腻粉一钱半。　墨。　白面。　芦会各一钱。　麝香。　龙脑。　使君子去壳面裹炮熟。　牛黄。　青黛各半钱。

右面糊丸，梧桐子大。每服半丸，薄荷汤研下，要利即服一丸。楚州小儿医王鉴，以此药致厚产。鉴神之，未尝传人，予得之乃常人家。睡惊丸，小不同耳，治惊风极效，前后用之，垂死儿一服即差。

保生信效方：治小儿惊风。

芭蕉自然汁，时时呷一两口，甚者服及五升必愈。

董汲《旅舍备要·定命丹》：治小儿急慢惊风、天瘹、脐风、撮口、搐搦、却痫、壮热方。

天麻。　青黛各一分半。　天南星炮末。　腻粉各一两半。　朱砂研。　白附子炮，各半两。　麝香二字。　蝎尾十四个炮。

右捣研匀，用烧粟米饭为丸，如绿豆大，薄荷汤化下一丸。急惊者水化，滴入鼻中，啼即搐定。

又方：通治小儿急慢惊风、手足搐搦、日数十发、摇头弄舌、百治不效、垂困。已上十方并载《幼幼新书》。

蛇蜕皮一分。　牛黄研一钱。

右以水一盏，先煎蛇皮至五分，去滓，调牛黄顿服，五岁已上倍服。

《圣济总录·蝎梢散》：治小儿急慢惊风。

蝎梢七枚。　乌头尖七枚。　半夏一枚浆水煮过。　丹砂研半字。　附子生去皮脐一分。

右五味,捣罗为细散,每服一字匕,煎柳枝汤调下。

栖真子《婴童宝鉴·滚涎丸》:治小儿急慢惊风、慢脾风。

白龙脑一字。　朱砂末一钱半。　朋砂末三钱。　马牙硝末五钱。　铅霜二钱。　牛黄一百文。　麝香三十文。　水银二钱结沙子。

右件都研自然为膏,丸如杨梅大,用梨汤水下一丸。

《万全方·白龙丸》:治小儿急慢惊风,并诸般风疾。

石膏半斤,火煅过如面,分为三停,留一停为衣。　川乌头去皮。　天南星。　甘草各四两生用。　肉桂。　甘菊花各二两。　防风。　白僵蚕。　京芎各一两半。　牛膝。　海桐皮去皮水浸。　麻黄去节用。　甘松洗。　川白芷。　藁本洗各一两。

右件捣罗为散,研和令匀,用糯米拣择净,煮粥研烂,旋旋入药,和匀杵为剂,丸如大鸡头大,微干上衣。每服一丸,空心夜卧,用煨葱酒嚼下。如中急风,用两丸,薄荷自然汁半盏,酒半盏,磨化灌下,衣被盖出汗。妇人血风,当归酒下。伤寒头痛,葱酒下。常服,茶酒任下。小儿急慢惊风,量大小,金银磨下。

七宝丹:治小儿急慢惊风,化痰镇心。

牛黄研入。　真珠末。　铅霜各一钱。　腻粉。　朱砂研入留一半为衣,各二钱。　白附子。　天麻。　蝎尾炒三味各一钱。　巴豆十粒,去皮心膜裹压出油。　水银三钱入黑铅少许,火上熔结砂入。

右为末研匀,煮枣肉研和丸,如粟米大,以朱砂为衣,荆芥汤下三丸,量儿大小服之。

《聚宝方·定命丹》:

生龙脑。　真麝香各二钱半。　桃柳心各七个。　蟾酥一皂大。

右五味,端午日合,不得鸡犬、孝子、妇人、僧尼见,细研丸如黄粟米大。小儿急惊天瘹,用中指点水四滴,研一丸,注在二鼻窍中,三嚏已上,即效。如三嚏已下,不在医限。慢惊用浓煎桃柳枝汤,浑头洗浴,不得揩干,生衣裹之,用药如前,三嚏已下,亦不在医限。

金箔膏:治小儿急慢惊风。

金箔二十二片。　赤足蜈蚣全者一条。　铁粉。　白花蛇各三两,醋浸一宿,取肉焙。　水银锡结砂子。　朱砂研。　白附子。　轻粉。　白僵蚕直者。　乳香研各一分。　半夏生姜汁浸一宿焙干半两。　瓜蒂四十九枚。　麝香一钱研。

右一十三味为末,石脑油为膏,每服绿豆大一粒。煎金银薄荷汤化下,牙关不开,增一粒揩之自开。

虎睛丸:治小儿急慢惊风、搐搦不定、吊上睛。

虎睛一只酒炙取入。　青黛三分。　棘冈子肉二十个。　朱砂研。　粉霜。　轻粉各一钱。　牛黄一字。　香好墨烧一钱。　麝香。　熊胆各半钱。　半夏七枚汤七度为末。

右一十一味,为末,汤浸蟾酥为丸,如桐子大,三岁已下一粒,十岁已下至五岁二粒,用金银薄荷汤,剪刀钚左右各研七下灌之。常惊者半粒。

生姜丸:治小儿虚风、急慢惊搐搦、项筋紧强、手足逆冷、腰背拘急。

蜈蚣一条,酒浸一宿。　干蝎全者七个。　蚕蛾十个。　白僵蚕直者。　朱砂各一分研。　天南星。　白附子。　麝香当门子各一个。　薄荷心七个。　龙脑研。　水银锡结砂子各一钱。　棘冈子二十个炒。

右一十二味为细末,研令匀,以石脑子油和为膏,单子裹,每服一粒,如黍米大,冷水调下,须发前服,一二服必效。

睡脾散：治小儿急慢惊风。

桑螵蛸四个。　干薄荷叶。　干蝎全者。　人参。　干山药。　天南星炮。　半夏生姜汁浸焙各一分。

右七味为细末，每服半钱，麝香粟米饮下。

玉蕊丸：治小儿急慢惊风。

天南星去皮脐。　半夏去脐。　白僵蚕直者各半两。　定粉一钱。　腻粉。　水银同腻粉各半钱，研匀。

右六味为末研匀，糯米粥丸如桐子大，头风夹脑风、头旋目晕涎溢，用薄荷腊茶嚼下二丸，如要利，加至五丸。急风，薄荷酒嚼下十丸，以利为度。妇人血风，荆芥酒下二丸。小儿急慢惊风，金银薄荷糯米煎汤化下一丸，至二丸效。

青金丹：定小儿急慢惊风，神效。

使君子二枚，白面一匙，和作饼子，通裹烧面熟，去面取之。　芦会一分研。　青黛。　麝香各一钱。　腻粉。　白面各二钱。　蝎梢十四个。

右七味为末，香墨水和为丸，作三十丸，每服一丸，薄荷汤化下。

又方：

生银半两，如无，以水银半两，结砂子。　辰砂。　铁粉飞过各半两。　全蝎。　蝉蜕各十四个。　粉霜。　巴豆霜各二钱。

以上末之，煮枣肉丸梧子大，每一丸姜枣汤化下，三二岁一二服，如要小丸，黍米大三五丸。

又乌犀膏：行风下涎。

枣子三个，去核，每个入巴豆三粒，针刺上烧过存性。　硇砂三钱。　轻粉一钱七。　朱砂飞。　香墨烧各一钱。　粉霜半钱匕。　甘遂半钱煨。　水银砂二钱。

以上末之，炼蜜为膏豆大，加减薄荷水化下，看虚实，非时勿服。

大青丸：

天麻。　水银只研。　朱砂。　天南星炮。　铁粉。　白附子。　硇砂。　好墨。　僵蚕已上各一钱。　金箔五片。　银箔七片。　轻粉半钱。　黑附子。　全蝎面炒。　粉霜各二钱。　半夏十八个，姜浸。　脑子。　麝香。　雄黄酒煮各三钱。　蜈蚣一条盐汤洗去土。

右件末，酒糊丸如桐子大。一服一丸，薄荷蜜水磨下。急慢惊痫等疾，量大小用。如寻常潮热惊热，风热温壮，或变蒸，一丸可作两服，伤寒不得用，如惊风搐搦上视，以鹤顶丹。

《惠眼观症·□汤丸》：下涎治急慢风，伤寒呕逆，壮热，大小便闭塞，腹胀虚膨，渴水，疳虫攒心，赤白滞痢，惊膈，霍乱吐泻，脾风等疾。

龙脑。　麝香各一字。　青黛炒末抄三钱半。　白丁香炒末抄三钱。　水银。　轻粉。　天南星。　滑石炒末各抄二钱。　巴豆三十六粒，浸去皮烂，研用纸裹，去油再研。

右药合和令匀，入巴豆霜内，一向研三四下，又倾出研脑麝香，方入前药都研，复倾出研饭少许。如硬，入水数滴令匀烂，方却用药为丸如此大，一岁下十五丸，二岁二十丸，三岁、四岁下二十五丸，五、六岁下三十二丸，余更随大小、虚实加减。下疳虫攒心，用皂子二十一个，炮过槌损煎汤下，赤白泻痢，小鱼□煎汤下。其余候，并以葱白煎汤下，一更时吃。至天明通下青白黏涎，候众人食时，先以淡粥补之，次进匀气

散,忌生硬食,两日仍进此药,涎未下,次不得吃水,如患急惊,只以此药槌碎下,亦吐涎来,或慢惊至第二日、第三日,补实脾气,下此药压涎,亦得,不拘时候。

刘氏家传朱砂膏:治小儿急慢惊风,大人风狂躁热,风痫,伤寒中舌强风涎。

桃仁汤浸二遍去皮尖,面炒干一两研烂。　朱砂研。　滴乳研各三钱。　真红花头半两焙末之。

右同研至细,入麝香一钱又研,炼蜜丸,每服一丸鸡头大,煎薄荷汤半盏,化破和滓服,人参汤,或茶调,或含化。

葱汤丸:治急慢惊风。

滑石末一钱半。　白附子一钱半生半熟。　轻粉挑一钱。　巴豆七粒去油,研烂在纸上,安于石片上用焊干。　天南星一钱半生半熟用。　蝎半钱。

右末之,蒸饼和丸,青麻子大,每服三丸,对岁已上七丸,未出月一丸。热积,金银薄荷汤化下。惊积,葱汤化下,自然取下惊积。

软青膏:治小儿急慢惊风,搐搦发病,并一切惊积坠涎。

青黛二钱。　轻粉挑二大钱七。　天南星炮末一钱。　麝香一大钱七。　水银用银结砂子二皂子大。　乳香三皂角子大。　蝎梢十四个全。

右同研匀,用石脑子油和为膏,以油单纸裹。有患一丸如绿豆大,薄荷水化下。重者不过再服,与薏苡散间服。

薏苡散:治小儿惊痫等疾。

薏苡仁。　桑寄生。　白僵蚕。　蝎梢。　人参各一钱。　龙脑。　麝香各少许。

右末之,每服一字,煎荆芥汤调下。

保生丹:治小儿急慢惊风,其效如神。

天南星炮。　白附子炮。　朱砂别研。　麝香别研各半两。　蛇黄四个,辰地上煅铁色者,用楮叶研自然汁涂,却火煅金赤,用生甘草水洒出火毒,研令极细。

右□可有端午三家粽子尖,为丸如梧桐子。用淡竹沥磨下一丸。此方神圣,不可慢易。一粒可救一人。兼能治丈夫、妇人一切疾。薄荷酒嚼下三丸。张氏家传:竹沥磨下二丸。又张氏家传方:兼治丈夫妇人,卒中涎潮不语,两眼翻上,手足颤拽,及瘫痪手足不随,头旋眼晕,口眼㖞斜,暗风五痫,惟天南星,用烧石灰内炮裂,去石灰不用,于水洒地上。盏盖出火毒一伏时。服药后,忌一切动风物。王璆《百一选方》云:保生丸,治小儿胎中惊积,盘肠内吊,伛身返视,啼哭不止,或潮热风痰,骤成急惊,吐泻日久,变成慢惊,手脚搐搦,哭如鸦声,脾胃虚极,不进乳食。如能常服,令小儿永无惊风之疾,眠睡安稳,乳食增进,虽是伤风疮痘之候,服之亦能解利寒邪,透肌消毒。大人手足顽麻,运动疼痛,睡中惊悸,心神不宁,以两粒依方,于临睡时化下,若肚疼用吊藤汤磨下,未周晬儿,只服半丸,合时勿令妇人猫犬见之。

红丸:治小儿急慢惊风惊痫,涎潮搐搦直视,牙关紧,项背强,喘欬,多睡,发热不时,可服此方。

朱砂飞研。　龙脑别研各一分。　半夏修制如前。　黄蜡各一钱。　粉霜二钱。　水银一钱,入金箔三片,结砂子。　牛黄。　腻粉各半钱。　蝎梢,四十九个微炒。

右件杵研极细,先炼蜡去滓,入油三五点,离火,内诸药和搅令匀成剂,有病旋旋丸黍粒大。半岁儿可服两丸。至三丸。荆芥薄荷汤下,大小量力加减,病愈为度。

张氏家传夺命丹,又名通天再造丹:治小儿急慢惊风,不可细说。

真牛黄。　蟾酥。　辰砂。　天麻。　麝香真者。　乌蛇真者。已上各一分。　青黛。　甜葶苈微炒各半两。　独角仙一个,去足羽翼。　桑螵蛸。　夜行将军蝎也。各十个。　真脑子少许。

右为末,细研乳钵内,用獖猪胆汁,丸如黄米粒大。急慢惊风,天瘹风,用新水煎薄荷金银汤化下一粒。如小儿病极,药下不以些少滴向鼻中,喷嚏立灌下,万不失一,神妙。

治头风黑神丸:兼治小儿惊风。

乌头。　草乌并炮去皮。　芎。　香白芷。　白僵蚕。　羌活。　甘草炙。　五灵脂净洗,已上各一两,修事洗净一处,焙碾为末。　麝香一字。　好墨一寸,同药为末。

右同为新末,用糯米二两碾为末,煮糊为丸如此大。阴干,药使如后头风,茶汤嚼下一丸。伤寒,生姜葱茶嚼下一丸。身上生疮,蜜酒嚼下一丸,肠风痔疾,煎胡桃酒嚼下一丸。妇人血气、血风,当归汤嚼下一丸。小儿惊风,薄荷水磨下,每一丸为两服。头痛,菊花酒嚼下一丸。老人常服,以好酒嚼下一丸。

治小儿急慢惊风,兼治一百六十种风,身自摇动,半身不遂,积痰昏眩,疮癣瘙痒。

天南星炮去皮。　腻粉用一半拌药末,留一半丸药时过度为衣。　半夏去心皮。　南粉各半两。　白僵蚕。　干蝎。　麝香各一分。　龙脑一钱。

右件八味并生用,无风处捣罗为末,煮糯米粥放冷,和药丸如梧桐子大。每服两丸,嚼破,温酒下。如急风口不开,及口面㖞斜,研药三丸,以薄荷酒调,用葱青筒子灌入鼻内。须臾汗出,口自开。如伤寒,薄荷热酒下二丸,逡巡再服差。妇人血气,产前产后,瘫痪风气,并用当归酒下二丸。小儿急慢惊风,用牛黄汤化下一丸,入口立差。

嚏惊丸:治小儿急慢惊风。

牛黄。　芦会。　熊胆各三皂皂大。　生蟾酥眉间取有可用十个。　朱砂两皂皂大。　龙脑。　麝香各用半皂皂大。　雄黄五钱。　全蝎半两轻炒。　白矾枯过。　防风焙。　荆芥穗各一两。

右除脑麝外,一处细研匀,然后别研脑麝细,入前药内再研,用蟾酥少添数粒,粳米饭和匀,丸如芥子大。每服一丸,用倒流水化药。如小儿手足牵搐,灌鼻内,良久打嚏即愈。如未定,再灌之。三次不嚏,恶候也。别用药治之。如疮疹倒压,及疮子黑色斑出,急用鸡子壳盛酒半壳,生猪血半壳,合盛一壳,用药三两丸化在内,火灰内暖热温,时时服之,重午日取酥,合药灵验也。

矾皂丸:治小儿急慢惊风涎,及去风痰,利胸次,常服永无痰疾妙方。

北矾一两半,如无北矾,只南矾亦可,使火飞过。　半夏姜汁浸一宿焙。　天南星切作片,浓皂角水浸一宿,慢火熬令干焙。　白僵蚕择直者,方可用一半,醋浸一宿一半生用,各半两。

右件药,并用碾罗为末,姜汁煮糊为丸,桐子大。每十粒至二十粒。淡姜汤吞下。如喉痹热痛,含化烂嚼,薄荷新汲水冲下。甚者及缠喉风,皂角水一茶脚,研一二十粒灌下。小儿急慢风涎,皂角水研碎,揩齿上常服,食后临卧,姜汤下,不损津液,化痰为水。

走马夺命散:治小儿急慢惊风,及破伤风。

白附子。　黑附子。　天南星。　半夏。

右等分为末,并生使。大人每服半钱。小儿半字,葱茶调下。大人中风不语,小儿急慢惊风,皆可服。

朱砂饼子:治小儿急慢惊风。

天南星炮。　白附子。　白僵蚕洗各一钱。　白花蛇三钱去皮骨。

右件为末，用天麻末、白面少许，煮糊为丸如此大。每服一饼子，朱砂为衣，用金银薄荷汤化下，不计时候。

神效贴凹散：治小儿急慢惊风，服药未效，宜用服之。

石鸢二个，醋一盏，烧红淬干为度细研。　艾心叶七个。　生朱砂一皂子大细研。　蓖麻子七粒去壳细研。

右一处和合极匀，每用一钱七，用薄荷自然汁调成膏子，贴在鼻山根凹中，少时睡着，候鼻尖头汗出，即便好安。

又方：

朱砂六钱用五钱，以一钱为衣。　人参。　沉香。　全蝎微炒。　白僵蚕微炒。　天麻炙各半两。　川芎一两。　天南星一个半两者炮。　附子一个六钱者炮。　五灵脂一两只用八钱。　乳香一钱半。　白花蛇头。　乌蛇头各一个，连皮头，酒浸三四宿。　花蛇项后肉七寸，以后一二两，和皮骨取七钱净肉，连蛇头一处浸。　牛黄。　麝香。　脑子。　没药。　血竭。　硇砂。　雄雀一个，去肠胃内硇砂，用盐泥固济，文武火煅。

右各事持净为末，绝好酒为丸如弹子大。早晨用酒磨下，治中风瘫痪。大人每服半丸，小儿急慢惊风，一丸分四服，薄荷汤磨下。

庄氏家传软金丹：治小儿急慢惊风。

胡黄连。　香墨。　麝各一钱。　使君子三个。　天浆子一个炒。　青黛。　腻粉各一分。　寒食面一匙七若是一百五十日好。

右为末，用上件面为丸小豆大，每服一丸，金银薄荷汤化下。

虎睛丸：治小儿急慢惊风，涎实壮热。

朱砂一分别研。　铅白霜。　白僵蚕末。　真珠末各抄一钱。　轻粉。　牛黄。　犀角末。　青黛。　乳香。　胡黄连。　白附子。　香墨烧各一钱秤。　龙脑。　麝香各秤半钱。

右件捣罗为末，研令极细，以糯米饭为丸如梧桐子大。若急惊，以薄荷汤蜜水化下。若慢惊，用乳香薄荷汤化下。心神烦躁、膈实喘粗，用轻粉脑水化下。若痫，用薄荷自然汁金银汤化下。天瘹惊，水煎荆芥薄荷汤化下，若有上件患，每服一丸，若常服一丸，分作四丸，薄荷汤化下。

四味散惊丸：治急慢惊风。

腻粉。　滑石。　青黛。　乳香各等分。

右为细末，滴水丸如麻子大。一岁一丸，金银薄荷汤下。亲见颖昌治曾元矩之子慢惊，立效。

治小儿急慢惊：

红心灰藋音铫所在之有。烧炼家谓之鹤顶草。

右取自然汁一茶脚许灌下，取下青黄涎，立效。两时辰已上未动，可再服。

金箔丸：治小儿急慢惊，镇心脏。

金箔。　银箔。　蟾各十片。　龙脑。　川消。　铅霜。　腻粉。　粉霜。　晚蚕蛾。　天竺黄。　白附子末。　朱砂。　胡黄连各一分。

右件一十三味，并捣罗为末，粳米饭丸如绿豆大。每服三丸至四丸，如有急惊风，化破三丸至五丸，薄荷汤下。

睡惊丸：治小儿急慢惊。

水银砂子。　朱砂水飞。　牛黄研。　雄黄研。　麝香研。　脑子研。　芦会研。
轻粉研。　天麻末。　螺青各一钱。　天南星末半钱。　川大黄末三钱。　石脑油
少许。

　　右件一十四味,为末研匀,炼蜜和丸鸡头大。每服一丸,薄荷汤化下。睡是应。

《王氏手集·钓藤散》:治小儿虚风化涎,牙关紧急,慢惊风。
　　钓藤。　人参。　白茯苓。　川芎。　蝎炙。　白僵蚕炒。　甘草炙各二钱。　羌
活。　黄芩。　天南星姜制。　半夏姜制。

　　右件为细末,每服半钱,金银薄荷汤调下。

立效散:治小儿急慢惊风。
　　藿香。　蝎略炒各二两。　麻黄去节一两。　细辛半两。

　　右为末,每一字半钱至一钱,藿香调下。或先服至圣
丸,次服此药。

藿香

治急慢惊风,天瘹似痫者,并皆神效,黑虎子惊药。
　　天麻。　蝎尾。　京墨。　白附子。　龙脑。　麝香
已上各一钱。　真珠末半两。　金银箔各十片。

　　右件十味碾细,以白面十钱,滴井花水,调作薄生糊,为
丸如鸡头大,或樱桃大。每服一丸,薄荷汤化下。

吴氏家传神妙丸:治小儿急慢惊风。
　　蛇退皮头尾全要,纹细者新瓷上烧成灰,研为细末,用半钱,
　　人参实者一钱。　麝香半钱。　天南星去皮脐生用
五钱。

　　右面糊丸如绿豆大,每服二十丸,麝香米饮下,日午
夜卧。

赵氏家传赤龙丹:治小儿急慢惊风。
　　牛黄。　龙脑各一钱。　犀角末。　腊茶。　大黄锦文者切作片子,湿纸煨热焙干。　五
灵脂水飞研细焙干秤各半两。　麝香一钱半。　朱砂一两细研,一半入药,一半为衣。

　　右为末,滴水为丸如梧桐子大,每服一丸,磨刀水化下,量儿大小加减与服。

防风丸:治小儿急慢惊风,退风温邪热,疗惊悸,筋脉跳掣,精神昏闷,涎不利。
　　大天麻。　防风。　人参各半两。　干蝎全者炮。　白僵蚕各二钱半。　甘草微炙。
　　朱砂研。　雄黄。　麝香各一钱一字。　牛黄研。　天南星切作片子,酒浸三日,各半
钱。　白附子一钱炮裂。

　　右件研捣为细末,炼蜜和丸如梧桐子大,每服二丸,不计时,薄荷汤化下。

吉氏家传通顶散:治急慢惊风,眼目上视,手足搐搦,牙关不开。
　　藜芦不拘多少。

　　右为细末,用竹管吹少许,入左右鼻,候苏,服三黄散,并和气。

三黄散:治急慢惊,喉中有涎。
　　郁金大者三个,以一个破作二边,用巴豆一粒去壳,入在郁金内,用线系定。用水一
盏,皂角七条截断,同郁金煮干为度。去皂角,又用一个,如前入巴豆一粒,只以湿纸
裹入火炮,候纸干取出。又以一个生用,并巴豆一个亦生,通前其熟三个,先以郁金
焙干为末,后以巴豆三个,入钵内研,入郁金令匀,每服一字,小儿半字,用冷茶调下。

一字散:治急慢惊风。

雄黄研。　朱砂研各一钱。　川乌生。　藜芦各一钱。

右末后入朱砂，急慢惊风，磨刀水下一字。

生银丸：治小儿急慢惊风，浑身掣掷，目睛上视，喉内涎响，手足瘛疭，见人怕怖，宜服此方。

生银矿半两，火煅七遍，醋淬七遍。　京墨煅。

全蝎十四个，薄荷叶裹炙。　水银砂。　生犀屑。　真珠末。　麝香。　板青青黛洗下者。　轻粉。　朱砂各半钱。　龙脑一钱。　粉霜半钱。　大天南星一箇，取脐为末一钱。

右为末，杵生薄荷自然汁，煮糊丸如此大。每服一丸，金银薄荷汤下。

陶善罢擂丸：治小儿急慢惊风天瘹。

黑附子。　白茯苓。　蝎。　天南星。　僵蚕各一两。　人参二钱。　花蛇一钱。

天麻七钱。　乌蛇四钱。　朱砂。　青黛四两。　龙脑。　麝香各少许。　水银。

黑铅二物等分，一处火上熔结成砂子一料，约用一分。急，入水银砂子。慢，不入水银砂子，更不用龙脑。

右用石脑油，为丸如鸡头大。每用一丸，金银薄荷汤下。此急惊风。如慢惊，烧青竹沥油汤化下。

长沙医者胡氏家传铁粉散：治小儿急慢风搐搦，目视上，不省人事，大小肠不通利。

铁粉二钱。　荆芥穗。　薄荷。　天南星常法制。　全蝎各一钱。　脑子。　麝香各半钱。

右为末同研，每服一字，用鹅黎汁调下。

安师传治小儿急慢惊风药方：

用大天南星一个剜空，中入干蝎一个，朱砂一豆许在内，却倾上剜下者天南星末，在上以厚面裹，煨黄熟未得开，留至来日去面不用。取南星等，并刮下面上南星末同研细，儿小用冬瓜子二十四个，煎汤调下半钱。儿大即用水一盏半，药二钱，同煎放温，两次服尽。小儿不入食每半钱，冬瓜子汤调进食，人家常服此药进食。若专治慢惊风，即以乳香代朱砂，二方皆妙。

长沙医者相冯传铁刷散：治小儿慢惊风，潮搐上视，不省人事。

用好者黄丹末下，不以多少，用花叶纸三重包，以线系，又用生绢两重，裹了，紧札定，长江水浸七日，一日一换，数足漉控稍干，于重五日用炭火三斤一煅，药上有珠子为度，去火吹去灰，研为末，每服一字，或半钱，浓煎薄荷汤化下。其药须是频用，手指研灌方得。

长沙医者丁时发传荆芥丹：治小儿一切惊风，夜卧多啼，急慢风，并宜服。

水银。　青黛炒各二钱。铅一钱同水银结砂子。　天南星炮。　荆芥各三钱。　蝎一钱半。　朱砂。　乳香炒研各半钱。

右为末细研匀，冷水再研为丸梧桐子大。每服一丸，大小加减，熟水化下。

治小儿急慢惊风，手足眼搐，顽涎壅，耳聋耳鸣：

胆矾煎白汤，浸一宿凉干细研。　石碌细研水淘泥去及石碌下面者收干末。　白僵蚕。　雄黄。　蝎末各半钱。

右并细如粉，每用一字，或半钱，薄荷汤下。大小加减。

红绵散：治小儿急慢惊风痫疾，吐泻不定。

天麻炮。　麻黄去节。　全蝎。　破故纸各一钱。

右为末,每用半钱,水六分,红绵少许,煎四分温服。

长沙医者丁安中传搐鼻散:定小儿急慢惊风,搐搦不醒,用此搐鼻。

赤脚蜈蚣一条,用温汤浸软,竹刀切分于两边,各分左右,次用蟾蜍一个,亦分左右,各分蟾蜍蜈蚣左右,其焙干碾为细末,男发搐,用左边药末,搐于左鼻内。女发搐,用右边药,搐于右鼻内。如两手搐,用左右药,搐左右鼻内。

垂柳散:治小儿惊风,搐搦涎潮,及风热上壅,咽喉肿痛。

大黄炮熟。　郁金皂角水煮五七沸焙干。　甘草炙。　黄芩洗。　全蝎去土。　白附子炮。　防风洗。　桔梗洗。　白僵蚕直者。　雄黄研各一分。　胡黄连一钱。

右件依法制为细末,每服一少半钱,用垂杨柳煎汤,入蜜调下。

长沙医者郑愈传一字散:治小儿急慢惊风,搐搦涎盛,目睛直视,克时取效救生。

干蝎四十九个,脚手头全不用,肚为末。　龙脑。　麝香各少许研为细末。　蜈蚣一条,全者,不用中节,为细末。　雄黄半钱细研为末。

右五味为细末,每服一字,用湿生虫七个研汁,薄荷少许,同调匀与服,不计时候。忌一切毒物。绍兴已巳春,长沙排岸王忠翊,幼子忽患慢惊,手足时搐,身冷汗出,四肢皆若绵带许,其脉极微细,其家以谓必死矣,但胸前微暖,口中微有气,为不忍弃耳,其郑愈忽投此药,至午间已少醒,至夜精神渐出,不三日而平矣。

匀气散:治小儿中急慢惊风,取转了用补药,诗曰:"丁香白术除疳痢,豆蔻青皮定粉珠。甘草用和添药力,不消三服命重苏"。

丁香七七个。　白术。　青皮。　甘草炙各一分。　豆蔻一个。

右为末,每服半钱,用白汤点服。

牛黄散:治小儿急慢惊一切风,下药不得用。诗曰:"煮巴半分切须真,一分烧矾三郁金。偏治小儿惊急病,忧心须却喜惺惺。"

右三味为末,每服一字,薄荷荆芥汤调下。

《聚宝方·蛇头丸》:治小儿急慢惊风,目睛上视,啮齿弄舌,面青口噤,背强啼叫,咽膈涎声,神昏不语,及内瘹诸痫,腹泄泻时惊,潮热气喘,并宜服之。

蜈蚣姜汁炙干。　花蛇头酒浸一宿,焙干碎各二十个。　全蝎一十两净。　天南星十个,姜汁煮一宿焙。　铁粉三十两。　铅白霜拣净四十两。　蛇黄八十两,醋煮七次飞研。　腻粉二两研。　脑子细研。　真珠末研水飞各五两。　麝香研。　百草霜研各三两。　朱砂研飞。　血竭细研。　芦会研各一十两。　白附子五十两炮裂。　雄黄一两半,醋煮水飞焙干。

右一十七味为末,三家粽子为丸如鸡头大。初生婴孩,可服半丸,周岁以上,可服一粒,不以时候。并用薄荷汤化下。

班防御:治小儿急慢惊风,天瘹搐搦痫病,应系风症,悉皆疗之。

用鸥鹯一只,不去皮毛,于肚下小割破,取尽肠胃,却以白矾一斤许,填于腹内,以满为度,却以麻线缝合,盐泥浑固济了,用炭火一秤烧通赤,烟尽拨去火,候冷取去泥,细研成末。凡有前件症候,以温酒调下二钱,儿小量多少服。

长沙医者易忠信传夺命丹:治小儿急慢惊痫,手足掣搐,上视,昏睡不省,角弓偏喝,手足拘挛,不时语涩,行步不能,一切风症。

乳香研。　琥珀研。　天南星。　防风。　白僵蚕洗炒,麝香肉别研。　茯神各一分。　酸枣仁去皮炒秤。　远志去心秤各一两。　芸苔子炒半钱,蝉壳洗净四钱。　全蝎炒半两。　天麻酒浸八钱。　白附子三钱。　天浆子二十一个,蜈蚣二条炙。　木

鳖子肉二钱研。

右件为细末，水煮白糊为丸如梧桐子大。每服量大小，加减一两丸，金银薄荷汤磨化下。如急惊盛，加龙脑少许同磨。如慢惊，即加附子少许，同磨化下。

《王氏手集》炙小儿急慢惊风：于两足大指甲肉间，炙三五壮，须是立炙即效。已上五十九方并载《幼幼新书》。

郑端友《全婴方·问命丹》：治小儿急慢惊风，诸药无效，神昏恶候，宜服此方。

踯躅花半两。　蝎尾一分。　麝香半字一方，加脑子半字尤佳。

右为末，少许吹鼻，嚏喷可治，亦理脑热头疼。

探生散：治小儿急慢惊风，诸药无效者，吹鼻定死生。

没药。　雄黄各一钱。　乳香半钱。　麝香一字。

右为末，少许吹入鼻，眼泪鼻涕俱出者可治。

寿星丸：治小儿急慢惊风，荏苒经日，诸般痾病，累易医者无效，但是恶候，不问阴阳，灌药一服，得睡即效。

蛇含石一分。　石燕并火煅酒淬三五次。　代赭石。　朱砂。　铁粉。　雄黄各一钱。　五灵脂。　乳香。　川乌去皮炮。　天浆子二十七个炒。　乌蛇肉酒浸炙去骨一钱。　蛇皮炙。　蛇头一个酒浸炙。　僵蚕皂角水浸一夕焙微炒。　蝉蜕。　天麻。　蜂房炒。　蜈蚣大赤足者。　全蝎二味，各二钱，新薄荷自然汁浸一宿，焙微炒。　白附子。　南星姜汁浸一夕，微炒牛胆拌炒。　羌活。　川芎。　麝香各一钱。　脑子半钱。

右为末，糊丸鸡头大，金箔为衣。三岁一丸，薄荷入酒少许磨。或作散，亦得。如吐泻之后，加附子炮去皮，随轻重入药，一方入酸枣仁，炒去皮二钱。

神应丸：治小儿急慢惊风，及卒中，并五种痫疾，或发直目视，面如桃花，口眼俱开，或即俱闭，喉中作声，汗出如油，惊风下泄，时泻黑色。已上恶候，但救服之，灌药一粒，立效。

真牛黄。　麝香。　轻粉各半两。　金银箔各百片。　磁石。　蛇含石火煅醋淬七次。　石碌。　朱砂。　粉霜。　雄黄各一两。　石燕两个，火煅醋淬七次。

右为末，酒糊丸如梧桐子大。一岁一丸，薄荷汤化，入酒少许尤妙。痫病，薄荷自然汁，和酒化下。

妙香丸：治小儿急慢惊风，及伤风壮热，或结胸，五七日已上，面赤大躁，腹胀喘粗，面易五色者，以龙脑水吞下一丸，下恶物并药丸即差。

朱砂一两。　牛黄。　脑子。　麝香。　轻粉各三钱。　金箔十片。　巴豆三十五粒去油。　黄蜡六钱三字。

右为末，熬蜡为丸如小豆大。三岁一丸，薄荷汤下。或以脑子水下。如惊痫年深，不过五服，更不复作也。如惊热惊风，小可芥子大三两丸。惊涎积热，颊赤口干，患经五七日已上，但是惊疳食病，小方脉不能晓者。十岁绿豆大七丸，虚中有积，吐泻诸痢不止，脏腑疗痛者，服之立效，食前。

琥珀丸：治小儿急慢惊风，涎潮昏冒，目睛搐搦，惊吊腹疼，及和顺疮豆，小可惊哭，眠卧不安，入口立效。惊痫时复发作，常服永除病根。

辰砂钱半。　琥珀。　牛黄。　僵蚕炒去丝觜。　南星水浸夏三日，春秋五日，冬七日，牛胆中制，尤佳。　全蝎去毒。　白附子。　代赭石。　天麻。　乳香。　蝉蜕各一钱。　麝香半钱。　脑子一字。

右为末，三岁半字，薄荷汤调下。慢惊，加附子。

麝香饼：治小儿急慢惊风，进退不定，荏苒经日，乍静乍动，呕吐痰涎，潮搐甚者，宜之。

麝香。 蝎尾去毒。 蜈蚣两条,赤足者酒浸酥炙。 南星炮。 川乌炮去皮尖。 白花蛇酒浸一夕,去骨皮,焙已上各半两。 乳香。 铁粉。 朱砂。 牛黄各一钱。

右为末,酒煮丸如鸡头大,拍作片子。三岁一饼,用人参薄荷汤化下。

保命丹:治小儿急慢惊风,潮作不定,涎盛气急,精神不爽。病退,常服永除根。

牛黄。 辰砂各二钱。 麝香半钱。 脑子。 乳香。 五灵脂。 铁粉。 代赭石各一钱。 全蝎钱半。 蜈蚣一条。 附子炮。 僵蚕炒。 蛇含石煅醋淬三次,各半两。

右为末,白糊丸如鸡头大。三岁一丸,薄荷汤磨下。

乌龙丹:治小儿急慢惊风,潮发不时,神昏涎盛。

乌龙尾酒浸去皮骨焙。 天浆子二十七个炒。

白附子。 人参。 南星炮。 半夏炮洗七次。 天麻。 全蝎去毒。 防风。 附子炮各一两。

右作一处,酒浸三宿,取出焙为末。次用水磨雄黄一两,辰砂一两,并飞同和拌,入麝香二钱,生龙脑一钱,糯米饭为丸如黍米大。三岁十丸,薄荷汤下。大有效,亦作散子调下,尤妙。

睡安散:治小儿急慢惊风,潮搐不定,不得安睡。

辰砂。 乳香。 血竭各一钱。 麝香半钱。 人参。 酸枣仁炒。 南星炮。 白附子各半两。 全蝎二十一个。 蜈蚣一条,酥炙黄酒浸一宿。

右为末,一岁一字,薄荷汁好酒煎令沸调下。得睡是效。

一醉散:治一切小儿急慢惊风,潮发进退,并十岁风狂胡走,挥扬手足。

辰砂。 乳香各半两。 酸枣仁炒去皮半两。

右为末,三岁半钱,好酒调下。尽醉服之睡着,忌勿惊动,自觉即安,亦治大人风狂甚妙。又一方,加蝎三钱。

青龙膏:治小儿急慢惊风,身体强直,涎潮昏塞。

乌蛇尾酒浸一夕焙。 蝎尾。 天麻。 白附子。 青黛各一分。 附子一个,炮,去皮脐。 麝香。 天竺黄各一钱。

右为末,炼蜜为丸,皂角子大。一丸薄荷汤化下。

黑龙膏:治小儿急慢惊风潮搐,频讲胎痫,发渴不定。

乌蛇尾水浸,去皮骨,酒浸一宿。 蚕纸一张烧灰。 蝉蜕。 全蝎各半两。 朱砂半两。 脑子。 麝各半两。 金箔二十片。

右为末,炼蜜丸如皂角子大。三岁一丸,薄荷汤化下。

香金丸:治小儿急慢惊风,来去不定,涎鸣昏瞀。

天麻。 雄黄。 蝎各半两。 白附子。 大川乌炮,去皮。 铁粉。 青黛。 南星炮各一分。 麝半钱。 石燕醋煅一分。 朱砂一分。

右为末,糊丸如鸡头大。三岁一丸,薄荷汤磨下。

太乙散:治小儿急慢惊风,发搐不定,并胎痫差后,亦宜服。

天浆子二十一个炒。 蝎二十一个。 防风。 天麻。 朱砂各半两。

右入麝香一钱为末。三岁一字,乳汁调下。

金蝎散:治小儿急慢惊风,潮作不定,心肺中风。

蛇头一个,酒浸。 蜈蚣一条酥炙。 蝎一钱。 草乌一个,去皮尖。 麻黄去节,一钱。 朱砂钱半。 龙脑。 麝香各一字。

右为末,一岁一字,薄荷汤酒调下。

睡红散:治小儿急慢惊风,手足搐搦,目瞪神昏,口眼相引。

牛黄。　鹏砂。　脑子。　真珠。　水银砂子各半钱。　麝香一字。　青黛。　蝎尾炒。　京墨烧烟尽。　南星。　半夏并南星姜汁浸一夕。　蛇含石醋淬,已上六味,各一钱。　金箔。　银箔各十片。　乌蛇尾并项下七寸,并酒浸一宿,取出去皮骨,炙一钱。

右为末,三岁一字,薄荷汤调下。

保安丸:治小儿急慢惊风,诸痫涎盛,头项强直如弓。

蝎尾一钱半炒。　蜈蚣一条炙。　轻粉。　麝香。　龙脑各一字。　川乌尖七个生。　南星半钱,姜汁浸一夕。　花蛇肉一钱,酒浸炙。

右为末,一岁一字,薄荷汤调下。

蛇头丸:治小儿急慢惊风,涎盛痰塞,搐搦来去,不问阴阳,但是惊候,服之立效。

蛇头一个炙。　蜈蚣三条,赤足者。　朱砂三钱。　铅白霜。　轻粉各二钱。　龙脑。　麝香各一钱。　铁液粉。　百草霜各半两。　蛇含石一两,醋淬。一方加蝎一分。

右为末,糯米糊丸鸡头大。三岁半丸,薄荷汤磨下。又一方,加附子半两,去皮尖,血竭一分。

红霞散:治小儿急慢惊风,潮作涎盛,进退不定。

天浆子二十个,一钱半。　僵蚕半两。　蝎三钱。　麝香一字。　朱砂一钱。

右为末,二岁一字,煎麻黄汤调。日三服,汗出是效。

夺命散:治小儿急慢惊风,诸药无效者,一服见效。

白附子。　黑附炮去皮。　南星炮。　天麻。　防风。　半夏炮七次。　麻黄去节。　朱砂。　蝎新薄荷叶裹,生姜汁蘸炙,三两度黄色,各一钱。

右入麝香半钱为末,三岁半钱,薄荷姜汁更同酒泡汤调下。急惊,加朱砂,轻粉。

龙骨散:治小儿惊风,诸药不效者,可用。

天浆子二十一粒炒。　蜈蚣一条炙。　蝎尾去钩子。　乌蛇酒浸焙。　朱砂各一钱。　龙脑一字。　麝香一字。

右为末,三岁一字,薄荷汤调下。

麝朱丹:治小儿急慢惊风,眼上,涎鸣,发搐来去。

朱砂二钱。　轻粉一钱。　麝香一字。地龙一条,安磁合内,朱砂掺在身上令遍,合一宿取出,刮身上珠用。

右为末,一岁一字。生薄荷自然汁调下,良久取下黑黄涎。如慢惊,与少许神保丹,补助。

蝎霜散:治小儿急慢惊风涎潮,喉中有声。

全蝎薄荷叶裹绵扎炙,薄荷焦为度。　粉霜。　轻粉。

右等分为末,一岁一字。薄荷汁调下,良久吐利为痊。如慢惊,首尾先以少许神宝丹。急惊不用。

许叔微《普济本事方·扁银丸》:治小儿急慢惊风积。

青黛三大钱。　水银一皂角子大。同黑铅结沙子。　寒食面。　黄明胶炒令焦为末,各二钱。　轻粉炒五钱。　雄黄。　粉霜。　朱砂各一两。　巴豆一十一个,出油。　龙脑。　麝香各少许。

右都研细匀,滴水为丸如麻子大。捏令扁,曝干,瓷合盛。一岁一丸,随意加减,煎皂子汤送下,不得化破。

保命丹：治小儿急慢惊风，四肢逆冷，眼张口噤，涎口不止。

　　虎睛一对，瓦上安之，又以瓦盖定，慢火逼干。　箭头朱砂半两。　蜈蚣二条，去头尾赤脚者。　全蝎半钱。　天麻一分。　麝半钱。

　　右为细末，炼蜜为丸如此大，瓦罐贮之。又入脑麝窨定。急惊风，薄荷蜜汤化下。慢惊风，薄荷汤化下。各三丸，更量儿大小，加减与之些皆少。惊悸，亦可服之。

又方：

　　赤脚蜈蚣一条，去头尾。　蝎梢半钱。　草乌尖七个。　半夏三个。

　　右焙干为末，入麝香三十文，轻粉半钱七，用生姜自然汁丸如此大。每服三丸，金银薄荷汤化下。次用生朱砂调涂，病儿脚中心妙。

陈敏济《急捷用单方》，治小儿急慢惊风，并慢脾风。

　　右用青州白丸子，并金液丹等分为末，饭饮调，量度实大小与服黑子散，治小儿急慢惊风。

　　猪牙，皂角，不拘多少。

　　右用烧为炭为末，入麝少许，金银薄荷汤调下一字。量大小与服，烧时令带性不得过。

李柽《小儿保生要方·奇特六神丹》：治小儿急慢惊风，涎潮气壅，安神养魄，去风邪，定嗽喘，利膈正气。

　　辰砂一钱研。　蝎梢去尖一钱。　白僵蚕直者一钱，浴净姜汁浸微炙。　蜈蚣大者一条，去头足，刮去腹中物，酒浸炙香。　真麝一字。　甘草。　半夏陈者一钱，刮去脐，滚汤洗七次。　人参去芦，洗切焙一钱。　藿香去尘中一钱。

　　右碾罗令极细，炼蜜丸如鸡头大实，及周岁儿，每服一丸，薄荷汤化下。或三二周，未及周者，可以意加减。若疾势已危者，不可守此例也。

夏子益《卫生十全方》：治小儿急慢惊风，累药无效者。

　　天南星大者一二枚，竹刀刮去黑皮成片切，风头挂干。大地龙三四十条净入瓦碗内，用去皮了。大草乌三四个，每个作四片在碗中，却以微火逼衮出涎满碗内了。放去地龙，再以慢火逼碗干划下，如镬突成片，起收之。每遇患人，以地龙涎三许多，星乌末各一许，多入蝎梢脑射辰朱，各如星乌之半，共研极细，煎薄荷汤调下一字。或至小半钱，量大小加减灌下，半食久。或吐出泻下，后大困睡。不可惊动，候觉，则以调胃镇心药与之，及治呢口脐风，不吃乳者，将上件药末少许，钗头以蜜点入，口便开动，吃乳少顷，即吐涎而愈。

洪氏《集验方·大天南星丸》：治小儿急慢惊风，涎潮发搐，目睛上视，口眼相引，牙关紧急，背脊强直，精神昏塞，连日不省。张采助教传。

　　滴乳香研。　龙脑研。　牛黄研各半钱。　朱砂研三钱。　麝香研一钱半。　天麻。人参。防风各一分，去芦头。　天南星黄牛胆汁制半两。　干蝎十四个，浸软，去腹内土，微炒。

　　右细末，炼蜜为丸如鸡头大。每服一丸，荆芥薄荷汤化下。

《杨倓家藏方·灵砂救命丹》：治小儿急慢惊风，身热涎盛，目睛上视，牙关紧急，频发搐搦，或吐利生风，手足瘈疭，哽气神昏。

　　五灵脂一两，米醋浸化去砂石，慢火熬成膏。　羌活去芦头，半两。　漫陀罗花四枚。　天麻酒浸焙干。　乌蛇尾酒浸，取肉焙干。　滑石别研。　钓藤。　白附子炮。　防风去芦头。　零陵香。　天南星炮八味，各二钱。　白僵蚕炒去丝觜。　全蝎去毒微炒。

棘刚子去壳取虫微炒。 蝉蜕四味各十枚。 麝香一钱别研。 朱砂别研。 血竭别研。 乳香别研三味各半钱。

右件为细末,次入研者药和匀,用前五灵脂膏子和丸。每一两作四十粒,每服一粒。急惊,加龙脑少许,煎薄荷汤磨化下。慢惊,加麝香少许,煎荆芥汤磨化,入酒三两点同调下,不拘时候。

神圣丸:治小儿急慢惊风,胸膈涎盛,口眼牵引,手足搐搦。

乌蛇头醋浸一宿炙黄。 蛇黄火煅醋淬三遍。 白僵蚕炒去丝觜。 防风去芦头。 天麻已上五味各一两。 五灵脂半两。 代赭石半两火煅醋淬三遍。 全蝎一钱,去毒微炒。 麝香一分,别研。 朱砂一钱,别研。

右件为细末,糯米煮糊为丸。每一两作四十丸,金箔为衣。一岁儿一丸分三服,薄荷汤磨下。急惊,用磨刀水磨下。慢惊,煎荆芥汤磨下。不拘时候。

至圣保命丸:治小儿胎惊内吊,腹肚坚硬,眠睡不安,夜多啼哭,及治急慢惊风,目睛上视,手足抽掣,不省人事,悉皆主之。

全蝎十四枚,去毒炒。 朱砂别研。 天麻。 白附子炮。 蝉蜕已上四味,各二钱。 麝香半钱别研。 防风去芦头。 白僵蚕炒去丝觜二味各一钱。 金箔十片临时研入。

右件为细末,用粳米饭和丸,每一两作四十丸,别用朱砂为衣。初生儿每服半丸,乳汁化下。周岁儿服一丸,薄荷汤化下。不拘时候。

辰砂膏:治小儿急慢惊风,乍静乍发,呕吐涎盛,手足抽掣,口眼潮搐,昏困甚者。

附子一枚,重七钱以上者,去皮脐,上开一窍,子入粉霜,硇砂各半钱在内,却用取下附子末填满,湿纸裹二重,于慢火内炮,令黄色。 天南星一两,炮制。 蝎梢去毒,微炒,一分。 羌活去芦头,一分。 辰砂半两,细研水飞。 麝香一钱,别研。

右件为细末,同朱砂麝香研匀,炼蜜为丸。每一两作四十丸,每服一丸至二丸,薄荷汤入酒两三滴化下,不拘时候。

虎睛丸:治胎风潮搐,急慢惊风,目睛上视,手足搐搦。

虎睛一对,酒浸炙黄。 天麻。 全蝎去毒,微炒。 乌蛇酒浸一宿,取肉焙干。 羌活去芦头。 白僵蚕炒去丝觜。 独活去芦头。 麝香别研,七味各一分。

右件为细末,煮面糊和丸。每一两作四十丸,每服一丸,薄荷汤磨化下,不拘时候。

天南星丸:治小儿急慢惊风,涎盛搐搦,呕吐涎沫,神昏贪睡。

全蝎去毒微炒。 白附子炮。 五灵脂去砂石。 蝉蜕去土。 天南星炮各等分。

右件为细末,煮米醋旋滴为丸,每一两作四十丸,阴干。每服半丸至一丸,煎生姜荆芥汤磨下,不拘时候。

琥珀真珠丸:治小儿急慢惊风,涎留心经,上逆下吐,目睛直视,手足搐搦。及治风痫瘛疭潮昏塞,嚼舌摇头,作声狂叫。

巴豆七枚取霜。 附子尖一十四枚,半生半炮。 半夏十枚,半生半炮。 白花蛇头一枚,酒浸焙干。 白僵蚕十四枚,一半生一半用薄荷叶裹炙焦,去薄荷不用。 白附子二枚,半生半炮。 全蝎十四枚,一半生,一半用薄荷叶裹炙令黄,去薄荷。 天南星二钱,半生半炮。 羌活去芦头。 白鲜皮。 琥珀别研。 天麻。 真珠末别研。 朱砂别研。 龙齿火煅七味,各一钱。 雄黄半钱别研。 麝香一字别研。

右件为细末,以猪心血同薄荷自然汁煮面糊和丸如萝卜子大。每服十丸,煎人参汤送下,不拘时候。

白附子丸:治小儿急慢惊风,潮搐生涎,上气喘急。

　　白附子微炮。　天麻。　半夏汤洗七遍。　朱砂研细水飞四味,各半两。　白僵蚕一两,炒去丝觜。　腻粉一分,别研。　全蝎二十一枚,去毒微炒。　麝香一钱,别研。　金箔十片,别研。

　　右件将白附子等五味,研为细末,次入研者药一处拌匀,煮枣肉和丸如黍米大,每服一十丸,煎荆芥汤送下,不拘时候。

蛇黄丸:治小儿急慢惊风,涎壅惊悸,或作痫疾。

　　人参去芦头。　朱砂别研。　蛇黄火煅令赤,醋淬七次别研。　半夏汤洗七遍去滑。　天南星炮。　茯神去木六味,各半两。　铁粉二钱,半别研。　麝香半钱,别研。

　　右件为细末,次入研者药和匀,煮面糊为丸如黍米大。每服十丸,生姜汤送下,乳食后。

利惊丸:治小儿急慢惊风,涎壅吐咽不下,神志昏愦,目睽搐搦。

　　朱砂别研。　阿魏湿纸裹汤上薰令软。　乳香研三味各一钱。　蝎梢七枚去毒微炒。　巴豆六枚,去皮,水浸三日。　蜈蚣一条炙黄。

　　右件为细末,次入阿魏巴豆同研成膏,如未成,即用重汤煮之,旋丸如黍米大。一岁儿每服三丸,浓煎萝卜子汤送下,利下涎即效,不拘时候。

葱涎丸:治小儿急慢惊风,涎潮搐搦,项背反折。

　　蛐蜒大者一条。　天南星一分,生为细末,掺在蛐蜒身上,用竹篦子刮下,不用蛐蜒。　蜈蚣一条涂酥炙黄。　巴豆五枚取霜。　全蝎七枚,去毒,用薄荷叶裹,慢火炙了,去薄荷。

　　右件为细末,生葱涎为丸如黍米大,用朱砂为衣。每服五丸,壁上尘汤送下,不拘时候。

长生丸:治小儿急慢惊风,目睛邪视,项背强直,牙关紧急。

　　蜈蚣二条。　全蝎一十枚,去毒。　天南星三钱,已上三味,用生姜自然汁半盏,入磁器中,慢火熬尽,取出焙干。　棘刚子一十枚,去壳只取虫生用,前药末研匀,如收下干者,碾为末用。

　　右件为细末,汤浸雪糕为丸,如芥子大。周晬儿每服十丸,两岁儿服十五丸,用千金散,作汤使送下。

千金散:作汤使送下,前药。

　　白花蛇头一枚焙干。　麻黄二十四茎去节,新瓦上焙黄色。

　　右件为细末,如急惊,入研细脑子少许,温汤调药一字送下长生丸。如慢惊,用温汤调药一字送下,不拘时候。

蚰蜒散:治小儿急慢惊风,身热涎盛,频发搐搦,神志昏愦。

　　白附子一枚炮裂。　天麻去苗蜜炙。　全蝎去毒炒焦。　白僵蚕炒去丝觜。　天南星炮。　人参去芦头。　附子炮,去皮脐尖,已上六味,各二钱。　甘草微炙。　钓藤。　朱砂别研,三味各一钱。　脑子一字别研。　麝香一字别研。

　　右件为细末,次入脑麝研匀。半岁儿,每服一字,周晬儿服半钱,用薄荷荆芥汤调下,不拘时候。

醉红散:治小儿急慢惊风,潮搐涎盛,口眼偏邪,精神昏闷。

　　蜈蚣一条炙。　白僵蚕炒去丝觜。　全蝎去毒,二味各七枚。　香白芷。　朱砂别研二味各一钱。　天仙子一字。　蔓陀罗花七枚。　天南星七枚大者,作合子入全蝎在内,将天南星碎末塞之,用无灰酒浸一宿,湿纸裹入地坑内,盖合坑口,用炭火二斤煅,时时取酒浇之,候火尽取出焙干。

右件为细末,每服一字,病甚者服半钱。急惊,薄荷自然汁调下。慢惊,荆芥汤入酒三五点同调下,不拘时候。

嚏惊丸:治小儿急慢惊风,搐搦不定,头项反折,神志昏塞。

螳螂一枚,大者,去足翅,入朱砂一钱半同研。 蟑螂三枚,去头足翅入雄黄一钱半同研。 蜈蚣一条大者,入朱砂一钱半,同研。 石龙子一枚,入朱砂一钱半同研,如无以活蝎代,更无以蝎梢四十九枚不去毒,已上四味,逐旋收用,油纸裹窨干入后药。 真珠末半钱。 麝香一钱别研。 龙脑一钱别研。 瓜蒂七枚取末。 白花蛇头酒浸焙干取末半钱。 细辛末半钱。 蟾酥一分。

右件同研为细末,取儿孩儿乳汁,和为丸如萝卜子大。每用一丸,以奶汁磨化,滴鼻中嚏立差,次用薄荷汤化下五七丸,不拘时候。

水仙散:治小儿急慢惊风,神昏不省。

水仙子虾子是也。 瓜蒂各半钱。 踯躅花。 鹅不食草各三钱。 蝎梢去毒半两微炒。 蜈蚣一条炙焦。 麝香一字别研。 脑子半字别研。

右件研为细末,每服半米粒大,吹入鼻,得嚏为度。

通关散:治小儿急慢惊风,搐搦潮作。

蜈蚣一条干者,葱汁浸一日一夜,焙干用。 麝香一字别研。 草乌头尖一十四枚,薄荷生姜自然汁,浸一日一夜,焙干用。

右件研为细末,每潮搐时,男左女右,用一米粒大,吹入鼻中。

王璆《百一选方·万全丹》:治小儿急慢惊风。

朱砂一钱。 轻粉一小盏。 全蝎一个微去梢。 雀儿饭瓮三个,其状如雀卵,树刺上有之,去壳取肉生用,候前三味研细方入同研。

右为细末,以男儿乳汁丸如鸡头大。半周半丸,一周一丸,一岁加一丸至三丸,止用金银薄荷汤化下。服药后必昏睡,虽终日亦不可惊觉,自醒即无事。其惊涎随大便出。然药性微冷,若慢惊,宜少服。

又方:

螳螂一个全者,炙黄,碾为细末。 朱砂半钱。 麝香半钱。

右为细末,如一两岁儿,分作四服。四五岁儿,分作两服。六七岁作一服,以金银薄煎汤调下。慢惊,加生硫黄一豆大,同为末。急慢,则不用硫黄,前二方世所未有,医者所不知,乃贵家珍秘不传之,甚妙。

夺命散:治小儿急慢惊风。

丁头大赭石。 蛇含石醋淬七遍。 铁孕粉各一两。 全蝎二七个。

右为细末,薄荷汤调下,如身热入朱砂末少许。

治小儿急慢惊风:

白矾生用。 雄黄等分。

右研细蟏柜丸如绿豆或粟米大,以麝香朱砂养之,量儿大小,取青绿物自大便出即愈。

魏氏家藏朱砂饼子:治小儿急慢惊风。

天南星炮。 白附子炮。 白僵蚕洗各一分。 白花蛇三钱去皮骨。

右为细末,用天麻末,白面少许,煮糊为丸如梧桐子大。每服一饼,朱砂为衣,用金银薄荷汤化下,不拘时候。

史载之方:治小儿急慢惊风。

人参半两好者。　天麻炮。　天南星炮。　黄耆。　芎各二钱。　薏苡仁。　独活。　伏神。　蔓荆子各一分。　鳖甲酥炙黑。　木香各一钱半。　甘草一分。　半夏姜制一钱半。　朱砂令研临服旋入少许。　干蝎四个，全者用糯米同炒米熟为度。麝香同朱砂研。

右为细末，如飞尘，入朱砂、麝香少许。每服二钱，同煎三四沸，与三匙头。如更发数，即添麻黄一味并煎服，不入麻黄，如大府冷，即添白术末一二豆粒许同煎，小儿药宜服细末，取其气液之全，唯是止泻痢，乃作丸耳。

杨仁斋《直指方·星香散》：治小儿急慢风搐搦，窜视涎潮。

南星丸白者一钱半。　木香。　橘红各半钱。　全蝎一枚。

右剉细，入姜钱四片，慢煎熟灌下，大便出涎即愈。

夺命金丹：治急慢惊风，无药可理者，一服见效，黄医传秘方。

天南星为末，用腊月黄牛胆汁，拌和入于胆内，挂当风处阴干，百日可用。　天竺黄。　天麻。　防风去芦。　白附子。　白僵蚕炒去丝嘴。　朱砂别研各一两。　蝉蜕去土半两。　麝香二钱别研。　天浆子炒二十一个。　赤足蜈蚣一条，脊上开路，入麝香一钱于内，却用纸裹候干用。　牛黄半字。　蝎梢四十九枚炒。　干蟾一枚炙黄去足。

右十四味，同为细末，用东流水煮白面糊为丸，如鸡头子大，金箔为衣，每服先下白末子，即和剂，青州白丸子，研为末。每服半钱，薄荷汤下，后用生姜自然汁磨化下一粒，立见功效。量儿大小增减，不拘时。

《卫生家宝·蝎梢饼子》：治小儿急慢惊风，热极生风。

全蜈蚣一条赤脚者。　蝎梢半两。　麝香三钱别研。　白花蛇肉半两，酒浸去皮骨净称。　乳香半两别研。　朱砂半两别研。　天南星半两煨熟。　白僵蚕半两生用。

右为细末，入三味和匀，酒糊为丸捏作饼如此大小，每服一饼子，煎人参，或薄荷，或金银汤化下，不计时候，此药神效。

定生丹：治小儿急慢惊风天吊，脐风撮口搐搦，妳痫壮热。

蝎尾十四个炒。　天麻一分半。　天南星炮末。　腻粉各一分半。　青黛一分半。　朱砂研。　白附子炮各半分。　麝香二字。

右再研匀，用烂粟米饭为丸如绿豆大，薄荷汤化下一丸。急惊者，水化滴入鼻中，嚏即搐定。

保生汤：治小儿急慢惊风，手足搐搦，日数十发，摇头弄舌，百治不效，垂困。

蛇蜕皮一分。　牛黄一分研。

右以水一盏，先煎蛇皮至五分去滓，调牛黄顿服。五岁已上倍服。

朱砂膏：治急慢惊形候一般皆治。

朱砂一钱。　蜗牛五个。　轻粉一钱。

右一处为末，炼蜜为膏。每服周岁一黑豆大，生薄荷汁调下，日三服。与藿半散相间，或间惺惺散，亦得。不退，服羌活膏，与藿半散。蜗牛连壳用先用丸糁黄丹。将蜗牛在上。连瓦将在火上焙干。

朱麝丹：治小儿急慢惊风。

朱砂一钱。　全蝎一钱。　蜈蚣一条全者。　麝香。　当门子半钱。

右为末，枣肉为丸捏如钱眼大。每服半饼，或一饼，麝香酒化下。寻常小儿惊风，只研麝香当门子一味，用薄荷汤调下，只一二服，亦效。

刘守真《宣明论·龙脑地黄膏》：治小儿急慢惊风，涎痰上潮心胸，天吊惊，缠喉风，小儿胸膈不利，一切热毒，大有神验。如病不已，与分肢散一二服，吐利得快，常服此药。

川大黄别捣。　甘草各一钱。　雄黄水窟者一分别研。　麝香一钱别研。　生脑子一钱别研。

右五味，各修制了，再入乳钵内同研细，炼蜜为膏，油单裹，如有前病，煎薄荷汤下。旋丸如皂子大化下。如小儿大人睡惊，及心神恍惚，煎金银汤下一丸，常服，新汲水下，大解暑毒。如孕妇人常服，新生男女永无疾病。如有大人阳毒伤寒，加轻粉二匣子，龙脑少许，水化下一丸杏核大。小儿看年纪大小，加减服立效。

刘智《经验普济加减方·护命丹》：治小儿急慢惊风，天吊搐搦，痰涎喘促，五疳腹胀，精神昏愦，恍惚不宁，呕哕吐逆，头发稀疏，肚上青筋，脏腑不和，痢下不稳，乳食难进。

天南星。　白矾枯三钱。　干蝎三钱。　轻粉一钱。　朱砂一钱研。　雄黄一钱研。巴豆霜一钱。

右七味为细末，水浸蒸饼丸如绿豆大，每服五七丸，金银薄荷汤下。或吐泻汗效，临时以意加减。

段奇《野夫多效方·夺命丹》：治小儿急慢惊风，涎喘壮热，手足搐搦。

朱砂。　蝎梢去毒用各一钱。　牛黄。　轻粉。　水银锡少许，结砂子，各半钱。　麝香。　梅花龙脑各一字。　青黛二钱。　天南星慢火炮裂，中心取二块，如皂角子大。

右件先将南星净乳钵内研如粉，次入蝎梢，又研细，后入前药一处研极细，用石脑油和丸如樱桃大。三岁以上儿服一丸，煎薄荷汤化磨开与服，只一丸逐下惊涎见效。三岁已下服半丸，更详病加减服。

韩义和《烟霞圣效方·玉柱杖散》：治急慢惊风，发时不省。

全蝎七个。　薄荷十四叶。　麻黄七条。

右三味温汤浴润软，以两叶裹蝎一个，用麻黄一条缚定，炒至焦黑，次入白术半两，生姜自然汁浸透，焙干，同为末，每服半钱，煎丁香柿蒂汤调下，不拘时候。

麝香青饼子：治小儿急慢惊风。

青黛水飞一两。　天麻半两。　全蝎四钱。　麝香半钱。　白附子四钱。

右为细末，水和如桐子大，捏作饼子，每服一二饼，薄荷汤化下。

御药院方五味天浆子散：治小儿急慢惊风。

天浆子。　龙脑各一钱。　蜈蚣十条炙。　朱砂末一钱半。　干蝎十个炒。

右为细末，每服一字，煎薄荷汤调下，不拘时候。

七味羌活膏：治急慢惊风，壮热发搐。

羌活。　独活。　乌蛇肉酒浸一宿焙各一两。　天麻。　全蝎。　人参。　白僵蚕各半两。

右为细末，炼蜜和丸如皂子大，每两作五十丸，每服一丸，煎荆芥汤化下。

全蝎散：治小儿急慢惊风，搐搦瘛疭，痰实壅塞，胸膈不利。

全蝎十一个。　朱砂研。　干烟脂各一钱。　薄荷四钱。

右为细末，每服半钱，乳汁调下。

玄门内照镇肝丸：治小儿急慢惊风，目直上视，潮搐昏乱，不省人事，是肝经风热也。

天竺黄研。　生地黄。　竹叶。　当归。　草龙胆去芦。　川芎。　山栀子。　川大黄火煨。　川羌活。　防风去义。　芦各二钱半。

右为末，炼蜜和丸如鸡头大，每服二丸，沙糖水化开服之。无时，大人三五丸，先服镇肝丸，次服天麻散。

又方天麻散：治小儿急慢惊风，其效如神，及大人中风涎虚，半身不遂，语言难，不省人事。

半夏半钱。　天麻二钱半。　甘草炙。　白茯苓去皮。
　白术。　老生姜各二钱。

右件一处,用水一盏,入瓷器内,煮令水干,将数味药焙
干为细末,每服一钱半,煎生姜枣儿汤半盏调下,无时,
大人三钱。

《施丸端效方·至圣保命丹》:治小儿一切急慢惊风,潮搐
反张,涎痰壅塞,镇心安神,除一发风寒伤表症。淮南方

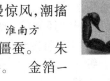

全蝎

防风一两。　白附子。　天南星炮。　白僵蚕。　朱
砂。　雄黄。　甘草炒各半两。　麝香一字。　金箔一
片。　全蝎十四个去毒。

右为细末,糯米粥为丸,一两作四十丸,或炼蜜为丸如樱桃大,每服一丸,薄荷汤化
下,不拘时候。

小儿急慢惊风:

右以蝉蜕为末,正发时,水调开摊纸上,贴心上自苏。

蝎梢饼子:治急慢惊风瘲疭,弓角反张,危者亦效。

赤脚蜈蚣全者一条炙。　蝎梢去毒。　乳香别研。　白花蝎酒浸净去皮骨。　朱砂别研。
　天南星煨熟去皮。　白僵蚕洗净炒各一两。　麝香三钱别研。

右为细末和匀,酒糊为丸,捻作饼子,径四寸大,煎人参,或煎薄荷,或金银汤磨化,三
周岁以下小儿一饼,周岁以下半之。详见《夷坚志》周士子事。

《续刊经验方·汤氏夺命散》:大控风涎,不问慢惊、急惊、风痰,壅塞咽间,其响如大潮,百
药不能过咽,命在须臾,医者技穷,以待其尽,殊不知世有妙方,服此药良久,药裹涎随大
便过,如稠涕胶粘,乃药之神效。然后随症用药调理,如无此症不须服。

青礞石一两。　焰硝一两。

右二件入沙窝子,用盐泥固济,炭火煅通红,须待硝尽为灰,药冷如金色,取出研为极
细末。如急惊风痰壅上,身热如火,浓煎薄荷汤,入蜜少许调匀,微温服之。如慢惊
慢脾风,加青州白丸子三粒,研为细末,用生姜自然汁调若稀糊,入熟蜜调匀,微
温服。

延寿睡惊丹:治小儿急慢惊邪风热痰壅,咽膈不利,痫癫潮发,手足搐搦,口眼相引,背项
强直,精神昏愦,睡中啼哭。此药大能安神镇心,定惊控痰,每用一丸,浓煎薄荷汤磨下,
五岁以下儿分二服,三岁以下儿分四服。

蛇含石南广者良,每四两用谷树叶下贴上盖却用煮七日取出,将沙窝煅令赤,浓煎甘草汤淬,须二
次煅,二次淬,手可撽碎为度,如手撽不碎,再煅再淬。　白附子一两,沸汤泡洗五七次,切片,以
生姜自然汁淹一宿,慢火炒令焦黄色,休烧焦黑,不可用。　南星一两净。　生朱砂一钱火飞
过别研。　麝香一字别研旋入。

右为细末,五月五日,糯米糊为丸如许大。前二方,亡宋吉州东厅通判衙常合此二
药,施人甚验。

刘世荣《保婴集验方·全蝎散》:治小儿急慢惊风,一切诸般发搐,服之神效,急慢惊风,加
减方法在内。

全蝎二十四个,新薄荷叶包裹,线缚定,用竹片夹住,于慢火上炙数次,如无新薄荷,用干荷叶,酒
浸用包炙亦可。　僵蚕半两,先炒去丝觜,用薄荷叶依前法制之。　天南星一两取末,用生姜

一两切作片子,新薄荷叶二两,无新者用薄荷叶一两,一同捣捏作饼子,晾干用,如急惊风,不用南星加大黄。 大黄煨一两,若慢惊风,不用大黄加制天南星。 白附子炮三钱。 防风去芦乂。 天麻。 甘草炙。 朱砂水飞。 川芎各半两。

右为细末,每一岁儿服一字,二岁儿服半钱,三岁服一钱,煎薄荷汤调下,量小儿岁数大小,加减服之。安镇心神,煎金银薄荷汤调下。身热发搐,煎火府散调下。慢惊吐泻后发搐,煎生姜汤调下。急惊风发搐,火府散,加大黄煎汤调下。

真方五色丸:治小儿一切急慢惊风发搐,痰涎壅塞,服之神效,法在癖积条下。

曾世荣《活幼心书·霹雳散》:解急慢惊风,不省人事。

猪牙 皂角三钱。 细辛去叶。 川芎。 白芷三味各二钱。 踯躅花一钱半。

右件剉晒为末,每以少许,用大灯心三寸长,蘸点鼻内,得喷嚏为验,前药不可焙,焙则不应。

镇惊丸:主急慢二惊,风痰上壅,手足抽掣,口眼喎斜,烦躁生嗔,精神昏闷,常服宁心镇惊,疏风顺气。

人参去芦三钱。 粉草半生半炙。 茯神去皮木根。 僵蚕去丝。 枳壳如前制四味各五钱。 白附子。 南星如前制。 白茯苓去皮。 鹏砂。 牙消。 朱砂水飞六味各二钱半。 全蝎十五尾去尖毒。 麝香一字。

右除牙消鹏砂麝香朱砂四味,用乳钵细研,余九味焙为末,入乳钵内和匀,前四味用糯米粉水煮清糊为丸,梧桐子大,就带润以银砾为衣,每服三丸至五丸,或七丸,急惊,用温茶清磨化投服。慢惊,以生姜熟附子煎汤研化温服。常服薄荷汤化下,或麦门冬汤。

却风膏:治急慢惊搐,脐风撮口,牙关紧闭,痰涎壅盛,咽喉肿痛。

葳灵仙去芦一两半,细剉焙研为末。

右用皂荚三两去皮,弦槌损,挪温水一盏绢滤过,慢火熬若稀糊,入醇醋半两,再熬三五沸,去火候冷,用前药末亭分,乳钵内杵匀,丸芡实大,先用盐梅肉擦牙根,次以此膏一丸,或二丸,温白汤浓调,抹入右右牙关内即开。续进别药,熬时得瓦器为上,银器尤佳,及解风痰壅盛,淡姜汤调化,无时少许含咽。咽喉肿痛,温茶清调下,或薄荷汤。

二神散:治小儿急慢惊风。

天浆子二个。 朱砂。 轻粉各三钱半。 蝎梢五个去毒。 巴豆二个去壳膜心油。

右为细末,研奶汁为丸如麻子大,一岁儿一丸,薄荷水化下。

茶花散:治急慢惊风,及十五般天吊风。

天麻为细末,每服半钱,水一小盏,姜七片,煎一茶脚许服。

省风夺命散:治小儿急慢惊风如神。

赤足蜈蚣四条,全而大者。 蝎梢去毒。 白僵蚕炒去丝。 天麻。 防风去乂。 麻黄去节。 荆芥。 羌活。 白芷。 川乌炮去皮脐。 白附。 南星各一钱半炮。 朱砂水飞。 地龙去土各一钱。 麝香一字。

右为细末,每服半钱,大小加减,荆芥薄荷汤下。入生姜自然汁少许,调切灌下讫。令于静室中睡,不许惊动,出汗立差,急慢三服,慢惊二十服。

又方:活蜈蚣一条。 朱砂末一钱水飞。

右为磁盏五只,安朱砂在内,将蜈蚣放盏中,用一盏覆之,以纸筋湿了固口缝,慢火熬蜈蚣死,取出候盏冷,以竹刀刮去,丸如绿豆大。每服一丸,金银薄荷汤下。

朱蝎散:治急慢惊风。

朱砂一钱。　全蝎一枚去毒。　片脑。　麝香各一钱。

右为细末,每服一字,生人乳调下。

鹤顶丸:治急慢惊风。

麝香。　朱砂各二钱水飞。　全蝎六个去毒。　巴豆去油心膜,一十四个。

右为细末,用豆九十八粒,冷水淘去皮肥好者,与前药同研,丸如芥子大。每服一丸,熟水下。若非时发搐,目睛上视,腰背反折者三丸。

急救仙方:治小儿急慢惊风。

震灵丹二十粒。　来复丹十粒。　白丸子十粒。

三味研匀,糯米糊丸绿豆大。大者五丸,小者三丸。慢惊,用北枣陈皮煎汤吞下。急惊,用生姜自然汁百沸汤下。

儿 <small>小儿症治十三</small>

小儿慢惊

论

钱乙《小儿方·慢惊》

因病后或吐泻，脾胃虚损，遍身冷，口鼻气出亦冷，手足时瘈疭，昏睡，睡露睛，此无阳也。栝蒌汤主之。

凡急慢惊，阴阳异症，切宜辨而治之。急惊合凉泻，慢惊合温补，世间俗方，多不分别，误小儿甚多。又：小儿伤于风冷，病吐泻，医谓脾虚，以温补之不已，复以凉药治之，又不能已，谓之本伤风，医乱攻之，因脾气即虚，内不能散，外不能解，至十余日，其症多睡露睛，身温，风在脾胃，故大便不聚而为泻。当去脾间风，风退则利止。宣风散主之，后用使君子丸补其胃。亦有诸吐利久不差者，脾虚生风，而成慢惊。

阴痫坏病，东都王氏子吐泻，诸医用药下之，至虚变慢惊，其候睡露睛，手足瘈疭而身冷。钱曰：此慢惊也。与栝蒌汤，其子胃气实，即开目而身温。王疑其子不大小便，令诸医以药利之，医留八正散等，数服不利，而身腹冷，令钱氏利小便。钱曰："不当利小便，利之必身冷。"王曰："已身冷矣。"因抱出。钱曰："不能食而胃中虚，若利大小便，即死。"久即脾肾俱虚，当身冷而闭目，幸胎气实而难衰也。钱用益黄散，使君子丸四服，令微饮，至日午，果能饮食。所以然者，谓利大小便，脾胃虚寒，当补脾不可攻也。后又不语，诸医作失音治之。钱曰："既失音，何开目而能饮食？又牙不噤，而口不紧也。"诸医不能晓，钱以地黄丸补肾。所以然者，用凉药利小便，致脾肾俱虚。今脾已实，肾尚虚，故补肾必安。治之半月而能言。一月而痊也。

《太平圣惠方》

夫小儿慢惊风者，由乳哺不调，脏腑壅滞，内有积热，为风邪所伤，入舍于心之所至也。其候，乍静乍发，心神不安，呕吐痰涎，身体壮热，筋脉不利，睡卧多惊。风热不除，变化非一，进退不定，荏苒经时，故名慢惊风也。宜速疗之。

《和剂局方》

论小儿慢惊症。慢惊者，皆因乳哺不调，或食粘腻，脏腑壅滞，及积热为风邪所傅，入于脏腑，乍冷乍热，心神不定，脾胃感冷，或时呕逆，身体温壮，手足不定，睡中强乱，头目乍赤乍黄,此乃慢惊。或吐泻俱作,忽然发惊,而手足不甚抽搐瘈疭,及睡中露睛唇白,手足冷,口中气亦冷,切不可与急惊药,误人多矣。但可与金液丹四粒,青州白丸三粒,同妍以粥饮灌之。如稍惺惺,减金液丹,加白丸子,更与粥饮服理中汤、益黄散、参苓白术散,乳食后可与镇心至宝丹,或与金箔丸兼服,令乳母忌生冷动风毒物,亦令乳母服理中丸、嘉禾散之类。

陈自明《管见良方》:然此二药大寒,既是前面云,切不可与急惊药,误人多矣。若是要服退惊搐之药,但可与至圣保命丹。

茅先生论曰:小儿生下,有中慢惊风者,双目上视,双手搐搦,上喘喉中涎响,乍静乍发,心神恍惚,不记人事。此候,因惊横心舍而成,有因吐泻而成,有大患痢而成,有久泻痢后脾虚,风邪所干,乘虚致此者。如见此候,急用小便和酒调睡惊膏一服,须臾搐定,即吐两盏以来青沫黏涎,或三五盏已来,方得小苏。急进匀气散两服。喉中由有一二分余涎,即下朱砂膏,次日下醒脾散三服,镇心丸两服。若伏热不退,即下大附散,三日内即安。如见背母摇头,嘘舌出口,咬奶,眼障泪出,偏搐,死候也。不治。

《阎孝忠附方》

慢惊,得于大病之余,吐泻之后,或误取转致脾胃虚损,风邪乘之,凡小儿吐泻不止,转成慢惊,宜速治之。似搐而不甚搐,此名瘈疭。似睡而精神慢,四肢与口中气皆冷,睡露睛,或胃痛而啼哭如鸦声,此症已危,盖脾胃虚损故也。

《秘要指迷论》

凡小儿初生下,不问日数,或忽患慢惊,醒后四肢厥冷,不知人事,但心中微暖,即用侧子汤服五关,贯珍珠囊。

小儿慢惊风候:凡慢惊风,身体不大热,似因而不睡,间惊哭不止,不肯食乳,此为慢惊风之候。因风盛而生也。《茅先生起主秘要指迷论》止载《幼幼新书》。

《圣济总录》

论曰:小儿慢惊者,痫病发于阴也。由在胎时,禀受不足,心气虚弱,外中风邪,入于腑脏。其发则手足瘈疭,头目摇动,牙关嘌紧,神情如醉。休作有时,潮搐不定者,谓之阴痫。其治疗也,外以炙法,内以药饵,临机制变,可谓上工。若症见息高,鱼口泄污遗尿者,在所不治。

栖真子《婴童宝鉴》:小儿慢惊风,但身热惊哭不止,睡眠不静,手足微微瘈疭,不食乳,或见如伤寒之候也。长沙医者李刚中说云:阴静而缓,阴慢而迟,钱述慢惊得于大病之余,吐泻之后,或误服冷药取转,而肠胃虚弱,风邪乘之,似搐而不甚搐,似睡而露睛,手足瘈疭,或作鸦声者,此症已危。盖脾胃虚损故也。是足太阴脾,足阳明胃,表里俱虚,相合受病,风淫所胜也。人皆以胃气为本。胃者,水谷之海,脾之大渊,乘纳水谷,清者为荣,浊者为卫,脾气像土而居中州,气血循环以灌四旁。今小儿气血未定,五藏方成,复因乳哺不调,冷热相搏,而致吐泻。久而不差,脾胃俱虚,风邪内乘,故面青昏睡,口鼻气冷,手足瘈疭,医或以铁粉、水银、龙脑、朱砂之类,是抱薪而投火也。故钱用青州白丸子末,金液丹末,量以轻重,参以分数,二物和合,米饮调之,以主脾胃,候手足温,即渐减之。复投以醒脾驱风之药,此钱之垂教龟镜也。又有慢脾风,亦与慢惊相似,但分别轻重耳,亦由小儿脾胃俱虚,风邪内乘也。载《幼幼新书》

郑端友《全婴方·钱氏论慢惊是非》：钱氏论慢惊，因病后或吐泻，脾胃虚损，遍身冷，鼻气出亦冷，手足瘛疭，昏睡露睛，此无阳也。栝蒌汤主之，钱氏云：无阳何用栝蒌根汤，内用栝蒌根，白甘遂。按《本草》，栝蒌根味苦寒无毒，主心渴身热，甘遂味苦辛，大寒有毒，主腹满，面目浮肿，留饮宿食，又云：急惊合凉泻，慢惊合温补。钱氏既急惊凉泻，慢惊温补，何用栝蒌汤。寒毒之药，又无温补为佐，首尾亦无补助。兼主对不亲，如此治之，怪也。《经》曰：实实虚虚，损不足，益有余，如此死者，医杀之也。慢惊虚病，寒毒之药，甚虚人，正合《难经》虚虚之论，乃钱氏之非也。愚尝治此病，以神宝丹，宽筋汤治之，多愈。钱氏方诀，议论优长，甚为可取。其间如治慢惊法，用栝蒌汤，阴痫坏病篇内，亦用此方。钱岂不知栝蒌反为害也？观其智识，必不如是。倘或有此说，但取其所长，略其所短，庶几不误后人也。譬之权衡虽正，不能无毫厘之差；钧石虽平，不能无抄撮之过。是以智者千虑，必有一失。

论慢惊曰：阴痫。夫慢惊，虽曰阴痫，实阴三种而得。三种者，或只吐，或只泻，或吐泻俱发，亦因风惊食，所作是也。

论慢惊之因：慢惊者，因久吐而胃气先虚，胃与肺，母子也。母虚，亦令子衰。二经虚，则生黏痰。黏痰者，肺胃所出也。痰则凝滞在于咽喉，如牵锯之声，时复瘛疭是也。所以慢惊风，眼偏喜开者，胃虚生风。通真子云：风能动能开，慢脾者因久泻而脾气先虚，脾与肺子母也。母虚，亦令子衰。二经俱虚，则生顽涎。顽涎者，脾肺所出也。涎则溢流在于咽喉，如水鸡之声。时复瘛疭是也。所谓慢脾之风，眼偏喜闭者，惊气入脾。通真子云：气能静能闭。

论阴痫之因：阴痫者，吐泻之久，脾胃俱虚，脾与胃表里也。二经俱虚，则生痰，顽涎相缠如胶，塞于咽喉，故声鸣而喘。时复手足颤摇，或如角弓之张是也。所以阴痫半开半闭者，是风气并行脾胃。《飞仙论》云：阴痫，眼似睡不睡。王氏云：惊风，眼半开半合。已上三症，似同而异，并属阴也。各目睛昏晕，背脊强直，或作鸦声，发频，难差，皆十死一生也。凡慢惊有汗多死。仲景云：阴不得有汗。盖阴症无汗，有汗者亡阳。古人说慢惊瘛疭，是似搐不搐，其间亦有慢惊，如急搐者，是死期之速也。有嗽变惊者，第十二卷有治法。

慢惊决生。徐中秀子三岁，七月中因伤乳食，呕吐数次，而后作泻，召一医视之，三日不退，加之眼露多困，脑陷气粗，面白形青，虚烦腹痛，忽发惊风，进退不定。召愚视曰："此子虽是慢惊，法当断乳三日，频与稀粥，服药可安。"主人曰："小儿以乳奶为本，岂可遽然舍乳也？"答曰："舟非水不行，然波涛沸涌，则有覆舟之患。儿非乳不养，然吐泻过伤，则有倾人之患。波涛非自生，其所以生者，风鼓不平之势作之也。吐泻非自生，其所以生者，风冷不便乳引之也。风息则水势平，乳少则吐泻宁。善行舟者，不惧波涛，而惧舟之不固。善为医者，不惧吐泻，而惧乳之不节。盖乳犹水也，水能载舟，亦能覆舟，此之谓也。始因伤乳为病，若以所伤之乳乳之，如以酒解醉，转加昏愦，固能节乳，使药之速验也。"主人曰："听。"用神宝丹、续命汤、安神膏，日各三服，频与稀粥，至夜惊不再潮。翌日嗳哺，尚困，是中脘有食，脾胃有风。主人曰："何知也？"答曰："嗳者有食，困者有风，当用宣风散汁，送下紫丸子，令微利，再用神宝丹、安神膏、琥珀散，日各三服，调治三日，时与少奶，至五日全安。"主人曰："慢惊风，何敢决生？"答曰："病虽至困，形青而不昏，肚疼而手足常温，惊搐无痰，喘气微热，是胃气未脱。《经》曰：胃者，水谷之海，主禀四时，故皆以胃气为本。此子病虽至危，胃气尚未脱，可以复生也。"

陈文中《养子直诀》：小儿误服凉药，镇心宣导，或用帛蘸汤水，缴搋唇口，因此伤动脾胃，或泄泻，或腹胀，或腹中气响。

小酒壶

小儿面少红色，常无喜笑，不看上而视下。

小儿颐颅高急，头缝青筋，时便青粪。

小儿肌体肥壮，粪如青涕，或如冻汁。

小儿时时眨音扎眼，粪便青白沫，有时干哕。

已上五症，忽然呕吐者，必成阴痫，俗谓之慢惊搐。医患之家，不究病之源因，不分阴阳表里，又不察血脉虚实，妄为热即生风，便饵牛黄、朱砂、脑麝、镇心宣导等药，因此败伤真气，搐而不救者多矣。盖真气者，元阳也。其药性温，则固养元阳。冷则败伤真气，故宜用温中下气药治之，缘小儿腑脏嫩娇，皮骨软弱，血气未平，精神未全，言语未正，经络如丝，脉色如毫，不可妄投药饵，亦不可汤缴口舌。无病者，在乎摄养正气。有疾者，先看外症，而为多矣。载《幼幼新书》。

杨仁斋《直指方》：慢惊之候，或吐、或泻，涎鸣微喘，眼开神缓，睡则露睛，惊跳搐搦，乍发乍静，或身热，或身冷，或四肢热，或口鼻冷气，面色淡白淡青，眉间唇间，或青或黯，其脉沉迟散缓，盖由急惊，过用寒凉，或转下太骤，传变成之。又有吐利不止而成者，有气虚暴吐泻而成者，钱云：夏月脾胃伏热，大吐泻者，当解暑热，不可专曰固阳。有脏腑虚洞泄成者，风邪入于肠胃，故大便不聚而泻。有久痢气脱成者，有下积取泻成者，有吐血泻血成者，有感风不解误药成者，有伤寒传变阴症成者，有得之久嗽作痫者，有得之发痫不已者，有得之虫积冲心者，有得之卵肿疝气腹痛者，其或日夜汗出，脾困多睡，烦燥引饮，四肢浮肿，大小便闭，丹瘤肿毒，龙带缠腰，走马急疳，并传慢候，惟吐泻积痢成虚致之。则症变甚速。绕经吐泻，便是慢惊。须用温中扶里，或搐来紧急，乃慢惊初传，尚有阳症，不可误作急惊用药。世言搐慢，为慢惊非也。若泥此，往往指慢脾为慢惊矣。凡慢惊，男子以泻得之为重，女子以吐得之为重。治法大要，须当审问源流，不可概曰慢症。如吐泻得之，则理中汤，加木香以温其中，五苓散以导其水。脏寒洞泄得之，则先与术附汤。下积取转得之，则先与调气散。外感寒邪得之，则先与桂枝汤、解肌汤辈，其他可以类推矣。然慢惊虽属阴，亦须准较阴阳亏盛浅深如何，不可纯用温药及燥烈太热之剂，惟于生胃气中，加以截风定搐，如全蝎、花蛇、僵蚕、白附、天麻、南星、辈为良。

方传慢候，而尚有阳症者，八候尚在不必回阳，但与截风调胃，可冷可热，均平阴阳而已。太一保生丹、聚宝丹、蝉蝎散、神保既济丹、来复丹、王氏惺惺散、醒脾散、太醒脾散、温白丸，可选用之。

若阳亏阴盛、病已传过，纯属慢惊，无搐掣反引窜视之症，而但昏沉者，与星香全蝎散、定命饮、四圣散、乌蝎四君子汤、天南星散、乌沉汤、沉香散之属。若手足冰冷者，方可回阳，用硫黄、附子、慢惊下痰，身暖者，天南星丸、苏合香、白丸子。痰盛者，神保既济丹、礞石散。虚甚而不可下痰者，灵脂丸、七珍丸。如脑麝、银粉、巴霜。寒凉通关利肠辈，一切禁止。麝虽温，然性属阴，能化通腠。其有阳已传阴，或者不知，但见引搐，误用脑麝、银粉及寒凉辈，必为慢脾阴逆，若慢惊之候，其眼半开半合，则当预作慢脾风调理之。于斯时也，阴气易盛，阳气易微，时刻少延，则药力不及。频併投药，则势又不可。绕进一二剂，须审有无传变，稍定则和平为愈。势笃则以刚剂投之，此治慢惊之大要然也。

或者慢惊欲绝之时，虚痰上攻，咽喉引气，呼吸粗大，脉来浮数，是为阴盛强阳，错认

以阳气已复，直与峻药下痰，痰随药下，气随痰绝，人以医杀咎之。此则不识覆灯将绝之症，虽不下药，亦无生意矣。又有喉中痰涎，声如拽锯，一两日间，但闭目不开者，此为虚候之极，虚痰饱养其气然也。凌遽下痰，亦未可保，姑以苏合香、白丸子辈与之。

若慢惊之候，药服已瘥，尚虚乏，数日未省者，或妄攻之，则前功俱废，是体认之，不可不精也。其或伤风，伤寒，伤暑，伤湿，伤食，停积，疳劳，烦渴，盘肠，肚痛，诸疮痘症，皆因之而发风，须当体认。随某症疗其病，正病去，则风自去矣。慢惊，四肢厥冷，吐泻加嗽，面黯唇惨，胃痛鸦声，两胁动气，口生白疮，胃闭损也。发直摇头，眼睛不转，涎鸣喘噎，口眼手足一边牵引者，难瘥。

演山省翁《活幼口议慢惊风候》：医云：阴痫也，良由急惊用寒凉之药太过，转动深重，乃传作慢惊。或因吐利不止而成慢惊。或因澡浴感风不解而作慢惊。或因风食二痫不治而变成慢惊。或因咳嗽下痰转虚而成慢惊。因由甚众，概而举之。病家怕惊不怕泻，良医怕泻不怕惊。其泻不止，则惊风愈盛，若与治惊，更用寒凉之药。且泻转多，病加进重矣。

议曰：小儿脾胃虚怯，方作吐泻。其症有热吐，冷吐，痰吐，食吐。所言热吐者，谓母饮酒，吃肥炙烤醃醿，或冒风伤暑致热，儿吮乳入胃，遂成热吐。冷吐者，谓儿胃冷，加以宿冷之物与食即吐。虚吐者，其儿肌弱神困，疳积未消，胃堂久虚，即痰吐者。其儿胃气本虚，复感寒邪，生痰作热，留滞胸膈，故吐。食吐者，其儿胃弱，饮食不节，强食伤脾，作热神困，吐后即逆。病家但知其吐，不明其所以吐。且吐兼泻共作，名曰霍乱。其吐候又推轻重有五：初则乳自流出，谓之呃，呃之不已即谓之吐，吐之不已即呕，呕之不已即传嗢，嗢之不已即作哕。于月切自呕嗢哕，皆有出声动气，呕者口开而作，嗢者心胸上下气逆郁筑，哕者无物可出，即膈虚胃寒引气，哕哕作声，此等候恶，须臾症变，即慢脾风。热吐者，先去风痰。冷吐，虚吐，与生胃气。痰吐，下却其痰，次与正气。食吐，宜与塌气。岂可一概理之。吐泻不止，脾虚风生，眼开慢惊，眼合慢脾，治之不当更下惊药。死不旋踵，岂可得而救疗。儿分长幼，病察虚实，有吐泻三五日发风者，有一日半日而发者。大抵女孩以吐为急，男以泻为速。若气虚，暴泻暴吐才作，便得之。惟有疳泻不成风候，久则患无<small>*</small>症，终于虚乏矣。但滞肠止泻为良，吐即生胃为正。截风之药加而用之，凡惊药，及寒凉之药，切不可用。亦不可用大热药，其候乃属阴症。医者裁之，勿傔为幸。慢惊风传变。风慢惊风候，若是急惊传来而尚阳症，其阳即亏不必回阳，又不特治阳，只可截风调胃，均平阴阳，可冷可热，可缓可急是也。若直便与服附子、硫黄之属，使阳归阳，又是急惊，学者理宜知之。既知阳症传作阴症，即与服保命丹三二服，兼前牛黄清心丸子，其有四症，且八候稍缓，疾成阴痫者，即与服之。若已传过，八候不作，四症尚在，只冥冥者，与服定命饮子，若脚手冰冷者，乃四逆候，方可回阳。次第服合者，即传作慢脾风候，其儿惊风痰涎壅盛，搐搦不止，不可下者，宜与灵脂丸，其痰壅热盛，口角自垂者，白姜丸功效，惊风搐搦，身体虽暖，风痰不化，宜服天南星丸。

议婴孩所受此等症候，别无他疑者，只依下项用药，无不苏省，切不可延久。其阳易化，阴气渐盛，药力不及，使人难治，又不可一向连并投药。每次一二服了，须审察症候缓紧，有无传变，稍觉宽定，其药放慢。或势渐紧，宜以次第紧急药与服，不可执殊一药，又不可便换汤饵，连并与之。所谓察其轻重，审其进止而后已。今著妙方，不劳检阅，修合如法，对症投治，克效万一。

议慢惊，若是急惊传来，是知前人不曾截风定搐，阳脱而传阴，阴重阳亏，其风与热，

随流纵入经络，又有曾服太寒凉之药过多，又有下积取泻致作，又有脏腑虚寒洞泄而为，其所受多端，已载前篇。

议理慢惊，当知阴癎之说，其症属阴。脏寒气虚，或尚泄泻不止，且惊正作，多因无识之人，一向治惊，更不理泻，药用寒凉投之，令气愈虚，泄泻不止，阴症愈重，惊搐愈增。若用止泻药稍热，八候复加，四症不退，慢惊虽曰难活，盖医亦不曾究竟，病作加进，深为重害。

议慢惊，当察之所视为要，眼睛昏定为重，窜视为重，四肢厥冷为重，睛定不眨为重，虽眨不左右顾亦重，汗出如流亦重，口面忽作黪黯色至重，感风搐搦慢惊，眼在半开半合之间，乃知阴气所盛，传入脏间，阳气已亏，脾经属阴，次第入脾，故言慢脾风候。

议医慢惊与急惊风候，自是不同。未可一向下。议搐药急惊，谓开窍不通，故以脑子麝香等药通利定。其搐搦慢风，阴重阳亏，诸经已虚，不宜通关，又凉其脏，易作慢脾风。

议医慢惊，不可急攻，急惊阳癎稍易理，慢惊阴症最难治，服药已愈而尚虚乏未省，三五日之间者有之，俗谓过街候，发无定论，不可轻易妄剂投之。攻击则前功俱丧。议慢惊所治之理，须究问原因所发，若是急惊传阴为慢惊者，乃阳癎所作阴癎也。当察阳症未纯，其阴症用药斟酌，如因泄泻而作慢惊者，男儿为重。如因吐逆而作慢惊者，女子为重。即阳脱而阴盛，小儿有长幼之别。脏腑有虚实之分，有泻三五次，便成风候，乃由虚之盛也。或有二三日泄，方成风候。或有五七日泻不止，而成风候。暴泻成风，由可速治，盖回阳调中补气之为易，若久泻渐传成风候者，为虚为之，故难疗理。议婴孩小儿，洞泄成风，以补药治之。宜用附子药，脏寒洞泄当服。取泻成风，因药下积宜以温脾壮气药调之。宜服观音全蝎散愈之。有服寒凉药成风，下药太凉，致令脏腑先寒，过凉药吐泻，即传成风候。以助气醒脾药温之。王氏大惺惺，大喝起散与服之即效，若手足冷，回阳汤、术附汤效。阳癎传作阴癎者，急惊传作慢惊风候，以截风药治之。服前方截风定搐药，若在前三者慢惊候，便以截风往往未为当。盖由病自虚乏得乏，所以云调补之理。议慢惊症候，所以用药不一，治疗不等，由发作不同，故述在前。虽则四者之议，犹为大概，智者得之开发，详其轻重可否之意而施设之。议医理慢惊之候，其意在慢。治急惊之候，其意在急。何也？且急无过因热生风作惊，跌扑作惊，他物触之作惊，惊热传极，即变生风搐搦等候，皆热所乘。若也顺症依法下之，诸候自息。然慢惊所作不常，当宜省察，用意仔细，所以故宜消息为之慢也，不可仓惶，恐惧有乎得失，非失治踌躇疑惑之为慢也。又曰，慢惊无急攻，盖所疗至为难事，无妄当何。议医慢惊不可与语，无妨疏脱有之，无诚不谨亦有之，无见不明亦有之。又不可言难，恐于人事，但存妙理究竟，深得法度者，投药必愈。不晓于理，裁度未良者千万，无顺人情投饵。既无可否之说，若或所见不到，即与善术者调治，庶不枉究。若也坏症伤候，必败其德，实有勉强仓惶者耶。

阴症反阳，议曰：小儿伤寒，惟察表里而理之，不以阴阳症候竟竟者，盖无关前关后之脉，所谓纯阳之孩。合而言之，此说阴候者，慢惊是也。凡儿吐泻，疾作慢惊，其候无反症，良由急惊传来已成阴癎，药用寒凉，症入慢脾，药用燥热，其候反阳者，反从阳也。其脉愈盛，其症愈逆，故云反也。阴阳俱坏，实谓难治。医工不知其所以，但见其搐搦，肆意退热截风，良久却不引搐，但只合眼聚痰，冥冥如睡，症候有如此，何药理之？请试较之。

阴盛强上声阳，议曰：慢惊风候，谓之阴盛。及其欲绝之时，虚痰上攻，咽喉引气，呼吸粗大，其脉浮数，其症强阳得之，医工将谓阳回，以得其所宜与下痰药，用大迅痰涎，即时随药而下，儿命即时随药而死。众言医杀之，愚曰非也。谓渠无智不识症绝而用之，虽不下

药,亦死之矣。

《卫生家宝》:或因久吐泻不止,或累月咳嗽不止,或大重病后,脾胃虚损,或胎中有惊,频下青沫粪,或疳症候,脏腑虚损,并成慢惊。睡卧不静,卧露白睛,手足微动,频多呵欠,乳奶时吐,囟颅或肿或陷,频多惊跳,好睡吼唵,或作潮热,已上并是慢惊。不可服冷毒药吐泻,只宜惺惺散、人参膏、睡红散、大段有虚涎,量服牛黄膏少许,或进或退,并是阴症候。大凡小儿不可令吐,吐便有惊风欲发之意也。宜急治惊止吐,醒脾调胃,如发搐搦,上视撮口,摇头上窜,如角弓反张,或四肢软弱,弄色或青,或黄黑白,弄舌吐出,鼻无涕,鱼口鸦声,腹胀,并不可服阳症药,慢惊六。内载青州白丸子、苏合香圆、金液丹,市铺有青金丹,即白丸子,金液丹,合和用。

张洁古《钱氏补遗》:慢惊,阴症也。俱藏受病尔。盖小儿吐泻病久,脾胃虚损。若不早治,则成慢惊。名曰瘛疭。似搐而不甚搐也。因脾胃虚损,故大便不聚,当去脾间风,先以宣风散导之,后用使君子丸,益黄散,则其利自止。既已失治,则脾肺俱虚,致被肝木所乘,是为慢惊也。当用温补羌活膏。

曾世荣《治幼心书》 论慢惊者,考之古书,亦无所据,惟载阴痫而已。盖慢惊属阴,阴主静而搐缓,故曰慢。其候皆因外感风寒,内作吐泻,或得于大病之余,或转于误转之后,目慢神昏,手足偏动,口角流涎,身微温,眼上视,或斜转,及两手握拳而搐,或兼两足动掣,各辨男左女右搐为顺,反此为逆。口气冷缓,或囟门陷,此虚极也。脉沉无力,睡则扬睛,谓两目半开半合,此真阳衰耗,而阴邪独盛。阴盛生寒,为水化,水生肝木,木为风化,木克脾土,胃为脾之腑,故胃中有风,瘛音炽疭音纵渐生。其瘛疭症状,两肩微耸,两手垂下时,复动摇不已,名为慢惊。宜以青州白丸子、苏合香丸入姜汁杵匀米饮调下。虚极者,加金液丹,次用冲和饮同七宝散火煨姜服。使气顺风散,少解吐泻。间以胃苓汤,救其表里。若吐不止,可投定吐饮。泻不减,宜服六柱散。或曰:生阳去胃风,定瘛疭,清神气,五苓散导其逆,调荣卫和阴阳。若痰多唇白,四肢如水,不省人事,此虚慢之极,用固真汤,速灌之,以生胃气。胃气既回,投醒脾散,沉香饮调理。有慢脾风者,自慢惊传变,始因吐泻,经久不治,故胃弱,脾虚生风,风入经络,则手足无时摇动,昏沉不省,面带痿色,风势太甚,乃虚之极。急用青金丹、天麻饮灌服,或六柱散、固真汤,带问有热有痰,皆风入脾经,亦是危症。若痰如牵锯之声,面无润泽之色,唇缩气粗,项软搐,其不可治也。郑氏议古人医书,不能无失。如钱氏治慢惊用栝蒌汤,与病不相主对,是谓之失。以愚观之,所恃药性,医者之通晓纵有前症,未必肯用,但不容不讲明耳。殊不知钱氏既没之后,其书成于仕路人阎孝忠偏集刊行,屡经异代。况钱氏儒医,名闻朝野,施治之法,如珠在贯,未尝少差,郑氏所指慢惊,误用栝蒌汤,然本方下明载治肺热涎盛,非为慢惊之设。阎孝忠岂不知此? 其或居官镁椊之日,失于参考,讹传此剂,致有前议。奈历年已远,卒难校正。若论五脏补泻之妙,却无瑕可指,及诸杂方,有功于世,不为不多。《直诀》一书,信不诬矣。

韩义和《烟霞圣效方》:慢惊风,因小儿吐泻病久,脾胃虚损,大便不聚,当补脾。先以宣风散导之,后用使君子丸益黄散,其利即止。后用本事方中醒脾丸,若不早治,即成慢惊。名曰瘛疭。似搐而甚,因脾脉虚损,故被肝木所居,诸脏受阴症也。

《惠眼观症》云:慢惊形候,乍静乍发,或吐泻,或因著扑,或以患痫脾胃,乘虚而作,若见肉晕,啼声有泪,手足微微掣动。乍下慢脾汤药及以□汤丸利之,至次日调气,兼进醒脾平胃化涎汤药调理。若先潮热,后口相牵一边,手足只搐一边,喉中作拽锯之声,不啼无泪,此候不可治。三日中死。死后眼生障膜,而五藏绝矣。

《茅先生小儿慢惊风死候歌》：慢惊风候实难医，遍体昏沉壮热时。睡卧多惊心不稳，手牵脚搐喘相随。荏苒时多为此候，速令下药莫迟疑。

《玉诀小儿慢惊虚风候歌》：长嘘韧齿面青黄，呃乳涎高胃气伤。风盛涎高生搐搦，泻痢频频色不常。此患先调其气，后退惊风，次下涎，调脏腑，即无误也。

《石壁经三十六种慢惊将发候歌》：未发惊时先好睡，《四十八候》云：未发慢惊先重睡。睡中吐舌又摇头。面青睹发如针立，《凤髓经》云，鹅发面红毛发立，壮热通身脚似钩。《凤髓经》云：《四十八候》云，更加手足一如钩。此候多因伤寒失治，或奶母动作不定，是致发热。或作吐泻，又复被寒邪苦楚，渐渐多睡，少汗不食乳，手足软弱，或即曲硬，此当出汗，醒脾去风，即愈：吐乳作腥生气息，额中千颗汗珠流。通肠表汗儿当差，若取之时泻不休。仍须先汗下，其下旋旋下之，不可太猛。并与少温药生胃气。此病冷气伤，腠理不通，蕴结为大患，未发先困，及发面青，头额有汗，吐乳腥臭，若有此疾，先解表，后用蚵蚾丸一二服。肥大者微与下，次调气即安，如此不退，成慢脾风也。《凤髓经》此歌亦同，有注云：先与坏煎散表，次乌犀膏散。

《三十六种慢惊正发候歌》：恶心才作便生惊，吐泻频频气上浸。舌赤唇红双眼闭，《凤髓经》此三句云：吐泻才生便恶心，霍乳吐乳汗相浸，舌出唇绯双目闭，摇头发直一如针。此后亦主，因伤寒气已表发毒气，内淫荡于胃经，内热初感，所以多吐，或泻渴不止，夫治则主多困，困重则发搐，不致大段紧，只是或时发，手足微动，奈半月十日不愈，亦不能绝。多无汗，遍身干燥，当醒脾发汗去惊。闷生气争搐双胁，口白生疮命不任。此候未生宜早治，涎潮肺腑更难禁。《凤髓经》此一句乃云：有疮胃闭命沉沉，若气急，则两胁微动，动则气而喘也。更一向用冷药大甚，逼毒气伤脾胃损，致令口中有疮出，若赤犹可治，白疮满口如珠子者，目直视，睛不转，满面黑色无光必死。《凤髓经》此一篇云：小儿吐泻后，成慢惊风，慢脾风。仍注云：如口未生疮不妨，先与白鹤丹，次白神散。

《小儿形症·论四十八候吐泻传慢惊歌后说》云：此候发时先吐逆，医人不识，却将调荣卫药与服，致令口生疮，成恶候，先将蚵蚾丸下胸膈风涎，不吐后，调气。已上《惠眼观症》起至《石壁经》止，载《幼幼新书》。

《经济小儿保命方书慢惊症歌》：喉中痰微响，眉腮垂紫筋，乳时常呃吐，寒热额浮青。目碧多啼叫，风邪膈胃停。慢惊观此症，可与镇心安。小儿欲作慢惊，则咽喉涎响，眉腮间紫，缓乳哺哕呃，目碧多啼，辨虚实检方对药调理。

《慢惊死症歌》：弄舌摇头数，鱼睛并口禁。一身全不管，百节似瘫垂。脸鼻唇青紫，无时瘛疭烦。慢惊如有此，何必更看医。小儿慢惊若见此症，百不治一，皆为死候。

曾世荣《活幼心书慢惊歌》：阴盛阳虚病已深，吐余泻后睡扬睛。神昏搐缓涎流甚，此症分明是慢惊。

方

《太平圣惠方》

《白僵蚕散》：治小儿慢惊，风壮热，四肢拘急，痰涎壅滞，发歇不定。

白僵蚕一分微炒。　蝉壳一分微炒。　芦会一分细研。　蝎尾一分微炒。　白附子一分

炮裂。　王灵脂一分。　蟾头一枚,涂酥炙令焦黄。　朱砂一分,细研。　牛黄半分细研。　麝香半分细研。　雄黄一分,细研。　辟宫子二枚,涂酥炙令黄。

右件药捣罗为散,入研了药令匀,不计时候,以薄荷汤调下半钱。看儿大小,加减服之。

龙脑散:治小儿慢惊风,心胸痰涎,上攻咽喉如呀,身体壮热,筋脉拘急,或时发歇抽掣。

龙脑半分细研。　雄黄一分细研。　麝香一分细研。　芦会一分细研。　胡黄连一分。　青黛一分细研。　牛黄一分细研。　木香一分。　丁香一分。　天竺黄一分细研。　熊胆一分。　犀角屑一分。　干蝎一分生用。　腻粉一分。　朱砂一分细研。

右件药捣细罗为散,同研令匀,不计时候,薄荷汤调二钱服之。量儿大小,以意加减。

牛黄散:治小儿慢惊风,壮热心烦,发歇搐搦。

牛黄一分。　麝香一分。　雄黄一分。　熊胆半分。　芦会一分。　朱砂半两,细研水飞过。　夜明沙一分微炒。　干蝎一分半末。　天竺黄一分。　犀角末一分。　胡黄连末一分。　白僵蚕一分末。

右都细末为散,不计时候,以薄荷汤调半钱服之。量儿大小,以意加减。兼用少许吹入鼻中良。

犀角散:治小儿慢惊风,心神烦热,多惊体瘦,四肢抽掣。

犀角屑一分。　天麻一分。　白附一分炮裂。　干蝎一分微炒。　腻粉半分。　朱砂半两,细研水飞过。　麝香一分。　牛黄一分细研。　晚蚕蛾半分。

右件药捣细罗为散,不计时候,煎龙胆汤放温调下半钱,量儿大小,以意加减。

牛黄丸:治小儿慢惊风,发不止。

牛黄半两细研。　天竺黄半两细研。　犀角屑半两。　芎劳一分。　人参一分去芦头。　白茯苓一分。　麝香一钱。　钓藤一分。　胡黄连半两。　丁香一分。　龙脑半钱细研。　龙齿一分细研。

右件药捣罗为末,用水蜜和丸如绿豆大,每服以粥饮下三丸。量儿大小,以意加减。

乌犀散:治小儿慢惊风,或发即戴眼向上,手足搐搦。

乌犀角屑一分。　独角仙三枚,微炙去翅足。　驴胎耳一分,烧灰。　雀儿饭瓮五枚。　干蟾一分,烧灰。　白僵蚕一分,微炒。　朱砂一分,细研。　雄黄一分,细研。　丁香一分。　蚕纸一张出子者,烧灰。　麝香一分,细研。　牛黄一分,细研。　羌活半两。　青黛一分,细研。　天竺黄一分,细研。

右件药捣细罗为散,都研令匀,不计时候,以温水调下半钱,量儿大小,加减服之。

麝香散:治小儿慢惊风,及天瘹。

麝香一分,细研。　腻粉一分。　牛黄一分,细研。　干蝎一分。　白附子一分,炮裂。

右件药捣细罗为散,不计时候,以薄荷汁调下一字,量儿大小,加减服之。

天竺黄散:治小儿慢惊风,体热搐搦。

天竺黄半两,细研。　川大黄三分,剉碎微炒。　天麻半两。　柏枝半两,微炙。　蝉壳一分,微炒。　白附子一分,炮裂。　郁金半两。　干蝎一分,微炒。

右件药捣细罗为散,不计时候,以乳汁调下一字,量儿大小,加减服之。

朱砂散:治小儿一腊后,月内忽中慢惊风,及无辜之候。

朱砂一分,细研。　牛黄一分,细研。　麝香一分,细研。　干蝎十四枚,微炒。　雀儿饭瓮二七枚,麸炒令黄,去壳。

右件药细研为散,不计时候,以乳汁调下半钱。薄荷汤调下亦得,更量儿大小,以意加减。

真珠丸:治小儿慢惊风,坠涎。

真珠一分。　牛黄一分。　朱砂一分。　雄黄一分。　腻粉一分。

右件药都细研,用粳米饭和丸如黄米大,三岁儿每服以薄荷汤下三丸,日三服。量儿大注,以意加减。

比金丸:治小儿慢惊风,胸膈多涎,迷闷口噤,发歇搐搦,纵睡多惊。

牛黄一钱,细研。　麝香一钱,细研。　乌犀角屑一分。　朱砂一分,细研。　乌蛇肉一分,炙令黄。　干蝎一分,微炒。　雄黄一钱,细研。　水银一分。　金箔二十一片。　银箔二十一片,已上三味,同研为砂子。　雀儿饭瓮三十枚,内有物者,微炒。　天南星一分,炮裂。　羚羊角屑一分。

右件药捣罗为末,都研令匀,炼了蜜和丸如绿豆大,不计时候,以薄荷汁下三丸。量儿大小,加减服之。

天竺黄丸:治小儿慢惊风,搐搦。

天竺黄一分,细研。　牛黄一分,细研。　麝香一分,细研。　龙脑半分,细研。　木香半分。　丁香半分。　雄蚕蛾十四枚。　雄黄半分,细研。　胡黄连半分。　朱砂一分,细研。　金箔十四片,细研。　腻粉半分。　熊胆半分。　芦会半分,细研。　犀角屑半分。

右件药捣罗为末,都研令匀,炼了蜜和丸如绿豆大,不计时候,以粥饮下三丸,量儿大小,加减服之。

天麻丸:治小儿慢惊风热,筋脉跳掣,精神昏闷,风涎不利。

天麻一两。　干蝎一两,生用。　白僵蚕一两,生用。　防风一两,去芦头。　甘草一分,炙微赤剉。　白附子一两,生用。　朱砂一分,细研。　雄黄一分。　牛黄一分。　麝香一分。

右件药捣罗为末,研入朱砂等四味令匀,炼蜜和丸如绿豆大,不计时候,以薄荷汤化破三丸服之。看儿大小,临时加减服之。

青黛丸:治小儿慢惊风,体热多涎,发歇搐搦。

青黛一分,细研。　牛黄一分,细研。　朱砂半两,细研水飞过。　蜗牛一分,炒令黄。　乌蛇一两,酒浸去皮骨,炙令黄。　干蝎二七枚,微炒。　胡黄连一分。　白僵蚕一分,微炒。　白附子一分,炮裂。　麝香一钱,细研。　蟾酥三片,如柳叶大,铁上焙焦。　狗胆二枚,取汁。

右件药捣罗为末,入狗胆汁,与糯米饭和丸如黄米粒大,三岁儿以薄荷汤下三丸,日三服,三四岁儿,服五丸。

牛黄丸:治小儿慢惊风,及取风涎积聚。

牛黄一分,细研。　甘草一分,炙微赤剉。　陈橘皮一分,汤浸去白瓤焙。　黄连一分,去须。　天南星一分,炮裂。　白附子一分,炮裂。　附子一分,炮裂去皮脐。　半夏一分,汤洗七遍去滑。　干蝎一分,微炒。　犀角屑一分。　水银半两,烧枣瓤一处别研星尽。　金箔二十片,细研。　硫黄半两,细研。　砒砂一分,细研。　朱砂一分,细研。　麝香半分,细研。　巴豆十枚,去心皮壳,别研,压去油。

右件药捣罗为末,都研令匀,以面糊和丸如黍米大,每服以甘草薄荷汤下三丸,至

五丸。

丁香丸:治小儿慢惊风,兼有疳气壮热,及乳哺减少。

母丁香半钱。 胡黄连半分。 芦会半分,细研。 雄黄半分,细研。 朱砂一分,细研。 牛黄半分,细研。 麝香一分,细研。 蝎梢一分,微炒。 青黛一分,细研。 腻粉半分。 白附子一分,炮裂。 天竺黄一分,细研。 铅霜半分,细研。

右件药捣罗为末,取五月五日粽子尖和丸,如绿豆大,不计时候,以粥饮下三丸,量儿大小,以意加减。

朱砂丸:治小儿慢惊风,四肢拘急,心胸痰滞,身体壮热。

朱砂半两,细研,水飞过。 牛黄一分,细研。 麝香半两,细研。 天麻半两。 天南星半两,炮裂。 干蝎半两,微炒。 白附子半两,炮裂。 干姜半两,炮裂剉。 巴豆半两,去心皮,研压去油。

右件药捣罗为末,炼蜜和丸如黍米大,每服以奶汁下一丸,荆芥汤下亦得,量大小以意加减。

保命丸:治小儿慢惊风,及天瘹惊热。

牛黄一分,细研。 干蝎一分,微炒。 白僵蚕一分,微炒。 蝉壳一分,微炒。 天麻一分。 白附子一分,炮裂。 蟾酥半分,研入。 犀角屑一分。 天南星一分,炮裂。 青黛一分,细研。 朱砂一分,细研。 麝香一分,细研。 天浆子一分,麸炒令黄去壳。

右件药捣罗为末,用猯猪胆汁和丸如绿豆大,不计时候,用薄荷汤下三丸,又以水化二丸,滴入鼻中,令连连嚏后,再服,更在临时量儿大小增减。

朱砂丸:治小儿慢惊风,搐搦发歇不定,喉中涎聚时作声,渐觉虚羸,不下乳食,眼涩多睡。

朱砂半两,细研水飞过。 雄黄半两,细研。 干蝎半两,微炒。 牛黄一分,细研。 龙脑一分,细研。 腻粉一分。 水银半两,以铅一分结为砂子。 硇砂一分,细研。

右件药先研水银砂子令细,即与诸药同研,入枣肉和丸如绿豆大,百日以上儿,以薄荷汤下一丸,一岁儿两丸,二三岁儿三丸,取下粘涎恶物为效。此药慢善不泻,但是虚困瘦瘁,宜与服之。神验。

如圣丸:治小儿慢惊风,精神昏迷,痰涎逆上,咽喉中作声,有时口噤,发歇搐搦。

牛黄二钱,细研。 犀角屑一分。 朱砂一分,细研。 雄黄一分。 麝香一钱,细研。 人参一分,去芦头。 白茯苓一分。 龙齿一分,细研。 钓藤一分。 羌活一分。 蝉壳二十枚,微炒。 甘草半分,炙微赤剉。

右件药捣罗为末,入研了药同研令匀,以枣肉和丸如绿豆大,不计时候,煎犀角汤三丸,量儿大小,以意加减。

七圣丹:治小儿慢惊风,面青口噤,四肢拘急。

朱砂一分,细研。 牛黄一分,细研。 麝香一钱,细研。 蝎尾七枚,微炒。 白僵蚕七枚,微炒。 羌活一分。 天南星半两,炮裂。

右件药捣罗为末,用枣肉和丸如绿豆大,不计时候,薄荷汤下三丸,看儿大小,加减服之。

水银丸:治小儿慢惊风,面青口噤,吐涎,脚冷身热,频频搐搦。

水银半两,入黑铅半两,结为砂子,细研。 天南星一分,炮裂。 铅霜一分,细研。 朱砂一分,细研。 雄黄一分,细研。 天竺黄一分,细研。 犀角屑一分。 麝香半分,细研。 牛黄半分,细研。 龙脑半分,细研。 马牙消一分,细研。 金箔三十片,细研。 白

附子一分,炮裂。　干蝎一分,微炒。　腻粉半分。

右件药捣罗为末,入诸药同研令匀,用雀儿饭瓮内虫十枚,炼蜜同研和丸如绿豆大,不计时候,以薄荷汤化破三丸服,量儿大小,加减服之。

保生丹:治小儿慢惊风,多涎昏闷,或口噤搐搦,发歇作时。

朱砂半两,细研,水飞过。　天麻半两。　白附子半两,炮裂。　白僵蚕半两,微炒。　干姜一分,炮裂刬。　干蝎半两,头尾全者,微炒。　牛黄一分,细研。　麝香一分,细研。

右件药捣罗为末,入朱砂等同研令匀,炼蜜和丸如麻子大,不计时候,以金银汤下三丸,量儿大小,以意加减。

乌犀丸:治小儿慢惊风,搐搦吐涎。

乌犀角屑一分。　羚羊角屑一分。　麝香一分,细研。　胡黄连一分。　芦会一分,细研。　雄黄一分,细研。　朱砂一分,细研。　丁香一分。　牛黄一分,细研。　龙脑一钱,细研。　天南星一两,用酒一升煮尽为度,切破晒干。　半夏一分,浆水一升煮尽为度,切破晒干。

右件药捣罗为末,入研了药更研令匀,铫子内火上化石脑油和丸如绿豆大,不计时候,以温酒化下一丸,金银薄荷汤下亦得。

延生丹:治小儿慢惊风,发歇搐搦,喉内多涎。

朱砂一分,细研。　天南星半两,炮裂。　牛黄一分,细研。　麝香半分,细研。　蝎梢二七枚,微炒。　白僵蚕七枚,微炒。　羌活一分。

右件药捣罗为末,用枣肉和丸如绿豆大,以薄荷汤化破两丸服之,量儿大小,以意加减。

五灵脂丸:治小儿慢惊风,四肢搐搦,郑端友全婴方有麝香。

五灵脂一两。　附子一两,生用去皮脐。　天南星一两,生用。　干蝎一两,生用。　蝉壳半两,生用。

右件药捣罗为末,以酽醋二大盏,以药末一两,同煎成膏,入余药末和丸如绿豆大。未满月儿,以奶汁化破一丸服。二岁以下二丸。渐大,以意加之,鼻上汗出为效。

龙齿丸:治小儿慢惊风壮热,手足拘急。

龙齿一分。　麝香一钱,细研。　朱砂一分,细研。　白芥子一分,微炒。　阿魏一钱,面裹煨面熟为度。　水银一分。　金箔二十片。　银箔二十片,已上三味细研为砂子。

右件药捣罗为末,都研令匀,以炼蜜和丸如黍米大,每服以温酒下三丸,量儿大小,以意加减。

万灵丹:治小儿慢惊风,多涎腹胀,发歇搐搦。

牛黄一钱,细研。　麝香半钱,细研。　熊胆半钱,研入。　腻粉半钱,研入。　干蝎五枚,微炒。　朱砂一分,细研。　巴豆二枚,去皮心,细研。　木香半钱。　白附子三枚,炮裂。　蝉壳七枚,微炒。

右件药捣罗为末,都研令匀,炼蜜和丸如黍粒大,每服以薄荷荆芥汤下三丸,量儿大小,加减服之。

回生丹:治小儿惊风,痰涎壅闷,发歇搐搦。

天麻一分。　白附子一分,炮裂。　白僵蚕一分微炒。　桃胶一分。　天南星一分,炮裂。

右件药捣罗为末,以烂饭和丸如黍米大,每服以温薄荷酒下三丸,量儿大小,加减服之。

返魂丹：治小儿慢惊风，及天瘹夜啼。

蝙蝠一枚，去翼肠肚，炙令焦黄。　人中白一合，细研。　干蝎一分，微炙。　麝香一钱，细研。

右件药捣细罗为散，入人中白等同研令均，炼蜜和丸如绿豆大，每服以乳汁研下三丸，量儿大小，加减服之。

黄连丸：治小儿慢惊风，心胸痰涎，腹内壅闷，或搐搦。

黄连一分末。　青黛一分。　麝香一分。　朱砂一分，细研。　巴豆霜半两。

右件药都研令细，用猪胆汁和丸如黍米大，每服以薄荷汤下三丸，量儿大小，加减服之。

龙脑丸：治小儿慢惊风，及疳热。

龙脑一分，细研。　丁香一分末。　朱砂一分，细研。　麝香一分，细研。　蟾酥半分，研入。　牛黄一分，细研。　犀角末一分。　雄黄一分，细研。　天竺黄一分，细研。

右件药都研令匀，用猪胆一枚，别入黄连末一分，入在猪胆内系却以浆水一枕，入铫子内，煮尽取出，与药末和丸如黍米大。一二岁儿，以温水下一丸。欲吃，先用一丸子研破，吹入鼻内，得嚏为效。

玉液丹：治小儿慢惊风，及天瘹热疮，心惊悸等。

白附子一分，生用。　赤箭一分。　白僵蚕一分，生用。　腻粉一分。

右件药以三味捣罗为末，入腻粉同研令匀，炼蜜和丸如麻子大。一二岁儿，每服以熟水下三丸。三四岁，每服五丸。日二三服，量儿大小，以意加减。

天浆子丸：治小儿慢惊风，发歇不定。

天浆子二七枚，麸炒令黄，去壳。　蝉壳二七枚，微炙。　棘刺三七枚，微炒。　蚕纸二张，烧灰。　防风一两，去芦头。　朱砂一分，细研。　麝香一分，细研。

右件药捣罗为末，都研令匀，炼蜜和丸如麻子大，一二岁儿，每服五丸，连夜三服，量儿大小，以意加减。

犀角丸：治小儿慢惊风，搐搦烦热。

犀角屑一分。　蝉壳二七枚。微炙。　乌蛇半两，酒浸去皮骨，炙令黄。　牛黄一分，细研。　青黛一分，细研。　天浆子二七面炒去壳。　地龙一分，微炒。　蟾酥半钱，铁器上焙过研。　朱砂半两，细研，水飞过。　防风半两，去芦头。　蚕纸一张，烧灰。　麝香一分，细研。

右件药捣罗为末，入研了药都研令匀，炼蜜和丸如黍米大，每服以温荆芥汤下两丸，先研一丸，著新汲水化滴在鼻中，得嚏为效，量儿大小，加减服之。

麝香丸：治小儿慢惊风，上膈多涎，精神昏闷。

麝香一分，细研。　牛黄半两，细研。　白附子半两，炮裂。　犀角屑三分。　半夏一分，汤洗七遍去滑。　蟾酥如柳叶大两片，于铁器上焙。　猪胆一枚，干者。　天浆子十枚，麸炒令黄去壳。

右件药捣罗为末，用面糊和丸如黍米大。一二岁儿，每服五丸，未差，频服，量儿大小，以意加减。

天南星煎丸：治小儿慢惊风。

天南星一两，细剉。以水二盏，微火煎至半盏，去滓重煎，以膏丸诸药末。　白附子半两，炮裂。

天麻一两。

右件药捣罗为末，以天南星煎和丸如绿豆大。三五岁儿，每服以薄荷汤下二丸。五六岁儿，每服三丸。日再服，量儿大小，以意加减。

又方：

雀儿饭瓮二枚，有虫者。　白僵蚕三枚，微炒。　干蝎三枚，微炒。

右件药捣细罗为散，每服以麻黄汤调下一字，日三服，汗出为效。三岁已上，即加之。

王衮《博济方·桃红丸》：治小儿慢惊坠涎安虫，其状多因久患，脾胃虚弱，风邪中入，而作此疾。

绿矾一两半。　赤脚乌半两。

右二味同为细末，作稠面糊为丸如绿豆大。每服用温米饮下三丸，次吃补虚丸。

补虚丸：新罗白附子一两，汤洗去皮。　大半夏一两。

右二味各用白汤浸三日，每日换水三度，取出焙干为末，以生姜自然汁，着两钱姜末，煮糊和为丸如绿豆大。每服三丸，温粟米饮下。

牛黄朱砂丸：治小儿慢惊风搐搦，及天瘹似痫者。

蝎梢二七个。　牛黄半钱。　麝香半两。　黑附子尖三个。　雄黄少许。　朱砂一钱。

巴豆一粒，好者，灯上烧令皮焦，剥去皮，用肉。

右七味一处研令匀如粉，以食蒸饼和为丸如萝卜子大。浓煎荆芥汤下一丸，以衣被盖少时汗出。如天瘹搐搦，开口不得者，便用苦柳草蒜，入盐同杵，涂药一丸在儿后心上，以前蒜蒸下饼子盖之，用手帕子系定，后更服一丸化破，入麝香少许，以煎汤下之，觉口内蒜气，浑身汗出，立差。用端午日合。忌鸡、犬、妇人见。

如圣青金丸：治小儿体热，忽发吐𠴆，夜惊啼，荏苒不解，或泄或秘，变成慢惊，或为疳疾等状。定搐搦，疗疳病，坠痰涎，镇心神。

龙脑一钱。　麝香一分。　香墨一钱半。　腻粉一钱。　白面三钱。　使君子两个，以白面裹，慢火煨令熟。　青黛二钱。　金箔。　银箔各一十片，如无少用。

右九味同研令细，滴井水和丸如鸡头大。患慢惊，用冷薄荷水化下一丸，服讫，须臾便睡，睡立愈，后更服三两服。如此些小惊者及急惊，只服半丸。以下慢惊，随大便取下涎一合已来，神效。

养生必用钓藤饮子：治小儿阴痫多睡，手足冷，时瘈疭，直视，乳食不进。

钓藤钩子三分。　白僵蚕去丝觜炒。　川芎。　蝉蜕去头、翅、足，炙。　蛇蜕炙。　甘草炙，各一分。　蟑螂去头、翅、足，炙三枚。

右为末，药二钱，水一盏，姜五片，煎至七分，去滓，量与服。一服作三四次灌。若审是阴痫，即以药二钱，炮过去皮脐附子指面大，依前煎温服，日三夜二。

治小儿阴痫体热，虚痹多睡方：

乌蛇酒浸软，去皮骨，取肉焙。　蝎梢。　白僵蚕去丝觜判，微炒。　白附子。　青黛已上各一分。　蟑螂五枚，去头翅足，炙令黄。　蟾酥二皂子大。

右为细末，蜜丸桐子大。汤浸大叶薄荷水化半丸，灌儿鼻中，俟嚏方可医。用金银汤化一丸温服，日二三。

《古方至圣·来复丹》治小儿慢惊云：此药二气，配类阴阳均平，非独阴，独阳，有天地中和之气，可热可冷，可缓可急，治人阴阳不调，冷热相制，荣卫差错，心肾不升降，水火不交养，丈夫女人，老寿稚婴，危急症候，并可救治。但一点胃气在，无不获安。邪热炎上烦躁,一服定。冷气攻注痛,一服定。患膈痞,寒热不可忍,肾邪攻胁注痛,不可转动者,一服定。诸霍乱吐泻,水谷汤药不住,一服定。大段吐逆,手足逆冷,脚转筋,两服定。暖气复生,着热烦躁,昏塞旋倒,不省人事,一服定苏。已上病症,并不踰时见效,若泻痢,不问赤白冷热,量患浅深与服,非时吐逆气痞食不下,已上病,每服二十粒,并早晨粥饮下,甚者三十粒,轻者十五粒,童稚十粒,婴儿三五粒,新生一两粒化破,小儿因惊成痫,发渴,多日变成虚风,作慢惊者,三粒五粒吃,两服定。慢惊本非气衰也,若已绝者,亦一时暂生,终不救。胃气在,虽困无不救者,大人亦然。但是脏腑病,一切危急,不识症候者,此药非与常药一同,乃灵圣救人之宝。其色随四时变动,深宜宝秘,勿轻妄传,甚妙。不可述。具列方于后。

硝石一两,同硫黄为细末,定碟内以微火慢炒,用柳篦子不住手搅,令阴阳二气相入。 太阴玄精石一两,研飞。 五灵脂二两,去砂石。 舶上硫黄一两,无砂石者。 青皮。陈皮各二两,去白。

右用五灵脂,二橘皮为细末,次入玄精石末,及前二气末,拌匀,以好滴醋打糊为丸如豌豆大。每服三十粒,空心粥饮吞下。甚者五十粒,小儿三五粒,新生婴儿一粒。小儿慢惊风,或吐痢不止,变成虚风,搐搦者非风也。胃气欲绝故也。用五粒研碎米饮送下,老人伏暑迷闷,紫苏汤下,妇人产后血逆上抢闷绝,并恶露不止,及赤白带下,并用醋汤下,常服和阴阳,益精神,散腰肾阴湿,止腹胁冷疼,立见神效。应诸疾不辨阴阳症者,并宜服之,灵异不可具纪。

茅先生治小儿慢惊风,睡惊膏。

青黛末好者半钱,次一钱匕。 全蝎二七个。 川巴豆七个,汤浸,去皮心膜,又用冷水浸一宿,纸摊干。 轻粉重半钱。 水银重一钱。

右以枣肉四个,研杀水银星尽,可入前药,都为末研成膏,用单裹用。周岁用丸半米粒大。儿大小加减用之。用童子小便和酒磨此药灌下。如儿子牙噤口不开,却将药三二滴,滴入鼻中,其口自开。便灌下药,不久通下涎来,便依形候,次看病用药。

回阳大附散:治小儿慢惊风,下痰后,伏热不退。

大附子炮。 人参。 前胡。 桔梗去芦头,各半两。 木香一分。

右为末,每服半钱,用姜汤调下。已上五方载《幼幼新书》。

钱乙小儿方钓藤饮子:治吐痢,脾胃气弱,虚风慢惊。

钓藤三分。 蝉壳。 防风去芦头,切焙。 人参切去须焙。 麻黄去节。 白僵蚕炒黄色。 天麻。蝎尾各半两,去毒炒。 甘草炙。 川芎各一分。 麝香一钱,别研。

右同为细末,每服二钱,水一盏,煎至六分温服。量多少与之。寒多者加附子末半钱,无时。

豆卷散:治小儿慢惊,多用性太温,及热药治之。有惊未退,而别生热症,有病愈而致热症者,有反为急惊者甚多,当问病者几日,因何得之,曾以何药疗之,可用解毒之药,无不效,宜此方。

大豆黄卷水浸黑豆生芽是也。日干。 贯众。 板蓝根。 甘草各一两,炙。

右四味同为细末,每服半钱,水煎,去滓服。甚者三钱,浆水内入油数点煎,又治吐虫,服无时。

又方龙脑散:

大黄蒸。 半夏汤洗,薄切,用姜汁浸一日,焙干炒。 甘草炙。 金星石。 寒水石。

禹余粮。　不灰木。　青蛤粉各半两。　银星石。

右同为细末,研入龙脑一字,再研匀,新水调一字,至半钱,量儿小与之,通解诸毒,本旧方也。仲阳,添甘松三两枚,藿香叶末一钱,金牙石一分。

回生散:治小儿吐泻,或误服冷药,脾虚生风,成慢惊。

大天南星重八九钱已上者良。

右用地坑子一个,深三寸许,用炭火五斤,烧通赤,入好酒半盏在内,然后入天南星,却用炭火三两条,盖却坑子,候天南星微裂,取出剉碎,再炒匀熟,不可稍生,放冷为细末。每服半钱,或一字,量儿大小,浓煎生姜防风汤调下,无时。

又方名梓朴散:

梓州厚朴一两,细剉。　半夏一钱,汤洗七次,姜汁浸半日,焙干。

右用米泔三升,同浸一百刻,水尽为度,如百刻水未尽,少加火熬干,去厚朴,只将半夏碾为细末,每服半钱或一字,薄荷汤调下,无时。

羌活膏:治脾胃虚,肝气热盛生风,或取转过,或吐泻后,为慢惊者,亦治伤寒,无不效。

羌活去芦头。　川芎。　人参切去头。

羊尊

白附子炮。　赤茯苓去皮,各半两。　天麻一两。　白僵蚕酒浸,炒黄。　干蝎炒,去毒。　白花蛇酒浸,取肉焙干,各一两。　川附子炮去皮脐。　防风去芦头,切焙。　麻黄去节,秤各二钱,一本作各三钱。　肉豆蔻。　鸡头香母丁香也。　藿香叶。　沉香。　木香各二钱。　轻粉一字。　真珠末。　牛黄各一钱半。　龙脑半字。　麝香一钱七,一本作一钱半。　雄黄。　辰砂各一分,已上七味,各研别入。

右为细末,熟蜜丸剂,旋丸大豆大,每服一二丸,食前薄荷汤,或麦门冬汤化下,实热急惊,勿服,性温故也。服无时。

古今论鸡舌香者,同异纷纷,或以为番枣核,或以为母丁香,互相排抵,竟无定说。孝忠以谓最为易辨,所以久无定说者,惑于其名耳。古人命药,多以其形似者名之,如乌头、狗脊、鹤虱之类是也。番枣核、母丁香本二物,以其皆似鸡舌,故名适同。凡药物名同实异,如金樱、地锦之类,不足怪也。如鸡舌二种,各有主疗。番枣核者,得于乳香中,今治伤折药多用之。母丁香,即丁香之老者,极芳烈,古人含鸡舌香乃此类也。今治气温中药多用之,所谓最为易辨者,如此。

温白丸:治小儿脾气虚困,泄泻瘦弱,冷疳洞利,及因吐泻,或久病成慢惊。身冷瘛疭。

天麻生半两。　白僵蚕炮。　白附子生。　干蝎去毒。　天南星剉汤,浸七次,焙各一分。

右同为末,汤浸寒食面为丸,如绿豆大,丸了仍于寒食面养七日取出,未及养七日,合成便服之。每服五七丸,至三二十丸,空心煎生姜米饮下,渐加丸数,多与服之。

栝蒌汤:治慢惊。

栝蒌根,末二钱　白甘遂末一钱。

右同于慢火上炒焦黄,研匀,每服一字,煎麝香薄荷汤调下,无时。

《圣济总录·羌活丸》:治小儿慢惊,虚困痰涎,不利。

羌活去芦头,一两。　白僵蚕炒半两,二味捣末。　硫黄。　水银各一分,二味结沙子研。

右四味合研匀细,炼蜜和丸,如豌豆大,四五岁,每服二丸,三岁以下,一丸,煎金银荆芥薄荷汤化下。

琥珀丸:治慢惊风。

琥珀研。　犀角末各一钱。　真珠末。　天南星酒浸,麸炒,各二钱。　牛黄研。　龙脑研。　麝香研,各一字。　丹砂研一分。　干蝎七枚,全者炒。

右九味捣细为细末,炼蜜丸如鸡头实大。每服一丸,煎菊花汤化下。

回魂煎:治小儿慢惊风。

天南星一枚,重三钱者,烧地坑子令赤,用醋泼下,天南星以碗子合定,勿透气,去皮脐取二钱。　乌蛇四寸,用酒浸,去皮骨炙。　白附子三枚,生用。　蜈蚣一条,酒浸。　棘刚子三十枚。　干蝎全者七枚,炒。　水银沙子两皂,子大。　丹砂。　腻粉各一分。　麝香。　犀角末。　乳香各一钱。　金薄三片,共沙子一处研。　牛黄。　龙脑各半钱研。

右一十五味捣研匀细,用石脑油为膏,旋丸如豌豆大,每服一丸,薄荷汤化下。

天南星煎丸:治小儿慢惊风。

天南星一两,细剉,水二盏,微火熬至半盏,去滓,重熬成膏。　白附子半两,炮。　天麻一两。　干蝎一分炒。

右四味,捣罗三味为末,入天南星膏内和丸如绿豆大,三五岁儿,每服二丸,薄荷汤下。五六岁儿三丸,日再服,更量儿大小加减,不拘时。

天浆子散:治小儿慢惊风。

天浆子。　白僵蚕炒。　干蝎炒,各三枚。

右三味捣罗为散,每服一字匕,煎麻黄汤调下,日三服,汗出为效。更量儿大小加减,不拘时。

紫霜散:治小儿慢惊风,潮发搐搦,项筋紧强。

白花蛇酒浸一宿,去皮骨炙一两。　铁粉半两研。　丹砂研。　白附子炮。　蝎梢各一分。　麝香一钱研。

右六味捣研为细散,每服半钱匕,薄荷汤调下,不拘时。

干蝎散:治小儿慢惊风。

干蝎五枚,全者炒。　细辛去苗叶。　乳香研各一分。　青黛研。　白附子炮,各半两。

右五味捣研为细散,每服半钱匕,煎冬瓜子汤调下,不拘时。

羌活煎:治小儿慢惊风,兼内外俱虚。

羌活去芦头。　防风去叉。　桂去粗皮。　独活去芦头。　人参各一分。　白附子半两。　干蝎全者炒。　白僵蚕炒,各一钱。　水银。　硫黄研,各二钱。

右一十味,捣罗八味为末,次镕硫黄成汁,次入水银为沙子,放冷,细研入众药末,用枣肉蜜和成煎,每服一大豆许,煎防风汤化下,紫参人参汤亦得。一方去白僵蚕,加茯苓一分。

归魂丸:治小儿慢惊风,摇头闭目。

金箔十五片,研。　丹砂研。　腻粉研。　牛黄研。　青黛研。　白僵蚕炒。　蝉壳去土。　白附子炮。　干蝎全者炒。　防风去义。　犀角镑。　天南星炮,各一分。天麻半两。　棘刚子十二枚。

右一十四味为细末,炼蜜和丸如梧桐子大,每服一丸,薄荷汤化下。奶食后,临睡服。

丁香丸:治小儿慢惊风,吐逆不定,胃虚生涎,多惊饶睡。

丁香一分,为末。　半夏三枚,汤洗十遍焙干为末。　水银。　铅各一分,二味结沙子。蝎梢四十九枚,炒为末。

右五味合研匀细,用熟枣肉和丸如绿豆大,每服五丸,至七丸,量儿大小加减,并用荆芥薄荷汤下,大人虚风痰涎,丸如梧桐子大,一服七丸,至十丸。

乳香丸:治小儿慢惊风,心神闷乱,烦懊不安,筋脉拘急,胃虚虫动,反折啼叫。

乳香盖子内镕过,研半钱。　胡粉一钱。

右二味合研匀细,用白颈蚯蚓,生捏去土,烂研和就为丸,如麻子大。每服七丸,至十丸,煎葱白汤下,更量儿大小加减。

干蝎天麻散:治小儿慢惊风。

干蝎全者十枚炒。　蔓陀萝七朵。　天麻。　乳香研。　天南星炮。　丹砂研各一分。

右六味捣研为细散,每服半钱匕。薄荷汤调下,不拘时。

麻黄散:治小儿慢惊风,因转泻虚极,多睡善欠,医所不能疗。

麻黄七节,以儿中指节比。　薄荷全者七叶。　干蝎全者一枚。

右三味各炒黄色,合捣研为细散,每服半钱匕,温薄荷水调下,更量儿大小加减,服后略以衣被盖之,汗出立差。

治慢惊罢搐煎方。

丹砂研。　水银。　天南星炮。　腻粉研。　薄荷。　白附子炮。　干蝎全者,炒各一分。

右七味为细末,用石脑油和成煎,每服一大豆许,薄荷汤化下。

万灵丹:治小儿慢惊风,多涎腹胀,潮热发渴,搐搦。

牛黄一钱,细研。　麝香半钱,细研。　熊胆半钱,细研。　腻粉半钱,细研。　干蝎五枚,微炒。　朱砂一分,细研。　巴豆三枚,去皮心,生研。　木香半钱。　白附子三枚,炮裂。蝉壳七枚,微炒。

右一十味,先捣罗四味为细末,次入六味都研令匀,炼蜜为丸如黍米大,每服三丸,煎薄荷荆芥汤下,量儿大小加减。

犀角丸:治小儿慢惊风,搐搦烦热。

犀角屑一分。　蝉壳二七枚,微炙。　天浆子二七枚,麸炒去壳。　牛黄一分,细研。　青黛一分,细研。　乌蛇半两,酒浸去去骨,炙令黄。　地龙一分,微炒。　蟾酥半钱,铁器上焙过研。　朱砂半两,细研水飞。　防风半两,去芦头。　蚕纸一张,烧灰。　麝香一分,细研。

右一十二味,先捣七味为细末,次入五味都研令匀,炼蜜为丸如黍米大。每服两丸,煎荆芥汤下。大人风痫,取活蠼螋虫,不拘多少,研入泥,生面和丸如鸡头实大,捏作饼子,煻灰火煨熟,每嚼一饼子,煎荆芥汤下前药十丸,更量大小虚实,加减。

磨化龙脑丸:治小儿慢惊风,潮发。

龙脑。　麝香。　芦会。　熊胆。　腻粉各半钱,研。　胡黄连。　使君子。　青黛研,各一钱。　香墨半两,研。

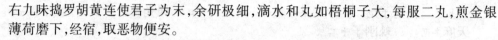

右九味捣罗胡黄连使君子为末,余研极细,滴水和丸如梧桐子大,每服二丸,煎金银薄荷磨下,经宿,取恶物便安。

芦会散:治小儿慢惊风,胸膈痰涎,咽喉壅塞,身体壮热,筋脉拘急,时或发渴。

芦会研。 龙骨。 雄黄研。 麝香研,各半分。 胡黄连。 青黛研。 木香。 丁香。 牛黄研。 天竺黄。 熊胆研。 蝎炒。 附子炮裂去皮,脐。 腻粉研。丹砂研。 犀角镑。 人参。 沉香各一分。

右一十八味捣研为散,半钱匕,薄荷汤调下。

再生丸:治小儿虚风,慢惊搐搦,项筋紧强,手足逆令,腰背拘急。

蜈蚣一条,酒浸一宿,炙。 干蝎全者七枚,炒。 蚕蛾十枚,炒。 白僵蚕直者,炒。 丹砂研各一分。 天南星炮。 白附子炮。 麝香当门子各一枚。 薄荷心七枚。 龙脑研。 水银锡结沙子各一钱。 棘刚子三十枚,炒。

右一十二味,捣研为细末研匀,以石脑油和剂,油单裹,每服旋作一丸,如黍米大,冷水化下,须发前服,三服必效。后服睡脾散。

睡脾散:治小儿慢惊风。

桑螵蛸四枚。 干薄荷叶。 干蝎全者炒。 人参。 干山芋。 天南星炮。 半夏生姜汁浸透,切、焙各一分。

右七味捣罗为细散,每服半钱匕,麝香粟米饮调下。

钓藤煎:治小儿虚风。

钓藤。 防风去叉。 芎䓖。 天麻酒浸,切焙。 麻黄去根节,各一分。 荆芥穗。 蝉壳去土。 蝎梢炒,各半两。 白僵蚕十四枚,炒。 薄荷心二十六枚,酒浸焙。 龙脑。 麝香各一字,研。

右一十二味捣研为细末,炼蜜和成煎,每服皂子大,荆芥紫参汤化下。

麝香饼子:治小儿慢惊风,涎塞咽喉,服利药过度者。

麝香研。 腻粉各三钱匕。 定粉二钱匕。

右三味令匀细,以香墨研浓汁和丸,捏如扁豆大,每服一饼,薄荷汤化下。

天麻丸:治小儿慢惊,神识昏塞,时发时省,手足搐搦,目睛直视。

天麻。 白僵蚕。 干蝎去土炒。 白附子各二分。 牛黄研。 丹砂研。 麝香研,各半钱。 雄黄研,一钱。

右八味捣研为末,炼蜜和丸如鸡头实大,每服一丸,薄荷汤下,量儿大小加减服。

桃红散:治小儿慢惊风,手足瘈疭,神情如醉。

天南星炮。 乌头炮裂去皮脐。 白附子炮。 天麻各半两。 干蝎微炒,二十一枚。 丹砂研一分。

右六味捣研为细散,每服一字,或半钱匕,旋入牛黄龙脑各少许,煎麻黄汤调下,日三。

天竺黄散:治小儿慢惊风,久不瘥。

天竺黄。 人参。 胡黄连。 使君子炮,各一分。 半夏三枚,生姜汁浸炒。 藿香半分。 丹砂研。 麝香研,各半钱。 蝎梢炒。 甘草炙,各一分。

右一十味,将八味捣为细散。入丹砂麝香研匀,每服一字匕,冷蜜汤调下,熟水亦得,量大小加减服之。

张涣《医方妙选·麝香饼子》:因吐利生风,及心肺中风,尤宜服之。

川乌头半个,炮去皮脐。　天南星半两,炮。　白花蛇半两,酒浸一宿,去皮骨,焙干。　干蝎梢半两。　干赤头蜈蚣二条,酒浸酥、炙黄。

已上捣罗为细末,次用:

好真麝香半两,另研。　乳香一分,别研。　铁粉一分,别研。　朱砂一分,细研,水飞。　牛黄一分,别研。

右件都一处研细拌匀,酒打白面糊和为饼子,如鸡实大,每服一粒,至二粒,煎人参薄荷汤化下,量儿大小加减。

乌梢丹:因吐利后生风,及心肺中风,尤宜服之。

乌蛇梢二两,水浸去皮骨。　天浆子二十一个,微炒。　天麻一两。　白附子一两。　天南星一两,微炒。　干全蝎一两。　川附子一两,炮裂去皮脐。　防风一两,剉。　半夏一两,汤洗七遍。　人参一两,去芦头。

右件十味,一处用好酒浸三宿,取出焙干,捣罗为细末,次用水磨雄黄一两,辰州朱砂一两,同细研水飞,焙干。同上件药十味,一处拌匀,入麝香二钱,生龙脑一钱,研匀细,糯米饭和如黍米大,每服七粒,至十五粒,煎金银薄荷汤下。神验,量儿大小加减。

螵蛸膏:慢惊久不差,尤宜服之。

真桑螵蛸七个,微炒黄。　天麻半两。　麻黄一两,去节。　蝎梢一分。　白僵蚕一分,拣直者,微炒。

已上捣罗为细末,次用:

朱砂半两,细研水飞。　乳香一分研。　鹏砂一钱研。　麝香一钱研。　龙脑半钱研。

右件都一处拌匀,炼蜜和成膏,如鸡实大,用金箔裹之,每服一粒,煎荆芥薄荷汤化下。

青金膏:吐利生风,变成慢惊,尤宜服之。

乌蛇梢肉一分,酒浸一宿,焙干。　干蝎梢一分。　天麻一分。　白附子一分。　青黛一分研。　川附子一枚,炮去皮脐。　麝香一钱研。　天竺黄一钱研。

右件先将乌蛇梢肉等五味先捣罗为细末,次入青黛等三味拌匀,炼蜜成膏,如皂子大,煎人参汤薄荷汤化下。

大青丹:治潮热,荏苒不差。

蝎梢一分。　白附子一分。　白僵蚕一分,炒黄。　干虾蟆二个,烧灰。　木香一分,槟榔一分。

已上捣罗为细末,次入:

青黛一分,研。　续随子一分,研。

右件同诸药一处拌匀,用糯米饭和如黍米大。每服十粒,点麝香薄荷汤下,量儿大小加减。

宁眠散:治潮搐,不得安卧。

天南星炮裂。　人参去芦头。　白附子已上各半两。　干蝎二十一个。　干赤头蜈蚣一条,酒浸酥,炙微黄。

以上捣罗为细末,次用:

乳香一分,研细。　血竭一分,研细。

右件同诸药拌匀,每服一字,至半钱,用好酒少许,浸薄荷煎汤调下,每儿潮搐服之,得眠

睡,是验。次用辰砂膏方,相兼服之。

辰砂膏:潮搐昏困甚者。

　　大附子一个,六七钱以上者,炮去皮脐,去顶头,刻一孔窍子,入粉霜,硇砂各半钱,入孔窍中。却用取下附子末填满窍子,用木炭火烧存性,次用。　天南星半两,炮裂。　蝎梢一分。　羌活一分。

　　右件同捣罗为细末,次用好朱砂半两,细研水飞,入诸药内同拌匀。炼蜜如鸡实大,每服一粒至二粒,点麝香薄荷汤,入酒三两点同化下。

寸金散:吐利后生惊风,及心肺中风,尤宜服之。

　　蛇头一个,酒浸焙干。　赤头蜈蚣一条,酥炙。　干全蝎一钱。　草乌头一枚,炮刮去皮。　麻黄一钱,去根节。

　　右件捣罗为细末,每服一字,抄龙脑一字,同温酒调下,量儿大小加减。

妙圣散:治小儿慢惊风,久不差,两手搐搦不定。

　　干赤头蜈蚣一个,葱汁浸一日一夜,焙干。　草乌头尖一十四个,薄荷生姜自然汁浸一日一夜,焙干,同捣罗为细末。　麝香一钱。　龙脑半钱,以上二味各研细,入前药拌匀。

　　右件都为末拌匀,每用半字,以笔管吹在儿鼻中,候两手定,兼服诸惊风药。

汉东王先生家宝玉珍散:治婴孩小儿,腮肿舌肿,惊躁渴泻,惊热惊汗。

　　石膏半两,煅。　甘草一分,炙。　滑石半两,白者佳。　白附子一分。　蚌粉水淘去沙石,却连盏在火上煅通红刮下,用水飞过,细研秤一分。　白僵蚕直者去丝,炒一分。

　　右为细末,入脑麝各少许,每服婴孩一字,二三岁半钱,五七岁一钱,麦门冬熟调下,如渴泻不止惊汗,灯心汤调下,小儿气怪者,脑麝极少用。

栖真子《婴童宝鉴》:治小儿慢惊风,身体壮热,手足微瘲。

睡惊丸:

白龙脑。　朱砂末各一钱。　香墨末。　青黛末。　芦会末,各一钱。　腻粉一钱。　使君子二个。

右件以寒食面为糊丸如桐子大,用薄荷水化一丸。

　　《九籥卫生 薰陆香圆》:疗小儿虚风慢惊,潮搐瘈疭,安神魂,益心气。

　　血竭半两。　乳香。

　　右件同研细,火上炙为丸,干时滴水圆如酸枣大,每服一丸,薄荷酒化下,兼理妇人产后血晕,不省人事。载《幼幼新书》,御药院方如夏月。婴儿患上件病症,为细末,薄荷人参汤调下,不拘时候。

董汲《旅舍备要·钓藤饮》:治小儿吐利后,脏虚慢惊,手足瘈疭,多睡眼上视,乳食不进。

　　钓藤钩子三分。　芎藭。　白僵蚕去觜炒。　蝉蜕去足,各半两。　蛇皮。　甘草各炙一分。　蛜蝛五枚,炙去头翅足。　附子炮去皮脐,半两。

　　右为末,每服二钱,水一盏,煎至六分,去滓,温分三服,急惊有热症,去附子不用。

《万全方》治小儿慢惊风,及天瘹惊热。保命丸:

　　牛黄。　脑麝。　青黛。　朱砂各研。　干蝎。　白僵蚕。　蝉壳各微炒。　天麻。　白附子炮。　犀角屑。　天南星炮裂。　天浆子麸炒,令黄,用各一分。

　　右件捣罗为末,用猳猪胆汁和丸如绿豆大,每服三丸,薄荷汤下,又以水化二丸,滴入鼻中,令连连嚏后,再服,更临时量儿大小,以意加减。

治小儿慢惊风,四肢搐搦。熊胆丸:

熊胆。　五灵脂别杵为末,飞过。　附子去皮。　天南星。　干蝎三味,生用以上各半两。　蝉壳去头足,生用一分。

右件捣罗为末,以百沸汤化熊胆五灵脂二味,入银器中熬成膏,和入余药末丸如绿豆大,未满月儿,以乳汁化破一丸。二岁已下二丸,渐大,以意加之,汗出为效。

《石壁经·三十六种》,治慢惊,先宜用解表散:

荆芥。　杏仁去皮尖,或炒黄色,别研,各半两。　川芎二钱。　麻黄去节。　防风。甘草炙,各半两,　赤茯苓半两,或三钱半。

右为末,每服一钱,葱白三寸,姜三片,水一盏,煎三五沸,连进二服,汗出避风,或煎此汤调下。如常服,葱汤下半钱。慢惊,用平凉药便宜。

《三十六种》慢惊将发,用白术麻黄散:

白米炒。　干葛各一分。　麻黄半两,去节。

右件为末,每服半钱,荆芥汤下。服后,忌冲风,须有汗如水出,再进一二服,如因睡不省,即宜下琥珀散。

又琥珀散:

上色朱砂。　真珠末。　芍药。　铅白霜。

右等分为末,每服半钱,薄荷汤调下。

又方《三十六种》慢惊风正发,用治心烦哕恶方:

人参。　甘草炙。　木香。　沉香。　藿香叶。　白术各一分。

右件为末,每服一钱,饭饮调下。

《凤髓经·白鹤丹》:治小儿慢脾风不醒,四肢冷,不食呕逆,渐生风疾。

白花蛇肉半两,酒浸去皮,炙黄焦。　白附子生用,两个。　僵蚕去丝。　天南星去皮,红酒煮。　天麻。　轻粉。

右为末,法酒煮面糊为丸,如黍米大。薄荷汤入酒一滴化下。慢惊。用银粉药,宜审用之。

《惠眼观症·甘乳散》:定慢风搐搦,先用乳香甘遂压涎定搐。凡慢惊风未散,下涎,宜用此二药相兼服,待涎不声不搐,方通利。其方在搐搦门中。

白附子。　川乌头并烧存性,各一钱,先各以一两,可烧得二钱。　朱砂。　鹏砂各一钱。脑麝各少许。

右为末,薄荷汤调下一钱,至二钱。

沉香

国医李安仁传《酒煎附子四神丹》:治小儿慢惊。又治一切虚冷之疾。升降阴阳,顺正,祛邪消风冷,痰涎散结,伏滞气,通利关节,破瘀败凝涩,奔冲失经之血,接助真气,生续脉息,补肾经不足,利膀胱小肠,秘精固气,定喘止逆,压烦燥,养胃气,疗五脏亏损,下虚上壅,胸中痰饮,脐腹冷积,奔豚气冲。上下循环,攻刺疼痛,脾寒冷汗,中风痿痹,精神昏乱,霍乱吐泻,手足逆冷,阴毒伤寒,四肢厥逆,形寒恶风,向暗睡卧,乍寒乍乱,妇人产后诸疾,血气逆潮,迷闷欲绝,赤白带下,崩漏不止,应久新诸病,未能辨别,虚实冷热症候,

用药未效,悉宜此药,分匀阴阳气正,便遂安和,至不得已详症乃服

水窟雄黄。　雌黄。　辰砂。　透明硫黄。

右四物各半斤,并别研水飞过,渗干,再同研匀。用烧药合子一个,看大小用,临时先以牡丹根皮,烧烟熏合子,令酽烟气黑黄色,入前四物在内,约留药合子口下及一指,以醋调腊茶作饼子盖定,与合子口缝平,用赤石脂泥固济合子,用合盖子盖之,令严,却用纸筋盐泥,通裹合子,固济约厚一指,放令极干。初用炭火烧热,次加少火烧合通赤,常约令火五斤以来,渐渐添火气,小却添至五斤以来,照顾勿令炭厚薄不一,可添至三秤得济,去火渐令冷,入在地坑内,深一尺已上,用好黄土盖之。候三日取出,打破合子,取药细研,约三十两,别入:

胡椒末。　荜拨末,各七两。　真赤石脂末三两。　好官桂心末六两。　附子及六钱已上者,炮去皮脐,取末十二两,以好法酒一斛,熬至三升,然后入附子末为糊,和前药。

右丸如鸡头肉大,留少酒膏,恐药干。候干,轻病每服一粒。重病二粒至三粒。米饮汤下。空心食前温酒盐汤亦得,小儿吐泻慢惊,研一粒,米饮灌下。如有固冷陈寒,宜常久服饵,如病安愈,不得多服。如觉热渴,即加木香桂末一钱,同和服之。赵丞相云:此方得之国医李安仁。安仁云:此药比之四神丹,尤为有造化也。

张氏家传治小儿慢惊方:

活大马闸一条,《明底经》:三伏者中使。　蜈蚣直者一条,只用上截半条,活死者皆可。

右二味,用藏瓶一个,盛在内,泥固济火烧存性杀研细,用麝香薄荷米泔水,只作一服立效。小儿量多少加减。

治中风,及脚气痹弱,不能转侧,兼治小儿慢惊小续命汤:

麻黄汤泡三次,焙干。　桂枝。　甘草炙,各半两。　防风一分半。　赤芍药。　白术。　人参。　川芎。　附子炮裂去皮脐。　防已。　黄芩各一分。

右剉如麻豆大,每服五钱,以水一盏半,煎至一盏,去滓,取八分清汁,入生姜汁再煎两沸,温服,日二服,夜二服,若柔痓自汗者,去麻黄。夏间,及病有热者,减桂枝一半,冬及始春,去黄芩。

治小儿慢惊虚风羌活膏方:

羌活。　独活。　人参。　茯苓。　防风。　官桂。　干蝎全。　硫黄。　水银已上各半两。　麝香少许。

右件八味为末,后将硫黄于铫子内镕汁,入水银拌和匀,研为细末,再研细,炼蜜为膏,每服皂子大,荆芥汤化下。

庄氏家传治小儿惊风,有虚积软金丹:

胡黄连末。　青黛。　芦会。　香墨并研,各一钱。　腻粉半钱。　使君子末五个。　天浆子末三个。　麝香一字。

右件为末,同研如粉,炼蜜为丸如鸡头大,每服一丸,薄荷汤化下。

孔氏家传睡惊丸:治慢惊风,中有睡惊丸甚多,此所犯之药。

白附子末。　蝉壳末,各挑一钱匕。　天麻末。　朱砂末。　大附子炮裂,去皮脐为末。　青黛。　天南星以白矾汤浸一宿,焙干为末。　雄黄末。　全蝎去尖毒为末,各挑半钱匕。　麝香别研半字匕。　脑子一字匕,别研入药。

右一十一味同研令匀,入飞罗面少许,滴冷水为丸如米粒大,每服一丸,以薄荷汤磨破化下。

硫黄丸:治阴痫有二等,小儿小便涩,则硫黄丸入一分茯苓。若小便不涩,只一味硫黄也。

解小儿一切伤风,及慢惊脾风膏方:

天麻酒浸一宿,切焙为末。　人参末。　川芎末各一分。　干蝎梢炒为末。　白僵蚕直者炒为末,各三七个。　龙脑各别研一字。　麝香别研,半钱。

右件九味一处又匀,炼蜜为膏,每服半皂子大,荆芥葱汤化下,神妙小儿慢惊脾风。取涎。

右用天南星,不拘多少为末,用竹沥油调下,喉涎自出。

羌活膏:治小儿胃虚生风,变成阴痫,戛齿肉瞤,目涩饶睡,又疗伤风壮热,寒壅风热,鼻塞呵欠,精神不爽。

羌活。　独活。　天麻炙。　川芎。　人参。　茯苓各一分。　干家薄荷。　直僵蚕炒各半两。　全蝎一分。　防风一两半。

右为细末,炼蜜和成膏,每服一皂子大,用荆芥乳香煎汤化下,荆南太医钱祐方。

温惊丸:治小儿阴痫诸症方。

天南星一个炮。　香白芷如天南星多。　京墨天南星三分之一烧过。　麝少许。

右为末,糊丸作小饼如豆大,薄荷汤化下,丸了外以银箔或金箔裹之。

吉氏家传治慢惊风牛黄膏:

牛黄半字。　棘刚子七十个,去壳。　生朱砂半钱。　轻粉一钱匕

右末用棘刚子肉,研为膏丸如芥子大,每服三丸,芥菜汤下。

治小儿慢惊饶睡眼不开方:

钩藤。　防风去芦,各一钱。　蝉壳半两。　蝎梢。　朱砂各半钱。　麻黄一分去节。　麝少许。

右件末,每服一字,或半钱,煎薄荷汤调下,大小加减。

治慢惊风喉内有涎。辰砂散:

蛇黄一个,火内煅,醋淬,用一钱为末。　白鸡粪。　鼠屎。　白丁香各一钱,烧为末。

右都入乳钵内研匀,每服半钱,麝香汤调下。三岁已上,麝香酒调下,不过三服,涎必下。若涎不下,难治。

治慢惊风化涎。牛黄散:

牛黄二钱。　朱砂。　雄黄各一钱。　天南星一个,水二盏,生姜一块,槌碎,同煮去姜。　金银箔各五片。　轻粉炒一钱匕。　麝香半字。

右为细末,每服一字,薄荷汤调下。

治吐泻,传成慢惊,醒脾散:

厚朴一两,细剉,用水一盏,硇砂一豆许,同煮取出焙干,秤一钱。　草果子一个,面裹煨,去皮及面。　人参。　茯苓各一钱。　甘草炙。　陈皮去白,各半钱。　白豆蔻一个。

右末,每服半钱,冬瓜子煎汤调下,枣汤亦得。

陶善化传治小儿慢惊方:

右件用猫粪少许烧为末,以麝香少许,米饮下。

赵氏家传治小儿慢惊。万安散方:亦治慢脾方。

全蝎七个,以生姜自然汁浸。　好朱砂半钱,别研。　麻黄一钱,拣细直者,生姜自然汁浸。　薄荷无生者,以生姜自然汁浸开,每蝎一个,以薄荷七叶裹遍,以麻黄缠系,竹筋夹炙令黄色。　厚朴二钱,去尽粗皮,生姜自然汁制。　白术一钱,用水七分一盏,银石器熬尽水,片开焙干。

右各将制了为细末,再入朱砂研细,新生儿半钱,周晬已上一钱,量儿大小加减,日三

服,并用金银薄荷汤下。

安师治小儿慢惊风药方:

右先研腊茶一钱,入生脑子半钱,以汤点八分一盏,用铁杓一枚盛定,将蛇黄一个,于火边顿放,候炙极热,入杓内茶中淬再三,至茶尽,碾为细末,金银薄荷汤调下。一岁以下半字,一岁以上一字。

长沙医者丁时发传治脾风方、并歌:

孩儿惊久积涎生,传入脾家事不轻。忽发如雷风雨势,去涎方可得安宁。

粉霜丸:慢惊用银粉,须审用。

粉霜。 真珠末各半。 朱砂。 半夏姜汁浸各一分。 白附子一个炒。 蝎十四个全者。 水银。一分结炒。 脑麝各少许。

右件为末,蒸饼心为丸如卜子大,每服三丸,淡姜汤吞下,大小加减。

治慢惊方:

夜啼多热无精彩,口沫涎生病不消。除病莫过灵药治,睡惊丸子镇三焦。

睡惊丸:

青黛三钱。 僵蚕。 乳香。 天南星各半钱。 蝎十四个。 鹏砂。 芦会各一钱半。 使君子七个。 轻粉。 朱砂各一钱。 龙脑薄荷一分。 京墨少许。 巴豆三个。 脑麝各少许。

右件为末,蜜丸看大小,金银煎汤化下。

长沙医者丘松年传醒脾散:治小儿慢惊脾困,及大患后,全不进乳食。

大天南星一两,每一各剉作五六块,用生姜一两切作片,厚朴一两剉碎,去生姜只用南星,薄切焙干。 冬瓜子一百二十粒,郑愈方用三十粒。 白茯苓半两。

右为细末,每服一钱,水半盏,生姜一片,煎三分温服,或用蝉壳煎汤调下亦得。

长沙医者李刚中传治小儿因虚,阴症慢惊,或慢脾风药方:

附子一个,重六钱已上或六分者可用,顶心剜一窍,入硇砂半钱在窍中,复以附子末填窍,令实,不去皮脐,于净地上取一窍,如附子大,入附子在地窍中,以土筑实,上以灰火一碗许盖之,次以炭火三五茎,于灰火上盘旋,间量附子得热为度,候地冷,方取出附子去皮,同硇砂一处为细末。

防风二钱半,为末。 全蝎为末。 白僵蚕直者,去丝土,微炒为末,各四十九个。 明净乳香一钱半,别研为末。

右六味细末,和合作一处,入乳钵中,细细研极匀,周岁已下服半平钱,半岁已下婴孩服一字,周岁已上者,服半平钱已上,或一小平钱,量轻重加减与服,并用乳香汤调下。

长沙医者郑愈传安心丸:治小儿慢惊方。

附子一两,炮裂,去皮脐。 全蝎半两炒。

右件为末,面糊为丸如黄米大,朱砂为衣,每服二十丸,米饮下。

治小儿慢惊方:

附子炮去皮脐。 白附子生。 全蝎炙熟,各一个。 蜈蚣一条,炙熟。

右件为末,用麻黄不计多少,去节为末,酒煮麻黄成膏,和药为丸如鸡头大,一岁一丸,二岁二丸,用温酒化下。

治小儿慢惊风。睡红散方:

赤脚蜈蚣一条去足。 蔓陀罗子一个。 天南星二个,只取心如指头大两块。 乳香一块,如指头大。 土狗子去头足。 全蝎各七个。 朱砂一钱。 脑麝各少许。

右件为末，每服一大钱，分二百服，用金银薄荷汤调下。

救生散：治小儿吐痢，或慢惊风方。

全蝎七个，用薄荷七叶，逐个裹了，以生姜自然汁浸麻黄七条。候稍干，系叶上串上，炙令焦黄色。 白术涂蜜，炙黄，一钱。 厚朴一片，用草三寸，水一盏，煮七沸，取厚朴一钱。 人参。附子炮，去皮脐，各一钱。

右件为末，每服半钱，至一钱，煎青水茄汤调下，或蜜丸如黄米大，饮汤下。

治小儿慢惊风，虚风汤方：

黑附子炮去皮脐。 天南星大者生去皮，各一个。 白附子七个。

右件为末，每服半钱，水一盏，入蝎梢一个，同煎至六分，微热服。以上三十六方载《幼幼新书》。

郑端友《全婴方》神宝丹：治小儿或先吐后泻，或先泻后吐，或只吐不泻，或吐泻俱发之后，变成慢惊者。

附子米泔水一盏，姜半两研，浸三日。次同蛤粉炒制，去皮脐半两。 羌活。 朱砂。 蝎尾。 麝香。 乳香各一分。 南星两个，各重半两，去皮脐，剉棋子片，酸浆一碗。姜一分切片子，煮酸浆尽，去姜，焙干半两，牛胆中，南星尤妙。

右为末，炼蜜丸如鸡头大。三岁者半丸，薄荷汤化下。小可惊泻，便青腹疼，与少许立效。如小儿只吐不泻，发惊，急以紫丸，重泻五七行，后与此药，并食前，或以珍珠丸下之亦得。

辰砂丸：治小儿慢惊风搐搦，及天瘹痫病。

蝎尾二十一个。 牛黄。 麝香各半两。 附子三个尖。 雄黄少许。 朱砂一钱。 巴豆七个，好者，灯上烧皮焦黄，去皮用肉。

右为末，寒食日蒸饼为丸如小豆大。一岁一丸，荆芥汤下。衣被盖，少时汗出，如天瘹搐搦，间口不得者，便用蒜入盐同捣，涂药一丸，在儿后心上。以前蒜作饼盖之，以帛系定，后更服一丸化破，入麝香少许，以前汤下，觉口内蒜气，浑身汗出者，立效。须是端午日合，忌鸡、犬、妇人见。

交泰丹：治小儿因吐泻之后，变成慢惊，累服热药，上热下冷，涎鸣气粗，服药虽多，止在膈上，不入中下，此药治虚阳潮上，发搐来去。

黑铅二两。硫黄。 水银各二钱。 天浆子二十一个。 蜈蚣一条。 朱砂。 附子炮去皮脐。 铁艳粉各二钱。 全蝎。 蛇肉酒浸，去骨，各一钱。 麝香。 槐柳枝各二寸细剉，同铅入铫子，炭火上煅，别将槐柳枝各一茎。不住手打，旋入硫黄，次入水银，煎为沙子为度，地上出火气。

右为末，姜汁煮糊丸如小豆大，三岁三丸，米饮汤送下。食前，如病势速，炼蜜为丸如鸡头大，一丸，薄荷汤化下。本法作丸子，镇坠。

安神膏：治小儿心虚多惊，恍惚不宁，腹痛便青，并吐泻之后欲生慢惊。

朱砂二钱。 全蝎。 人参。 白茯苓。 天麻。 附子炮。 川芎。 乳香各一钱。 麝香一字。 坏子半钱。又一方加琥珀。

右为末。炼蜜丸如鸡头大，三岁一丸，薄荷汤下。

丙丁膏：治小儿吐泻之后，精神倦怠，多睡不省，不思乳食，四肢逆冷，啼如鸦声，咽喉不利，丙日作曲，丁日合药。

南星。 乌蛇酒浸，取肉焙各三分。 天麻。 麻黄去节。 附子炮各半两。 白附子三钱半。 蝎一分。 僵蚕四钱。

右为末,水一升,浸三日,寒食日面一升,和拌踏作麹面,楮叶罨七日,取出纸袋高挂半月日可用,每麹一两,朱砂一钱,麝香一字,并为末炼蜜丸如鸡头大,三岁一丸,薄荷汤化下。

竹沥膏:治小儿久患脾虚发搐,慢惊潮歇。

附子炮一钱。　厚朴姜汁浸一夕,焙干。　白术蜜炒,各一分。　麻黄去节,炒半钱。　全蝎二十七个,薄荷汁浸一夕,焙炒。　犀角屑一钱怀干。

右为末,竹沥为丸,如鸡头大。三岁一丸,薄荷汤化下。无时。

清脾饮:治小儿因吐泻,多困不醒,欲生风候。

人参。　白附子。　南星炮。　半夏炮七次。　全蝎。　僵蚕。　白术。　川芎。　羌活。　甘草已上各等分。

右为饮子,三岁一钱,水半盏,姜三片,冬瓜子仁三七粒,煎三分去滓,无时。

一醉膏:治小儿慢惊潮搐,神昏不得睡,亦治大病后,及擒捉,风涎流滞,手足不随。

乳香二钱。　天麻二钱。　麝香一字。　安息香。　全蝎。　蜈蚣各二钱。　附子炮。　麻黄去节。　酸枣仁炒去皮,各四钱。

右为末,法酒同蜜熬熟为丸如鸡头大。三岁一丸,酒化下。尽醉灌之得睡,是惊效。

天王散:治小儿吐泻,或误服冷药,脾虚生风,成慢惊。

南星一个,重八九钱已上。

右取地坑子深三寸,炭火五斤烧通赤,入好酒半盏,然后以入南星。却用炭三两条盖却坑子,候南星微裂,取出剉碎,再炒熟为末,用半两天麻末一钱,麝香一字和拌,三岁半钱,生姜防风汤调下。亦治久嗽,恶心可食。

李柽《小儿保生要方》:治小儿发痫,属阴症方。

黑附子一个,六钱以上者,生去皮脐。　生天南星二钱。　半夏二钱。冷水浸洗七遍。　白附子一钱半。　朱砂二钱别研。　麝香一钱别研。

右六味同研匀,每服一字,薄荷煎汤调下,量儿大小加减。

又治阴痫方:

大附子,生去皮脐为细末,每服二钱,以水一盏半,生姜三片,同煎至半盏,分为三两服,量儿大小加减。吐者,入丁香五粒同煎,乳空时服。

杨倓家藏方·加减定命丹:治小儿慢惊瘛疭,目睛斜视,身体强硬,昏塞如醉,及治胎风成痫,发歇不定,荏苒经时。

蟾酥酒浸一宿。　牛黄别研。　朱砂别研。　甘草炙黄。　胡黄连。　麝香别研。　使君子肉。　犀角屑。　当归洗焙。　天麻。　细松烟墨烧灰,烟尽地上出火毒。　羌活去芦头已上十二味各一字。　全蝎二枚,去毒微炒。　棘刚子五枚,去壳取虫微炒。　半夏汤浸洗七遍。　天南星牛胆制者。　附子炮去皮脐。　虎骨蘸酒醋炙。　乌蛇酒浸一宿,取肉炙干。　干姜炮。　丁香。　沉香。　肉桂去粗皮。　人参去芦头。　白茯苓去皮。　肉豆蔻面裹煨熟,白术已上十三味各一钱。

右件为细末,煮粟米粥和丸如黍米大,青黛为衣,每服一十丸,荆芥汤送下,不拘时候。

麝香六神膏:治小儿慢惊潮作,口噤不语,手足瘛疭,发歇无时。

麝香一字,细研。　白花蛇头一枚,酒浸一宿。　乌蛇尾五寸,酒浸一宿。　全蝎七枚,去毒炒焦。　蜈蚣一条,涂酥炙焦。　棘刚子七枚,去壳取虫微炒。

右件为细末，炼蜜为丸，每一两作四十丸，每服一丸，煎人参麻黄汤化下，不拘时候。

麝香饼子：治小儿吐泻之后，内虚生风，已成慢惊，涎潮搐搦，头项反折，神情昏困。

全蝎二十一枚。每一枚用薄荷二叶裹定，先以生姜汁浸软黄麻，逐枚以黄麻缠定，却蘸姜汁，于慢火上炙令麻黄色，又蘸姜汁炙，如此三遍，焙干用。 乳香别研。 朱砂别研。 雄黄别研。 白花蛇酒浸，取肉焙干。 天南星炮裂，入生姜汁内浸一宿，切焙干。 乌蛇尾酒浸取肉焙干。 白僵蚕炒去丝觜。 附子一枚，炮去皮脐尖，取末。已上八味各三钱。 麝香半钱别研。

右件为细末，次入研者药和匀，别用天南星末一两，调生姜汁煮糊，与前药和丸如梧桐子，捏作饼子，略见日色，阴干。每服一饼子，煎荆芥汤化下。不拘时候。

五铢散：治小儿慢惊风，口噤不语，乍静乍发，昏塞如醉。

人参去芦头。 白茯苓去皮。 青黛别研。 地龙去土炒。 白附子炮。 全蝎去毒炒，已上六味各半两。 天南星一两，炮裂。 附子炮去皮脐，二两。 蜈蚣一条，炙黄。 麝香别研。 乳香别研，各半钱。 古文钱一钱，火炙醋淬，直候破碎，研细。

右件为细末，每服半钱，用蜜和成膏子，以生姜汁并酒两三点同调下。不拘时候。

香蚕散：治小儿慢惊涎盛，口噤昏塞，顶背强直，手足搐搦，进退不定，睡卧多惊。

白附子一两炮。 天麻。 全蝎去毒微炒。 白僵蚕炒去丝觜。 天南星炮裂。 人参去芦头。 附子炮，去皮脐，各二钱。 甘草炙黄。 朱砂别研。 钓藤各一钱。 脑子一字，别研。 麝香一字别研。

右件为细末，半岁儿每服一字，一岁儿服半钱，煎荆芥汤调下。不拘时候。

崔瓮散：治小儿慢惊潮搐，口眼相引，目睛上视，头项偏折，痰涎壅闭，神志昏愦。

棘刚子十枚，取虫微炒。 全蝎三十枚，去毒炒。 蓖麻子二十枚，去皮研。 石榴一枚，大煮，去却子，盛前三味药在内，用黄泥裹作毬，慢火炙干烧赤，候气透出红熟，候冷取出，去泥细研，次入后药。 白僵蚕炒，去丝觜。 天南星炮。 半夏汤洗七遍，去滑。 白附子炮四味各一分。 乳香一钱，别研。

右件后四味为细末，次入乳香并烧者药同研匀，半岁儿每服一字，一岁儿服半钱，煎荆芥汤入酒两三点，同调下，不拘时候。

截惊散：治小儿慢惊潮搐，目睛斜视，口眼牵引，牙关紧急，胎风胎痫，悉皆治之。

乌蛇头一枚，酒浸焙干。 蜈蚣一条，涂酥炙焦。 全蝎一钱，去毒微炒。 川乌头一分炮去皮脐。 麻黄去根，节秤一钱。 麝香半钱，别研。

右件为细末，次入麝香研匀，半岁儿每服一字，周晬儿服半钱，煎荆芥汤调下，不拘时候。

蝎附散：治小儿吐泻日久，或大病后生风，时发搐搦，目睛斜视，手足瘛疭，胃闷昏塞，身体强硬，角弓反张。

天南星一枚，重二两者搥碎。 附子一枚，重七钱者搥破。

已上二味，用生姜四两取汁，入好酒一盏，于银石器中同煮令汁尽，焙干为末。

白附子七枚，炮裂。 全蝎去毒，七枚，微炒。 辰砂半两，别研。 代赭石二两，火煅，研细。

右件为细末，入脑子麝香各一钱研匀，每服一字，用酸浆水半盏，入麻油两滴，冬瓜子三粒，同煎三五沸，放冷约一茶脚许调服，候少时再服一服，如无浆水并冬瓜子，只用薄荷汤调亦得。不拘时候。

夏子益《卫生十全方》：治小儿慢惊风，心神烦燥，多惊多痰。

白附子炮。　天麻炮。　干蝎炒。　人参已上各一分为末。　牛黄。　腻粉。
真麝。

右袞为末,煎枣汤调下半钱。

汤民望婴孩妙诀治慢惊:

真川乌一枚,生去皮脐。　全蝎等分。

右二件吹咀,分二服,水二盏,生姜四十片,煎至半盏,旋滴口中。

又方用验:

赤脚蜈蚣一条,头尾全者酒涂炙。　白僵蚕七枚炒。　辰砂一字别研。　全蝎七个,头尾全者,各用生薄荷叶包裹,外以麻绵系定,火上炙。　青州白丸子三十粒,研细。　麝香少许,别研。

右末煎人参麦门冬汤调,急惊,加脑子、牛黄、各少许,煎金银薄荷汤调。

续经验治法:前件药如俱用不效,危困可忧,须诊。太冲脉未绝,在两足面间当炙百会,取前后发际两耳尖折中,乃是穴也。方书所载,但云顶上旋毛中,殊不审有双顶者,又有毛旋不正者,庸庸之辈,只循习旧本,误人多矣。炙后即当控涎,青州白丸子末,再煎如稀糊,入蜜令热调夺命散,良久涎下,细研灵砂,米饮调,旋抹口中,如渐有退症。风盛服八仙散。昏困服醒脾散。常令减乳,奶子服酿乳药。如此调理,无不更生。间有禀受不坚,本气素弱,五行修短,虽有神圣工巧,灵丹妙剂,不能夺其造化。此乃晓然之理,学者不可不审。若涎已离膈,但在喉中如锯,药不能入,又不可控,当别法疗之。然搐鼻喷嚏得出,次服夺命散,庶危再潮。

夺命散:

川乌尖。　附子尖各七个,生去皮用。　蝎梢七枚。　石绿少许。

右末一处和匀,用软鸡翅上药入喉中,逐旋惹出,频用帕子拭之。

王璆《百一选方》:韶州医者刘从周,论小儿吐泻发搐,觉有痰者,但服五苓散,入生姜半夏煎服,吐了痰,泻亦止,惊自退,林谦之祭酒云。

治小儿慢惊,青金丸:

用青州白丸子、金液丹、等分同研为细末,面糊丸如黍米大,量儿大小服二十丸至三十丸,姜汤下。

又方:

正坐大附子去皮脐,生为细末,以白项蚯蚓,令于药末内袞候定,刮蚯蚓上附子为丸如黄豆大,每服十丸,温米饮下。

治小儿因吐泻,胃虚生风,作惊痫状,曾用极妙:

右白术二分。　蜜煮至焦,须木灰火,取出水净洗,切片焙之,入蝎梢三七个,天麻白附子各一分,共为末,米饮汤调下。

治小儿慢惊,百药不效者,葛丞相方:

大川乌头去皮脐生用。　全蝎等分。

右吹咀,每服半两,水两大碗,生姜五十片,煎至三四分,去滓,逐旋以药注灌之。

《十便良方·小天南星丸》:治小儿慢惊风江阳方。

天南星一两,细剉,水二盏,微火熬至半盏去滓,重熬成膏,和药。　白附子半两。　天麻一两。　干蝎一两。

右为散,入膏内和丸如绿豆大,三四岁儿服二丸,薄荷汤下。五六岁三丸,日二,量儿大小,加减与服。

《魏氏家藏方·安心丸》:治小儿慢惊。长沙医者郑愈传。

附子一两,炮去皮脐。　全蝎半两,炒去毒。

右件为末,面糊丸如黄米大,朱砂为衣,每服二十丸,米饮下。

截风生胃汤:治小儿禀受气弱,脏腑泄泻,乳奶不化,或泻清水,此乃惊症之渐也。宜急服神妙。

大天南星一个,须半两以上重者,慢火炮熟,细剉。　好人参不拘多少,焙干,细剉。

右二味各一钱半,水一盏,生姜二小片,大枣一枚,冬瓜子仁十四粒,慢火同煎取浓汁,注小儿灌下,每服作三两次吃,仍先尝过,恐生麻儿口。

曲香散:治小儿慢惊,皆因吐泻所致,若大吐数日不止,便作惊候,急服此药,即可止吐。

赤面。　藿香各半两,去土。　丁香不见火。　肉豆蔻面裹煨,各二钱。

右为细末,每服一钱,一岁婴孩半钱,煎香楠木汤调下,香楠木定惊止吐,神妙不可言。

星香散:治小儿吐,或兼泻,或独泻,服前药未效,急服此药,既止吐泻,又能截惊。

大天南星、藿香叶、同生姜等分,约半两,用水一大碗煎干取出,独取天南星为末,去藿香叶、生姜不用。量小儿大小,每服一钱,入冬瓜子少许,同煎一盏至半盏,天南星须是极大半两已上者,尤佳。

蝎附散:治小儿吐泻既久,用前二药不效,已成惊症,手足搐搦,口眼牵邪,急服此药,十止八九,一日之间,须数服为妙。

全蝎七个,用龙脑薄荷裹,黄麻缚之,酒浸炙干,去黄麻薄荷不用。　人参去芦,一钱,蒸过。

白术一钱,蜜炙黄。　附子六钱,重者去皮脐,取一钱用。　梓朴五钱,甘草水煮,焙干,取一钱,甘草不用。

右为末,竹茹煎汤调下半钱立效。如急惊,切不可服,须审症可也。

安全散:专治慢惊后,余症未退,精神不爽,与第三第四药相间,日一服,凡此五药,随症用之,病者无不全安。

人参去芦,一钱焙。　白术炒。　白附子炮。　南星姜汁一碗,煮干,切片,炒。　天麻炮。

辰砂细研。　当归焙去芦。　乳香别研。　没药别研。　吊藤钩子者焙。　白僵蚕直者,炒去丝。　全蝎去毒。　白茯苓去皮焙。　羌活焙。　防风去芦焙。　川芎焙。

甘草炙各一两。　麝香半钱。

右并秤净药为细末,每服一钱,水一小盏,薄荷生姜枣子煎至六分,或只用薄荷汤调下。

蝎附散:醒脾去虚风。张氏家传

大附子一钱,炮去皮脐。　天麻二钱。　大全蝎七个。　大白附子三个,炮。

右件为末,每服半钱,浓煎冬瓜子汤调下。

杨仁斋《直指方·太一保生丹》:治慢惊,尚有阳症。

全蝎青者,十四个。　白附子生。　直僵蚕。　牛胆南星。　蝉壳。　琥珀各二钱。

麝半钱。　防风。　朱砂各一钱。

右为末,粟米糊丸如桐子,金箔衣,每服一丸,薄荷汤调下。

聚宝丹方:传慢惊可用。

人参。　茯神。　琥珀。　天麻。　直僵蚕炒。　防风。　南星炮。　白附生。

蝎炙。　乌蛇肉酒浸,焙各一钱。　朱砂半钱。　麝少许。

右为末。炼蜜丸桐子大,每服一丸,菖蒲汤调下。

蝉蝎散治方:传慢惊。

全蝎七个,去尾尖。　蝉壳二十一个。　甘草二钱,半炙。　大天南星一个,炮香。
右为末,每服半钱姜枣煎服。

来复丹:升降阴阳,疏风利痰。方见前

王氏惺惺散:治吐泻,脾困,内虚。

人参。　茯苓。　木香。　天麻。　白扁豆制。　陈米炒。　全蝎。
右等分为末,每服半钱,姜枣略煎服。

醒脾散:治吐泻脾困不食。

全蝎焙半钱。　白附子炮。　天麻焙。　甘草炙。　人参。　白茯苓。　石菖蒲细
节者。　木香。　石莲肉。　白术各一钱。
右为末,每服三字,姜枣煎服。有热者,去木香。

大醒脾散:

南星。　白茯苓。　橘红各一分。　全蝎焙。　甘草炒。　白附子炮。　石莲子。
人参。　木香各半分。　陈仓米二百粒。
右为末,每服三字,姜枣煎服。驱风醒脾,两方通用,亦可酿乳。小儿胃虚不消乳食,
尤须节约。

温白丸:驱风豁痰。

人参。　防风。　白附子生,　直僵蚕。　全蝎各焙并一钱。　南星荡七次,焙干。
天麻各二钱。
右为末,飞白面糊丸桐子大。每服一丸,姜汤调下。

星香全蝎散:治慢惊风,昏迷痰搐。

南星湿纸煨二钱。　木香。　人参。　橘红各一钱。　全蝎炙三个。　甘草炙半钱。
右剉细,每服一钱,入紫苏姜枣浓煎,旋以匙送下。有热,加防风。

定命饮:治慢惊吐泻困重,欲传慢脾通用。

圆白半夏生。　茯苓。　木香。　老生姜切各一分。　白术。　甘草炙,各半分。
右为末,每服半钱,姜枣煎汤调下。

四圣散:治慢惊痰滞虚热,若有窜视,搐搦症状,以少许用管吹入鼻中。

全蝎七个。　直僵蚕十四个。　大南星七钱半。　真川乌三钱三字,并生用。
右将南星为末,水调作饼,裹蚕蝎川乌,外用湿纸重包,慢火灰中煨,令赤色,顿地上
一伏时为末,每服一字,煎金银汤,点好茶清少许调下。

乌蝎四君子汤:

四君子汤加川乌生,全蝎焙为末,各少许,每服半钱,姜枣煎服,如再服,即去川乌。

南星散:驱风豁痰。

南星重八九钱以上者,用一个。就地上作小坑,深七八寸,用火炭五斤烧通红,以好米醋半盏洒入
坑中,即纳南星于内,次以火炭条密盖之,又用盆盖其上一伏时,取出洗净切焙。
右为末,入琥珀全蝎末各一钱,每服半钱,煎生姜防风汤调下。

乌沉汤:慢惊驱风助胃。

天麻二钱。　人参。　真川乌生。　全蝎焙。　南星炮。　木香。　沉香各一钱。
甘草炒半钱。

右剉散,每服三字,姜三片,慢火煎,取其半与之。

沉香散:生胃气,止吐泻。

茯苓二钱。　沉香。　丁香。　木香。　藿香。　川厚朴制。　甘草炙一钱。

右为末,每服一字,米饮调下。

天南星丸:治慢惊痰壅,惟身热者可服。

南星一斤,每重一两上下者,用温汤浸洗,刮去里外浮皮,并虚软处合净,用法酒浸一宿,用桑柴蒸不住添热汤,令釜满甑内气猛,更不住洒酒,常令药润,七伏时满,取出,用铜刀子切开一个大者,嚼少许,不麻舌为熟,未即再炊,候熟用铜刀切细,焙干。

麝香研。　丁香各一两。　龙脑研,一两半。　辰砂别研,水飞二两,用一半为衣。

右为细末,入研药匀,炼蜜并酒圆。朱砂为衣,每服一豆许,生姜煎汤调下。

苏合香丸一倍,方见诸气类。　白丸子二倍,方见痰饮类。　夹和,每服半钱,姜汤调下。

礞石散:最能利痰,急慢脾风通用。

青礞石捣碎一两。　焰硝半两,同礞石入坩埚内,用炭火煅,令通红,候冷。

右为末,雪糕薄糊丸绿豆大,每服二丸,急风,薄荷荆芥泡汤调下。慢风,慢脾风,用南木香煎汤调下。礞石、焰硝、古文钱辈,虽能利痰,然其性非胃家所好,须以木香佐之。

灵脂丸:治慢惊,痰盛搐搦。

五灵脂香润者。　白附子略炮。　木香。　直僵蚕炒各一分。　全蝎焙半分。　朱砂一钱。　大南星湿纸炮半两。

右为末,米醋煮生半夏糊为丸,麻子大。每服三丸,姜汤送下。

香饼子:治慢惊初传,涎潮昏搐。

全蝎十四个,姜汁浸。　麻黄缠匝,慢火炙干,又蘸姜汁,又炙,凡三次。　花蛇肉。　乌蛇肉并酒浸焙。　直僵蚕炒各一分。　白附子焙。　人参。　天麻。　防风各一钱。　乳香半钱。　麝一字。

右为末,用南星末煮糊丸,桐子大。捏作饼,日干,每服一饼,薄姜汤调下。

蟾蝎散:治慢惊,身热痰滞。

大干蟾一个,酥涂炙黄。　直僵蚕。　蝉壳。　蝎尾各焙。　白附子微炮。　五灵脂。　芦会。　琥珀各一分。　朱砂一钱。　麝半钱。

右为末,每服半钱,防风煎汤调下。

快脾汤:治慢惊脾困不食,和胃驱风。

大南星一个,剉如棋子块,用生姜一两切,川厚朴一两剉碎,水三升同煮,令南星透,去姜朴,只用南星切焙。　木香。　人参。　天麻各二钱半。　全蝎七个焙。

右为末,每服半钱,甘草生姜煎汤调下。

《卫生家宝·蝉蜕饮》:治小儿吐利后,脏虚慢惊,手足时瘛疭,多睡眼上视,乳食不进。

钓藤钩子三分。　川芎。　白僵蚕去嘴,炒。　蝉蜕去足,各半两。　蛇皮炙。　甘草炙,各一分。　蜣蜋五枚,炙头翅足。　附子炮去皮尖。

右为末,每服二钱,水一盏,煎至六分,去滓,温分三服。急惊有热症,去附子不用。

演山省翁《活幼口议·保命丹》:治婴孩小儿,急惊风候,传慢惊,宜服保命丹。良方。

白茯苓。　朱砂令研。　白附子炮。　牛黄如无以制者加用之。　天南星炮各一钱。　全蝎炒半两。　天麻炒一钱。　甘草炙一钱。　鹏砂一钱。　脑子。　麝各半字。

右为末和匀,薄糊为丸鸡头大。每服一丸,金银薄荷汤化下。

议曰：此一方已述灵秘，所治急传慢候，用之极良。其药纯和，却惊安神，化痰定搐，功效非常。然急惊传来，初入慢候，须较阴阳亏盈乃为法则。阴盛阳亏，方谓阴痫。荣虚卫弱，方传阴痫。心惊神散，方传热。热经柔络弱，方传热。热痫之为病，四体不收，精神失守，百病干邪，五脏受虚，但随四症，而作八候，医工当察标本理之若也。症传候变，即入慢脾，十死一生，至为难事。请究所受，疗理越于古意。或太过不及，总为虚设。

观音全蝎散：治婴孩小儿，因吐而传慢惊风候。

黄耆一分。 人参一分。 木香一钱。 炙甘草。 石莲肉炒。 扁豆炒。 白茯苓各一钱。 白芷。 全蝎。 防风。 羌活各一钱。 天麻二钱。

右为末，每服半钱一钱，枣子半个，水一小盏，煎至半与服，不拘时候。慢脾尤宜服之。

议曰：观音散，东汉王氏所著，调理婴孩，清神固气，补虚益脉，开胃止吐，醇乎醇、善之善者耶？所缘用药截风者何？正于危急之际，却作两饵投之，先与生其胃气，次服截风定痫。如此疗理，不惟迂曲致缓，又且未能药入脾胃之间，悟其至理，两剂一行，或加白丸子末，以半和之，乃尽其妙。

犀角散：治婴孩小儿因吐泻神困力乏，欲传作慢惊风候。

犀角镑一钱。 白术二钱，水煮过。 甘草半钱，炙。 陈皮旧者良，去白，一分。

右为末，每服一钱，水小中盏，金银薄荷同煎三五沸，通口，无时。

议曰：此方治小儿，因吐泻神困力乏，欲发慢脾风候，正谓救急，不可令缓。若已传受，即风，即热，即痰，即惊，交相致作，神散不定，上窜搐搦，悉由脾虚之所致也。脾经既虚，次第胃虚，其药白术陈皮，预理脾胃。犀角退热去风。热既不作，痰无发生，醒脾壮胃，风何得有，渐见苏省。兼与醒脾散，及既济丹相间服，一向取愈为良。其方全不用逐风化痰之药者，盖是症候欲作慢惊，所以未宜先投系药，故用此方。谓之和剂，一正其脾气，得无传变，不劳疗理，简径微妙。稽首智者作之，施功利益而已。

醒脾散：治婴孩小儿吐泻不止，痰作惊风，脾困昏沉，默默不食。

人参一分。 木香炮一钱， 白茯苓一钱。 白术炒，一钱。 全蝎炒，半钱。 甘草炙一分。 白僵蚕炒，一钱。 白附子炮，一钱。 天麻炒一钱。

右为末，每服半钱。大者加服。水少许，枣子同煎，至五七沸，通口无时服。

议曰：此良方，最为胜善。小儿吐泻脾虚，作疾惊风，神困气弱，沉沉默默，皆脾经虚乏已盛，风痰并聚，故尔不醒。宜多与服。仍加既济丹，及观音全蝎散俱良，其疾复有引掣搐搦，无与惊风丸散，及脑麝寒凉等药。其症愈恶，其候愈盛，不惟惊风未退，且痰热助之，令儿疾作传变，传即慢脾，变即阴逆，慢脾犹载方药，尚可理之。阴逆之候，何可医治。阴逆者，阴谓阳气欲绝，逆谓受症不顺，不顺欲绝，但增吁嗟，使人无所措手，醒脾良方，岂可隐匿。*真所谓活人饮子*

神保既济丹：治婴孩小儿吐泻，或已作风候，服之功效。

硫黄。 焰硝。 陈橘皮。 青橘皮并去白。 五灵脂川者良。 半夏麹炙，炒，皆可。

以上等分，硫消二味和研令匀，一处用磁器镕汁，倾出候冷细研，旋入诸药和匀。

右为末，秫米粉水煮糊为丸如○大，每二岁儿服三十丸，大者加之。并温饭饮下。空心食前，此方均分阴阳二气，多服有益。议曰：阴阳二气不均，冷热相制，惊风已作，

搐搦已定,或阳亏阴盛,或阴亏阳盛。或惊风未散,吐泻不止,或呕逆,或发喘,或脚手渐冷,或眼目欲合,或服凉药太多,或虚烦不定,或沉沉默默不省,或恍恍惚惚生惊。但胃气未脱,速与服之。若是危急,不待作丸子,只以末温饭饮调与服。以愈为度。若脚手冰冷者,服之立温。未止者,服之立止。虽慢惊,慢脾风候,并宜与服。仍加薄荷汤使尤良。智者明理,必加钦重,愚者蒙昧,必怀犹豫,此方至良,少有知用,请敬而行之。

定命饮子:治婴孩小儿吐泻,脾胃虚弱,发作慢惊风候,搐搦不已,医工截风不止,取痰不下,散热不退,即惊不去,其症欲传慢脾风候,宜服定命饮子。

半夏拣羊眼者,半分。　天麻一分。　甘草炙。　白茯苓。　白木。　老生姜各二钱。

右件一处,用水一盏,于瓷器内煮令水干,将半夏、天麻、白木、茯苓切焙为细末,每服半钱,或一钱,生姜枣子汤调与服,无时。

议曰:此方健脾化痰,去风散热,功效如神。医工少有知用。初学之士,只知有脑麝香爨者方用之,俗夫便言好药,殊不知脑麝,医家出不得已用之,其物通利关窍,开闭塞,疏腠理,利骨节,其药属阴,能化于阳,只有急惊宜用。慢惊,慢脾,伤寒等患,悉宜禁止。其或痄痫药用之,虚者亦禁。惟有痉癫痫宜用定命饮子。屡经效验。野老处定此方,其功造化,深智高明,往往钦羡。痰搐连并,脉息虚怯,不敢顿下者,宜与灵芝丸。若手足差冷,兼进回阳,行医用药,至于此等症候,乃主治活法之权也。

《段奇野夫多效方·神效方》:治小儿慢惊风,手足搐搦,诸药不效。

大天南星一个。

右用好酒一大盏,碗内浸四十九日取出,后用活蝎四十九个,用竹荚子夹定,教蝎独蜇天南星,令蝎无力动,便换一个蝎,又蜇。用四十九个蝎都蜇遍天南星。不用蝎,将南星别干,碗内放定,上用纸数重封定碗口,用绵系定纸,放碗在屋梁上阴多时,约自然干取下,不得见日气。研为细末,每服一字,或半钱,煎荆芥汤调下。一日三服,不拘时候,必效。

《御药院方·三味天浆子散》:治小儿慢惊风。

天浆子。　白僵蚕炒。　干蝎各二十个,炒。

右为细末,每服一字,煎麻黄汤调下。或薄荷汤下,无时。

通圣饼子:治小儿慢惊风痫,涎多,咽喉不利,手足搐搦。

天麻。　使君子去皮。　白僵蚕炒。　白附子炮。　南星炮,各一分。　乳香。　青黛。　蝎梢炒。　腻粉。　水银各一钱。　黑铅半钱与水银结沙子。　无食子一对去皮。　麝香。　脑子各半钱。

右为细末,面糊为丸如梧桐子大,捏作饼子。每服一饼子,用薄荷汤化下,食前临睡服,量儿大小加减。

干蝎天麻散:治小儿慢惊风。

干蝎全者十枚,炒。　蔓陀罗花七朵,重一字。　天麻二钱半。　乳香研。　天南星炮。　丹砂研,各一分。

右六味捣研为细末,每服半钱匕,薄荷汤下,不拘时。

释继洪澹寮方慢惊:小儿吐泻后成慢惊,或昏睡,手足似搐而不甚,用金液丹半两,青州白丸子三钱重,同研极细,生姜米饮汤调下三钱,多服乃效。服至一二两无害。候胃气生,手足渐温,渐减金液丹,加白丸子,以意度之。

《续刊经验良方·芎蝎散》:治小儿脑髓风,颥颅开解,皮肉筋脉急胀,骨缝青筋起,面少血色,或腹中气响,时大便青白沫,或呕吐痰涎,欲成慢惊,风搐足胫冷者。或大人气上冲胸,头面肿痒,亦宜服之。

川芎。　荜拨各一两。　细辛去芦苗净一两。　蝎梢一钱。　半夏汤泡,去皮脐,二钱半,净生姜自然汁制一宿。

右研为细末,每用一字沸汤调,热服,量大小加减。

曾世荣《活幼心书》:治吐泻痢后,将传慢惊,慢脾,神昏脉弱,饮食不进,睡露扬睛,昼轻夜重,急宜投服。

北南星一两剉破,瓦器盛,东壁土同醋煮少时,滤干,切片焙。　人参去芦。　冬瓜子仁捣碎,二味各二两。

右件㕮咀,每服二钱,水一盏半,姜三片,慢火煎七分,候温无时,少与缓服,投之急必吐,此后应诸汤散丸剂,所述服饵次序,不过言其大略。然煎煮调化,分数汤使下法,尤在临机。量儿大小,以意加减,或多或少,随病轻重用之。余皆效此,再不繁引。

危亦林《得效方》:慢惊风症,得于大病之余,吐泻之后,及过服寒凉之药。其症眼慢腾腾,或露睛,手足瘈疭,面色青白,浑身四肢冷,默默不声,其脉沉迟,用白术散、益黄散、防风冬瓜仁煎服,安神丸、冬瓜仁汤磨化。方并见后。

南星饮:宣利过多,脾困眼慢,涎盛,四肢不举,不思饮食。

大南星三个,炒赤令熟。　冬瓜子仁。　白扁豆各一两。

右为末,每服一钱,生姜二片,防风少许,煎汤调服。

防风丸:治慢惊不省,手足微动,眼上视,昏睡。

天麻。　防风。　人参各一两。　全蝎去毒,七个。　僵蚕炒,断丝。　粉草各五钱。
朱砂。　雄黄各三钱半。　麝香半钱。

右炼蜜丸小指头大,人参汤化一丸,不以时候,冬瓜仁汤尤妙。

观音散:治胃气不和,脾困下泻过多,不思饮食,乳食不化,精神昏闷,四肢困冷。

人参。　白术纸裹煨。　扁豆炒,各二钱半。　白茯苓。　冬瓜子仁。　酸枣仁去皮,蚌粉炒。　甘草炙,各半两。　藿香。　枳壳去瓤,各二钱半。　紫苏叶少许。　木香不见火。　石莲肉去心。　嫩黄耆各半两。

右为末,每服一钱,乌梅汤、冬瓜子仁、陈米汤调,皆可。

五苓散:止吐泻,每服一钱,紫苏梗陈米汤调下。方见大方科伤暑类。

小钓藤饮:治吐利,脾胃虚风慢惊。

钓藤三钱。　蝉退十个。　人参二钱。　麻黄二钱。　防风二钱。　僵蚕。　天麻。
全蝎去毒。　甘草。　川芎各三钱。　麝香少许。

右剉散,每服二钱,水一盏煎。寒,加附子少许,乳食煎服。

南附汤:治泄泻虚脱生风,名慢惊风,及因服冷药多者。

南星。　生附子二钱。　全蝎五个,去毒。

右剉散,每服二钱,水一盏,姜三片,煎五分,量大小旋服。

苏合香丸:治风搐搦,必须理气,盖气下则痰下,关窍自通,方见诸气门。

灸法:治急慢惊风,危极不可救者。

先当两乳头上,男左女右,灸三壮。次灸发际,眉心,颠会三壮。手足大指当甲角,以物缚两手作一处,以艾骑缝灸,男近左边,女近右边,半甲半肉之间,灸三壮,先脚后手。亦可治阴阳诸痫病,艾炷如麦子大。

《卫生至宝·神术散》:治小儿因吐泻,胃虚生风,作惊痫状。

白术五钱,蜜煮至焦,须木炭火取出洗净,切片焙。　天麻。　白附子各二钱半。　蝎梢三七个。

右为末,米饮调下,量大小服。

《袁当时大方·羌活丸》:治脾胃虚,肝气热盛生风,或取转过多,或病吐利后为慢惊,兼治伤寒初感。

羌活。　川芎。　人参。　白附子。　赤茯苓各半两,去皮。　天麻。　白僵蚕炒,去丝。　干蝎去毒。　白花蛇各二钱半。　大附子炮,去皮。　防风去叉。　麻黄去节。　肉豆蔻煨。　鸡舌香。　藿香。　沉香。　南木香各二钱。轻粉一字。　真珠末。　牛黄各二钱半。　龙脑半字。　麝香一钱半。　雄黄。　辰砂各二钱半。

右为细末,炼蜜旋丸如大豆大,每服一二丸,食前薄荷汤化下。

黄铤子:治小儿慢惊。

天麻。　防风去叉。人参各一两。　干蝎全者,去毒。　白僵蚕半两,炒去丝。　甘草炒。　朱砂。　雄黄。　麝香各二钱半。　牛黄一钱。

右为细末,炼蜜丸作铤子,量儿大小加减丸数,未过百晬,只与小豆大一丸作一服,人参汤化下。

佛茄花散:治慢惊风,神效。

金头蜈蚣。　蝎梢。　佛茄花蔓陀罗花是也。　白附各等分。　片脑少许。

右研极细,三岁儿半字,三岁已上一字,薄荷水调,手按左鼻搐右,按右搐左,立少顷汗如雨,因睡勿惊,永不发。

蚯蚓丸:治慢惊风,立效。

蚯蚓一条活者,去泥尽,入腻粉少许,焙干研细,糊丸如麻子大,每服三丸,薄荷汤下。

硫黄散:治慢惊大效。

大附子一个,炮去皮。　全蝎七个,去毒。　硫黄枣子大一块。

右为细末,姜汁糊丸如绿豆大,每服一岁儿一丸,米饮汤下。

卷之九百八十一 二支

儿<small>小儿症治十四</small>

小儿慢脾风

论
《幼幼新书》茅先生方

小儿生下，有中慢脾风候，时时吐呕，频频咬齿，手足搐疭，舌卷头低，两眼上视，先头低而次第高，此候久泻痢，而下冷药，只止泻痢，不治得脾，是以脾虚弱，脏腑乘虚。故此所治，先用匀气散调一日，后便下一醉膏通下，后用治脾散，夹镇心丸、建脾散，常服之即愈。若更喘吐，五硬如角弓风，死候不治。

《玉诀方》

小儿慢脾风候，是伤寒疹子。庸医未明表里，便即宣利脏腑，更使冷热药相通，故小儿发搐，眼不倒脾，困极不醒，手足不收，此病但回阳腥脾，调治方愈。若更吐泻，必定损命也。

许叔微《本事方》

治小儿有阳痫阴痫，慢脾风三症，皆搐搦上视。阳痫者，俗所谓急惊也；阴痫者，俗所谓慢惊也，皆可随症治之。惟慢脾因吐泻脾胃受风，为难治。虽得药，近世多用生附子及青州白丸子、金液丹合用之，如醒脾丸皆要药也。

杨仁斋《直指方》

慢脾风之候，面青额汗，舌短头低，眼合不开，困睡中摇头吐舌，频呕腥臭，噤口咬牙，手足微搐而不收，或身冷或身温，而四肢冷，其脉沉微，阴气极盛，胃气极虚，十救一二。盖由慢惊之后，吐泻损脾，病传已极，总归虚处，惟脾所受，故曰脾风。若逐风，则无风可逐。若疗惊，则无惊可疗。但脾间痰涎，虚热往来。其眼合者，脾困气乏，神志沉迷，痰涎凝滞，然尔世所谓慢风难疗者，慢脾风是也。然慢脾，一名虚风。凡小儿，或吐或泻之后，面色虚黄，大势虚损，若因虚而发热，继此必得慢脾风。才见摇头斜视，以手摸人，昏困喜

睡,额上汗多,身亦粘汗,其声沉小而焦,即是脾风之症。不必皆由急慢风传次而至,又当识之。治法,大要生胃回阳,黑附汤、川乌散、金液丹、白丸子各半,生附四君子汤,可斟酌用。胃气渐复,则异功散辈温平而调理之,如蝎附散、阴痫散、灵砂、震灵等,亦可参用。若其眼半开半合,手足不冷症候,尚在慢惊,则勿用回阳。

或已入慢脾,而阳气未甚脱者,亦不可用硫黄附子。凡服回阳汤剂,手足渐暖者,仍以醒脾散等继其后以调之。慢脾下痰,轻者,神保既济丹、白僵蚕丸。重者,辰砂膏,甚则七宝妙砂矣。慢惊慢脾逆恶症候,诸药不效者,如有太冲脉则取百会穴灸之,此治慢脾风之大要法也。灸百会穴详具于后。慢脾,身冷粘汗,直卧如尸,喘嗽头软,大小便不禁,背强口噤头摇者,最难为力。

演山省翁《活幼口议·慢脾风候》

治法截要议曰:慢脾风候即是慢惊风所传,元由吐泻脾虚惊与风传入,故曰脾风。谓其脾家受风。若更逐风,无风可逐。若也退惊,无惊可疗。但有疗涩,虚热来去。儿病至此,所以难医。盖由症与候,惊与风传经已极,总归虚处,惟脾所受何,故不曰胃风。胃属阳,其病即传阴脏,故无胃候。儿既尚有胃气,可以一向生胃兼与回阳即渐苏醒,若更一向攻击惊风,脾亦不受,而又传散诸经,不可得而加药。若见眼合,即是脾风,宜服下项药。

议治慢脾风,乃是不得已而设,其疾危如灯无油,渐见昏灭。钱氏所用金液丹,又青州白丸子各半,细研和匀,饭饮薄荷汤下一钱半钱许,此乃截风回阳。又一方以四君子汤,加黑附子末四分之二。脚手冰冷者,用和对半,生姜枣子煎与服。此方古人用之,岂不同常所较下项良方,亦尽世之善也。

议治慢惊慢脾,须禁脑麝、腻粉、水银、粉霜之类,及寒凉动脏腑等,或以燥热,但不可用,只宜回阳醒脾汤使与服。

议慢脾风候。十个孩儿九个以艾灸之,须当斟酌病候,有已未脉绝之理。若也一脏绝,即不可用药,谓如眼无光,指甲黑,四肢垂軃,五体俱冷,并不可勉强下药。

议慢惊风候。至于痰涎,在膈之特,诸脏皆虚,喉中声如拽锯,一二日之间不散。但只闭目,此乃虚之盛也。只是虚痰饱养其气,未有所知之者,直便下去痰涎,其儿随时化去。宜用下项妙砂丹,服之乃良。

议婴孩所患。急惊、慢惊、慢脾,三者皆由风痰所作,以渐传及。未有初得病而便慢脾。或急惊传来,或即吐泻,而得久利,其气虚脱而得伤寒,表里俱虚,传入阴症,亦成慢候。久嗽成痫,亦传慢候。霍乱吐利,亦传慢候。脾困久睡,亦作慢候。吐血,亦传慢候。蛊积冲心,亦传慢候。肝风筋急,亦传慢候。大小便闭,亦作慢候。心虚烦躁,亦作慢候。烦渴引饮,亦传慢候。腹肚疗痛,亦传慢候。睡里咬牙,亦传慢候。日夜汗出,亦传慢候。走马疳急,亦传慢候。诸般丹毒,亦传慢候。龙带缠腰,亦传慢候。膀胱吊疝,卵肿茎曲,亦传慢候。茎曲,阴茎勾曲。四体浮肿,亦传慢候。以上小儿所患诸疾,皆能传作慢惊风候,由慢惊,乃传作慢脾。脾气既绝,胃气已尽,无可得而治疗故也。

议婴孩五脏易冷,易热,易虚,易实,医方并不治。腑受病,曰脾不病耳。曰非也,小儿在腑有疾,自愈者有之,在脏不可不治。脏者阴属,腑者阳属,谓小儿先阴而后阳。又曰小儿乃纯阳之气,在腑则顺,在脏则逆,故前贤皆理其脏,未言治腑也。又肾一脏常主虚,不可攻疗。若有肾脏患,但清心肺,缘心与肾,即既济也。肺与肾乃子母也,无与肾

药，及诸补药。若治肾脏，即他病发生，故戒止不可疗。

议婴孩子慢候，皆由脏虚阳亏阴盛应小儿所患脏病。阳虚阴盛者，无不入慢候而毙。惟吐与泻，利与积致入慢候，其症速也，虚又速也，宜用良方治法。循其次第，无不获安。然其慢惊慢脾，无令速愈，顿瘳之理，既和且平，更用调脾养胃，万万不可过剂，用冷热汤药，若失之，即吁哉。

《幼幼新书·茅先生方·小儿受慢脾风歌》

四肢逆冷体沉迷，因宣吐泻补还迟。脾胃冷而涎拥肺，心生毒热面青时。如此呼为慢脾候，更加喘嗽不通医。

《小儿形症论·四十八候·慢惊传慢脾歌》

慢脾只因伤取转，吐泻虚涎脾胃存。四肢逆冷频频呕，沉困难醒岂易明。唇红目闭手微搐，病行心脏及脾神。医者镇心为上法，更开关窍细详论。莫令加喘头先软，眼白濛濛命不存。

此病是惊风传入胃，胃兼有虚涎，下大青丹一二服，更将搐鼻散开关，大青丹方，见急惊风门。搐鼻散方见本门。次用醒脾散。方见本门中。

又《四十八候·慢脾将死候歌》

惊入风痫转在脾，直眠不动卧如尸。搐搦已休牵掣定，为他安好不生疑。便通大小难收乳，遍体如冰汗若泥。瞑目不开长似睡，睡中不觉赴幽期。

又《四十八候·慢脾侵肺歌》：慢脾多睡重重取，吐泻传脾胃转虚。逆冷四肢多重困，虚涎脾伏盛难除。生风肺脏添邪拥，任唤千声气不舒。莫使目瞑兼项软，十中难保一人苏。

汤民望《婴孩妙诀总要·吐泻成虚风歌》

吐泻才生便恶心，胃虚脾弱汗相侵。舌出唇绯双眼闭，摇头发直起如针。膈闷气粗两胁动，口生疮白命难任。未生此症宜先治，有疮胃闷命须沉。

又歌曰：未发慢脾先要困，睡中吐舌更摇头。吐奶作腥生气息，额头千颗汗珠流。睡里多惊惊哭起，面黄脉细最堪忧。醒脾助胃成功效，伤奶依前命也休。

《吐后生惊歌》曰

吐乳从来胃气实，奶满胸中生吐逆。吐多遍身有风生，惊邪本是从斯得。吐定无过脑后温，吐出奶来无变色。先与定吐后祛风，如此医流无费力。

又歌曰：慢脾之候脉微微，昏昏只睡难辩之。或若摇头并口噤，万中无有一能医。

凡有此疾，先用夺命散，青州白丸末煎如稀糊入蜜调，控下涎，然后服祛风、醒脾等药。

《经济小儿保命方·书慢脾风症歌》

脾风先要睡，吐舌更摇头。面青毛发直，脚手曲如钩。吐奶腥臊气，千颗泪珠流。表汗通肠效，只恐泻不休。

慢脾风症，若是急惊传来，而尚有阳症，其阳即亏，不必回阳。又不可治阳，只可截风调胃，均平阴阳，可冷可热，可缓可急是也。

慢脾死症，此病属阴，因吐泻胃气虚，变成慢惊。慢脾风，四肢逆冷面色青黄，沉困气喘，此是阴盛后了，阳气不舒，脾胃空虚生涎，肺脏受风气，胸膈胀滞，此慢惊也。不得下凉药取吐，先用发汗药回阳后下惊药。如加白瘼上眼睛。若更气急，泻下黑色呕逆，不治死候。

《慢惊慢脾二症歌》

长呼多困面青黄，呃乳痰生胃气伤。风盛涎多惊痉瘛，醒脾利膈药为良。

若有此等形症，可下竹沥散，及通关梅花饮子，兼与龙麝鹏砂膏，小归命散，次与匀气调胃药。

方

《茅先生方》活脾散，治小儿慢脾惊风。

羊粪二十一个，焙 丁香一百粒。 胡椒五十粒。

右为末，每服半钱，用多年东日照处壁土，煎汤调下。

醒脾散，治小儿慢脾风。

马芹子 白僵蚕 丁香

右三味，等分为末，每服一钱用炙橘皮汤调下。

一醉膏，治小儿慢脾风

花蛇鼻 蝎尾 天南星心 川乌脐 大附子侧 蜈蚣虫肚

右六味，各半钱生用，使枣肉五十个，用前药研成一块子，以脑麝滴水和丸黍米大，每一丸，用薄荷自然汁磨化下后通下可服依形候用一串药子调理。

《四十八候·醒脾散方》。

天南星一个去皮脐，用朱砂入，在南星脐内，令满以面裹慢火炮，令黄。 白术一分。

右为末，每服半钱，更入麝少许，煎冬瓜子汤调下。如为丸，以生葱涎丸如粟米大，每服十丸，鹏砂汤下，后与调胃散。方见积热门中

《四十八候·搐鼻散》。

瓜蒂一钱。 细辛一钱。

右为末，用半字吹入鼻中，打嚏，嚏下，候眼开，便将大青丹下积热，并下惊涎，后调气。大青丹方见急慢惊风门。

《惠眼观症·没石散》，慢脾候，此药醒脾。

没石子二个。 朱砂三钱。 滑石研。 白矾 丁香各二钱。 半夏一两。 生姜三两，槌烂。同浸水一碗。将半夏擘碎，又以水同煮干，取出，以面一钱乳钵内槌烂，搜作饼子，炙熟为末。

右为末，每服半钱，以冬瓜子煎汤调下，不拘时候。

刘氏家传治小儿慢脾，初生者，皆可服，其状困睡不醒或啼不已。

全蝎两个，以竹针穿，微火炙香熟，末之。 麝少许 朱砂 西壁土西昭久年者，壁泥各半钱，细研。

右和匀，乳汁调下一字。二三岁已上，量添至半钱，或三字亦得。又浓煎金银汤调下，又蜜汤亦得。

胃虚饼子。治小儿吐泻后，生风慢脾者多效，久泻者亦治。

丁香五十粒。 藿香叶秤一分。 木香 韶粉 大附子炮各一棋子大一云各二钱。

右为末，搅匀，生姜自然汁作饼子，用盆灯盏内水煮软化开服，或要急用作散子，入枣子一枚煎。

羌活膏,治小儿急慢惊风,或因吐泻后脾胃虚,传作慢脾之疾。

羌活　独活　人参　白茯苓　肉桂　木香　防风已

上各三钱　水银　硫黄　全蝎各二钱　金银箔各三十片

真麝香一钱

右为细末蜜和为膏,每服一黄豆大薄荷汤化下。

张氏家传醒脾去虚风

大附子一钱去皮脐炮　大全蝎七个　大白附子三个炮

天麻二钱

右件为细末,每服半钱,浓煎冬瓜子汤调下。

钓藤饮子治小儿,因吐或泻、体虚发搐、作慢脾、鱼口、直视、睡不醒、眼目不开。

钓藤　防风　麝香　麻黄各一分去节用　蝎梢　蝉壳

各半分

右为细末,每服一字,半钱,一钱,大小加减薄荷汤调,入醋一滴调匀服,如四梢厥逆,入附子三两片,同水五分,薄荷一叶,煎二分热服运进三二服,或吐泻、体冷多睡,用附子半钱,炮去皮脐为末,或作剉散,白术一钱,肉豆蔻一个,甘草炙一寸,枣一个,水六分,慢火煎至三分,温二服,作两服。体便暖,只煎四君子汤,加沉香、橘皮吃五六分,更吃暖惊药三两服,乳母忌口不得再惊。

花纹梅瓶

庄氏家传小续命丸,治慢脾风。

附子大一枚　硫黄枣许大　蝎梢七枚

右为末,生姜面糊丸黄米大量儿加减,十丸至百丸,治小儿久泻尫羸,尤妙。

治慢脾极妙,黑散子。

干姜半两　甘草一分

右同于一瓷合子内,用火煅存性为末。煅须恰好,过则力太慢,不及则性大烈。每服一钱或半钱,浓煎乌梅汤调下。临时更看男女大小加减服之。须是目垂面白,慢脾形候,即与吃。

孔氏家传治小儿慢脾惊风

右以代赭石,不拘多少,细研,水飞过,研冬瓜仁汤调下。量儿大小,与半钱或一钱。小儿因转泻后眼戴上三日不乳,目睛通黄如金色,气将消绝,止服三服,全愈。

《王氏手集》治小儿慢脾风万安散方

厚朴去粗,投以水一盏,去尽后细切焙干。干蝎七个,尾梢全者,每个用大叶薄荷数上,用浸着黄麻缠了微以姜汁,再浸以竹节上炙,令表里焦黄色。　白术汤浸半日切片子,用蜜涂炙香黄色。

朱砂各一分研　麻黄半分长直者以热汤浸饮用姜汁浸半日。

右并捣罗极细,再入乳钵内,与朱砂研千百遍,每服半钱或一字,煎金银薄荷汤调下。但小儿服药后,微汗出是效。凡小儿欲作慢惊,必先壮热、多睡频吐。若吐止即惊止。吐不定作慢惊,号为难治。有此吐症,以金液丹主之。此方传与,人必不信,但只与药。金液丹研开令细,以滴水为丸黄米大,用朱砂青黛为衣,每服五十丸以上。

以下不济事,用米饮下。定吐救生丹亦甚佳。然有十三四不能止者,此方百无一失。若有虽止,已成慢脾者,万安散救之,亦无失者。但费心力耳。不然,十有八九不救。此二方不可具述,千万秘之,非至诚好事者,不可妄传。

吉氏家传朱砂散,治慢脾风

朱砂　天麻各一钱　僵蚕七个　天南星一个　白花蛇项下肉一块皂子大　麝少许　蜈蚣一条

右为细末,每服一字薄荷汤下。

活脾散,治小儿脾困成慢脾风

天南星去皮　半夏　白附子各等分

右为末每服半钱一钱,小者一字,用冬瓜子七粒,薄荷二片,酒少许,或入水少许,同煎。

朱氏家传蝎梢膏,治小儿久病后,或吐泻生惊,转成慢脾候。

蝎梢不以多少,为细末一两,用新好者。

右用石榴一枚,开作瓮子,去子,以无灰酒半盏,调蝎末入石榴,以盖子盖定,坐文武火上,时时搅动,熬成膏子,取出放冷,每服一钱,用金银薄荷汤调下,急惊勿服。

治小儿慢脾风,吐奶,霍乱吐泻。

丁香一钱　藿香三分

右为末,炼蜜为丸,如绿豆大,每服三丸,或大段吐泻,米饮下半钱。

安师传治小儿慢脾风药方,小儿众医不效,用此药全可。

附子炮裂去脐　木香不见火　肉豆蔻煨　生硫黄用浆水同煮,赤者不用。其间夹石者须去。

右等分为细末,每用冬瓜子四十九粒,水六合,煎至三合,入药一钱,再煎至一合为一服,治身冷汗出,至虚缓搐者。

长沙医者毛彬传银白散,治小儿胃虚。吐泻烦渴。成慢脾者。

干葛　人参去芦　白茯苓　山药　白扁豆各半两　半夏一分汤洗去滑姜制成饼炒黄　糯米一合淘洗姜汁浸一宿炒黄

右件同为细末每服二钱,水八分,生姜二片,同煎,六分温服。

长沙医者郑愈传醒脾散,治小儿吐泻脾虚生风。已上二十二方,出《幼幼新书》。

藿香叶　人参　白茯苓各一钱　天南星一个重七钱者去心,入缩沙一钱,丁香一钱,在南星内,上面却用星心末封口,慢火煨熟切碎。

右件为细末,每服半钱,入冬瓜子少许,同煎至三五沸,温服。

许叔微《普济本事方·醒脾丸》,治小儿脾风,因吐利后,虚困昏睡,欲生风痫。

厚朴　白术　舶上硫黄　天麻各半两　全蝎　防风　人参　官桂各一分

右为末,酒浸蒸饼和丸,如鸡头大,每服一丸槌研,温米饮下。

又方

全蝎二个青薄荷叶包煨　白术指面大二块　麻黄长五寸十个去节

右细末,二岁以下一字,三岁以上半钱,薄荷汤下,量大小加减服。

人参散治脾风多困

人参　冬瓜仁各半两天南星一两切片用浆水姜汁煮存注

右细末每服一钱水半盏煎二三分,温服。

蝎梢丸,治小儿胎虚气弱、吐利生风、昏困嗜卧,或潮搐。

全蝎微炒　白附子煨裂各半两　通明硫黄一两　半夏一两切片姜汁熨焙干

右为末姜汁糊丸如麻子大,每服三十粒,荆芥汤下,更看大小加减服。

《济急捷用单方·万灵散》,治小儿吐泻变为慢脾风,百疗不能治者,但觉才吐泻即与服。

右用天南星可一两者,先筑地为一深坑子,可数寸深,以炭火二三斤煅令地,赤以酒一钱许,沃之乘热,置天南星于坑中,急以碗覆令密,候冷取出,为末以防风煎汤调一字或半字,量儿大小虚实与服。极有殊效,须得天南星破裂乃可用。

李柽《小儿保生要方·羌活膏》,治小儿胃虚、吐泻、生风。

羌活 天麻 防风各半两 人参 白茯苓 蝎酒炒 桂各二钱半 朱砂一钱研 水银一钱 硫黄一钱重与水银同研如泥

右先将八味为细末,入水银硫黄匀炼蜜为膏,每服一皂子大,用荆芥、薄荷汤化下,食前服,更量度加减。

《杨倓家藏方·银白散》,治小儿吐泻之后脾胃虚弱、贪睡、露睛、渐生虚风。

人参去芦头 白茯苓去皮 白术 山药 天麻 全蝎去毒微炒 白扁豆炒七味各一两 甘草一分炙

右件㕮咀每服二钱,水六分,盏生姜一片,枣一枚,同煎至三分,去滓温服乳食空。

醒脾散,治小儿脾困昏睡、面色青白、内生虚风、不进乳食。

人参去芦头 白术 白扁豆炒 白附子炮 天麻 酸枣仁生用已上六味各等分

右件为细末,每服半钱,煎生姜枣汤调下,乳食前。

汤民望《婴孩妙诀总要》:凡有此疾,宜暂断乳,控令胃干饥甚,当用药令乳母酿其奶与之,十救一二,酿乳法。

人参 木香 藿香 沉香 橘皮 神曲 麦蘖 丁香减半余各等分

右件㕮咀,每服秤四钱,水一碗,姜十片,紫苏十叶,枣三枚,砂瓶内煮至半碗,乳母食后,捏去奶汁尽,方澄服半盏许,即仰卧霎时令药入乳之络,次令儿吃数口不过饱,此乃良法也。呕完一日了,急宜截风宜服八仙散两日后醒脾。方录于后。

八仙散方,治虚风。

天麻 白附子 花蛇肉 防风去芦 南星炮 半夏曲 冬瓜子 全蝎各等分 加川乌尤妙

右件㕮咀,每服一钱,水半盏,生姜二片,煎至二分加枣子煎,去滓有热加薄荷。

又方

真川乌一枚生去皮脐 全蝎等分 人参二钱 甘草炙一钱

右四件细切,分三服,水二盏,生姜二十片,煎至半盏,逐旋服。

吉州传醒脾散方,用之累验。

白术 人参去芦 橘红 甘草炙 白茯苓 全蝎已上各半两 白附子炮 南星二枚炮 半夏曲一分 木香一分 仓陈米二百粒

右为细末,每服一钱,水半盏,生姜二片枣子半枚,煎至二分,逐旋服之,不可频服之,必吐。

又方定吐

青州白丸子 金液丹各半贴 五灵脂一钱 青皮末一钱

右四件一处和剂,饼糊丸如黍米大汤加减送下。

又方治脾风

附子炮一钱 蝎七枚 白附子三个炮 南星炮二钱

右末,每服半钱,水三分盏生姜一片,冬瓜子五粒擘破,同煎至半分盏,大小加减。十便良方温白丸,治小儿脾胃气虚,泄泻瘦弱,冷疳洞利,及因吐泻,或久病后成慢惊,身冷瘛疭。

天麻二分 白僵蚕 白附子 干蝎 天南星各一分

右为末,汤浸寒食面,和丸如绿豆大,于寒食面内,养七日取出,不暇养亦得,每服七丸,渐加至三十丸,空心姜米饮下即效。

魏氏家藏蝎附散治小儿吐泻,日久或大病后生风,时发搐搦,目睛邪视,手足瘛疭,胃闷昏塞,身体强硬,角弓反张。史越王授大父文节。

天南星一枚大者重二两槌碎 附子一枚重七钱槌碎

已上二味生姜四两取汁及好酒一盏于银石器中同煮令汁尽焙干

白附子七枚炮全蝎七枚炮 辰砂半两别研代赭石二两火煅研细

右件为末,麝香脑子少许,煎薄荷汤调下,不拘时候,少时再进一服,小儿身上有小红斑点出即验也。

醒脾散,治小儿慢惊脾困,及大患后,全不进乳食。

大天南星一两,每个切作五六块,用生姜一两切片,厚朴一两剉碎,水三升煮令南星透,拣去厚朴生姜,只用南星薄切,焙干 冬瓜子一百二十粒,郑愈方,用三十粒。 白茯苓半两去皮

右为细末每服一钱,水半盏,生姜一片,煎三分温服,或用蝉壳,煎汤调下,亦得。

郭弥明《方便集·人参温脾散》,治慢脾风,大治脾虚胃冷,作吐泻,此药极温调脾胃。

人参 白茯苓 白术炮 肉豆蔻面煨 木香 黄芪剉 白附子 藿香 陈皮汤浸去白焙干 白僵蚕直者佳 防风 羌活 冬瓜子仁微炒取仁 山药 芎䓖已上各半两 北南星半两每个破作四分同醋涂黄土煮内一点黄豆大白为度,洗出泥用。甘草一钱炙做赤

右为细末,三岁儿,每用一钱水一盏姜三片淮枣一个,煎至五分,去滓温服,不计时候,量儿大小加减,又宜服四君子汤。杨仁齐直指方黑附汤治慢脾风盛,四肢厥冷,生胃回阳。

附子炮去皮三钱 木香一钱半 白附子一钱 甘草炙半钱

右剉散,每服三字,姜五片煎取其半,以匙送下,若手足暖而苏省,即止后剂。

川乌散,驱风回阳

直川乌生一分 全蝎 木香各半分

右为末,每服三字姜四片煎取其半,旋滴入口中,呕吐者,加丁香金液丹。方见痫冷类白丸子等分,祛风回阳二药为末,每服半钱,陈米饮调下。

生附四君子汤,助胃回阳四君子汤加生附子末,四分之一,厥逆者对加,每服半钱,姜五片,慢火熟煎,以匙送下。

蝎附散,回阳气豁风痰。

全蝎七个 附子炮二钱 南星炮 白附子炮 木香各一钱

右为末,每服半钱姜四片慢火熟煎旋服。

阴痫散,祛风豁痰,回阳正胃。

白附子 黑附子 南星 半夏已上并生各一分半

右为末井水浸七日,逐日换水,浸讫控干,次入全蝎末二钱,每服一字生姜汤调下。

灵砂,正胃回阳,能止呕吐,温利痰涎,但泻者宜用为细末,以少许米饮调下或用糕糊丸如粟米大,儿两三丸,米饮灌下,

震灵丹，方见痼冷类治慢脾风，吐泻不止，每服一丸研细，人参南木香煎汤乘热调下。

已上诸药温热，并乳食前服。

神保既济丹。方见传慢惊门

白僵蚕丸方传慢脾，阳气未甚脱者可用，亦能截风。

牛胆酿南星二钱　全蝎焙　直僵蚕炒　钱子地龙干　五灵脂各一钱

右为末，水煮生半夏糊丸麻子大，每服五丸，姜汤下。

辰砂膏，治慢脾冷痰壅滞手足冷而微搐。

黑附子一枚，八钱重者去皮脐，顶上刻一孔，入辰砂末一钱重，用附子末塞之，以炭火三斤，烧存性为度。　南星炮半两　白附子炮　川五灵脂　蝎梢各一分

右为末，炼蜜丸桐子大，每服一丸生姜汁泡汤调下。

七宝妙砂丹，利痰奇效，慢惊慢脾通用。须以木香佐之。开元通宝钱，背后上下有两月片者，其色淡黑，颇小诸钱以一个放铁匙头于炭火内烧，少顷四围上下各出黄白珠子，将出候冷倾入盏中，只作一服南木香煎汤送下，人参煎汤亦得。

本事人参散，治慢脾风神昏痰盛。

人参半两　丸白天南星一两切片以生姜汁并浆水各半慢火煮带性晒

右末每一钱水一盏，姜三片，冬瓜仁擂细少许，同煎取半盏作两三次灌下。

木香汤，治慢风慢脾得效。

南星湿纸煨　白附子焙　天麻　木香　橘皮　白茯苓　石莲肉各一分　黄耆　白术
石菖蒲　甘草炙各半分

右为粗末，每服半钱，姜枣前服。

助胃膏，治慢风吐泻，不进乳食。

人参　白术　石莲肉各二钱　丁香　檀香　舶上茴香炒　白豆蔻　木香　甘草炙各一钱

右为末粟米糊丸桐子大，每一丸，陈米饮调下，脾困不醒，用冬瓜子仁煎汤下。

沉附汤，治慢脾风厥冷吐泻。

沉香　丁香　木香　黑附子炮　白附子焙　全蝎焙　藿香　天麻各等分

右为末每半钱炙甘草生姜煎汤调下，身温则去附子。

演山省翁《活幼口议·白僵蚕丸》，治婴孩慢脾风候、痰涎潮盛不化，宜与此方。

制牛胆五味者一分　白僵蚕去丝炒钱子地龙　五灵脂川者　全蝎炒　半夏末各一钱用
生姜汁浸

右件为末，水煮半夏糊丸如麻子大，每服三十丸，煎金银薄荷汤下。

议曰：脾家有风，乃虚所致，惊搐所由生也。痰涎是故作也。阴痛不暴其实骇医。若也意急，投之冲烈，愈见害重，诚不可。所以禁却脑麝通利关窍之药，悉无利益治者，所宜者令选用妙方，顿以活人。白僵蚕丸一味去痰，尤能截风。既已传入慢脾，则风痰混致。惊热交临，医工看候药用，当权未敢决之，可否候未脱去阳者，直宜与服之。若阳亏阴盛，至危至急，候变非常，精神色脉骇于人情者，当服下项良方。

附硫丸，治婴孩小儿慢脾风候、四肢冷厥，服之尤佳。

黑附子尖二个去皮生用　蝎梢七个　熟硫黄末一钱匕

右件为细末，生姜自然汁和丸如绿豆大，每一岁二十丸，米饮下。黑附汤治慢脾痰盛四肢逆冷。

黑附子炮取末二钱重　白术一钱　南星炮一钱　甘草炙　半夏各一钱汤洗七次

右㕮咀每服二钱,水小小盏生姜三小片,枣一个,煎至半去滓通口,以匙挑与服,所觉手足暖其候渐醒,药即止之。

辰砂膏,治婴孩小儿慢惊风传慢脾风候,有冷痰在鬲,潮作不散,此疾虚久不可顿下,其儿搐缓,昏困至重者宜服此方。

大黑附子一个八九钱重者,去皮脐,项上刻一孔,入粉霜。硇砂各半钱,内在孔中用附木塞烧灰存注。　天南星炮半两　蝎梢　羌活各一分　朱砂半两飞过

右为末以朱砂和匀炼蜜为丸,鸡头子大,每服一丸至两丸,煎金银薄荷汤入酒五滴,点化与服。议曰:此三方皆用黑附子直不可执谓性热,儿在幼小,疑与服之,其儿患脾风脚手冷者,有微有暴,审其轻重,轻即用汤,盛即以丸,重即以膏,服之皆效。须候手足暖,阳气回,即为之快矣。既以温暖,更以醒脾正胃药兼服。除是慢惊传入慢脾候,方可与服。硫黄其功甚速,又且逐风化痰、醒脾正胃、温暖脏腑、补益肠胃。夺命回阳,省活危困,至良至验,切不可仓皇,妄投丸散。或尔大过不及之时,则致咎于后方,宜孚受,不至诬诞故也。

七宝妙砂丹,治婴孩小儿慢惊风及慢脾候、神情昏困、鬲上有虚,痰不能得化,不可服巴豆轻粉,恐动脏腑。只将神仙所留妙方与服,其痰须臾自下,良久神情已定,眼目微开,渐与温平药,调理胃气,兼顺理惊风药与服,勿更攻击。其方乃一文开元通宝铜钱,其钱背上下有两月子,只有一个月子者不用,钱色淡黑颇小诸钱,将钱顿铁匙头,于炭火内烧霎时,四维上下各出黄白珠子,遍弦都是。将出候冷,倾放茶盏中,入朱砂末少许,只作一服,煎金银薄荷汤送下。多收此钱,准备缓急,或先烧成珠子收拾亦得。此方坠下小儿虚痰,别无它作症候者,用之乃保十全,功效无可疑讶。

钱样(略)

议曰:调治婴孩小儿慢脾风候,无过前件药对症克效。须审慢脾已传未传之理。其儿眼开未合,尚在慢惊。脚手不冷之时,未可便与回阳。且与七宝妙砂丹一二服。眼合沉困,阴症极盛者,方可与服回阳。凡服回阳醒脾汤剂,手足渐暖,仍与观音全蝎散,及醒脾散兼服。凡慢脾风候,最为恶症,只可全方调治。虽曰紧急,不得并杂用之。泛泛不惟无益,枉劳其功,虚延其候,闲养其疾。此疾传阴,阴重病盛,如灯无油,只见次第脱去。若不助阳生胃,只知截风去惊,儿疾转见增重。且儿阴症未至十分,与药加其寒凉,攻得阴重阳亏,难以救疗。若也失其阳气随阴而化,所谓制之在始,无在于末。医慢脾风症候,如其所述用药,犹可救治。若鄙夫意见不同,难以省活,嘘哉。

《备急篡要方》救小儿慢脾风,及脾积灸方。

黄连　草麻　乳香各等分

右三味为末,捻成饼子,脐心内灸五七壮。腹内响,可治。不响,则难治也。

又方来复丹十四粒,青州白丸子二十八粒,朱砂一鸡头大,麝香、当门子一个。右研为细末灯子煮枣子二个,取肉为丸,如萝卜子大,每服三十丸,温熟水下量大小加减之。

《经济小儿保命方书》,治小儿婴孩因惊而发,吐泻住后,外症多睡,眼慢不能开,变成慢惊慢脾之候。四稍微冷,目睛碧色,或因天吊急惊搐搦,久则传成慢候也。若有前项形症,宜便下竹沥散。

全蝎十四枚。每个用薄荷两叶裹定,以黄麻酒浸软缠定,用竹筯夹在火上炙令黄。去索,只用蝎。
南星一个,重二钱。研碎,用良姜一分、青皮一分同南星炒令黄,只用南星。　辰砂一分　犀

角一分　铁焰粉好者二钱重　牛黄半钱　脑子　麝香各一字

右作末,以磁合收之。凡小儿有前项形症,半岁一字,一二岁半钱。烧竹沥数滴,荡荷汤放温,温调匀,灌下。服此药后,目开,四稍温暖,可相夹保寿散、赤霞散、匀气散、白术散与调理,更下一二服通关梅花饮子、龙麝鹏砂膏,则疾自除,不再作也。

艾元英《如宜方·全蝎散》,治因吐利成惊风,胃虚神昏,困乏搐搦,欲成慢脾。

黄耆炙　人参　天麻各二钱　木香　甘草炙　莲肉制各一钱扁豆炒二钱　茯苓一钱半
　白芷　全蝎　防风　羌活各一钱

右㕮咀枣煎不拘时温服。

孙氏《仁存方·小来复丹》,治小儿慢脾惊风。似搐而不搐,此名瘈疭。似睡而四肢与口中气温合,睡露睛,或啼哭如鸦声,此病得之于大病之余,吐泻之后,或误取转药致脾胃虚损,风邪乘之,此症已危矣。其脉过命关难治。法当与通关窍,进乳食为先。方在泄泻类

太白再生丸,治症如前。

阳起石煨酒淬　生硫黄　南星　大附子炮去皮脐

右等分为末,用蒸饼为丸,如绿豆大,陈米饮下五丸至七丸。

丁沉散,治症如前。

丁香　沉香　人参　白茯苓　白术炒　白扁豆炒

右等分为末,每服半钱饭饮调下。看大小加减。

曾世荣《活幼心书·固真汤》,主吐泻痢后、胃虚脾慢、四肢口鼻气冷、沉困不省人事。

人参去芦　附子汤浸炮裂去皮脐　白茯苓去皮　白术四味各二钱半　山药去黑皮　黄耆
蜜水全炙　肉松去粗皮　甘草湿纸裹　煨透四味各二钱

右件㕮咀每服二钱,水一盏,姜三片,枣一枚,煎七分,空心温服。或无时。

天麻饮治慢脾风,搐不省人事。

天麻明亮者　川乌炮裂去皮脐二味各半两

右件㕮咀每服二钱,水一盏,姜三片,慢火煎若稀糊,无时勤与温服。

危亦林《得效方·黑附汤》,治慢脾风,面青额汗,舌短头低,眼合不开,睡中摇头吐舌,频呕腥臭,噤口咬牙,手足微搐不收,或身冷,或身温,而四肢冷。其脉沉微,阴气极盛,胃气极虚,十救一二。盖由慢惊之后,吐泻损脾,病传已极,总归虚处,惟脾所受,故曰脾风。若逐风则无风可逐,若疗惊则无惊可疗。但脾间痰涎虚热往来。其眼合者,脾困气乏,神志沉迷,痰涎凝滞而。然尔世所谓慢风难疗者,慢脾风是也。

附子炮去皮三钱　木香一钱半　白附子一钱　甘草炙半钱

右剉散每服三钱,水一盏,生姜五片,煎取一半,以匙送下。若手足暖而苏省即止。

川乌散,驱风回阳。

真川乌生一分　全蝎去毒　木香各半分

右为末,每服三字。生姜四片,煎取其半,旋滴入口中。呕吐加丁香、金液丹、青州白丸子,祛风回阳,理痰二药等,分为末,每服半钱,陈米饮调。下方见大方科痼泠类。青州白丸子方见风科通治类。

生附四君子汤,助胃回阳。

右以四君子汤加生附子末四分之一,厥逆者对加。每服半钱,姜五片慢火熟煎以匙送下。

蝎附散,回阳气,豁风痰。

全蝎七个去毒附子炮二钱　南星炮　白附子炮木香各一钱

右剉散每服半钱,水一盏,生姜四片,慢火熟煎旋服。

灵砂,正胃回阳,能止呕吐、温利、痰涎、伤泻者,勿用研为末,以少许米饮调下,或米糕丸如粟米大,小儿两三丸米饮灌下。方见大方科癎冷类。

震灵丹,治慢脾风、吐泻不止,每服一丸,研人参南木香煎汤乘热调下。

《袁当时大方·济生散》,治吐泻后壮热,多睡,眼目上视,时发惊悸,手足瘈疭,成慢脾风,庸医辈妄以银粉下之,顷时作定,复作如故,十无一存。

　　厚朴去粗皮,用甘草五寸拍破,水二碗,文火煮令水减半,去甘草不用,只用厚朴干末一钱　白术片切蜜炙黄色一钱　人参一两　陈皮去白　五味　紫苑　干姜炮　杏仁各七钱半去皮大双仁　肉桂去粗皮　甘草炙各半两

　　右为细末,每服三钱,水一盏,生姜三片,枣子一个,煎至七分,食前温服。

人参散,治脾风多困。

　　人参　冬瓜仁各半两南星一两切片浆水姜汁煮存性

　　右为细末,每服一钱,沸汤调下。

小儿慢肝风

论

　　《幼幼新书·治小儿形症论·四十八候,慢肝风歌》:孩儿眼涩羞明日,春不宣兮夏不通。秋被毒风伤肺得,次传肝肾别寻踪。先调五脏患方退,退得肝风便有功。

　　盖为小儿元气壮,此名立号慢肝风。此病肺与肝相克,见日眼不开,未出月有目肿者或出血者。

方

甘胆汤,四十八候慢肝风羞日,目肿出血。

　　甘草一截,以猪胆涂炙

　　右为末,每服半钱,米泔调下。

《四十八候》云:又欲去血,目涩不开方。

　　苍术不以多少,入在胆中,线缚定,煮熟将药气冲眼,后更嚼药,以汁咽吐滓,尤妙。

小儿胎惊

论

《和剂局方》

　　论小儿胎惊症胎惊风者。因乳母触冒寒暑,邪气伤入于胎中,生儿之后,洗浴当风,冷触于脐,邪气不除,变成胎惊之候。百日之内,频频烦躁啼哭,无时目睛上视,睡中搐

搦，或身冷头面赤，粪如青黄水者，可与保生散。每服一字，薄荷乳汁调下。更用琥珀丸调理乳母，更用服和气药调理。

张涣《医方妙选》

谨按婴儿在母胎中之时，腑脏未具，神气微弱，动静喘息，莫不随母。母有所动，胎必感之。母若调适失宜，食饮不节，喜怒不常，坐卧当风，遇酒、房、劳一切禁忌，致生下儿形多怯弱，头颅开解，或乳养失理，洗浴当风，则令儿壮热吐呃，心神不宁，手足抽掣，身体强直，眼目反张，此乃胎惊风病也。

甘草

《飞仙论·胎惊候》

说云：凡母怀胎之日，曾受惊气，传入胎中，致孩儿生下青红色，口唇时动，梦里多惊，五心常热，囟门不合，动多惊叫，身体壮热，此胎惊候也。

杨仁斋《直指方》

其有初生百日，频频吐呃，呵来喷去，睡里多惊，眼翻肚胀，手足缓怠，烦躁多啼者，当作胎惊风里之。夫胎惊风，以胎妇调适正常，饮酒嗜欲，忿怒惊扑。母有所触，胎必感之。或外挟风邪，有伤于胎，故子乘母气，生下即病也。其候月内温壮，翻眼握拳，噤口咬牙，身腰强直，涎潮呕吐，搐掣惊啼，腮缩囟开。或颊赤，或面青眼合，胎风眼合，不可误作慢脾，妄用温药。其有着噤撮口之类，亦此一种之所发也。视其眉间，气色红赤鲜明者，可治。若黯黑青黑者，不治，虎口指纹曲入里者可治，纹反出外者不治。治法，解散风邪，利惊化涎，调气贴囟，甚则以朱银丸利之。

《石壁经·三十六种胎惊候歌》：未出胎中一月来，母惊成患子临胎。腰宜哭时先口撮，面青拳搐缩双腮。眼闭咬牙筋脉急，《凤髓经》云："眼闭胶生。"注云：眼有眵，此是受气之时。若阴气弱，则胎易惊而落也，阳气弱则胎难惊而落也。阳弱则手足细，肌肉瘦。阴弱，则肉稍甚，然皆不能尽其天年。若日月满因惊而落者，使口撮腮，脸起如拳，鼻多塞口，噤不开甚，不可作惊风医。先当微发汗，次治惊调气，乳母当服调气药，孩儿贴囟门去邪。任唤千声眼不开。医者见形须问母，方知此患所从来。退却风涎为治疗，涎去惊邪自不回。失次则目瞑不开。若先治惊，则作吐或泻。在秋夏必作脾风，始初见之，亦不可作脾风治，恐汗不出而作别候也。《凤髓经歌》括一同仍注云：与乌犀膏，次与生银丸，二方，与王诀同，并见急慢惊风门中。

《小儿形症论·四十八候胎惊歌》

一同后说云：此患在胎中时母受惊，生下后，二十五日发是也。若不定，或三十五日别日者，不是胎惊。医人不识，多作惊风，误矣。目闭腰直，腮缩拳握，只与蜥蜴丸下涎。方见一切痫门中。或下半丸大青丹，方见急慢惊风门中。

汤民望《婴孩妙诀总要·胎惊歌》

才出胎中一月来,母惊成患子临胎。面青拳搐牙关紧,腰直身强哭泣哀。身热涎潮难得睡,睛斜眼闭不忺开。欲知病本源因母,累及孩儿带得来。退热镇惊为妙手,风涎坠下命须回。

《经济小儿保命方书·胎中惊》

忧惧胎中累受惊,生来缘此病停心。身肌软弱唇干缩,战栗多啼睡不宁。脸鼻淡青兼目碧,印堂浮紫患将深。灵丹次第安心府,免致孩儿性命倾。

小儿胎中累受惊,则心气不足矣。若有此候,当用安神压惊镇心丸散,捡方主之。若有印堂浮紫,痰涎吐沫,上搐搦不时者,皆为恶候也。

方

《颅囟经·牛黄丸》,治小儿胎惊,及痫,或心热。

牛黄　龙齿　马牙硝　铁焰粉各一分

右为细末,炼蜜丸如梧桐子大,每日乳食前热水调破一丸灌下,令母忌口。

张涣《医方妙选·圣星丹》:凡诸痫,皆宜服之,曾经大效。

天南星,拣四十九个一般大者,五月五日取活蝎四十九个,用瓦器内盛,以盐泥固济,吊于净室中,至腊日取出。拣天南星蝎蜇着处,有小窍子者,其余不用,只将蝎蜇天南星以酒浸一宿焙干,碾为细末,次用好辰州朱砂。一分细研水飞真牛黄麝香,龙脑。各一钱研细。

右件再一处研拌匀,用生姜汁和如梧桐子大,每服一粒至二粒,煎人参薄荷汤化下,神验。

白金散,治诸痫,潮发不省者。

好白僵蚕半两,拣净汤洗,炒微黄色,捣罗为细末,次用。

天竺黄一分细研　真牛黄一钱　麝香　龙脑各半钱并细研

右件同拌匀,每服半钱,用生姜自然汁调,放温灌之。

乌金膏,治胎痫,潮发频并。

乌梢蛇一条水浸去皮骨酒浸一宿焙干　蚕纸一张烧灰　蝉壳半两　金蝎半两

已上捣罗为细末,次用。

好朱砂半两细研水飞　龙脑　麝香各半钱细研　金箔二十片细研

右件一处研匀,炼蜜和成膏,如皂皂大,每服一粒,煎人参薄荷汤化下。

大一散,凡胎痫病差,亦宜常服。

天浆子二十一个,干者微炒　干蝎梢二十一个　防风半两剉　天麻半两

已上捣罗为细末,次入。

朱砂半两细研水飞　麝香一钱细研

右件再研细,每服半钱,乳汁调下。

天南星煎方,治胎痫,潮发迟省。

天南星一两微炮　白附子一两　干蝎半两炒　白花蛇一两,酒浸去皮骨,炙令黄。　天麻

半两

已上捣罗为细末,用好酒两大盏,搅令匀,于慢火上熬,不住手搅,以酒尽为度,次入。

好朱砂半两细研水飞　腻粉一分　牛黄半钱　麝香半钱　龙脑半钱并细研

右件,都入膏子内一处积,看硬软成膏,如皂皂大。每服一粒,取竹沥化下,不计时候。

祛风散,治胎痫多啼叫。

胡黄连半两取末　全蝎一分取细末　犀角一分屑取末　天竺黄一分别研　麻黄一分去节为末

右件,都研令匀细,每服半钱,研入麝香一字,乳汁调下。

铁粉散,惊风或多面赤口干,大便不利,尤宜服。

铁粉半两研　真珠末一分别研　郁金一分研　胡黄连取末一分　牛黄一分研

右件拌匀研细,每服一字,温蜜汤调下。

羌活膏,治胎痫,昏困不省。

羌活一两　乌蛇肉一两酒浸一宿焙干　独活一两　天麻半两　全蝎半两　白僵蚕半两微炒　人参半两去芦头

右件捣罗为细末,炼蜜和成膏,每服一皂皂大,用麝香荆芥汤化下。

麝香膏,治胎痫,不得安卧。

麝香一分研　牛黄一分　全蝎二十一个取末　白附子一分取末　蚕蛾一分微炒取末　白僵蚕一分微炒取末

右件,都拌匀研细,炼蜜和膏,如皂皂大,每服一粒,煎人参荆芥汤化下。

银珠丹,治胎痫,昏困涎盛。

干蝎一分微炒　天浆子一分微炒　露蜂房一分微炒

已上三味捣罗为细末次用。

朱砂半两细研水飞　水银一分用黑铅一分同结为砂子细研　牛黄一钱细研麝香一钱细研

右件都一处拌匀研细,用白面糊和如黍米大,每服五粒,煎金银薄荷汤下,乳后。

朱砂膏,治胎惊。

朱砂　粉霜　轻粉　水银砂子各一钱　乳香　牙硝各半钱

右为末,入麝香少许,枣肉为膏,如皂角子大,前胡汤化下。

《幼幼新书》孔氏家传,治小儿胎惊涎盛,不饮乳。

半夏一枚,灰火内炮令黄色,研令细,生姜自然汁为丸,如粟大,乳汁下一丸,无时服。

《王氏手集·如圣消惊丸》,治新生儿在胎中之时,其母宿挟惊忧喜怒,举动惊胎,致儿生后,常饶惊悸,眠睡不稳,精神恍惚,摇头上视,温壮多睡,反折啼叫,口眼相引。

羚羊角屑　犀角末　麝香各一分　牛胆酿　天南星四两　天麻　人参　白茯苓各一两　白僵蚕炒　全蝎炒各半两朱砂一两三钱半　龙脑一钱

右件为细末,炼蜜为丸,一两作八十丸,一方加朱砂一两,牛黄一分,每服一丸麝香汤化下。儿小涂乳上,令吮之,常服磨一切惊痫。右方载《幼幼新书》。

汤民望《婴孩妙诀总要》:胎痫曰胎惊者,儿在母腹中,十相具足,或妊妇惊怪癫扑失惊,而心主血脉,应之于胎,故生下未满月,而发惊者是也。初生婴儿,难以用药,凡有此候急取猪乳细研辰砂、牛黄,各少许,调抹口中,功效不可具述。此法诸家方书并不曾载,自余传之。始东宫吴观察新得一子,及一月病,此因用之验,今已一周。又入麝香当门子尤佳。又方胎痫惊风,皆可服。

全蝎头尾全者,用生薄荷叶裹外,以麻线缠,火上炙燥为度,碾为末别研生朱、麝香,各少许,煎麦门冬汤调下。

杨仁斋《直指方·太一散》,治胎惊。

天浆子去壳微炒　南星　白附子各微炮　天麻　防风　茯苓各二钱　全蝎　朱砂各一钱　麝少许

右为末每服半钱,乳汁化下。

参蝎散,治胎惊定心神。

天浆子　天竺黄　人参　朱砂　全蝎　天麻　蝉壳等分　麝少许

右为末炼蜜丸桐子大,每服一丸,金银汤下。

猪乳膏,治胎惊最妙。

琥珀　防风一钱　朱砂半钱

右为末猪乳调一字,拭入口中。

全蝎散,治诸惊胎痫。

全蝎一个焙　琥珀　朱砂各少许

右为末,每服一字,麦门冬煎汤调下。

独活汤,治胎惊发散风邪。

羌活　独活各一分　槟榔　天麻　麻黄去节　甘草炙半分

右剉散,每服半钱,水煎服于内加南星末,蜜调,可贴囟用。

朱银丸,治胎风壮热痰盛,翻眼口噤,取下胎中蕴受之毒,亦治惊积。但量用之。

水银一钱蒸枣肉研加泥　白附子一钱半蝎一钱　南星一分　朱砂一分　天浆子　牛黄　芦会各半分　铅霜半钱和水银研　脑子一字　麝半钱　直僵蚕炒七个

右为末粟米糊丸芥子大,每一丸,薄荷汤下,如未通利,加至二丸。

千金龙胆汤,治胎惊月中痰盛发热,凡脐风撮口,壮热,皆可用。

龙胆草　钓藤　紫胡　黄芩　北梗　赤芍药　茯苓　甘草炙各半两　蜣螂二枚去翅足炙　大黄二分湿纸煨

右为末,每服一钱,北枣煎服,或加防风麦门冬,以导心热,黄芩减半用。

朱麝散,治胎风,心热痰壅。

人参　朱砂各一分　牛胆南星　天竺黄　牙硝　铁粉各半分　麝少许

右为末,每服一字,生姜薄荷汤调下。

危亦林《得效方》,治儿在胎中受惊,故生未满月而发惊。

右用朱砂研细,同牛黄少许,取猪乳汁调稀,抹入口中。入麝香、当门子尤妙。

小儿惊悸

论
《太平圣惠方》

论曰:夫小儿惊悸者,由心藏壅热,为风邪所乘。邪抟于心,则令多惊不安。惊不已则悸动不定也。

《圣济总录》

论曰：心藏神而恶热，小儿体性多热。若感风邪，则风热抟于府藏，其气郁愤内乘于心，令儿神志不宁，故发为惊。若惊甚不已，则悸动不宁，是为惊悸之病。

演山省翁《活幼口议·恐悸喘息》议曰：惊悸属心，喘息得同而言否。愚曰，非心主之。若心所受，其疾不作喘发，是知肝脏魂肺脏魄。魂魄不安，恐悸伤乎？肝肺肺受其惊，而受其喘，须求水饮。肝受其惊，发喘细细，若张口大喘者，肝肺俱不利。镇心安神，调气定喘，必未尽善，当于损益魂魄丸散泻心补肝，立见功效。所述疑难，是请探赜，毋蹶高志。

《经济小儿保命方·书惊悸客忤症歌》：累累连惊恐，心虚胆积忧。额青浮碧色，津液出唇流。目上牙微噤，胸番似搦潮。安神兼正胃，早治自然瘳。小儿惊悸客忤，乃累遭惊扑气虚而作也。只是此症辨虚实检方，对药调理，若见四肢悚慄不止，面色黑，目上视无光，涎流不收，牙噤气冷，此症不治。

方

《外台必效方·钓藤汤》，疗小儿壮热时气惊悸并热疮出。

钓藤　人参　蚱蝉炙　子芩各一分　蛇蜕皮炙三寸龙齿四分碎　防风　泽泻各二分　石膏一两碎　竹沥三合

右十味切以水二升，并竹沥煎取七合细细服之，以差为度。

又方

茯神二分　蚱蝉炙二分　人参三分钓藤一分　牛黄两大豆许研　杏仁十二枚去皮研　龙齿碎　麦门冬去心各四分　蛇蜕皮三寸炙末之

右九味切，以水二升，煎取六合。去滓，下牛黄末分六服消息服之，令尽差。

《太平圣惠方·茯神散》，治小儿心热惊悸烦乱。

茯神三分　龙齿半两　寒水石一两　川升麻三分　石膏一两　麦门冬一两去心焙　甘草半两炙微赤剉

右件药捣粗罗为散，每服一钱，以水一小盏，煎至五分，去滓，入竹沥半合，更煎一两沸，量儿大小以意加减。

人参散，治小儿惊悸，情思不安。

人参半两去芦头　麦门冬一两去心焙　龙骨一两　茯神三分　甘草半两炙微赤剉　犀角屑半两

右件药捣粗罗为散。每散一钱，以水一小盏，煎至五分去滓，入地黄汁半合，更煎一两沸量儿大小以意加减温服。

蚱蝉散，治小儿风热惊悸。

蚱蝉半两去翅足微炒　茯神半两　龙齿三分细研　麦门冬半两去心焙　人参三分去芦头　钓藤三分　牛黄二钱细研杏仁二分汤浸去皮尖双仁。麸炒微黄　蛇蜕皮五寸烧灰

右件药捣细罗为散入研了药，都研令匀，每服以新汲水调下半钱，量儿大小加减服之。

远志煎，治小儿身体壮热、惊悸、心神不宁，宜安心神。

远志去心　羚羊角屑　茯神　甘草炙微赤剉　杏仁汤浸去皮大双仁麸炒微黄　紫苑洗去苗

土　龙骨　防风去芦头已上各半两　龙胆一分去芦头　蚱蝉一分去翅足　百合一分　牛黄一分细研麝香一分细研川升麻三分　川大黄一两剉微炒　酥三两　蜜半斤

右件药先研牛黄、麝香二味为粉，除酥蜜等二味粗捣，用水三升入银锅内煎至半升，以新绵滤去滓，却入锅内，下牛黄麝香酥蜜等以柳篦不住手搅，慢火熬如稠汤方止，入瓷内，盛每服取两豆许大，用温水调服，日三四服，量儿大小加减服之。

铁粉煎，治小儿心热、多惊悸、昼差夜甚、象鬼神所著。

铁粉一两　牛黄一分细研　菖蒲三分　酥三两　犀角屑　人参去芦头　茯神　百合　防风去芦头　川大黄剉碎　青黛细研　细辛　远志去心　芎䓖　麻黄去根节　薯蓣　甘草炙微赤剉已上各半两　蜜半斤

右件药先粗捣诸药用水三升，入银锅中煎至半升，以新绵滤去滓，却入银锅内入研了药及酥蜜，以慢火熬，不住手以柳篦搅如稠汤，收于瓷合中，每服以温水调二大豆许，日三四服，量儿大小加减服之。

金泥煎，治小儿心热多惊悸。

金箔七十五片　水银一两半　远志一两去心菖蒲三分　龙胆二分去芦头　龙齿三分　人参三分去芦头　赤茯苓三分　青黛一分　酥四两　麝香一分　虎睛一对微炙牛黄一分　甘草一分炙微赤剉　蚱蝉二枚去足翅　蜜半斤　钓藤二分

右件药水银金箔同研如泥，又别研麝香、虎睛、牛黄、青黛四味，如粉，其余药捣筛为散入银锅中，先以水二升，文火煎取半升，以新绵滤去滓，再入锅内下酥蜜及金泥并研了药等，慢火煎，不住手以柳篦搅如稠汤，入瓷合内盛，每服取二大豆许，以温水调服，日三四服，量儿大小，加减服之。

天竺黄丸，治小儿惊悸、壮热、黄瘦不思、乳食。

天竺黄细研　黄连去须　紫胡去苗　羚羊角屑　蔓荆子　犀角屑　防风去芦头　子芩　川升麻　麦门冬去心焙甘草炙微赤剉玄参　白蒺藜微炒去刺　朱砂细研　木香已上各一分　龙脑细研　麝香细研　牛黄细研已上各一钱

右件药捣罗为末，与研了药，都研令匀，炼蜜和丸，如绿豆大，每服以温水化下五丸，量儿大小以意加减。

牛黄丸，治小儿惊悸壮热，黄瘦发竖。

牛黄一钱细研　朱砂半两细研水飞过　犀角屑　天竹黄细研　白附子炮裂　茯神　黄连去须　羚羊角屑　防风去芦头　玄参　枳壳麸炒微黄去瓤　甘菊花　人参去芦头　黄耆剉　甘草炙微赤剉　黄芩已上各一分

右件药捣罗为末入研了药，都研令匀，炼蜜和丸如绿豆大，每服以淡竹叶汤研下五丸，日三四服，量儿大小加减服之。

天竺黄丸，治小儿壮热惊悸不得眠睡。

天竺黄细研　黄连去须　川大黄剉碎微炒　牡蛎粉　黄芩　栀子仁　远志去心，已上各半两

右件药捣罗为末炼蜜和丸如绿豆大，每服以新汲水下五丸，量儿大小加减服之。

竹沥磨犀角饮子，治小儿心热惊悸。

竹沥二合　犀角

右件药将犀角于竹沥内磨，令浓，量儿大小分减服之，日三四服。

《灵苑方抱龙丸》，解一切热化风痰，治大人、小儿风痫惊痫、阳毒狂躁，及心热惊悸、夜卧不安、胸膈壅痰、厥头痛、心神恍惚等疾。翰林院方。

天南星一斤生　朱砂细研水飞　紫石英研飞　白石英研飞　犀角锉末各一两　牛黄研
阿胶剉碎炒如珠子　藿香　麝香各半两金箔五十片　雄黄水磨通明者四两研
右件一十一味捣罗细研为末，更入乳钵内研如粉，以黄牛胆四十五个取汁和丸如樱桃
大，每服一丸，以盐一捻和药细嚼新水吞下。如牛胆少以煎水相和诸疾，服之，心膈清
凉如冰雪，便觉精神爽快也。

辰朱虎睛丸，压惊悸镇心藏，兼治小儿诸惊痫。此方柏温恭进过，甚有功效。
辰锦朱砂　白茯苓　黄芩　山栀子仁　人参各一两　虎睛一对用人牛黄　脑麝　犀
角屑各一分　钓藤　大黄用湿纸裹煨熟各四两
右件一十二味并捣罗为细末，以炼蜜为丸如鸡头肉子大，每服一丸至二丸，用金银汤
下，人参汤亦得。已上二方载《幼幼新书》。

《圣济总录·紫金散》，治小儿惊悸不安。
铁粉　龙脑　石膏　牛黄并研如粉　甘草生用各一分
右五味先捣龙齿石膏为末，与诸药同研如粉，每服半钱匕，用淡竹沥调服，三四岁儿
每服一钱匕，日三服，早晨、午间、日晚各一，量儿大小以意加减。

钓藤汤，治小儿壮热时气惊悸并热疮出。
钓藤一两　人参一两　蚱蝉微炙去翅足一两　黄芩去黑心一两　蛇蜕皮微炙令黄色三寸
龙齿研如粉一两　防风去义半两泽泻半两
右八味粗捣筛一二岁儿，每一钱匕水半盏入竹沥，半合石蜜少许，同煎至四分去滓分
温二服，空心、午后各一服，更量儿大小以意加减。

人参汤，治小儿壮热惊悸并热疮出。
人参三分　茯神去木半两　龙齿研如粉一两　钓藤一分　蚱蝉去足头翅微炙二枚　麦门
冬去心焙一两　杏仁去双人皮尖麸炒令熟一两半　蛇蜕皮微炙令黄二寸
右八味粗捣筛一二岁儿每一钱匕水半盏，煎至三分去滓，人牛黄一豆许大，分温二
服，空心、午后各一，量儿大小，以意加减。

牛黄散，治小儿心热惊悸。
牛黄研一分　天竺黄研半两　白茯苓去黑皮半两铅白霜研半两　玄明粉研一两　人参
半两
右六味捣罗人参茯苓为末，同牛黄等研为散，一二岁儿，每服半钱匕，用薄荷汤调服，
三四岁儿，每服一钱匕，日三服，早晨、午间、日晚各一，量儿大小以意加减。

大丹砂丸，镇心神、凉咽膈、压惊悸、退壮热、化风涎。
丹砂研水飞过　甘草炙　白茯苓去黑皮各二两　人参一两　马牙消研一分　蓬砂研三钱
　牛黄研半钱　龙脑研　麝香研各一钱
右九味捣研为末，炼蜜和丸如鸡头大，每服一丸，用竹叶汤化下，食后、临睡服。大小
以意加之。

丹砂丸，治惊悸、退壮热、止涎嗽、利咽膈、除眠睡不稳。
丹砂二两细研水飞　半夏汤洗七遍二两　乳香研半钱　人参　白茯苓去黑皮各半两　天
南星炮制一两　牛黄研三钱　龙脑研一钱
右八味捣研为末，用白面糊和丸如麻子大，三岁儿服十丸至十五丸，不拘时，用竹叶
乳香汤下，量儿大小加减。

天竺黄散，治小儿惊热、筋脉抽制、夜卧惊悸、四肢烦热。
天竺黄研半两　郁金浆水煮一分　粉霜研一分　铅白霜研一分　山栀子仁半两

右五味捣研为散,一二岁儿每服半钱匕,用新汲水调服,三四岁儿每服一钱匕,日二,早晨、日晚各一,更量儿大小,以意加减。

麦门冬汤,治小儿虚热、惊悸、睡中时叫。

麦门冬去心焙一两半　人参半两　龙骨一两　茯神去木三分　甘草炙一分　犀角屑半两

右六味粗捣筛,一二岁儿,每服一钱匕,水七分,入生地黄汁少许,同煎至四分,去滓,温服,日三四服,量儿大小,以意加减。

茯神汤,治小儿风热、惊掣、心忪恐悸。

茯神去木一分　龙齿半两　寒水石研一分　升麻三分　石膏研一两　麦门冬去心焙三分

右六味粗捣筛一二岁儿,每服一钱匕,水七分,入竹沥少许,煎至四分,去滓,温服,日三,夜一,量儿大小以意加减。

真珠丸,治小儿风热,心神惊悸,睡卧不安。

真珠末　羌活去芦头　防风去义　钓藤　龙胆　天竺黄研　升麻　牛黄各一分　茯神去木　人参　羚羊角屑　犀角屑各一两　铅霜　龙脑　麝香各一钱研

右一十五味捣研为末,炼蜜丸如绿豆大,每服用荆芥薄荷汤研下五丸,日三四服,常服化一切惊涎。

大镇心丸,治小儿精神不爽、寝寐多惊、心忪恐悸、四肢战掉、举动欲倒、状类暗风,或烦躁多啼、退惊、风化、痰壅、壮心气、益精神。

生犀角镑末一两　羚羊角镑末　龟甲镑末　赤箭各半两　牛黄研　茯神去木　远志去心　真珠末研　人参　桂去□皮　天竺黄研　蛇脱皮炙令焦黄　龙脑研各一分　铁粉研一两　麝香研　菖蒲各半两　丹砂研半分　金箔研　银箔研

右一十九味捣研为末,炼蜜丸如梧桐子大,每服一丸,至二丸,食后临卧,薄荷汤化下,更量大小加减。

金箔丸,治小儿惊悸、眠睡不稳。

金箔四十九片　丹砂　水银　腻粉各半两　麝香　牛黄　青黛　犀角末　白僵蚕直者炒　蝉壳去土　白附子　干蝎去土炒　天麻酒浸一宿焙干　麻黄去节　天南星炮各一分

右一十五味青黛已上七味研匀,余者捣罗为末,同七味再细研,用生蜜和匀成剂旋丸如梧桐子大,每服一丸,薄荷自然汁化下,量儿大小加减。

郑端友《全婴方·宁心膏》,治小儿精神不定、恍惚不宁、恐畏多哭、如人将捕、眠睡惊魇,常服镇心除百病。

人参　白术　白茯苓　茯神　山药　羌活　甘草炙各一钱　朱砂二钱　脑麝各一字

右为末,炼蜜丸如鸡头大,二岁一丸,薄荷汤化下。

李柽《小儿保生要方·朱砂膏》,安神镇心去痰热,小儿常用。

人参　茯神·防风　山药　甘草炙　黄耆蜜炙　麦门冬去心各半两　朱砂六钱研　麝香半字

右为细末,研匀,炼蜜丸如樱珠大,金箔为衣,每服半粒,或一粒,薄荷汤化下不拘时候。

七宝丹,治惊悸安睡去风。

人参半两　紫河车一分　白茯苓一分　龙齿一分　甘草一分炙　麝香一钱研

右同为细末,炼蜜丸如鸡头大,每服半丸,薄荷汤化下,不拘时候。

《杨倓家藏方·百枝膏》,治小儿禀赋怯弱,易感惊邪,心神恍惚、睡眠不安,常服安心神,

压惊悸。

　　人参去芦头　防风去芦头　天麻三味各一两　白附子炮　麦门冬汤浸去心焙干称　白僵蚕炒去丝嘴　羌活去芦头　石菖蒲五味各半两　朱砂二钱别研　麝香一钱别研

　　右件为细末次入朱砂麝香研匀，炼蜜为丸，每一两作四十丸，每服一丸温荆芥汤化下，食后临卧。

酸枣仁丸，治小儿心神不安、眠睡不稳，常服压惊邪，宁眠睡。

　　酸枣仁炒　人参去芦头　朱砂别研　乳香别研四味各二钱　白茯苓去皮　真珠末二味各一钱

　　右件为细末，炼蜜为丸，每一两作四十丸，每服一丸，荆芥汤化下，二岁以上儿，服二丸食后。

《魏氏家藏方·安神丸》，治小儿惊镇心藏热，化痰涎，小儿常服，永无惊悸之疾。

　　琥珀如无以茯神代之　人参去芦　远志去心　天麻　花蛇肉酒浸去首　白附子炮　麻黄去节　羌活　大川乌炮去皮脐　蝉蜕洗去土并去白筋　南木香不见火真珠末　白僵蚕直者炒去丝　全蝎生姜汁炙各半两　朱砂二钱别研　金银箔各三十片别研入　麝香一钱别研

　　右为细末，炼蜜为丸，如龙眼大，朱砂为衣，一丸作四服，用薄荷汤下，治小儿镇心，压惊坠涎。

　　朱砂细研急水飞过　白僵蚕炒去丝取直者洗净用　白附子湿纸裹煨候冷取出切片　天南星炮乱皮粗皮各半两　麝香半钱别研　干蝎一两慢火炒令熟

　　右为细末，面糊为丸如粟米大，每服十丸，煎金银薄荷汤下。如遇惊，取下痰涎后，且以此药，服一二服，无不效验，或有虚汗，用麻黄根煎汤下。

龙脑青金丸，镇心压惊，退潮热，治盗汗，杀疳蛔，疗腹大，医泻痢，安五脏，益颜色，治疮疥，长肌肤。

　　脑麝一字别研青黛别研　雄黄水龙别研朱砂别研　胡黄连　芦会　腻粉别研各一分

　　右为细末猪胆浸蒸饼为丸，如绿豆大，晒干入瓷器内贮之，每服二丸至三丸，一切惊悸、体热、疮疥，薄荷汤下，一切疳气泻痢蛔虫，米饮下，常服百病不生。

辰砂安惊丸，理风热涎盛，身体拘急，睡中不稳，镇心止惊。

　　天麻　甘草炙　白附子炮各一分　人参去芦　防风去芦　茯神去木各半两　川芎二钱
朱砂二钱半留为衣子

　　右为细末炼蜜为丸，如鸡头大，每服一丸至两丸，用薄荷荆芥汤下。

大米砂丸，治小儿心气不足不省人事，多恐惧。

　　朱砂别研　人参去芦　石菖蒲　远志去心　麦门冬去心　甘草炙　茯神去木各半两
酸枣仁去皮炒别研　全蝎石灰炒去毒　杏仁去皮尖各一分　麝香少许别研

　　右为末炼蜜丸如鸡头大，每服半丸，煎木香麦门冬汤，化下。八物参术丸平补心气，安神镇惊，除鬲热痰实。

　　麦门冬去心　远志去心　菖蒲　茯神去木　白茯苓去皮各一两　白术半两炒　人参一两去芦头　牛黄二钱别研

　　右同为细末，次研入牛黄，炼蜜丸如黍米，以朱砂为衣，每服二三十丸，熟水下。

小定志丸，治婴孩禀赋不足、心神睡卧不宁，常服压惊邪，止夜啼。

　　酸枣仁去皮炒　人参去芦　白茯神各二钱去木　远志去心水洗微炒一钱　乳香半钱别研

　　右为末炼蜜为丸，如粟米大，每服二十粒，别研生朱砂为衣，人参汤下。

陈自明《管见大全良方·金箔镇心丸》，治小儿风壅痰热，心神不宁，惊悸烦渴、唇焦颊赤、

夜卧不安、谵语狂妄。

    人参洗去苗　茯苓去皮　甘草各五十两　山药伯五十两　朱砂研飞一百两　麝香五两研　龙脑十两　牙硝枯过一十五两　金箔一千二百片为衣　紫河车用黑豆水煮软切片焙干二十五两

    右为细末，炼蜜为丸，每一两半作五十丸，以金箔为衣，每服一丸，薄荷汤化下，含化亦得，食后临卧常服，安心镇神，散邪热凉咽膈，止惊啼。

五福化毒丹，治小儿蕴积毒热、惊惕狂躁、颊赤咽干、口热生疮、夜卧不宁、谵语烦渴、头面身体多生疮疖。

    玄参洗焙　桔梗各六两　茯苓去皮五两人参去芦　牙硝枯过　青黛研各二两甘草剉炒一两半　麝香研半钱　金银箔各八片为衣

    右为细末入研药匀，炼蜜为丸。每两作十二丸，一岁儿一丸，分四服。薄荷汤化下，及疮疹后余毒，上攻口齿，涎血臭气。生地黄自然汁化一丸，用鸡翎扫在口内，热痱，肌肉黄瘦，雀目，夜不见物，陈粟米泔化下，食后临卧服。

杨仁斋《直指方·温胆汤》，治惊悸烦痰。

    半夏制　枳实各二钱半　茯苓半两　橘红　甘草各一钱半　酸枣仁温汤浸去壳二钱半

    右剉散，每服一钱入竹茹少许，用姜枣煎服。

定心丸，治惊悸烦躁。

    北参　远志姜制焙　伏神　天麻　犀角各一分　防风　朱砂一钱　麝香一字

    右为末炼蜜丸皂子大，金箔为衣，每服一丸，薄荷汤调下。

《御药院方安神丹》，治小儿心神不宁，困卧多睡，及痰涎壅塞，恍惚不定。

    朱砂　人参各二钱半　南乳香半两　酸枣仁炒去皮一两　远志去心一钱半用净数

    右五味为细末，蜜丸如榛子大，金箔为衣，每服一丸，人参汤下。每两作三十丸。

丹砂镇心丸，治小儿心神不宁，有时惊悸、目睛偏视、痰涎不利、甚则瘛疭，服之，安镇心神，罢惊止搐。

    朱砂一两飞研　牛黄一钱　生龙脑　麝香各一钱　铅白霜　天竺黄各二钱并细研　天麻明者二两　人参　茯苓白者去黑皮　甘草炙各半两

    右一十味为细末，与研药同研匀，细炼蜜丸如鸡头实大，每服一丸，煎金银薄荷汤化下。

曾世荣《活幼心书·茯神汤》，治心气不足、虚而惊悸、日常烦哭，及婴孩生下羸瘦多惊，宜子母同服，自然有效。

    茯神去皮木根一两　人参去芦　当归去芦尾酒洗二味各半两　甘草炙三钱

    右件㕮咀每服二钱、水一盏，煎七分，无时温服，有微热烦躁入麦门冬去心同煎。

《袁当时大方·安神丸》，治上焦多热惊悸不已。

    麦门冬各半两去心　马牙硝　白茯苓去皮　干山药　寒水石　朱砂一两　甘草　龙脑一字

    右为细末炼蜜丸，如芡实大，每服半丸，砂糖水调下。

儿 小儿症治六十六

《小儿衄血》

论

《巢元方》

病源鼻衄候，小儿经脉血气有热，喜令鼻衄。夫血之随气循行经脉，通游腑脏，若冷热调和，行依其常度，无有壅滞，亦不流溢也。血性得寒，即凝涩结聚。得热，即流散妄行。小儿热盛者，热乘于血，血随气发，溢于鼻者，谓之鼻衄。凡人血虚受热，即血失其常度，发溢漫行，乃至发于七窍，谓之大衄也。

孙思邈《千金翼方》

脉浮发热，口干鼻燥，能食者即衄。

《圣济总录》

论曰：小儿体本挟热，含于经络，血脉扬溢，则为鼻衄。盖血与气循行经脉，通于府藏，邪热乘血，血得热则妄行，随气上溢，出于鼻者为鼻衄。血虚受热，散漫失度，出于七窍者为大衄。

郑端友《全婴方》

夫鼻衄者，是五藏热结所为也。血随气行，通流脏腑，冷热调和，不失常度，无有壅滞，亦不流溢。血得寒而凝结，得热而流散。热乘于血，血随气发溢，出于鼻窍也。又有因伤寒温疫，诸阳受病不得其汗，热毒停聚五脏，故从鼻而出也。

衄血立效。沈氏子十岁，鼻衄不止，召二三医，或以茅花煎汤，或以犀角地黄汤，并龙骨末吹鼻，数法皆不效，其血注下。召愚视曰：急以浓盐水下龙胆丸一服减半，再进全除。

主人曰：盐水有何效？愚曰：夫血得热而流溢，盐水咸冷，能凝其血。譬之屠猪就血，得盐水而凝结。黄连、龙胆味苦寒，能坚其血，所以知其咸苦入口，即立效也。

栖真子《婴童宝鉴》

小儿心热肺气实，血随热入肺经为鼻衄。

《惠济论·小儿鼻衄候歌》

欲衄之候脉弦洪，鼻中干燥响如风。气冲积血停留肺，脏腑烦冤邪脉攻。数合出红犹可治，更加升斗命须终。明师若欲知调治，凉血清胸始有功。清胸清肺也。

方

葛洪《肘后备急方》，疗人，少小呕鼻衄，小劳辄出。

右用桑耳，无多少熬令焦，捣下筛。每衄发，取以杏仁大塞鼻，数度即可断。外台法烧用为丸，以内亦得。

《仙人水鉴方》，小儿百日内，鼻中出血方。

葵花一字急吹之，白矾水浴更相宜。此是鼻风不消药，莫教虚误奶头儿。

《外台古今录验方》，疗小儿鼻衄不止。

以马屎绵裹，塞鼻孔中。

又方

烧发灰末，吹鼻孔中亦佳。《本草·圣惠婴孺法》同，甚妙。

又方

单服白马屎汁三合，甚良。

《太平圣惠方·升麻散》，治小儿鼻衄或唾血。

川升麻半两　羚羊角屑　甘草炙微赤剉　黄芩　赤芍药以上各一分

右件药，捣粗罗为散，每服一钱，以水一小盏，入淡竹叶七片，煎至五分，去滓入地黄汁半合，更煎一两沸，不计时候，量儿大小，分减温服。

生地黄煎，治小儿鼻衄不止。

生地黄半斤取汁　刺蓟半斤取汁　杏仁一两汤浸去皮尖双仁。麸炒黄别研　阿胶半两捣碎炒令黄燥为末　蜜一合

右件药，都入银锅中以慢火熬为膏，不计时候，用新汲水调下一钱，量儿大小，加减服之。

又方

刺蓟半两　乱发灰一分　蒲黄半两

右件药，捣细罗为散，每服以冷水调下半钱，不计时候。量儿大小，加减服之。

桂心散，治小儿鼻衄心闷。

桂心一分　乱发灰一分　干姜半分炮裂剉

右件药，捣罗为散，不计时候，以冷水调下半钱，更随儿大小，以意加减。

栀子仁散，治小儿卒热，毒气攻脑鼻衄。

栀子仁一两　槐花半两微炒

右件药,捣细罗为散,不计时候,用温水调下半钱,量儿大小,以意加减。

又方,治小儿鼻衄不止。

乱发灰半两　伏龙肝一两

右件药,都研令匀,不计时候,以新汲水调下半钱,量儿大小,以意加减。

又方

刺蓟汁一合　地黄汁一合　生姜汁少许

右调和令匀,徐徐服半合,仍将滓塞鼻中,即差。

又方

炒桑耳令焦,熟捣细罗为散,不计时候,以冷水调下半钱,亦吹少许于鼻中,量儿大小,以意加减。

《谭氏殊圣方》:小儿鼻衄数还嚏,颜色青黄渐改移。忽尔发时饶奔躁,连忙走起索东西。只缘积热三焦壅,凝水川消贝母知。更有荷衣煎五合,蜜调顿服定无疑。

凝波散《圣济总录》,名玉屑散。

寒水石　贝母　知母为末,各一分半。　马牙硝细研,川硝亦得,各一分　荷叶一两,以水一升煮五七沸,晒干,焙亦得。

右为末,每服半钱,蜜水调下。

绛雪丹,治小儿阳毒烦躁,吐血衄血,渐生赤斑。

丹砂研半两　焰消研一两

右二味各研令细,再同研炼蜜和丸如梧桐子大,每服一丸,沙糖水调化服取下,涎即安。

张涣《医方妙选·抵圣散》,治不以疾病,鼻衄不止。

盆硝研　乱发灰烧灰研　红蓝花取末各一分

右用研匀细,以绵缠搵药塞鼻中,汤调下。

槐花散,治衄血。

槐花一两炒　蒲黄半两　川面姜一分

右件捣罗为细末,每服半钱新水调下。

张锐鸡峰,方治衄血

右每用石榴花末,一字许搐鼻内。

又方

每用龙骨末少许,吹鼻中。

《惠眼观症方·调荣散》,治衄血不止。

血余父母首上者一图,用绿竹笋壳一片裹烧过。

右为末每服半钱,或一钱新汲井华水下。以上二方载《幼幼新书》。

郑端友《全婴方·龙胆丸》,治小儿衄血不止。

黄连　龙胆草

右等分为末,糊丸如小豆大,三岁三十丸,或作散子,以浓盐水送下。

三黄丸亦效,一方研好墨滴鼻中,一方烧乱发吹鼻内,茅花汤亦得。

青苔散,治小儿鼻衄吐血,亦治淋沥,小便不通。

右以船底青苔,日干为末,三岁一钱,藕节汁入蜜少许调下,淋沥,木通汤调下。

檗皮散,治小儿衄血至一二升闷绝。

檗皮一两　栀子一两　甘草炙半两

右㕮咀，三岁一钱，水半盏煎三分，去滓服。一方剪金花茎叶阴干，水煎服。又一方，白芨末水调涂鼻上，并囟门立止。又一方蓖麻叶涂油炙热熨儿囟上血止。

胶黄散，治小儿大衄，口鼻耳出血不止，十五六岁儿，阳盛多此病。

　　阿胶一两炒　蒲黄半两

　　右为末，三岁半钱，生地黄汁微煎调下，以帛急系两乳头，随血左右。两窍俱出，并系两乳。

又方　烂寒水石煅　牡蛎煅

　　右等分为末，三岁半钱，冷水调下，连进二服。一方，人中白烧灰为末。吹鼻立止。一方青竹茹烧灰，入麝香吹鼻并效。一方，蒜去皮研细，摊饼子如钱大，厚一豆许，左鼻出血贴左足心系定，右亦如之。两鼻出血，两脚如之，血止，急洗去。

　　又方治衄　釜底墨，吹鼻即止。

吉氏家传黄药散，治小儿鼻衄不止。

　　右黄药一味为细末，每服半钱，或一钱，井水调下。载《幼幼新书》。

李柽《小儿保生要方》治鼻衄，滑石为细末

　　右用饭为丸如萝卜子大，每服三五十粒，微嚼破新水咽下，未能嚼者，槌碎与之，
又方

　　生萝卜细研取汁

　　右入酒相当，量儿大小，温温与之，立止。

汤民望《婴孩妙诀》：此候，乃血热不循经，而壅从鼻出也。血随其气，而肺主气，外属鼻，故自鼻出而衄。春冬衄者，只用生地黄细研取汁，加生蒲黄少许，砂糖井水浸服之愈。秋夏鼻衄，但用车前草一握洗净，研取自然汁同生姜一处研取汁，入生蜜一匙，先用滓塞两鼻，次用新汲井水和蜜，并车前草姜汁饮之即愈。凡有此候，皆由荣热，宜服凉血地黄汤。

地黄汤，治荣中有热，及肺壅、鼻衄、生疮、一切丹毒方。

　　生地黄　赤芍药　当归去芦头洗净　川芎各等分

　　右件㕮咀，水煎去滓，大小以意加减。鼻衄临熟入生蒲黄少许。生疮遍体，加黄芩一处等分同煎。丹毒，加防风去芦等分同煎，用之累验。

又方

　　右用生萝卜取根，捣自然汁，仰头滴入鼻管中取止。次以新汲井水，和姜蜜萝卜汁饮之良。

又方

　　右用车前草叶一握，生姜一块切研，取自然汁入蜜，新井水调和，饮一盏许，仍用滓塞鼻中即止。

袁当时大方治鼻衄，吴提举传。粗茅纸裹干马粪塞鼻中即止。

演山省翁《活幼口议》，治小儿心肺蕴热，及心血妄行，鼻衄出血不止，良方。

　　右将故纸藤被一片，作捻子包麝烧熏入鼻，或吹入鼻中，又令患人吸呷尤佳。故藤纸

花鸟纹盘

被至旧亦得,或烧内小瓶中留性,每服二钱,入麝酒调服极妙。

小儿吐血

论

《巢元方·病源吐血候》

小儿吐血者,是有热气盛而血虚,热乘于血,血性得热则流散妄行,气逆即血随气上,故令吐血也。

《圣济总录》

论曰:小儿阳气盛壮上焦,有热伏于肝心二脏,播流脉中,血得热则妄行,下入胃中,胃受之则胀满,与气俱上冲击,故令吐血。

《钱乙小儿方》论补下不同云:段斋郎子四岁,病嗽,身热吐痰,数日而咯血。医以桔梗汤及防已丸治之,不愈。其涎上攻,吐喘不止。请钱氏下褊银丸一大服,方见痰涎门中复以补肺散、补脾散治之。方见胃气不和门中。今段氏咯血肺虚,何以下之? 曰:肺虽咯血,有热故也。久即虚痿,令涎上潮而吐,当下其涎。若使不吐涎,为甚便也。盖吐涎能虚,又生惊也。痰实上攻,亦使发搐,故依法只宜下痰,后补脾肺,心涎止而吐愈。若先补其肺为逆,先下其痰为顺,先下后补为良也。

郑端友《全婴方》

病差后,唾血、咯血、下血者,此热毒积瘀,犀角地黄汤主之。福病亦宜服。夫吐血者,由荣卫气逆也。荣者,血也。卫者,气也。荣卫相济,不失常道。一有所胜,则致妄行。血者,水也,决之东则东流,决之西则西流。气之使血,其势如此。巢氏云:吐血者,是有热气盛而血虚,热乘于血,血性得热则流散妄行,气逆则血随气上,故令吐血也。又或饮食大饱之后,脾胃内冷,不能消化,忽吐所食之物,气血相冲,因伤脾胃,亦令吐血。若久嗽气逆,面目浮肿而嗽吐血者,是肺虚损也。嗽部有方。

曾世荣《活幼心书》

小儿九道出血,何为而然,盖人之所有者,血与气也。心者,血之主,肺者,气之主。气主呴之,血主濡之,荣养百骸,灌溉孙脉,升降上下,荣卫谐和,自然顺适。一或不调,疾由生矣。或外为六淫所侵,内因七情所泊,气乃留而不行,血乃壅而不濡,内外抑郁,不能流注,以荣于身,必有妄动之患。叔和以芤脉为失血之义,在七表属阳故也。阳明主乎多气多血,未有不因热而得。盖气血俱热,热郁内逼,失其常度,是以妄行。

有在襁褓患此症者,固非七情所伤,皆因乳母执着不自宽释,及啖辛辣之味,流于乳

络,儿饮之后,停滞不散,郁蒸于内,亦能动血。

或居重帏暖阁,火气熏逼,不令常见风日,积温成热。热极则涌泄,或吐或衄,或大小腑亦多血来者。

有气虚而邪热乘之,则血不得循流故道,渗于诸经,亦生走失之症。其面㿠白,脉沉微,血淡紫口气缓是也。

又况婴孩脆弱,易虚易实,因热内攻,血随气行,或壅而上逆,或下而忘返,遂有吐血、衄血、泻血、溺血之症。然而血不自动,因气使之。风不自生,因热而起。由是而论,可以类推。治法先明虚实,审得病源,随经施治,药饵无差,不失其机要,实则小柴胡汤加生地黄,丝茅根,或苦参亦好,并用水煎服。或㕮咀五苓散合五和汤,亦加丝茅根苦参煎,及投消毒饮。次用局方鸡苏丸,三黄丸间服。

虚则理中汤,及人参芎归汤皆可服。间有医者,见其血盛,以为热极,过投凉剂,遂使血寒不能归源而妄流,其色紫黯而凝滞,或成小块,当服姜附之剂以温之,自然流畅。毋致妄行为佳。

栖真子《婴童宝鉴·小儿吐血歌》

血为荣兮气为卫,二气相随无住滞。忽然出被气来侵,所以忘形不依位。血随气上奔心来,吐下如屠争忍视。便须服药好看承,解热须令依次第。

郑端友《全婴方·吐血气逆诗》曰

血虚气盛不和同,热毒流心引肺风。忽尔气虚荣卫逆,吐出鲜明点点红。

曾世荣《活幼心书·失血诗》曰

九道何为血妄行,盖因抑郁热邪生。随经施治明虚实,气顺如常血自匀。

方

孙思邈《千金要方》治小儿吐血。烧蛇蜕皮末以乳服之,并治重舌。
又方 取油三分,酒一分和之,分再服。
《简要济众方》治小儿吐血不止。
右蒲黄细研,每服半钱,用生地黄汁调下,量大小加减进之。
治小儿吐血不止。
右用黄连一两,去须捣为散,每服一钱水七分,入豉二十粒同煎至五分,去滓温服,量儿大小,加减进。以上二方,出《幼幼新书》。
《太平圣惠方·犀角散》,治小儿四五岁已上非时吐血。
犀角屑 栀子仁 生干地黄 子芩 紫参 刺蓟各一分
右件药,捣粗罗为散,每服一钱,以水一小盏,煎至五分,去滓不计时候温服,量儿大小,加减服之。
蒲黄散,治小儿吐血不止。
蒲黄一分 伏龙肝半两 乱发灰一分

右件药同研令匀细,不计时候,暖生地黄汁调下半钱,量儿大小加减服之。

茜根散,治小儿吐血,心躁烦闷。

茜根半两　犀角屑　川升麻　川大黄剉微炒　黄芩　甘草炙微赤剉以上各一分

右件药,捣粗罗为散,每服一钱,以水一小盏入黑豆三十粒,淡竹茹半分,煎至六分,去滓不计时候,量儿大小,以意加减温服。

又方

刺蓟自然汁,不限多少。

右件药取汁一合,暖令温不计时候调下玄明粉半钱,量儿大小,以意加减。

又方

右取生地黄汁一合,暖令温,调下面尘半钱,不计时候,量儿大小以意加减服之。

又方

右以乱发烧灰细研,每服以温水调下一字。

《婴孺方》,治少小咳唾中有血款冬汤。

款冬花　干姜　阿胶炙各二两吴茱萸一升　桂心五寸　艾一鸡子大　鲤鱼一个长一尺二寸

右杵细,酒和置鱼肚中,铜器中蒸熟取汁,大人服一升,小儿一合,以意裁之。

豚肺散,治少小咳逆甚者,血出鼻衄。

右以豚肺,好酒浸一宿,平旦取炙干为末,一服一撮饮下。

升麻汤,治小儿热病鼻衄,或唾血。

升麻八分　淡竹青皮　羚羊角各五分　生地黄七分　甘草四分　芍药六分

右以水三升煮一升,一岁儿为三服。

治小儿汗出如浆,衄血吐血,小便出血垂死者。

都梁香　干地黄各二两　紫苑　桂心　人参　青竹叶　苏蓉以上各一两

右为末,酒服方寸匕,日进三服,夜一服可至二匕。四方载《幼幼新书》。

《圣济总录·黄连饮》,治小儿心肺有热吐血。

黄连去须一分豉二百粒

右二味,将黄连粗捣筛,每服半钱匕,水七分,入豉二十粒,同煎取三分去滓温服,日三,更量大小加减。

治小儿吐血不定方。

刺蓟自然汁不计多少　朴硝半两

右二味,先研朴硝为末,二百日儿及晬儿,每服用刺蓟汁调朴硝末一字,至半钱匕,日再服,更量大小加减,

大黄汤,治小儿吐血

大黄剉炒　黄芩去黑心各一分

右二味粗捣筛三四岁儿,每服一钱匕,水七分,入黑豆三十粒,同煎至四分,去滓温服,日三,更量大小加减。

治小儿积热攻肺,卒吐血。

飞罗面二两　生地黄汁二盏

右二味相和匀,暴干研为末,每服半钱匕,新汲水调下,日三,随儿大小加减。

又方

刺蓟花暴干不拘多少

右一味捣罗为末,每用黄牛乳调下一钱匕,日三。

地黄饮,治小儿吐血。

地黄一升,研取自然汁。

右一味,一岁儿服半合,二三岁每服一合。量儿大小增减,日三。

张涣医方妙选:谨按:小儿内有邪热,流散妄行,若气逆,即血随气上。或口中紫参散,治吐血病。

紫参一两　山栀子一两　生干地黄一两　刺蓟一分烧灰　乱发一分烧灰

已上捣罗为细末次用。

蒲黄一分　伏龙肝一分并细研

右味都拌匀,每服半钱至一钱,煎竹茹汤调下。

张锐鸡峰方,治吐血。

右用伏龙肝末每服二钱水一盏同煎至六分,去滓温服,不以时治吐血,衄血。

右用白茅花,每服秤一钱,水一盏,同煎至六分,去滓,温服,不以时。

又方

右用新棉烧灰研细,每服一钱,旋入少麝香温酒调下,米饮亦可。王氏手集青金散,治肺嗽喘息有音,及热搏上焦血溢妄行咳唾血出,咽嗌疼痛,烦浊呕吐,寒热休歇,减食羸瘦方。

白芨末　青黛研各半两

右同研匀,每服半钱,或一钱糯米饮调下。

黄芩膏,治小儿衄血,吐血下血。

右以黄芩为末,炼蜜丸如鸡头大三岁一丸浓监汤下,一方柏叶石榴花为末吹鼻,治衄血吐血,一方定州瓦器末,治呕血破血止血,又方鼻衄久不止,用剜耳许入鼻立效。

又治小儿面目卒,得黑丹,如芥状,不急治遍身即死,以猪脂调涂之,即愈。

柏枝散,治小儿衄血吐血。

柏枝干者　藕节干者

右等分为末三岁,半大盏藕汁入蜜,沸汤调下,一方白芍药为末磨犀角汁调,治咯血衄血,又方龙骨为末吹鼻,治衄血,如咯血吐血,藕汁调下半钱。又方治吐血止及唾血,蒲黄冷水调,生地黄汁调下尤妙。

独圣散,治小儿吐血嗽血。

右以赤芍药为末,藕汁入蜜少许调下,食后,又方桔梗煎汤调下,及治衄血下血。

雄黄散,治小儿吐血,百治不差,十无一失。

右以大黄为末,取生地黄汁微煎,入蜜调下。量大小加减服之,三两服立效。又一方以白胶香为末,新汲水调下。

桂心膏,治十岁以上,久吐血气虚,胸膈不利。

右以桂心为末,取生地黄汁、姜汁、蜜等分,熬稠为丸如鸡头大,十岁两丸,取藕汁入蜜,白汤化下。

辰胶散,治小儿吐血。

阿胶炒　蛤粉等分　辰砂少许

右为末和粉红色,三岁一钱藕汁,和蜜调下。

一方藕节日干为末,人参蜜汤调下,能消瘀血。

刺蓟散,治小儿九窍出血。

　　右以刺蓟一握绞汁,入好酒合和服之。如无青者干者,为末,冷水调下,三岁一钱。十一方载《幼幼新书》。

杨仁斋《直指方·蒲黄散》,治小儿吐血咯血。

　　生蒲黄　油发灰等分

　　右研细,每一钱暖生地黄汁调下,或米饮亦得。

地黄汁方,治小儿吐血衄血。

　　生地黄汁取一合,调发灰半钱,分作两服,食后少顷灌下。

曾世荣《活幼心书·人参芎归汤》,治九道血妄行。

　　人参去芦　川芎　当归酒洗三味各半两　荆芥二钱半

　　右件㕮咀每服二钱,水一盏,煎七分,无时温服。

小儿嗽血

方

　　《王氏手集·解肌丸》,治外抟风邪,内挟痰饮,寒热往来,烦渴颊赤,心忪减食,热在上焦,咳嗽有血方。

　　防风　地骨皮各一分

　　右件烧沙糖为丸,每服一丸,食后煎紫苏汤下。

团参丸,治嗽血方。

　　阿胶　皂儿黄　人参各半两

　　右除胶为细末,汤少许洋胶和如鸡头大,白汤化下。

朱氏家传鸡清散,治咳嗽出血下涎。

　　郁金半两,用皂荚浆水一盏,或酸菜汁亦得,煮干为度。　　滑石半两生　雄黄半两,醋煮半干用。

右为细末,每服一字,常服薄荷汤调下。止嗽,螺粉水下嗽血,鸡子清调下。二方载《幼幼新书》。

小儿大便血

论

　　《太平圣惠方》

夫小儿大便血者,为心主于血脉,心脏有热,热乘于血,血性得热,流散妄行,不依常

度。其血流渗于大肠者，故令大便血出也。

郑端友《全婴方》

夫大便血者，是大肠热结损伤所为也。脏气既伤，风邪自入，或蓄热，或积冷，或湿毒，传于脾胃，或疳食伤于脏腑，因兹冷热交击，疳湿互作，致动血气停留于内，凝滞无归，渗入肠中，故大便下血也。又有或腹胀，冷气在内攻冲，亦令大便下血。又因风冷乘虚客入脾胃，或瘀血肠胃湿毒，下如豆汁。又疳伤于脏，亦能便血。若上焦心肺积热流注大肠，亦令大便下血也。亡血脾弱必渴，久则血虚，其人必肌体萎黄，头发不黑矣。

郭弥明《方便集》

一小儿年逾十岁，夏月便血，医者以凉药治之，虽皆轻减，然而下血不止，近及一年，每如脏毒凉药愈，进而其症自若。医无策处之，忽有人来自远方，且云先乃热疾，今延日久，又服凉多，合是脏寒生风，反下恶血血浊者，五脏风毒也。法当微温去风则安矣。遂令服四物汤，旬日乃止。盖当归、地黄有温性而匀散血气，使之不聚，于脏而下也。芍药、川芎有温性，而除去风血，使之不淫于脏而毒去也。医疗之术，亦当穷理知变，岂可执一偏之见乎？

演山省翁《活幼口议》

议曰：儿生七日之内，大小便有血出者，此由胎气热盛之所致也。母食浓酒细面炙炒腌酰等，流入心肝，儿在胎内受之，热毒亦传心肺。且女子之脏，其热即入于心，故小便有之。男子之脏，其热即入于肺，故大便有之。血出淡淡，有似坏水盛，则其血加鲜。凡遇有此，不可它药，尽以生地黄根研取自然汁五七匙，一二匙蜜，半匙和匀，温温与服，移时安愈，男女皆效。不请疑诮甘露饮宜兼与服，不必它药。万一无恙，勿自忽遽妄投丸散徒咎矣。

郑端友《全婴方·大便下血歌》

风冷肠间又热攻，交相击作粪须红。疳肠脏腑令便血，钱氏云：筋疳泻血而瘦，孙氏云：疳伤心肺肠中下血。湿毒兼停在胃中。古书云：肠胃有湿毒，血下如赤豆汁。

《经济小儿保命方书·脱红泻血症诗》曰

脱红泻血积因伤，冷热攻脾作滑肠。消渴口干焦上热，气攻虚肿面青黄。若有此等候可服，槐仁散并陈槐花药。或泻后变作赤白颜色，不一，可服前项诸泻痢等药。

方

孙思邈《千金要方》治大便竟出血方，鳖头一枚，炙令黄黑为末以饮下五分匕，多少量儿大小，日三，服外台救急作鳖甲。

又方,烧车钉一枚令赤,内一升水中,分二服。

又方,烧甑带末传乳头,上令儿饮。

《仙人水鉴》:小孩子遗血,呼为胎风,宜使此方人多不识,每因上厕犯之,至三岁以上,解行后有少鲜血,宜用此散子方。

胎肠风最恶,日久杀孩儿。如后有鲜血,宜取一甘梨。梨内安琥珀,并蜜封烧之。宜待交梨碎,取研救孩儿。

右取一颗好梨去心,入少许琥珀末,并蜜即以面裹,泥毬之,火中煅一伏时,取出去皮研以水调服立效。

《子母秘录》治小儿下血。

右取雌鸡翅下血服之。已上二方出《幼幼新书》。

《太平圣惠方·羚羊角散》,治小儿大便出血,体热黄瘦不欲饮食。

羚羊角屑　黄耆剉　川升麻　黄芩　地榆剉　甘草炙微赤剉已上各一分　生干地黄半两

右件药捣粗罗为散每服一钱,以水一小盏,入苦竹茹半分,煎至六分,去滓,不计时候,量儿大小分减温服之。

槐花散,治小儿大便出血、腹痛、黄瘦、不欲饮食。

槐花微炒　白术　熟干地黄　芎䓖以上各半两　黄耆剉　木香　当归剉微炒　甘草炙微赤剉以上各一分

右件药捣粗罗为散,每服一钱,以水一小盏煎至六分,去滓,不计时候,量儿大小分减温服。

卷柏丸,治小儿大便出血久不止,面色萎黄,肌体羸瘦,或时腹痛不欲饮食。

卷柏半两　赤石脂半两　阿胶半两捣碎炒令黄燥　槐花微炒　黄牛角䚡炙黄焦当归剉微炒　黄耆剉　芎䓖以上各一分

右件药捣罗为末,炼蜜和丸如麻子大,三岁儿每服以粥饮下七丸日三服,量儿大小以意加减。

治小儿大便后出血方。

鳖甲一枚,涂醋炙令黄焦,去裙栏。

右件药捣细罗为散,每服以粥饮调下半钱,日三服,量儿大小以意加减。

又方

鹿角烧灰

右件药细研,以粥饮调下半钱,日三服,量儿大小以意增减。

太医局没石子丸,治小儿肠虚受热,下利鲜血或便赤汁,腹痛后重昼夜不止,遍数频多方,

没石子　地榆各半两　黄连剉炒一两半　黄柏剉碎蜜炒二两　酸石榴皮一两

右件捣罗为细末,以醋煮面糊和丸如麻子大,每服十九至二十丸温米饮下,食前服。

茅先生方,治小儿大便下血。

枳壳去白面炒荆芥穗　甘草各等分

右为末,每服一钱用陈米饭饮调下。

《九籥卫生方·紫参散》,疗小儿下血腹痛。

臭椿根皮　贯众　紫参　酸石榴皮烧灰存性各等分

右同为细末,每服一钱,米饮调下腹痛煎艾汤调下,

孔氏家传神效散,治小儿大肠有血,上后有血如痢疾相似,但不拘十岁以上,皆治之。

芍药　地榆　甘草炙　陈橘皮　黄连　干葛以上各等分

　　右为末,每服一钱,用陈米饮调下日进三服。

槐黄散,治小儿便鲜血。

　　黄耆一两　当归　槐花　白术　人参　芍药各三分

　　右为末,米饮下一钱,小儿半钱。

朱氏家传小儿热气攻大肠其病泻血,脏腑疼痛,渐如茶色难治此病,是伤寒出汗不尽,或因疮子出不足,令热气行于大肠,所以泻血,如治,先解汗,后下气,攻大肠散方。

　　郁金一两　干姜半两　大腹皮一两半

　　右为末,每服半钱,陈米饮下。

吉氏家传,治泻血不定,是脾胃气冷,大肠风毒,宜服此方。

　　没石子一个大者　肉豆蔻一个　茶末一钱　樗根白皮二钱炙

　　右件末,不计时候,以水如茶点一钱灌服立差。以上六方,出《幼幼新书》。

郑端友《全婴方·桂心散》,治小儿吐血,或便血。

　　右以桂心去皮,不见火为细末,三岁半钱,藕汁同蜜半匙调下立效胃风汤,亦治下血。方见泻痢类。

箬叶散,治小儿大便中有血,或纯下血。

　　右以茶箬烧灰存性为末,米汤调下,食前。

五倍丸,治小儿大便下血,如肠风脏毒。

　　右以五倍子焙干为末,炼蜜丸如小豆大三岁三十丸,米汤空心下。

诃灰散,治小儿因疳,大便有血。

　　右以诃子烧存性,一半为末,米汤调下,食前,三岁一钱。一方橡斗子合白梅,湿纸裹,烧灰存性为末,米汤调下食前服之。

史载之方,治小儿久便血。

　　黄连一钱炒半焦　白蒺藜去刺半两　槐花炒焦　独活
　　诃子炮取肉　枳实炒焦　荆芥穗　蔓荆子各一分
　　木香一钱半　白芍药三钱　甘草二钱炙

　　右为细末,食后水一盏煎三钱匕取七分和滓服,或炼蜜丸如梧子,大清汤下三四十丸无时,日一服或二服。

《魏氏家藏方·梅连丸》治小儿大便下血。

　　黄连去须　当归去芦各二钱半　乌梅肉半两

　　右为末炼蜜丸如绿豆大,粥饮下不拘时候。

《袁当时大方·胃风丸》,治下血不下乳食。

　　人参　白茯苓　白术　天麻　防风各半两　干蝎一个去毒

　　右为细末糊丸如麻子大,每服三十丸食后米汤下。

白术

小儿大小便血

论

《巢元方》

病源心主血脉,心脏有热,热乘于血,血性得热,流散妄行,不依常度,其流渗于大小肠者,故大小便血也。血性得寒则凝涩,得热则流散,而心主于血,小儿心脏有热乘于血,血渗于小肠,故尿血也。

郑端友《全婴方》

夫小便者,盖心主血,与小肠相合,血之流行周遍经络,循环脏腑,若热聚膀胱,血渗入脬,故小便血出也。

郭弥明《方便集》

廖人之子,年十岁许,尿血三载,管筒涩痛。医作热淋治之,竟未取效,不免相叩。予曰:梦寐惊悚否?曰:然。每惊又甚。予曰:是其症也。本因惊而入心,心与小肠为受盛,心通小便,心因惊而有热,热随小便而行,故尿血血热故涩也,此特轻耳,若使惊甚,则外肾吊入,阳道萎缩,小便或血或赤而涩痛也。赤者血之余无非热耳,人徒知治热淋而不能镇静其心也,今投龙齿散以镇心,心安而凉水道自无热矣,是清其源也。又用石韦丸以宽滑水道管筒自无涩矣,乃治其源,旬日心安,不悸,便乃滑矣。

方

孙思邈《千金要方》治小儿尿血:烧鹊巢灰,井花水服之,亦治夜尿床,
又方 尿血灸第七椎两傍各五寸,随年壮。
姚和众方,治小儿尿血。用甘草五分,以水六合,煎取二合去滓一岁儿一日服令尽。
又方 用蜀升麻五分水五合煎取一合,去滓,一岁儿一日服尽。
《太平圣惠方·阿胶散》,治小儿尿血水道中涩痛。
　阿胶一两捣碎炒令黄燥　黄芩一分　栀子仁一分　车前子一分　甘草一分炙微赤剉
　右件药捣细罗为散,每服用新汲水调下半钱,日三四服,量儿大小以意加减。
又方
　榆白皮半两　生干地黄半两　甘草一分炙微赤剉
　右件药都细剉,以水一小盏,煎至六分,去滓,温服,量儿大小以意加减。

又方

　　苦楝子一两　郁金二枚一炮一枚生用

　　右件药捣细罗为散,每服煎葱汤调下半钱,量儿大小以意增减。

又方

　　生干地黄　黄芩以上各半两

　　右件药捣粗罗为散,每服一钱,以水一小盏煎至六分,去滓,温服半合,量儿大小,加减服之。

又方

　　紫苑洗去苗土　黄连去须　甘草炙微赤剉各一分

　　右件药捣粗罗为散,每服一钱,以水一小盏,入豉三十粒煎至五分去滓,量儿大小,加减服之。

又方

　　葵子　车前叶　甘草炙微黄剉　川朴硝以上各一分

　　右件药捣粗罗为散,每服一钱,以水一小盏,煎至五分,去滓,量儿大小分减温服。

又方　牛蒡根洗去土

　　右捣绞取汁一中盏,入生蜜一合,各相和令匀每服半合,日三四服,量儿大小增减服之。

又方　取蒲黄末,以温水调下半钱,量儿大小,加减服之,

又方

　　车前叶半斤捣绞取汁　沙糖一两

　　右件药相和令匀,每服半合,量儿大小,加减服之。

又方　以生地黄汁,每服暖一合服之,量儿大小,以意加减。

茅先生方,治小儿小便下血方

　　生地黄汁小半两　轻粉半钱上

　　右作一服,用井华水下。载《幼幼新书》。

张涣《医方妙选·车前散》,治热盛积于小肠,甚则尿血。

　　牡蛎半两烧为粉　车前子　甘草炙微黄剉　川朴消以上各一分

　　右件药捣罗为散,每服一钱,以水一小盏,煎至五分,去滓温服,量儿大小,加减不拘时候。

《吉氏家传·尿血地黄散方》

　　绿豆粉　滑石各一两　生干地黄二两　甘草半两炙

　　右末,此病小儿是心脏积热,并脾脏肝脏积热,如大人脾脏受病传肾,有三阴三阳之脉,小儿八岁以下只有三阳之脉,无三阴脉,所以心脾肝三脏受病,不传肾脏传小肠,小肠风热之极所以尿血。每服半钱,新汲水下二钱,二服止,忌热食酸醎。

郑端友《全婴方·箬灰散》,治小儿尿血阴茎中痛。

　　右以多时茶篰中箬,烧灰存性用一两,滑石末半两,并为末,三岁一钱,灯心煎汤调下。

《十便良方·双金自然液》,疗小儿尿血方。

　　生地黄汁一升　生姜汁一升

　　右二味相和,顿服不差,更作此法,计令公处云极效。

郭弥明《方便集·龙齿散》。

龙齿半两　赤茯苓三两　远志去心取皮半两　茯神去木半两　半夏曲半两　甘草半两

右为细末和匀,每服一大钱,水一小盏,入姜三片,熟水葱一茎,同煎,食后临卧温凉服。

石韦丸

石韦一两刮去叶上毛用叶　滑石半两不用青黑者　木通半两　茆花茆根可食者用花半两

猪苓去皮半两　黄芩二分　茯苓一两

右为细末水煮薄荷米糊为丸如绿豆大,每服二十丸,空心温白汤,下量岁数加减小便少者,加车前草汤下。

杨仁斋《直指尿血方》

生蒲黄　生地黄　赤茯苓　甘草微炙等分

右剉每一钱,水一小盏,煎七分调发灰食前服。

小儿大便不通

论

《巢元方·病源》小儿大便不通者,腑脏有热,乘于大肠故也。脾胃为水谷之海,水谷之精华化为血气,其糟粕行于大肠,若三焦五脏不调积热气归于大肠热实,故大便燥涩不通也。

《圣济总录》论曰:水谷皆入于上焦,至中焦而腐熟,下焦而化出。小儿腑脏挟热,三焦壅滞,津液枯少,不能传道实热之气,归于大肠,故大便燥涩而不通也。

方

王焘《外台秘要方·紫双丸》,主小儿身热头痛饮食不消腹胀满,或小腹绞痛大小便不利,或重下数起小儿无异疾,难,饮食过度,不知自止,哺乳失节。或惊悸寒热,惟此丸治之不差,复可再服。小儿欲下是其蒸候哺食减少气息不快,夜啼不眠,是腹内不调,悉宜用此丸,不用他药,数用神验千金不传方。

巴豆去皮心熬　菴核仁各十八铢别捣　麦门冬十铢去心　甘草五铢炙　甘遂　真珠各二铢　牡蛎熬　蜡各八铢

右八味,以汤熟洗巴豆研,以新布绞去油,别捣甘遂甘草,牡蛎麦门冬,细筛毕,捣巴豆菴仁令极熟,乃内诸药散更捣三千杵如药燥,入少蜜足之,半岁儿可服如荏子一双,一二岁儿服如半麻子作一双,三岁儿,服如麻子一枚作一双,四岁儿服如麻子二丸,五六岁儿,服如大麻子二丸七,八岁儿服如小豆二丸,九岁十岁儿,微大于小豆二丸,常以鸡鸣时服,至日出时不下者,饮热粥汁数合,即下,丸皆双出也,下甚者,饮冷

粥止之。

又方　疗小儿大便不通。

右用猪苓一两,以水少许煮,鸡屎白一钱,匕与服立差。

《太平圣惠方·大黄散》,治小儿脏腑壅热,心神烦燥,大便不通。

川大黄一两剉微炒　犀角屑半两　川升麻半两　当归一分　赤芍药一分　红雪一两

甘草一分炙微赤剉

右件药捣粗罗为散,每服一钱,以水一小盏,煎至六分,去滓,三四岁温服一合,量儿大小加减服之,

日三四服以利为度。

芎黄散,治小儿大便不通,腹胁妨闷。

芎藭半两　川大黄三分剉微炒　郁李仁三分易浸去皮微炒

右件药捣细罗为散,每服一钱,以温水半盏调服,量儿大小,以意加减以利为度。

又方

陈橘皮一分汤浸去白瓤　牵牛子半两微炒　甘草一分炙微赤剉　川大黄半两剉微炒

右件药捣细罗为散,每服煎葱白汤调下半钱,量儿大小以意加减,日三两服,以效

为度。

丹砂丸,治小儿大便不通心神烦热,卧忽多惊,腹胁妨闷,

丹砂半两,细研水飞过。　续随子三分　腻粉一钱

右件药都细研令匀,炼蜜和丸如绿豆大,三岁儿,每服以温水下三丸,量儿大小以意

加减服之。

通中丸,治小儿大便不通,心腹壅闷,卧即烦喘。

川大黄一两剉微炒　巴豆霜三分　皂荚一两,不蚛者去皮子,烧令焦黑。

右件药大黄、皂荚,捣罗为末,入巴豆霜同研令匀,炼蜜和丸如绿豆大,四五岁儿,以

温水下二丸,量儿大小以意加减。

犀角丸,治小儿脏腑壅滞,腹胁妨闷,大便不通。

犀角屑半两　当归半两剉微炒　川大黄一两剉微炒　巴豆十枚,去皮心,研,纸裹压去油

丹砂半两细研水飞过

右件药捣罗为末,入巴豆丹砂同研令匀,炼蜜和丸如绿豆大,三岁儿以温水下三丸,

量儿大小,以意加减。

大黄丸,治小儿大便不通,心腹壅闷。

川大黄一两,剉微炒　枳壳三分,麸炒微黄去瓤

栀子仁三分　郁李仁三分汤浸去皮微炒

右件药捣罗为末,炼蜜和丸如麻子大,每服以熟水下五丸,量儿大小加减服之。

桃叶汤,治小儿大便不通脐腹妨闷宜用。

桃叶一握　木通二两　灯心五茎　川朴消一两　葱白七茎

右件药细剉用醋浆水三大碗煎十余沸,去滓,倾向盆中,稍温便坐儿在盆内,将滓以

手帕裹熨于脐下,冷即出之,后吃地黄稀粥半盏,良久便通。

走马煎,治小儿大便不通,连腰满闷,气急用重。

羊胆一枚　蜜一合　盐花半两

右件药同煎如锡捻如筋粗,可长一寸内下部中,须臾即通。

牛黄丸,治小儿大便不通,心中烦热。

牛黄一分细研　川大黄三分剉微炒捣罗为末

右件药都研令匀,炼蜜和丸如麻子大,每服以粥饮下,七丸以利为度,量儿大小加减服之。

治小儿大便五六日不通,心腹烦满宜用此方。

右取青颗盐末,于脐中以手摩良久,即通,大人用之亦得。

蜂房散,治小儿卒大便不通。

蜂房一枚炙令微焦

右捣细罗为散,每服以粥饮调下半钱,量儿大小,加减服之。

茅先生方,治小儿大便不通。

朴消三钱　大黄一两生用

右为末,周岁一钱半水五分煎四分温服。

治小儿大便不通,目赤,疮疖痈肿热毒心热并宜服之,大人加用。

大黄一分　黑牵牛半分　槟榔一钱半　朴消二钱

右为末,每服一字,或半钱用蜜熟水调下。

婴孺方,治小儿大便不得。

周半夏一分炒黄为末,以蜜为丸黍米大,乳服一丸日再服此方频救垂困,功效不可具言。

小儿大便不通方,

杵白花胡葵子为末,煮汁服之。

又方　用猪脂一斤,水煮取一升服五合,日三服,小儿量之。

又方　煎蜜令可索索之捻如匕柄,内下部中二寸许立通。

又方　取羊胆汁灌下部中,须臾通。

丹参汤,治小儿大便不通腹满。

丹参　消石　甘草炙,等分并杵为末

右以水二升,煮枣三个三沸去滓,下末三方寸匕,又煮三沸,去滓,五岁儿服五合,不差再服。

大黄丸,治小儿腹大鸣及内热坚不得大便更衣。

大黄七分　葶苈四分炒　牛黄三分　人参　厚朴炙　芫花炒各二分桂心　黄芩各一分

右为末,蜜丸小豆大饮下三丸,不知加之。

治小儿胃中热,更衣起,黄赤而难,或四五日乃大便难方。

大黄　甘草炙　栝蒌各三分　大枣三十个

右以水二升半煮一升,每服一鸡子许,日进三服。

牛黄丸,治小儿调中利大便。

牛黄　大黄　麝香

右三味等分为末,蜜丸如小豆大饮下二丸日,再以利为度。

汉东王先生方金花散,治小儿大肠秘不通,兼血痢。

郁李仁一分炒　槟榔一个生　甘草一分

右为末,每服一字,或半钱砂糖熟水调下。以上十二方出《幼幼新书》。

《圣济总录·大黄丸》,治小儿大便不通。

大黄剉炒一两一分　枳壳去瓤麸炒栀子仁　郁李仁炒去双仁皮尖　大麻仁研各三分

右五味捣研为末,炼蜜丸如麻子大一二岁儿每服五丸,熟水下,空心午后各一服,更随儿大小加减。

滑石汤,治小儿大便不通。

滑石研　大黄剉　冬葵子　甘草炙各半两

右四味粗捣筛,三四岁儿每服一钱匕,水一盏,入灯心七茎同煎至五分,去滓温服,更随儿大小加减。

橘皮汤,治小儿大便不通。

陈橘皮去白焙　牵牛子炒　甘草炙　大黄剉炒各一分

右四味粗捣筛,五六岁儿每服一钱匕,水一小盏,入葱白一茎擘碎同煎至五分,去滓温服,未通再服,更量儿大小加减。

木通汤,治小儿大便不通。

木通剉炒　大黄剉炒　陈橘皮去白焙各一两

右三味粗捣筛,三四岁儿,每服一钱匕,水一小盏煎至五分,去滓,温服,更量儿大小加减。

橘皮汤,治小儿大便不通。

陈橘皮去白焙一分　大黄剉炒半两

右二味粗捣筛三四岁儿,每服一钱匕,水一小盏煎至五分,去滓,温服,更量儿大小加减。

二黄丸,治小儿大便不通调中。

大黄一两剉炒牛黄研　甘草炙　人参各一分

右四味捣研为末,炼蜜丸如小绿豆大,每服二丸,米饮化下,日再服,得利即止。

黄连丸,治小儿风热壅滞大便秘涩。

黄连去须　大黄剉炒各一分　巴豆三粒去心膜皮出油研

右三味捣研为细末,面糊为丸如麻子大,每服三丸至五丸,临睡柳枝汤下。

代赭丸,治小儿大便。

代赭研　丹砂研　大黄剉各二两　木香　当归焙各一两一分　桂去粗皮一两　生犀角镑三分　巴豆炒熟去皮心,捣烂一两半。

右八味捣研为末,炼蜜丸如小豆大,每服一丸至二丸,空心米饮化下,六七岁三丸,二百日儿半丸,但得溏利为度。

鳖甲丸,治小儿大便不通。

鳖甲醋炙黄去裙拦　防葵　诃梨勒煨用皮　大黄剉炒　人参　当归剉焙　郁李仁汤浸去皮尖微炒别研入

右七味等分,六味捣为细末,入郁李仁和匀炼蜜丸如绿豆大,粥饮下五丸微利即差。

牛黄散,治小儿大便不通,口燥烦赤。

牛黄研一分　大黄剉炒　甜消研各一钱甘草炙剉　人参各二钱

右五味捣研为细散,每服半钱匕新水调下乳食后服。

张锐《鸡峰方》,治大便秘结不通,

用麻子以水研汁饮之。

庄氏家传治小儿大肠风热盛不通。

大黄一两　防风一两　朴消二两

右件为末,用蜜汤或葱汤调下。

孔氏家传治小儿大便不通,于消风散中,入鹰条一二寸遂通。盖庸医见小儿大便不通,多

服凉药与疏转,药积于中,凉转药一并发,则其人困矣。此方最佳。

危亦林《得效方·没药散》,治风与滞血。留蓄上焦,胸膈高起,大便不通。

没药　大黄　枳壳炒　北梗各二钱　木香　甘草炙各一钱

右剉散每服一钱,姜二片,水一盏煎服。

曾世荣《活幼心书·宽肠丸》,治痢后里急犬腑闭涩不通。

枳壳同上制,仍用清油浸透一宿,焙干五钱,麻仁去壳

木通去皮节　大黄半生半炮　槟榔　大腹皮净洗焙干五味各二钱半

右除麻仁,用乳钵极细杵,外五味,槟榔不遇火,余焙同研成末,入乳,钵中与麻仁再杵匀,炼蜜丸绿豆大,每服三十丸,至五十丸,仍以枳壳甘草煎汤,空心下,一二月婴孩温蜜汤化服。

枳壳丸,治大腑虚闭气闭,连日不通,痢后里急用之亦效,及疏利小便热闭。

枳壳不拘多少,剉片麦麸炒过,仍以清油浸透一宿焙干,

右焙为末,炼蜜丸作芡实大,儿小者,用甘草糯米煎汤,化下一丸至二丸,儿大者绿豆大,每服三十丸,或五十丸,食前温米清汤送下,小腑热闭用车前子煎汤,候温空心投之。

剔花三足盖炉

通圣饼,治大腑闭涩,连日不通,满腹膨胀气壅闷乳,服药罔效。

净黄连三钱　巴豆和壳七粒　生蒜一个　生盐半钱

右以黄连剉碎为末,同后三味石钵内烂杵,捻作饼子寸半阔贴脐。紧搓干艾,切作绿豆大五枚,作五次安脐间饼子上,以火炙之即通。

小儿大小便不通

论

《巢元方·病源》小儿大小便不利者,腑脏冷热不调,大肠有游气,气壅在大小肠,不得宣散,故大小便涩不流利也。翰林待诏杨大郇问小儿大便秘涩者为何? 答曰:乳食失度,使之四大不调,滋味有贪,逐五脏受物,甘甜聚食,醎醋滞涎,食滞留结胃肠,风壅溃癖于心肺,气脉不顺,水谷不行,虽不逆于上焦,即秘结于下部。小儿不知疼痛,莫说因由,惊啼叫以频频,但怒胀而不乳,不知孩儿痛刺连脐,则面色青黄。但按脉息与治。若不见病源,只依外变用药,必克安效。

田氏《保婴集》

便难燥结，儿或服涩药，腹胀闷乱，命在顷刻。可用握宣丸，以男左女右手握之，不移时大小便自利也。

张子和《儒门事亲书》

凡小儿大小便不通，内经谓三焦约。约者，不行也。可用长流水煎八正散，时时灌之，大小便利则止若不因热药所攻而致此者，易治，或因多服热药而燥剧至此者，非惟难治不幸夭耳。亦可用蜜水调益丸散送通鬲丸。

郑端友《全婴方·尿难粪结歌》

结热在肠中，尿难粪不通。外加身壮热，内必引惊风。

汤氏望婴孩妙诀

热气还逢府气冲，使成结毒在肠中。身体若须多燥渴，更兼尿粪不能通。此症宜利下，轻则利之，用四顺饮，重则下之，用金星丸。

方

孙思邈《千金要方》

治小儿大小便不通。

捣白花胡葵子末，煮汁服之。

又方　右末鸡屎白服一钱匕

王焘《外台秘要方》，主小儿大小便不通妨闷。

用白蜜一合，以铛中煎为丸，内下部中即通，小便不通，嚼生葱以绵裹少许，内小便道中即通。

《子母秘录》治小儿大小便不通。

用蜂房烧末酒服一钱日再服。

钱乙《小儿方·郁李仁丸》，治褓褓小儿，大小便不通，并惊热痰实，欲得溏动者。

川大黄一两，去粗皮，用实者剉碎酒浸半日住干炒为细末。　郁李仁一两去皮　滑石十两细研

右先将郁李仁研成膏，和大黄滑石丸如黍米大，二岁服三二丸，更量大小与之，以乳汁，或薄荷汤下，食前。

张涣《医方妙选·芎黄散》，治藏府有热，小便涩，兼大便不通。

芎䓖一两　川大黄三分剉微炒　郁李仁三分汤浸去皮微炒

右件捣罗为散，每服一钱，以温水调下，量儿大小加减。

朱砂丹

朱砂半两，细研水飞　续随子半两　腻粉一钱

右件药都研令匀，炼蜜和如黍米大，每服七粒以温水下，量儿大小加减，乳后食。

《惠眼观症·芍药散》,治小儿大小便下药不通者。

芍药　大黄　甘草炙　当归　朴消各一分

右为末,每服一大钱,水一盏,瓦器中煎至半盏,去滓,服即通。

吉氏家传治大小便不通。

甘草节炮　槐花洗各一两

右件末每服一钱,茶半盏汤点下。

又方

滑石一大钱　灯心一握

右以水二碗煎至一盏温服巳上二方载《幼幼新书》。

阮霖《经验良方》,治小儿大便不通。

以甘草、木通栀子仁等分为粗末,水一大盏,灯心十茎,连根葱白七个,煎半盏服之。

田氏《保婴集·握宣丸》,治小儿大小便难、呕吐、药食不下,命在顷刻。

巴豆一钱半　硫黄　良姜　附子　槟榔　甘遂各等分

右为细末,粟米饭和丸绿豆大,用椒汤洗小儿,男左女右手握之,用绵裹定,看行数多少,置药洗去不用即止。

刘智《经验普济加减方·捻头散》治小儿大小便不通

延胡索　川苦练各三钱皂角子灰三钱

右为末每服三二钱,捻头汤调下,以意加减自利效。

曾世荣《活幼心书·透彻膏》,治大小腑秘涩,投诸药无验,不拘老幼并皆瘥之,

穿山甲尾足上者佳烧透二钱重　五灵脂净者二钱重

右二味碾为细末,次以巴豆二钱重去壳研碎和前药末仍用大蒜四钱重,去上粗皮三五层,于砂钵内烂杵如泥丸作一饼纳脐中,以绢帕系之,外以掌心火上烘热熨至八九次,闻腹中微响即通

小儿大小便数

论

孙思邈《千金要方》

脾与胃合胃为水谷之海,水谷之精,化为血气,以行经脉,其糟粕水液行之于大小肠。若三焦平和,则五藏调适,虚实冷热,不偏其脾胃气弱、大小肠偏虚、下焦偏冷,不能制于水谷者,故令大小便数也。

小儿大便青

论

《太平圣惠方》

夫小儿大便青者,因惊气及脾气不和、大肠虚冷、乳食不消、冷气抟于糟粕,故令大便青色也。

郑端友《全婴方》

夫大便青脏,冷也,或初出微黄,良久则青者,亦然也。

《灵兰秘典》云:泻下如蓝淀,胎中受积惊。盖心受惊,心主惊,心惊则胆怯,胆者与肝为表里也,胆怯则肝冷,肝传脾,脾受邪,故大便初出微黄,脾之本色,良久复青肝之本色也。肝热则外发、目赤,肝冷则内作便青。又有不因惊而得此症者,盖禀胎气怯弱、内受风寒故也。有便青夹白浓稠粘如涎者,亦是肠寒。久则令儿面白形青,腹痛惊啼,失治则变阴痫也。

李柽《小儿保生要方》

小儿青粪者,冷也,亦是肝克脾之症也。肝属木,其色青,脾属土,其色黄,粪黄,脾家之本色也,若脾受肝克则其粪青,肝木主风,宜早治之,不尔成脾风发痫也。然所谓青粪才下便青。若初下时黄,良久乃青,小儿安乐者,皆然不可认为青粪也。可服白附子丸、羌活膏。

张杲《医说》载:小儿粪青,此脾虚生风之症也。脾属土,其色黄,粪黄则是脾家正色。今乃青,肝木克脾也。肝属木,其色青,肝盛脾虚,受肝之克,故粪青也,当服益脾去风药,如半硫丸加白附子蝎梢可以治之。虽然小儿青粪、抛下便青者,是风冷也,良久然后青者非病也,小儿粪自然如此。

田氏《保婴集》

便青因惊气内感,脾气不和,治法宜服白术汤。

郑端友《全婴方·粪中杂色诗》曰:粪杂元因积,醝酸是食伤。惊深青殿沫,疳白臭非常。

五脏粪色诗曰:肝冷传脾粪绿青,焦黄脾热土之形。肺肠寒积脓粘白,赤黑因心肾热成。

《太平圣惠方·白术丸》，治小儿大肠虚冷，乳食不消，大便青色。

　　白术　白芍药　木香　当归剉微炒已上各一分　麝香一钱细研

　　右件捣罗为末，炼蜜和丸如绿豆大，每服以粥饮研下五丸，日三，服量儿大小以意加减。

诃梨勒丸，治小儿内冷，腹胁妨闷，大便青色，不欲乳食。

　　诃梨勒一两煨用皮　白术半两　白茯苓一分　当归一分剉微炒　陈橘皮半两汤浸去白瓤焙　甘草半两炙微赤剉　厚朴半两，去粗皮，涂生姜汁，炙令香熟　白芍药半两

　　右件捣罗为末，炼蜜丸如梧子大，三岁儿每服以粥饮研下五丸，日三服，量儿大小，以意加减。

陈橘皮丸，治小儿内冷，大便青，不欲食，皆是胎寒。

　　陈橘皮汤浸去白瓤焙　当归剉　人参去芦　芎䓖以上各半两　甘草一分炙微赤剉　白芍药

　　右件药捣罗为末，炼蜜和丸如绿豆大，三岁儿每服以温粥饮下七丸，日三服，量儿大小，以意加减。

木香丸，治小儿胎寒腹痛大便青。

　　木香　蓬莪茂　白术　当归剉微炒以上各半两　麝香一分细研白芍药一分　人参去芦半两

　　右件药捣罗为末，都研令匀，炼蜜和丸如绿豆大，二岁儿每服以温粥饮下七丸，日三服，量儿大小，以意加减。

芎䓖丸，治小儿胎寒腹痛，大便青。

　　芎䓖二分　黄耆三分剉　牛黄半两细研　□虫三分微炒　麝香一分细研　当归半两剉微炒白芍药一分

　　右件药捣罗为末，都研令匀，炼蜜和丸如麻子大，每服以粥饮下五丸，日三服，看大小以意增减。

当归丸，治小儿大便青不欲食，皆是胎寒。

　　当归剉微炒　人参去芦头　白芍药　芎䓖以上各半两　甘草一分炙微赤剉

　　右件捣罗为末炼蜜丸如麻子大，每服以乳汁下三丸，日三。量儿大小以意加减。

吉氏家传，治小儿惊泻青屎。

　　用朱砂米粒大，细研，入轻粉少许，荆芥汤一茶脚调下。

李柽《小儿保生要方·白附子丸》，治小儿青粪，及吐而有冷症多者。

　　白附子二钱半末　蝎蛸二钱半末　舶上硫黄半两研细　半夏半两生为细末，生姜自然汁和成剂拍作小钱大饼子沸汤内下，临煮熟不麻人为度，取起研成胶。

　　右将前三味一处，研匀，入在半夏胶内，和得所，干即添汤，丸如萝卜子大，每服三五十粒，米汤或乳汁下。

《杨倓家藏方·温脏汤》，治小儿因惊滞乳气不宣，导冷传肠，间下利青沫，或乳多伤脾，奶瓣不化。常服温脏府，暖脾胃，化宿冷，进乳食。

人参去芦一两　白附子炮　白术　陈橘皮去白各半两　丁香　神麯炒黄　麦蘖炒黄
甘草炙黄四味各二两半

右件为细末，每服半钱煎枣汤调下，空心食前。

小儿小便不通

论

《巢元方·病源》

小便不通利候，小便不通利者，肾与膀胱热故也。此二经为表里，俱主水，水行于小肠，入胞为小便，热气在其脏腑，水气则涩，故小便不通利也。

《圣济总录论》曰

肾主水，与膀胱合为表里。膀胱者，津液之府，其气下通，故能渗泄而作。小便或胞胳有热津，液内燥气不宣畅，故水道热涩。甚则不通。

《十便良方》

治小儿小便赤涩不通。夫小儿小便赤涩不通者，由膀胱与肾有热故也。肾主于水，膀胱为津液之府，此二经为表里，而水行于小肠，入于胕为小便，令脏腑有实热入于胕，故令小便赤涩不通也。

演山省翁《活幼口议》议曰：小肠乃心之府也，水窦流行，随其气而利之心气若壅。小便不通，心气若冷，小便多洒，音□，谓洒淅也。心气若寒，小便多旋。心气若热，小便艰涩。心气积热，小便白赤。先赤而后白者，是所言闭小便者，医谓下结。腹肚胀紧，膨满不通，其结热盛用力努旋点滴而出，乃是闭不通利。干心疼痛，精神昏悸，速用生大地龙数条，蜜少许，研传茎卵，仍烧蚕蜕纸灰留性，朱砂脑子麝香同研，煎麦门冬灯心汤调与服，移时见效。

郑端友《全婴方·大小便赤涩歌》并四顺散八正散
气壅生风热，大便不疏泄。小水涩难通，顷刻成惊掣。

方

顖囟经，治孩子小便不通。
茯苓　通草　冬瓜子　车前子各等分
右水四合药半两煎一合半，作二服，忌油腻。

葛洪《肘后方》，治卒不得溺。取垢灰二刀圭，以酒若米饮服。

又方　以发灰酒下之，又以鸡子白亦佳。

孙思邈《千金要方》：地肤子汤治小儿热毒，入膀胱中，忽患小便不通，欲小便则涩痛不出，出少如血，须臾复出。

地肤子　瞿麦　知母　黄芩　枳实　升麻　葵子　猪苓各六铢　海藻　橘皮　通草各三铢　大黄十八铢

右十二味㕮咀以水三升煮取一升，一日至七日，儿服一合，为三服，八日至十五日儿，一合半，为三服，十六日至二十日儿二合，为三服，四十日儿，以此为准，五十日以上七岁以下，以意加药益水。

治小儿小便不通。

车前草切一升　小麦一升

右二味以水二升煮取一升二合，去滓，煮粥服，日三四。

又方　以冬葵子一升以水二升煮取一升分服入滑石末陆铢

车前草

《仙人水鉴》小儿百日，忽患阴风，疾多杀人，尿不利，若以热治之，其疾转甚也。何以知之？孩儿在胎中时，计父母之阴阳，毒气或犯孩儿，生下百日而有斯疾，医者不辨根源，必言是热，用冷药转之。不安，长大成人遂患阴症之疾。盖由此也，小儿因此招祸，不亦难乎？其疾多尿涩及痛，一尿一余节是也。庸医多作淋疾，遂与石韦草、犀角之类，全乖其志，宜须用此方。

诗曰：附子烧灰使半枚，水精一分力难排。父母手煎添水蛭，一分　功加须得土衣台。

土衣，是瓦屋上所生瓦松，取向阳者烧为灰用。

右量儿大小，日数与服之，立见神效。

《外台刘氏方》，疗小儿忽不得小便急闷，

葱白一握　通草一两　冬葵子一合

右三味切以水二升，煮取一升，去滓量服。

《外台广济方·滑石汤》，疗小儿热极病，小便赤涩，或不通，尿辄大啼呼。

滑石十六分　子芩十四分　冬葵子八分　车前草切一升

右四味，以水二升，煮取一升，一岁至四五岁服一合，日再服甚良。

《太平圣惠方·赤芍药散》，治小儿小便不通心闷。

冬葵子　赤芍药　瞿麦　陈橘皮汤浸去瓤焙　牵牛子微炒　木通剉以上各一分

右件药捣粗罗为散，每服一钱，以水一小盏，入葱白一茎，煎至五分，去滓，不计时候，量儿大小，分减服之。

栀子仁散，治小儿小便不通脐腹妨闷，心神烦热，

栀子仁五枚　茅根半两剉　冬葵根半两　甘草一分炙微赤剉

右件药捣粗罗为散，每服一钱，以水一小盏煎至五分，去滓，不计时候，量儿大小，分减温服。

又方

滑石一两半　木通三分剉　川芒硝三分　葵子二合

右件药捣粗罗为散，每服一钱以水一小盏煎至五分，去滓，不计时候，量儿大小，分减温服。

冬葵子散，治小儿卒小便不通，小腹急闷。

冬葵子一两　木通半两剉

右件药捣粗罗为散，每服一钱，以水一小盏煎至五分，去滓，不计时候，量儿大小，分减服之。

乳煎葱白饮子，治小儿百日内，小便不通，心神烦闷，脐下痞满，宜服之。

葱白一茎切　乳汁三合

右一味，同煎至一合半，去滓，分温为三服，相去如人行十里已来，再服以利为度。

浸熨汤，治小儿小便不通。

木通一两　生姜一两　葱白七茎　陈橘皮一两　川椒半两

右件药都细剉，以水二大碗，煎五七沸，去滓，倾入盆内，看冷暖坐儿于盆中浸之，将滓于儿脐腹下熨之立通。

葵根散，治小儿小便三两日不通欲死者。

葵根一握剉　壁鱼七枚研

右以水一大盏，煎葵根取汁六分后入壁鱼同煎五七沸，去滓，放温量儿大小，临时分减服之。

地肤子散，治小儿积热，小便不通。

地肤子　蓬麦　冬葵子　知母　黄芩　川升麻　木通剉　川大黄剉微炒　猪苓去黑皮，以上各半两。

右件药捣粗罗为散，每服一钱，以水一中盏煎至六分，去滓，不计时候，量儿大小，分减服之。

滑石散，治小儿小便不通，心腹满闷，坐卧不安。

滑石末半两　甘草一分炙微赤剉　葵子一两　川大黄半两剉微炒

右件药捣粗罗为散，每服一钱，以水一小盏，入葱白五寸，灯心一大束，煎至六分，去滓，三四岁温服一合，量儿大小，不计时候加减服之。

木通散，治小儿小便不通，脐腹坠满喘急。

木通剉　甘草炙令赤剉　葵子以上各一分　川大黄剉碎微炒　滑石　牵牛子微炒以上各半两

右件药都细捣罗为散，每服煎葱白灯心汤调下半钱，量儿大小，服之以利为度。

车前散，治小儿小便不通，脐腹急痛。

车前子切半升小麦二合

右以水二大斛，煮取一斛，去滓，入少粳米煮作稀粥，时时量力与服。

又方

石韦半两去毛　蓬麦半两　小麦一两

右件药都剉，以水二大盏，煎至一斛，去滓取汁一合，调下滑石末半钱，量儿大小，以意加减，

又方

冬葵子　滑石　海蛤　蒲黄以上各半两

右件药捣细罗为末，每服以葱白汤调下半钱，量儿大小，以意加减。

葱白饮子，治小儿小便涩少，妨闷不通。

葱白二茎　木通半钱　冬葵子半两

右件药都细剉,以水一大斛,煎至五分,去滓,量儿大小,以意加减服。

又方,治小儿小便不通,小腹妨闷。

用葱白一斤,连须细切煮令熟,以绵裹于脐下,熨之立通。

又方

桑螵蛸十枚炙令黄

右件药捣罗为末,每服以粥饮调下半钱,量儿大小,加减服之。

又方

用头垢半钱,以温酒调服之,三岁以下服一字。

谭氏《殊圣方》,治小儿小便不通。

右芥菜子烂研,以纸花贴脐下相次通妙。

《茅先生方》,治小儿小便不通。

山栀子　滑石各等分

右为末,每服半钱浓煎灯心汤调下。

《婴孺方》通草汤,治小儿小便不通。

通草　甘草　滑石各二两　葵子三分

右以水三升煮六合二百日儿服半合,日三,夜一服。

瞿麦汤,治小儿小便不通。

瞿麦　石韦去毛各一两　滑石一两　小麦二合

右以水三升煮一升,服一合,日四服,夜再。

桃仁汤,治小儿暴不得小便。

右用桃仁二十个去皮尖,以酒一升煮三沸,去滓,量儿与之。

滑石散,治小儿小便不通。

滑石杵米以水二升和如薄米泔石末澄取上汁二停　榆白皮各一两　葵子二两

右切取滑石上汁煮二味四沸,绞去滓,调水中滑石服之,水中澄得者滑石也。

麻黄浴汤,治小儿小便不通,热发腹满。

麻黄　苦参　石膏各一把　滑石一升　大黄五两

右以水二斗煮一斗,去滓,放温,浴儿妙,先自脐淋之。

治小儿小便不通泥脐方。

右用滑石一升末,以车前草汁和如泥,泥脐方广四五寸,少觉干即除之,别上新泥,冬月无车前草汁,只以水和。

治小儿小便不通方。

葵茎半升　葵子一升

右以水四升煮,取一升,下滑石末一分,研服半合,日进三服。

滑石汤,治小儿热病,小便赤涩不通,尿辄啼呼。

滑石十六分　子芩十四分　冬瓜子八分　车前子一升　通草十二分　茯苓五分

右以水四升半,煮一升二合,一二岁为三服百日一合。以上十方载《幼幼新书》

钱乙《小儿方·捻头散》,治小便不通。

玄胡索　川苦练各等分

右同为细末,每服半钱,或一钱,捻头汤调下,量多少与之,如无捻头汤,即汤中滴油数点,食前。

《圣济总录·石韦汤》,治小儿小便不通。

　　石韦去毛　瞿麦各一两半　滑石一两

　　右三味粗捣筛,五六岁儿,每服一钱匕水八分,入小麦一百粒,同煎至五分去滓温服,如人行十里再服,量儿大小,以意加减。

治小儿小便淋闭不通。神散方。

　　石燕一枚,先为细末再研。　石韦去毛半两

　　右二味为细散,每服一字匕煎三叶酸浆草汤调下,甚者三服,差一方,有海金沙。

冬葵子散,治小儿小便不通,脐腹急痛。

　　冬葵子　滑石　海蛤　蒲黄各半两

　　右四味捣罗为散,每服以葱白汤调下半钱匕,量儿大小,以意加减。

滑石散,治小儿小便淋涩、不通,及小便血。

　　滑石研　车前子各半两

　　右二味细捣罗为散,如二三岁儿,每服半钱匕,空心食前粥饮调下,日二服。

万安散,治小儿小便不通欲死。

　　海金沙　滑石　续随子炒各半两　蝼蛄七枚炒令黑

　　右四味捣罗为细末每服半钱匕,煎灯心汤温调下,空心食前服。

木通黄芩汤,治小儿热极,小便赤涩不通,小便辄大啼呼疼痛。

　　木通剉一两　黄芩二两去黑心　滑石一两半　冬葵子三分　车前子二两　赤茯苓去黑皮二两

　　右六味粗捣筛,五六岁儿每服一钱匕,以水一中盏煎至五分,去滓,温服,如人行十里已来,再一服,更看儿大小,以意加减。

瞿麦汤治小儿小便不通心闷。

　　瞿麦穗　赤芍药　陈橘皮汤浸去白焙　牵牛子炒　木通剉　冬葵子各一分

　　右六味粗捣筛,五六岁儿,每服一钱匕,水一中盏,入葱白一茎擘碎同煎至四分,去滓,温服,如人行十里已来,再服,量大小,以意加减。

茯苓汤,治小儿小便不通。

　　赤茯苓去黑皮　冬葵子　木通剉　车前子各半两

　　右四味粗筛,五六岁儿每服一钱匕,以水一中盏,煎至五分,去滓温服,如人行十里已来再服,量儿大小,以意加减。

郑端友《全婴方》,治小便黄赤不通。

　　用石韦车前子等分,水煎去滓服。

又方,治小便不通,及脬转。　梁上尘,去烟远者,一撮水调服,

《十便良方·子芩散》,治小儿壅热,小便赤涩不通,水道中涩痛不可忍。

　　子芩　冬葵子　车前子　茅根剉以上各一两　滑石二两

　　右件药捣罗为散,每服一钱,以水一小盏,煎至六分去滓,不计时候,量儿大小,以意分减服之。

大青散,治小儿脏腑壅热,心神烦躁,小便赤涩不通。

　　大青　川升麻　瞿麦　黄芩　甘草炙微赤剉以上各半两　川大黄三分,剉微炒　川朴消三分　滑石三分

　　右件药捣细罗为散,每服不计时候,以温水调下半钱,看儿大小,以意加减。

朱砂散,治小儿心脏热盛,烦躁不安,小便赤涩不通。

朱砂细研　铅白霜细研　犀角屑　黄芩　车前子　甘草炙微赤剉,以上各一分　滑石半
两细研　川朴硝半两

右件药捣细罗为散,入研了药令匀,不计时候,煎苦竹叶汤调下,半钱,看儿大小,以
意加减。

又方

冬葵子三分　滑石三分细研　梁上尘半两　黄芩半两　甘草半两炙微赤剉

右件药捣细罗为散,不计时候,煎葱白灯心汤调下半钱,量儿大小,以意加减。

又方

生地黄汁一合　牛蒡叶汁一合蜜一合

右件药相和令匀,每服一合,调下滑石细末半钱,临时看儿大小,加减服之。

滑石散,治小儿热极,小便赤涩不通,尿辄大啼,水道中痛。

滑石一两　子芩半两　冬葵子三分　车前子　赤茯苓半两　木通三分剉

右件药捣粗罗为散,每服一钱,以水一小盏,煎至五分,去滓,不计时候,量儿大小,分减温服。

车前子散,治小儿小便赤涩,服药即通,无药即涩宜服。

车前子一两　子芩一两　滑石二两　木通三分剉　赤茯苓一两　琥珀一两　甘草半两炙
微赤剉

右件药捣粗罗为散,每服一钱,以水一小盏,煎至五分,去滓,不计时候,量儿大小,分减温服。

治小儿小便赤涩不通,宜服此方。

滑石二两　木通一两葵子一合

右件药粗罗为散,每服一钱,以水一小盏,煎至五分,去滓,不计时候,量儿大小,分减
温服。

张涣《医方妙选·葵石散》,治小儿小便不通闷乱。

葵根一握　滑石　木通各一两　牵牛子半两炒

右件捣为粗末每服一钱,以水一大盏,入灯心葱白各少许,煎六分,去滓,放温服,乳
前食。

朱砂丹,治小儿心神烦燥小便赤不通。

朱砂一两令研细　滑石半两　犀角屑　黄芩一分　车前子一分　甘草一分

右件药捣罗为散,入朱砂同拌匀,每服半钱,煎竹叶汤调下,食前。

张锐《鸡峰方》,治小便不通。

用大蒜不以多少研烂,摊在纸上,脐下贴之。

聚宝方,治小便不通。

独颗大蒜一枚用头　盐花少许　山栀子仁三七枚

右三味捣烂,摊纸花子上,贴脐良久。通未间,更涂阴囊上立通。

庄氏家传治小便不通。

用白矾为末,每服一钱,温浆水调下。

长沙医者丁时发传石韦散,治小儿小便不通。

石韦去皮　瞿麦　滑石　甘草各一两　灯心一小把

右为末,每服一钱,水八分,小麦一百粒,同煎五分,去滓,温服,量儿大小加减。

汤民望《婴孩妙诀》:凡此候,皆因心经不顺,或伏热或惊起心火上炎不降济肾水,故使小
便不通溺血者,由膀胱热极故也。

家传木通散方,治小便不通腹痛。

木通一两　牵牛子半两炒　滑石一两

右为粗末,灯心葱白煎,去滓,大小以意加减服。

王璆《百一选方》:赵使君云:其子年十余岁,因小遗为犬所惊,当时虽无事,后旬日忽小便不通,大便初觉自利,后复如常。率半月余方一小遗,饮食起居间皆无所苦,亦无腹胀肢体肿满之患。凡服通利水藏,治淋涩药并不效,移书问一医,姓刘忘其名,寄三方来,第一方用地骨皮一两,防风半两甘草一分为细末,煎麦门冬汤调下,不四五日即通。服之不已,即三日一通终剂已两日一通矣。再服第二方,用青皮陈皮通草之类,不能尽记,数服即平愈。第三方不曾用也。

演山省《翁活幼口议·犀灰散》,治小儿心经虚热,小便涩痛,筒管内疼,不可忍者,宜服此方。

蚕蜕纸不拘多少

右烧留性,为末,入麝。每服半钱匕,灯心汤调。

曾世荣《活幼心书·姜豉饼》,治久固湿气中于膀胱,复为风邪客热攻激,小便不利,脐凸腹胀,食减作痛。先投解表散。

生姜一两,碎切。　生葱九茎,切碎。　豆豉七钱,润者。　生盐一钱。　生蒜二个,切碎。

酒酵糟一灯盏,无,以好酒代。　穿山甲同上制。

右件入石钵内同杵烂,捻作饼子二寸阔,用微火烘热,带温贴脐上,外以绢帕兜住。如冷,依前法换带温者贴之,或再以火略烘暖亦好。

中华传世藏书

永乐大典

精华本

湖

五湖

《周礼·职方氏》

扬州,其浸五湖。注:在吴南。《正义》谓太湖东岸五湾为五湖,又云彭蠡、洞庭、巢湖、太湖、鉴湖。《史记》太史公曰:"上姑苏,望五湖。"《正义》:五湖者,连太湖,在苏州西四十里。又曰游莫贡菱胥为五湖并太原东岸五湾。《索隐》曰:五湖者,具区、洮涡、彭蠡、青草、洞庭。

案张勃《吴录》:五湖者,太湖之别名。以其周行五百余里,故曰五湖。或说以太湖、射湖、贵湖、上湖、洮湖、滆湖为五湖。

案《国语》:吴越战于五湖。直在笠泽一湖中耳。或说非也。

《水经注》

江南东注于具区,谓之五湖口。五湖谓长塘湖、太湖、射湖、贵湖、滆湖也。

郭景纯《江赋》曰:"注五湖以漫潺。"言江水经纬五湖。苞注:"太湖也。"

《国语》曰:越伐吴,战于五湖。范蠡返至五湖而辞越。虞翻曰:是湖有五道。韦昭曰:今太湖也。《尚书》谓之震泽。

《尔雅》以为具区。方圆五百里。

《山海经》曰:浮玉之山,北望具区。苕水出于其阴,北流注于具区。湖中有大雷、小雷、三山,亦谓三山湖,又谓洞庭湖。

杨修《五湖赋》曰:头首无锡,足蹄松江,负乌程于背上,怀大吴以当胸。岝嵃崔嵬,穿隆纡曲。大雷小雷,湍波相逐。言湖之苞极也。

庾仲初《扬都注》曰:今太湖东注为松江,下七十里有水口,分流东北入海,为娄江。东南之海为东江,与松江而三。

《史·河渠书》

"于吴则通渠,三河五湖。"注韦昭曰:实一湖,今太湖是也。在吴西南。

《苏州府志》

五湖者,太湖别名。以其周行五百余里,故名五湖。虞翻又云:太湖有五道口,则谓之五湖。

《水经》云:震泽在吴县南五十里。又云太湖中有苞山,湖东有岜岭山,去太湖三十余里。陆鲁望云:太湖上禀咸池五车之气,故一水五名。又云太湖乃仙家浮玉之北堂,故其诗曰:"尝闻咸池气,下注作清质。至今涵赤霄,尚且浴白日。"

《唐志》

太湖占湖、宣、常、苏四州之境,今东西二百余里,南北一百二十里中,有山七十余所,其水原自西南,接纳长兴等县,上流诸水以入吴松江,又东流二百余里以入海。《祥符图经》:二百六十里。诸书所引《国语》越伐吴,战于五湖,子胥谏吴王与我争五湖之利,非乎。又云:范蠡灭吴,返至五湖而辞。

司马相如赋叙上林诸水云:"丹水紫渊,灞、浐、泾、渭、酆、鄗、潦、潏,入川分流,相背而异态。颢、漾、潢,漾东注太湖。"按括以大湖为太湖,且云相去数千里,何缘相涉? 盖误读大为太耳。《水经》又讹太湖为洞庭。《扬州记》亦云:太湖一名洞庭。盖洞庭山在太湖中耳。岳州之南所谓洞庭湖。《水经注》云:洞庭,陂也。而《岳州集》:古今题咏、刻石充于岳阳楼上,如吴中皮陆唱和、苏舜钦笠泽洞庭之诗皆在焉,乃知地志多附会也。

司马相如雕像

沈存中论郭璞《江赋》云:注五湖以漫濋,漫三江而渺沛。《墨子》曰:禹治天下,南为江、汉、淮、汝,东流注之五湖。孔安国曰:自彭蠡江分为三,入于震泽,复为北江,入于海,此皆未详考地理。盖江汉至五湖自隔大山,其水乃绕出五湖之下,流径入海,何缘入于五湖? 淮、汝自径徐州入海,全无交涉。《禹贡》云:"彭蠡既潴,阳鸟攸居。"三江既入震泽底,定以对文言,则彭蠡水之所潴,三江水之所入,非入于震泽也。震泽之原皆山环之,了无大川。震泽之委则多大川,亦莫知孰为三江者。盖三江之水无所入,则震泽壅而莫害。三江之水有所入,然后震泽底定,此水之理也。存中之言如此。或谓三江既入,入于海也。意存中以三江之水未入海,则震泽壅滞,既入海则底定耳。或谓扬州水患既平,三江入海,无泛溢之患,震泽定有浸灌之功。非此有所入,而复彼有所定也。互见《三江考》

郏子高《水利书》

太湖积十县之水,一自江南诸郡而下,出岭阪重复间。当其霖潦积贮,溪涧奔湍,迤逦至长塘湖,又润州、金坛、延陵、丹阳诸邑皆有山,原并会于宜兴,入太湖。一自杭、睦、宣、歙与天目等山,众流而下杭之临安、余杭,湖之安吉、武康、长兴以入太湖。赵彦卫云:太湖上原有三,一自宁国、建康等处入溧阳为金渊,即子胥沉金之所。至镇江之金坛、延

陵为长塘湖。至常州、宜兴、武陵、晋陵为滆湖。又自宜兴环无锡、平江之吴县、吴江、湖州之乌程为太湖。又东为松江。其二自宁国、征严界聚上流之水下杭州界,合临安之新城、於潜、昌、化等县水入江。涨桥运河北自湖州市入太湖。其三自广德界聚山北及上原水下入宜兴、安吉、长兴等水以入太湖,由松江入海。彦卫又指此三原为《禹贡》三江,尤谬

《旧志》亦云:太湖西南,湖州诸溪从天目山下,西北宣州诸山溪水并下太湖。五湖别称见于传记者,《寰宇记》引虞仲翔云:太湖,东通长洲松江水,南通乌程霅溪水,西通义兴荆溪水,北通晋陵滆湖水,东连嘉兴韭溪水,凡五道谓之五湖。《后汉·冯衍传》注引虞翻说:太湖有五,曰滆湖、洮湖、射湖、贵湖、与太湖而五。并太湖之小支,俱连太湖,故名。

《水经》引《地志》云:江水自石城东出,径吴国南为南江,又东北为长渎,历河口注江出东。注:具区,谓之五湖口。五湖为长塘湖、太湖、射湖、贵湖、上湖、滆湖。《史记·正义》五湖亦同。《水经》程大昌云,长渎即太湖。熊疑河口当作湖口别有考证梁大通吴郡水灾,议漕大渎以泻浙江。岂长渎、大渎,皆指太湖而言耶?

《寰宇记》又引韦昭《三吴郡国志》:游湖、莫湖、胥湖、贡湖、就太湖为五。

《常州志》引韦昭说:胥湖、蠡湖、洮湖、阳湖与太湖为五。刘芳实《经史机要》:太湖、胥湖、蠡湖、洮湖、滆湖为五湖。

《史记·正义》及顾夷《吴地记》云:五湖者,蠡湖、游湖、莫湖、贡湖、胥湖皆太湖。五岸五湾为五湖。蠡湖在莫里山东,周回三十余里,西口阔二里,与莫湖连。莫湖在莫里山西北,与胥湖连。胥湖在山西南,与南海连。各周回五六十里,西连太湖。游湖在北二十里,在长山东湖西,口阔二里,东南岸树里,西北岸长山湖。周回五六十里。贡湖在长山西,口阔四五里,东南长山南,即阳村。西北连无锡县老岸湖,周回一百九十里,湖身向东北长七十余里,西亦连太湖。

《史记·正义》云:笠泽江,松江之别名。又云:笠泽即太湖。《扬州记》曰:太湖,一名震泽,一名笠泽,一名洞庭,则江湖通为笠泽矣。

《吴郡志》

五湖即太湖也。《风俗通》云:湖都也。

《史记·正义》

越败吴于夫椒。引杜预曰:太湖中山也。又引贺循《会稽记》云:勾践逆吴,战于五湖中,大败而退。今夫椒山在太湖中,洞庭山西北。案此吴越战于五湖,直在笠泽一湖战耳。

大德《毗陵志》

《通典》注:五湖在吴郡、吴兴、晋陵三郡。今太湖占晋陵、无锡、宜兴三处界,去常州路郡治东南一百里,南从湖州长兴界入宜兴界,行八十二里入晋陵县界,行十八里入无锡、晋陵两界,并行四十八里一百五十步,南至平江、吴县界,乌山北沿湖屈曲,凡经常州界,总一百四十八里五十步。

按《越绝书》云:太湖迂回三万六千顷。《尔雅》云:吴越之间,有吴区。注云:太湖是也。《扬州记》曰:太湖,一名震泽。张勃《吴录》:五湖者,大湖之别名。虞翻云:太湖有五道以别之,为五湖。翻说为近。

《舆地纪胜》

五湖者,盖所纳之湖有五也。《书》《传》五湖之名各不同。《图经》以谓一曰贡湖,二曰游湖,三曰胥湖,四曰梅梁湖,五曰金鼎湖,又曰菱湖。郦善长以谓长塘湖、上湖、滆湖、与太湖而五。韦昭云:胥湖、蠡湖、洮湖、滆湖,就太湖而五。陆士龙赠颜先生诗云:"我家五湖阴,君住三山阳。"

《风俗通》

谨按:《春秋》《国语》:伍子胥谏吴王:与我争五湖之利非越乎?及越灭吴,范蠡乘扁舟于五湖。湖者,言流渎四面所环也。川泽所仰以溉灌也。今庐江郡丹阳、芜湖县是也。又曰:都湖,曰流渎四面所隈都也。

《敏求机要》

湖州乌程县五湖,泰、胥、蠡、又曰莫湖洮、又曰游湖滆。又曰贡湖或云泰湖通五水,是为五湖。名义殊,世称五湖又各别。鄱阳饶州太湖,苏青草洞庭皆在岳丹阳,属润脉分区。

《吕氏春秋》

"禹通三江五湖,决伊阙沟回。"陆注:之东海,因水之力也。

《淮南子》

禹之时,天下大水,禹身执蔂臿,以为民先,剔河而导九岐,凿江而通九略,辟五湖而定东海。

《东汉书·班固传》

"捐金于山,沉珠于渊。"注:陆贾《新语》:舜弃黄金于崭崖之山,捐珠玉于五湖之泉。一作川以塞一作杜邪淫之路。

《吴兴志》

五湖在吴兴县东南七里,曰五龙湖。在西南三里,曰姚湖。在南九里,曰获湖。在北二里,曰西亩湖。在东二里,曰四龙湖。皆有灌溉之功。四龙在龙清观后。吴越武王以望气者言,山有主气,使人凿之,忽有四鸽飞起,烟云瀚然,化为四龙,因以名湖。

又五湖在绍兴府诸暨县南一里。又五湖《寰宇记》云:晋陵、无锡两县中分湖为界。《南徐州记》云:无锡南三十五里有长梁,南有五湖,向南又有小五湖,非《周礼》之五湖也。

张勃《吴录》云:以其周行五百余里,故曰五湖。

《钦州志》

五湖在州城外,江岸上有亭,其湖有东西南北中,凡五并。嘉祐八年置。陶弼有"宁越佳山水"之句。

《宁国县志》

五湖在县北四里香城乡,源出於潜千秋岭,由汤公山北沿五湖山之右,故以五湖名之。北流五里合于县溪入宣城,以达于大江。

《高邮州志》

五湖去城六十里,东至沛城村,北至平阿两伍村,并陆路往北阿镇,至天长县固城镇,及盱眙界南至创江湖,东至甓社湖。《纪胜》引《旧图经》云:去郡城六十里。

山谷黄庭坚诗:"九陌黄尘乌帽底,五湖春水白鸥前"。蒋之奇诗三十六湖水"所潴其间充,大为五湖唐"。

李绅诗《泛五湖效谢惠连》

范子蜕冠履,扁舟逸霄汉。嗟予抱险艰,怵惕经弥漫。穷通泛滥劳,趣适殊昏旦。浴日荡层空,浮天森无畔。依滩落叶聚,立浦惊鸿散。浪叠雪峰连,山孤翠崖断。风帆同巨壑,云盏成高岸。宇宙或东西,星辰沉聚烂。霞生濒洞远,日吐青荧乱。岂复问津迷,休为吕梁欢。漂沉身讵保,覆溺心长判。胡越那异乡,婴童反为玩。依稀占井邑,嘹唳同鹅鹳。举棹未宵分,维舟方日旰。微斯济川力,若鼓凌风翰。易狆当悔游,临深罔知难。

王遵诗《咏五湖》

已立平吴霸越功,片帆高□五湖风。不知战国官荣者,谁似陶末得始终。

《释文三注·胡曾咏五湖》

东上高山望五湖,云涛烟浪起天隅。不知范蠡乘舟后,更有功臣继踵无。

《扁舟五湖》

种蠡功名士,吾评蠡最优。五湖足春水,一叶寄扁舟。变姓乘单舸,翻身退急流,千金徒铸象,万里孰驯鸥。震泽鲈堪脍,苏台鹿已游。君王既称霸,求尽沼吴谋。

《拙轩老人集·咏五湖》

鸥□归去五湖秋,高谢人间万户侯。却笑功臣大夫种,不知鸟啄可同忧。

元《杨铁崖集·五湖游》

鸥夷湖上水仙舟,舟中仙人十二楼。桃花春水连天浮,七十二黛吹落天外如青沤。道人谪世三千秋,手把一枝青玉蚪。东扶海日红桑摎,海风约住吴王洲。吴王洲前校水战,水犀十万如浮沤。水声一夜入台沼,麋鹿已无台上游。歌吴歈舞吴钩,招鸥夷兮狎阳侯。楼船不须到蓬丘,西施郑旦坐两头。道人卧舟吹铁篷,仰看青天天倒流。商老人橘几奕,东方生桃几偷。精卫塞海成瓯窭,海荡邝山漂髑髅,胡为不饮生春愁。光生此诗,雄伟奇丽,逸气飘飘然在万物之表,真天仙之语也。如"海荡邝山漂髑髅"之句,使李长吉复生,不能过也。

杨仲弘诗《送方韶父先辈游五湖》

萧萧垂素发，渺渺泛沧波。过眼江山好，还家日月多。诗名终不朽，世事复如何。一往五湖上，苍茫问钓蓑。

太湖

苏州太湖《苏州府志》

寰宇记云：在苏州西六十里，纵广二百八十三里，即《禹贡》之震泽，取水常震动之义。或曰：震，东方。泽，在东也。

《周礼·职方》：扬州薮曰具区，浸曰五湖。《尚书正义》云：扬州浸薮同处水谓之浸泽，谓之薮。《尔雅》：吴、越之间，具区其湖，周回五百里，襟带吴兴、毗陵诸县界，东南水都也。具区者，为之防。《越绝书》云：太湖周三万六千顷，其千顷为乌程。去县五十里。*颜真卿《石柱记》云四万八千顷。*

《元一统志》

太湖在吴县西南五十里，即古震泽。

《旧经》云：周回三万六千顷，接苏、常、湖、秀四州界。

《国语》谓之五湖，其实一也。吐吸江海，其所容者大，故以太名焉。五湖者，盖所纳之湖有五。郭景纯《江赋》云："包五湖以漫漭。"言江水经纬五湖，而包注震泽也。《图经》谓之贡湖、游湖、胥湖、梅梁湖、金鼎湖为五，而又曰菱湖。韦昭谓胥湖、蠡湖、洮湖、滆湖、就太湖而五。虞翻云：太湖东通长洲松江水，南通乌程雪溪水，西通义兴荆溪水，北通晋陵滆湖水，东连嘉兴之韭溪水。凡五道谓之五湖。陆鲁望谓太湖上禀咸池之气，故一水五名，又为仙家浮玉之北堂，故其诗曰："尝闻咸池气，下注作清质。至今涵青霄，尚且浴白日。"

皮日休诗云："三万六千顷，顷顷玻璃色。疏岭七十二，~~岂岂~~露寸戟。"

苏子美诗云："杳杳波涛阅古今，四无边际莫知深。润通晓月为清露，气入霜天作暝阴。笠泽鲈肥人□玉，洞庭柑熟客分金。风烟触目相招引，聊为停桡一楚吟。"

《咸淳毗陵志》

太湖在县东南百里，源自安吉州长兴县，入宜兴，又八十里入晋陵，又十八里入无锡，由晋陵无锡四十八里百五十步南入平江府吴县乌山北湖，堤环郡境，总百四十八里五十步，亦名五湖。《周礼·职方氏》云：扬州其浸五湖，注湖在吴南浸，可以为陂灌溉者。

《史记·河渠书》云：于吴则通渠三江五湖。韦昭注：五湖，湖名耳，实一湖，今太湖是也，在吴西南。

《通典》注云：五湖在吴郡、吴兴、晋陵三郡。郦元则谓长塘湖、射贵湖、上湖、滆湖与此为五。韦昭则谓胥湖、蠡湖、洮湖、阳湖与此为五。张勃《吴录》则谓五湖，即太湖。周回五百余里。众说不同。惟虞翻云：太湖有五道，东通长洲松江，南通安吉雪溪，西通宜

兴荆溪，北通晋陵滆湖，东南通嘉兴韭溪。

《吴兴志》

太湖在郡治之北十八里。乌程长兴境之所距。旧经：乌程县北长兴东北皆以太湖为名。《禹贡》曰：震泽，《周职方》曰具区。五湖震泽，取水常震动之象。或曰震东方，泽在东也。具区者，大为之防。五湖者，张勃《吴录》云太湖之别名，以其舟行五百余里也。《吴郡图经》曰：有小湖五，悉属太湖。贡湖、游湖、胥湖、梅梁湖、金鼎湖也。旧编谓固湖、游湖、胥湖、菱湖、太湖，纵广数百里，苕霅众水入焉。

《越绝书》云：周三万六千顷，其二万顷为乌程，颜公石柱四万八千顷。《绕纪》云：纵广二百八十三里，兼接苏、宣、常州之界，临安、广德之水亦入焉。《吴兴郡图经》云：接苏、常、秀州之境。按秀州之境不濒湖。《统记》云：连德清、武康、长城、临平、余杭、义兴、晋陵、无锡、江阴、吴县、常熟、昆山、华亭、嘉兴、海盐一十五县水入焉，旧编亦从此说，非也。江阴自隔五泻堰，昆山常熟在吴江下流，华亭海盐水竟自入海，不入太湖也。《新唐志》云：古湖、宣、苏、常四州境为是。

《吴兴续志》

湖之巨浸曰太湖，在郡治北十八里，乌程长兴境之所距，兼接苏、宣、常州之界，杭州广德之水亦入焉。沿湖之隄多港溇，皆为斗门，视时之旱涝而闭泄焉。近世以来，渐就湮废。洪武十年春通州蒋忠重为疏导，民甚便之。

《无锡志》

太湖去州西南一十八里，自西而北，绝州之境四十五里，即古具区、震泽，所谓五湖者是也。

《越绝书》云：太湖周回三万六千顷。《禹贡》之震泽，《尔雅》云吴越之间，具区其湖。周回五百里，襟带吴兴毗陵诸县。界，东南水都也。

郭璞《尔雅·具区》注云：县南太湖也。中有山，山下有洞庭。穴道潜行水底，无所不通，号为地脉。

《旧经》云湖内有灵山，去北岸二百里，其山清秀，山中有灵山寺，旧属无锡，后割入晋陵。南际有洞庭山，在苏州吴县界，产柑橘，与潇湘洞庭等。非舡莫通。

《寰宇记》云：太湖从湖州长兴，历常州义兴、晋陵及无锡界。今按太湖南自平江、长州县，入长兴与义兴，并行四十八里，东南至吴县界，自乌山北沿湖西岸东行六十二里，又与吴县为界。沿湖屈曲，越常州界一百四十八里与州之分水为界，占州之新安、开化、扬名、开元、富安五乡。由新安乡乌角溪口，自南而西迤运行至富安之间江而止，为是州之巨浸。西流之水皆会于独山吴塘浦岭诸门而通太湖。

《宜兴风土旧志》

太湖在县东南四十五里，周回计六百五十里三百步。南接长兴，古以义乡山为界，今以董塘岭为界。经县界八十里北入晋陵，东际兰山，西环以百渎。在《禹贡》为震泽，在《尔雅》为具区。

《史记》通谓之五湖。桓玄为义兴太守，郁郁不得志，常登高望震泽，叹曰："父为九州伯，儿为五湖长。"乃弃官归国。正以地临湖故也。

《越绝书》云：太湖周回三万六千顷，中有包山，山下有洞庭，穴潜行水底，无所不通。

《十道四蕃志》云：包山洞庭其下潜通琅琊，东武山，吴大帝使人行二十余里而返，亡上闻波涛之声。昔毛苌由张公洞入，东行从此穴出，盖即林屋洞天。今有毛公坛、炼丹井存焉。

《乌程志》

太湖为东南薮泽，其诸港㳽所以泄上流，而注之湖也。在县二十二都，至四十一都之境，唯大钱小梅二湖口为最大。而且要自昔置巡检于大钱者，实以二处为险要之地。故特置官以控治之。其他浦㳽三十有六，当春夏霖雨，西南山水骤发，黄潦拍岸，非赖此泄之则平畴皆漫为巨壑矣。旧常置闸以防北风湖泛之患，后皆堙废。洪武十五年，主簿王福往加浚治，既而典史姚华轻继往，由是皆疏通云。

《常州府志》

太湖在晋陵东南一百里，源自长兴州，流入宜兴，八十里入晋陵。又十八里入无锡，由晋陵无锡四十八里，南流入平江路吴县乌山堤北，堤环郡境，总一百四十八里，亦名五湖。按《寰宇记》：此湖当晋陵、宜兴、无锡三县界。《越绝书》云：太湖，周回三万六千顷，互见平江湖州，又名具区，又名震泽，又名笠泽。《左传》吴师伐越，败之于夫椒，即谓太湖中椒山，是也。一云周五百里曰五湖。

《扬州志》

太湖，一名震泽，一名笠泽，一名洞庭。

《新唐书·地理志》

湖州、乌程县有太湖，占湖、宣、常、苏四州境。

宋《胡文恭公集·论太湖登在祀典奏议》

臣窃见吴中太湖，即《禹贡》震泽也。广三万六千顷，其水利溉苏、湖、常三州之地，而苏、湖为多，去二郡亦近。湖中大小山七十有二，洞庭林屋福地皆在其中。商帆贾楫，日相上下，二郡各有湖庙，而常州无庙，苏州庙在洞庭，湖州庙在大钱口，方俗目为平水大王庙是也。二郡小小丛祠皆祭，而太湖独不祭。盖由祀典失载，因循忽诸，礼境内山川诸侯当祭。国家无文咸秩，靡祀不宗，其太湖欲乞下湖、苏、常三州登其祀典，春秋差官致祭。取进止。

许景迂《野雪行卷·太湖神平水王文》

具区为东南薮，而神司焉。去岁潦水逆行，邑为流裔桑麻粳稻之区，几为鱼鳖之宅，而邑民之饿莩离散者，至今未苏也。某来为邑佐，惟神是依，视事三日，祗谒于庙，所祈阴相。自今不以小邑为圣，而亟蒙润泽之益，实民情之公愿，而非吏之私祷也。

唐皮日休诗《初入太湖》

闻有太湖名,十年未曾识。今朝得游泛,大笑称平昔。一舍行胥塘,尽日到震泽。三万六千顷,顷顷玻璃色。连空淡无额,照野平绝域。好放青翰舟,堪弄白玉笛。疏岑七十二,矗矗露矛戟。悠然啸傲去,天上摇画鹢。西风乍猎猎,惊波奄涵碧。倏忽雪阵吼,须臾玉崖坼。树动为蜃尾,山浮似鳌脊。落照射鸿溶,清辉荡抛抱。云轻似可染,霞斓如堪摘。渐螟无处泊,挽帆从所适。枕下闻澎湃,肌上生瘆痍。讨异足迂回,寻幽梦阻隔。愿风与良便,吹入神仙宅。甘将一蕴书,永事嵩山伯。

陆龟蒙诗《初入太湖》

东南具区雄,天水合为一。高帆大弓满,羿射争箭疾。时当暑雨后,气象仍郁密。乍如开雕篌,音奴,篦也。耸翅忽飞出。行将十洲近,坐觉八极溢。耳目骇鸿濛,精神寒偘众。坑来斗呀谿,涌处惊嵯崒。嶮异扳龙湫,喧如破蛟室。斯须风妥帖,若受命平秩。微茫识端倪,远峤疑格音阁笔。巍巍见铜阙,湖中穹崇山,有铜阙。左右皆辅弼。盘空俨相趋,去势犹横逸。尝闻咸池气,下注作清质。至今涵赤霄,尚且浴白日。太湖上,禀咸池五车之气,故一水玉石也。又云枕浮玉,宛与昆阆匹。尔为灵官家,此事难致诘。太湖乃仙家浮玉之兆堂。绕迎沙屿好,指顾俄已失。山川互蔽亏,鱼鸟空聱语处反取。鱼乙反。何当授具检,得召天吴术。一一问朝宗,方应可谭悉。

白居易诗《泛太湖当事寄微之》

炯渚云帆处处通,飘然舟似入虚空。玉杯浅酌巡初匝,金管徐吹曲未终。黄夹缬林寒有叶,碧琉璃水净无风。避旗飞鹭翩翻白,惊皱跳鱼拨剌红。洞雪压多松偃蹇,崖泉滴入石玲珑。书为故事留湖上,所见胜景,多记在湖中石上。吟作新诗寄浙东。军府威容从道盛,江上气色定知同。报君一事君应羡,五宿澄波皓月中。

宋陈舜俞诗《初入太湖》

东南有具区,三万六千顷。百川之雄伟,咸池借溟涬。玉堂在具下,莫知日月永。鸥夷昔不返,肯顾市朝请。素怀邈已劳,孤泛此方逞。刺沙出林荒,度浅动苹荇。渐尽行渐远,湾转势弥迥。疑非地可载,直与天作境。青空四垂幕,乱山不能屏。森茫白鸟行,浩漾好云影。逻呼十浆急,罳横九帆并。一红横立于九帆乘风网鱼罳霁中波有光,风后浪犹猛。潮湃闻乍愭,抛磕内还省。我量觉蹄涔,此身实萍梗。渊神慄寒肌,浸气飘素领。观澜念往卫,濯缨悼前青。未能追高谢,且以卒流景。吟非夸独清,济乃伏中静。寄谢洞庭君,终来老鱼艇。

葛元承诗《太湖吟》

只饮太湖水,不脍松江鲈。鲈杂鱼虾腥,水涵天地初。千里开镜奁,一色包水壶。日月递吐吞,蛟龙相蛰舒。上接河汉高,下连溟渤虚。中有洞庭山,云气相萦纡。我来风雪天,修绠汲自如。一饮尘浣清,再饮浇诗书。三饮毛发寒,胸次包寰区。大禹果至神,仿佛来前除。万古不尽流,禹功常与俱。

《北涧诗集·歌太湖迓常守王寺丞》

伊谁量太湖，三万六千顷。天国几何宽，满湖不畦畛。或疑湖底天可田，笺尺亟问县官请。况复周家有成法，尽底均作八家井。鲸鹏蛟鳄俱幽屏，藻荇蘖为禾黍颖。公田利与私田准。坐令虞芮俗化作西伯境。野田无哭声，夜枕亦不惊。晏眠早作日以宁，已输再输毋屡征。循良在上如西京，媚长牙爪俱逡逡。

《吴江塔寺登阁观太湖》

十华藏海貌涔蹄，便作涔蹄为物移。富贵不须开帝网，只开万顷碧琉璃。

吴仲孚诗

远山数笔抹秋烟，阔阔湖波冷浸天。晚日未沉风渐起，芦花狼藉满渔舡。

陈于尚诗

泱漭吞吴会，微茫接洞庭。流应合万水，势欲小东滨。天宇浮空阔，风帆入杳冥。蛟龟成窟宅，白浪晓吹腥。

张仁溥《斗野诗薰·太湖次韵》

旷望极沧滨，身疑住帝青。风恬波贴贴，云淡雨星星。驾熟转鱼户，潜深想贝庭。二豪方劝醉。万事付刘伶。

李和父《雪林漱石集·过太湖》

水面八百里，所之唯认山。消人名利念，出世是非间。帆有凌空势，云无不雨颜。何年洞庭上，林屋老仙关。

《翁灵舒集》

水跨三州地，苏州水最多，昔年僧为说，今日自经过。亡国岂无恨，渔人休更歌。洞庭山一抹，翠霭白云和。

《大雅集·程煜咏太湖》

击楫中流去，西风客思催。地吞南极尽，波撼北滨回。蛟馆悬秋月，龙宫起夜雷。濯缨人不见，长啸倒金鼎。

《吴郡志·梅尧臣望太湖》

东吴临海若，看月上青冥。河汉微分练，星辰淡布萤。细烟沉远水，重雾浥空庭。孤坐饶清与，惟将影对形。

《胡文恭公集·九月十五夜北楼望太湖》

云影消空阔,霜华拂杳冥。秋光不隐雁,夜色欲迷萤。爽气横苍下,凉波接洞庭。水仙当此夕,应化白龙形。

《罗处约诗·题太湖》

三万六千顷,湖侵海内田。逢山方得地,见月始知天。南国吞将尽,东滨势欲连。何当洒为雨,无处不丰年。

王之道《相山集·太湖呈邵公晋沈元吉》

半月江湖上,晚来方得风。挂帆谁共快,到岸偶相逢。可是过从旧,都缘臭味同。长亭一瓯茗,亲厚意何穷。

李处权《崧庵集次·陈叔易太湖二十韵》

北客何来此,浮生直偶然。风飙从禹穴,日脚近虞渊,渔唱谁能问,鸥盟我不捐。燃犀怪可睹,击树讯空传。钓石温徐坐,樯竿稳近联。波明疑练妥,山净学眉连。客上三千履,军呼十万铤。可思江柳下,祇欠舞衣前。鼓栧如无及,乘查怅未缘。远中微隐树,阔外莽横天。缥缈湘灵瑟,夷犹范蠡舡。健帆风作驭,骇浪雪盈颠。行鹭纷群起,孤鸿杳独骞。断崖方怒吸。浅濑或劳牵。夜泊星辰逼,晴占日月偏。幽姿、蛟室,神物护龙泉。世乱甘沦隐,涂穷枉乞怜。渚花迎客笑,岸草信人沿。颇欲追双桨,无因共两舷。时来如谢眺,三复有余妍。

《王逢原诗·太湖》

西南无尽望,吞恐罄吴郊。海近私凭蓄,天低不敢包。蛟龙疑自宅,螟蛭莫令巢。远浦绕分点,归樯略认梢。水乘潮更阔,地过底宜坳。鸟截烟难断,风凌浪眷交。大桥横作画,别岸缺成爻。吟恐诗无气,图忧笔费抄。归输范蠡得,官许季鹰抛。去忆心应系,归夸口定晓。穷何须蹈海,来好卜编茅。著户生同隐,居民钓自庖。沧浪未容濯,鱼枻夜停敲。

范文正公诗

有浪即山高,无风还练净。秋宵谁与期,月华三万顷。

《高僧诗集》

黄芦一股水,翠竹两三家。落日闻鸡犬,荆蔡一径斜。人生处事不欲快,捷径未必通诸碍。归途拟作沿塘行,甄倒囊空胡可待。

浙赵蕃诗

夜来投宿定花浦,乞晓占风更前迈。波涛汹涌势莫遏,顾视吾舟真若芥。是时霜威甚可怖,篙师战缩不可耐。急温浊酒浇肺肝,向者饥寒失安在。自怜不比娄师德,未可轻犯垂堂戒。径搜苦语谢江神。恐惧偷生勿吾怪。

《陈都官文集·太湖一首和姚子张》

太湖可渔山可樵。渔樵隐者非一朝。醉拍滨渤磨穹宵,歌咏周礼追松乔。故矶人师今寂寥,秋空浪稳兰为挠。何为不去走市朝,况无一策陈虞尧。嗟哉生事垂箪瓢。母齿豁豁群儿龋。啼寒悲饥如鸥鹙,古人以此尝折腰。敢不欢喜禄下僚,沧浪有景诚不辽。西风起时心摇摇,异日掉臂君可招。

程公许《沧洲尘缶编·晓月未没,
顺风泛太湖,期以明日,与悦斋会》

明月伴我酒家眠,五更顺风催放船。月波荡湖湖欲溢,挟桑夺染半天赤。湖山破晓郁青苍,坐觉山与船低昂。少年负气隘湖海,老虽歛缩余习在。叩舷一笑宇宙宽,瓮天那可差别观。蒲舰瞬息几百里,峨峨阊门尺有咫。五湖千古自清风,诘朝持叩伏柱史。

傅梦得《西崖吟藁·过太湖》

橹声催客过垂虹,小泊长桥蓼岸东。一望湖光千万顷,远看山色渺茫中。船惊宿鹭飞轻雪,信寄征鸿得便风。欲买鲈鱼供晚酌,芦花丛里唤渔翁。

范石湖《大全集·渡太湖》

囊风阁雨半晴阴,惨澹谁知造化心。委命沉浮惟一叶,计身轻重亦千金。红尘犹避不胜险,白浪莫嗔如许深,脱得芗山堪系缆,卧听龟吼与龙吟。

又十一月大雾中,自胥口渡太湖

白雾漫空白浪深,舟如竹叶信浮沉。科头晏起吾何敢,自有山川印此心。

杨杰《无为集·舟泊太湖》

区区朝市逐纷华,不信湖心有海槎。八十丈虹寒卧影,一千顷玉碧无瑕。古今风月归诗客,多少莼鲈属酒家。安得扁舟如范蠡,烟波深处卜生涯。

《抄录杂诗·望太湖》

垂虹桥外水茫茫,又历鲲鹏变化乡。船得便风宽客思,城留残照染湖光。未输滨渤吞三岛,直想虚空敛八荒。欲买一樽留月色,荷花荡口借新凉。

《苏子美集》

杳杳波涛阅古今,四无边际莫知深。润通晓月为清露,气入霜天作暝阴。笠泽鲈肥入脍玉,洞庭柑熟客分金。风烟触目相招引,聊为停桡一楚吟。

王黄州《小畜集·听罗评事话
太湖洞庭之景,因赋十韵》

思纯十日水乡游,归见同年说不休。湖阔尽疑吞泽国,洞深皆道彻宣州。杉松自宿千年鹤,橘柚堪轻万户侯。销夏古弯长积雪,隔帆危栏几经秋。离离鱼网垂村巷,漠漠茶烟出寺楼。云叶拥僧迎墨绶,浪花和鹭晨仙舟。传书事往人难问,炼药池空水自流。明月峰高欺少室,桃花坞好似瀛洲。许浑有句君应笑,张祐无诗我不愁。直拟如今抛印去,雨蓑风艇狎群鸥。

张文潜诗《太湖上成绝句
呈刘伯声四首》

湖北风来吹晓钟,湖边渔客闭船蓬。波光不动天光阔,更在浮烟细雨中。

风荡云容不成雪,柳偷春色故冲寒。湖边艇子冲烟去,天畔青山隔雨看。野岸北风归客愁,浮烟不动雨初收。围成野色萦纤岸,点破湖光三四鸥。

谁道原头春未回,柳梢黄软冻齐开。争惊腊日峥嵘尽,急问田翁乞野梅。

周文璞诗

太湖我泖池,茂苑我林莽。橘柚我堆盘,鲈鱼我登俎。区区为苹花,移去溪上住。终当赋归欤,来此卧烟雨。

王道士《竹林清风集·太湖》

三万六千顷,浩荡三州界。烟雾四无边,往往出奇怪。洞庭柑已霜,农泽鱼极介。岂无范蠡舟,我欲从公迈。

杨备诗《游太湖》

渔舟载酒日相随,一笛芦花深处吹。湖面风收云影散,水天交照碧琉璃。

史尧弼《莲峰集》

乙丑中秋,与川僧数辈,自虎丘灵岩绝太湖,登洞庭东山,曰:翠峰四望,湖中群山。高下出没,如大圆镜。见百千万亿青螺髻,然瑰玮绝特,盖入眼未之见,恨风作不能过西山,睹林屋洞天之胜,然已得其仿佛矣。

太湖三万六千顷,如今试吞无一毛。目力未应论近远,泰山之本只秋毫。七十二山湖面横,横斜出没乱青宾。只疑亦有钧天奏,惊起鱼龙舞洞庭。群山相望有亡间,仿佛三主常往还。不用张帆越清泚,化身先自遍西山。孤峰直上散青眸,山崎西东浸碧流。弱水人言三万里,是间我是到瀛洲。海门湖上东畔开,海东飞仙呼不来。乘桴便欲径浮去,无人从我复空回。

《舆地纪胜》陈尧佐

平波渺渺烟苍苍,菰蒲才熟杨柳黄。扁舟系岸不忍去,秋风斜日鲈鱼乡。

梅询

岸傍高士陆龟蒙,羌雁曾徵恋钓筒。船户平居两山下,图经分载几州中。

蒋堂

雁翅桥横五湖北,翚飞亭屹大江心。鱼龙渊薮风月窟,若比广寒宫更深。

杨蟠

两岸履声云外合,三州帆影月边归。栏干独立秋风早,岂侍鲈鱼始拂衣。《周端平诗·隽望太湖》:独立 渺漫灏气中,倍饶云雾杳重重。直西一道孤光起,指点人看是白龙。眼力难穷远即昏,纵晴惟只两三分。今朝林屋人皆见,不似峰峦只似云。

《袁易诗雪后过太湖》

急桨危桅破晓晴,寒流残雪动春声。眠沙双鸭萧萧静,泛渚群鸥个个轻。山阴竹树凋零久,梁苑池台赋咏阙。赖有太湖三万顷,清晖摇荡玉峰寒。虚白冥濛雁叫残,空明眩转鹭飞还。烟波渐远重回首,始信愁生浩荡间。湖面轻波漠漠开,烟中万叠玉崔嵬。若言兴尽堪回棹,更微何时月夜来。胸吞云梦兴徒宽,笔写萧湘思已悭。安得敏如杨马手。烂铺才思赋湖山。

张仲实诗《太湖晚泛》

菰蒲飒飒太湖秋,无限清风消客愁。总为沈酣频解带,独因萧洒更移舟。远山自入青云去,落月相随白水流。几处钓矶曾过眼,已将心事许沙鸥。

王景初《兰轩集·太湖》

自古东南说太湖,扁舟今日过勾吴。尽中渔艇长桥晚,镜里炊烟震泽孤。森森四旁天远接,悠悠一色练平铺。清风不逐鸥夷去。长向烟波伴钓徒。

《张子嵓诗·过太湖》

漂漂适佗州,浩荡去无所。风飘如惊鸿,百里已可许。天寒吴江波,日落晋陵渚。旅怀惨不悦,怆凄恨如雨。独夜维我舟,三更有鸣橹。

《云麓漫抄·游太湖》

十只尽船何处宿,洞庭山脚太湖心。此白乐天守姑苏游太湖诗,读之想见当时气象。绍兴初,金人犯江浙,苏守移治洞庭,前后守臣孙仲益、觊胡茂,老松年皆罢守,寓彼胡有诗;白苹风静碧波沉,画舸来游着意深。愿觅灵文窥秘钥,更追遗范写良金。姓名便合联真隐,出处何妨拟醉吟。畴昔光阴费行乐,中原鼙鼓正伤心。

《程礼部集》

云树烟波浩渺,渔村橘里萦环。相见三高不死,超然来往其间。

元宋本《至治集·灵岩绝顶,望主湖集句》

闲云潭影日悠悠,更挽藤梢上上头。惆怅无因见范蠡,夕阳西去水东流。

谢原功《密奄诗稿·次韵张云门中尉望太湖一首》

云门旌节驻西山,注目平湖浸雨间。春雨浪高鱼欲化,夕阳沙远鸟迟还。龙都虽限天为界,霸国休凭水作关。日夜战舡争利涉,鸥夷何可便授间。

《刘习之诗·太湖书怀》

清风起平湖,白云生涧阴。佳时惨不乐,霸思苦难任。客子熟中肠,浩然怀故林。仲夏倏已过,草木郁萧森。万物欣有托,五主何崎岖。念昔岁甫冠,自许双黄金。只今堕危途,不如烟际禽。山水祈素愿,利名非宿心。何当返故庐,啸傲苍崖深。两鬓岂长绿,勿枉吴霜侵。

高季迪《缶鸣集·月夜游太湖》

欲寻林屋隐,还过洞庭游。远水初涵夜,长天尽作秋。湖如清草阔,月似白莲浮。万壑风传笛,三更斗挂舟。叶应随鸟散,山欲赴波流。浩荡吾何适,鸥夷不可求。

芦川《张九千集·水调歌头,同徐师川泛太湖舟中作》

落景下消嶂,高浪卷沧洲。平生颇惯江海,掀舞木兰舟。百二山河,空壮底事,中原尘涨,丧乱几时休。泽畔行吟处,天地一沙鸥。想元龙,犹高卧,百尺楼。临风酹酒堪笑,谈话觅封侯。老去英雄不见,惟与渔樵为伴,回首得无忧。莫道三伏热,更在五湖秋。

耿元鼎词《满江红·中秋泛月太湖》

问月杯空谪仙去,无人重举,兰台旧扁舟。乘兴处,留奇语,洞府初疑仙骨瘦。樽前尚爱纶巾舞,信前身太白尚何疑,词高古。盟后会,偕真侣,黄叶渡,舟枫渚,道五湖烟浪,胜游溢浦。念我身闲鸥样度,似海山共去君应许。但只愁,岳牧要人撑住。

潮州太湖

《潮州府志》

太湖在潮州府。

唐《韩昌黎文集·祭太湖神文》三章

维年月日,潮州刺史韩愈谨差摄潮阳县尉史,虚已以特,羊庶羞之,奠告于太湖神之灵。某承朝命为此州长,今月二十五日至治下,凡大神降依,庇覹斯人者,皆某所当率徒属奔走,致诚亲执祀事于庙庭下,今以始至,方上奏天子,思虑不能专一,冠衣不净洁,与人吏未相识,知牲糈、酒食、器皿觕弊不能严清,又未卜日时,不敢自荐。见使摄潮阳县尉史,虚已以告,神其降鉴。

祭湖神文

维年月日,潮州刺史韩愈谨以清酌庶羞之奠,祭于太湖之神,惟神降依兹土,以庇其人。今兹无有水旱、雷雨、风火、疾疫为灾。各宁厥宇,以供上役。长吏免被其谴,赖神之德,夙夜不敢忘,谨具食饮,躬斋洗奏,音声以献、以乐,以谢厥赐,不敢有所祈尚飨。

祭湖神文

维年月日,潮州刺史韩愈谨以清酌暇修之奠,祈于太湖之灵,曰稻既穟矣,而雨不得熟以获也,蚕起且眠矣。而雨不得老以簇也,岁且尽矣。稻不可以后种,而蚕不可以复育也。农夫桑妇将无以应赋税、继衣食也。非神之不爱人,刺史失职也。百姓何罪,使至极也?神聪明而端一听,不可滥以惑也。刺史不仁,可坐以罪。惟彼无辜,惠以福也。划剽云阴,卷日月也。幸身有衣口得食,给神役也。充上之须,脱刑辟也。选牲为酒,以报灵德也。吹击管鼓,备香洁也。拜庭跪坐,如法式也。不职当治,疾殃殛也。神其尚飨。

淮安太湖

《淮安府志》

太湖,在安东县西北一百二十里,两接沭阳县桑墟湖。南北长八十里,东西阔四十里。与海州沭阳三分之一为界,即硕项湖也。

浦城太湖

《元一统志》

太湖,在建宁路浦城县。

鄱阳湖

《鄱阳志》

古之彭蠡,在城西四十里。水涨之时,近不十里。湖跨南昌、饶州、南康三郡之界。属饶州者,东一隅尔。所潴之水,合饶、信、徽、吉、赣建昌、临江、南安、袁筠、南昌、南康诸州之流。春夏秋泛滥渺茫,至冬水归港道,今湖口入江处。西北则江汉之浊流,南则鄱阳湖之清涨,合流于大江,入于海。

《饶州府志》

鄱阳湖,乃鼓蠡泽之东南隅。延袤数百里,隋以鄱阳山所接,故名。

《南康府志》

鄱阳湖,在都昌县东南二十里,流经县治,会于左蠡,其湖绵亘三百里,巨浸迷茫,中有雁泊,小湖西接龙兴,东抵饶州,北流入于海。

唐《韦庄诗·泛鄱阳湖》

四顾无边鸟不飞,大波惊隔楚山微。纷纷雨外灵均过,瑟瑟云中帝子归。进鲤似梭投远浪,小舟如叶傍斜晖。鸱夷去后何人到,爱者虽多见者稀。

宋徐灵晖诗《过鄱阳湖》

港中分十字,蜀广亦通连。四望疑无地,孤舟若在天。龙尊收巨浪,鸥小没苍烟。未渡皆惊畏,吾今已贴然。

赵抃诗《经鄱阳湖》

舍陆事川程,霜天晓色明。长波万顷阔,大舸一帆轻。静唱村渔乐,斜飞渚雁惊。云披见楼阁,隐隐豫章城。

赵汉宗《白云小薰·过鄱阳湖》

烟波三万顷,著我木兰船。望际疑无地,寰中别有天。长空孤鸟没,四海一云连。浩荡平生意,南风正渺然。

《江湖续集·周弼鄱阳湖四十韵》

巨浸连吴越,高躔直斗牛。玄明开别府,江伯汇支流。象纬元精逼,神奸秘怪哀。番君疏带砺,彭蠡壮襟喉。赴隙如无地,凭墟忽有州。津涯逾写润,窟宅定刌幽。岛认瀛鳌戴,涛疑阵马虺。珠跳怜雨驶,镜滑识风收。树带乔枝隐,山余短碧浮。窥觇疲罔象,睥睨忕阳侯。漾月都迷皓,蒸云间作油。涵濡均藻荇,冗长到虾鳅。蜃幻晴嘘阁,龙腥夜拔

湫。万寻悬圃玉，一带洞庭秋。盈缩知谁纪，吞并似力掣。鲤矜封赤□，龟笑斥朱眸。嵌宝扶桑韧，珍文匠石镂。鸥群驯野客，蚖肆傲潜蚪。罢数筐零霰，樯轻弩激锹。孰分浮瓠澀，或讶绕蛇丘。弦索延商妇，牂艭送莫愁。陶末诚得策，神禹想遗忧。端称潺湲弄，非无隐伏榕。豆分高下渚，苇视去来舟。血脉乾坤活，疮痍稼穑瘳。披猖包息壤，琐碎略浮沤。莲女婵娟棹，渔郎艼燥瓯。有人寒绣被，无客傲鹔裘。货贝穷乾没，醪羞兰丐求。束拈论沃釜，戒覆比倾䡱。众水杯盂外，佗年吐纳尤。鹊填功未议，鲸吸志应酬。何事轻思济，吾防果未周。阽危心骨醉，飘泊面颜羞。敢计乘桴去，何知戴粒游。片帆真扰扰，爰影转悠悠。早湿嗟疑作嗟梁傅，星霜挂魏年。劳歌惭孺子，破篪付平头。乌戏缘纯置，黄粮为□谋。清螺取归日，稳棹听夷犹。

又　鄱阳湖浸东南境，有人曾量三十六万顷。我昔乘槎渤澥间，眇视天滨坎蛙井。浪何为而起于青云之底？日何为而碎于泥沙之里？太极初分一物无，天水相包若鸡子。扬澜可供，李白青州杓，彭蠡付与虚敖洗，龟壳斗大，孤山没处藏。剷取来槎鼎铛脚，胸中八九，吞云梦似此蹄涔亦何用，安得快意，大荒之东。东复东指麾，鱼鳖骑苍龙。

范石湖《大全集·鄱阳湖》

凄悲鸿雁来，泆浛鱼龙蛰。雷霆一鼓罢，星斗万里湿。波翻渔火碎，月落村春急。折苇已纷披，衰杨尚僵立。长年畏简书，今夕念簑笠。江湖有佳思，逆旅百忧集。

《过鄱阳湖次游子明韵》

春工酿云无端密，大块囊风不肯收。休问巉岩与歆侧，我今茅靡共波流。野鹰兀兀平沙上，折苇萧萧古渡头。满眼荒寒底处所，令人肠断五湖舟。

《蔡定斋集·过鄱阳湖，适过便风，湖面如镜，喜而有作》

多谢江神不世情，为怜逐客送归程。一帆风力如波恶，屡触危机梦亦惊。

《抄录杂诗·鄱阳湖》

胸次欲吞云梦泽，荡空沦野总滔滔。鲲鹏自以天为国，蛟鳄同驱海扇涛。障日万艘轻似羽，插天孤岛小于毫。明当飞步匡山顶，俯仰青天视六鳌。

杨诚斋诗《过鄱阳湖，天晴风顺》

湖外庐山已见招，春风好送木兰桡。青天挟日波中浴，白昼繁星地上跳。万顷琉璃吹一叶，半簪霜雪快今朝。庐陵归路从西去，却峭东帆趁落潮。

《四月十三日度鄱阳湖》
湖心一山曰康郎山，其状如蛭浮水上。

泊舟番君湖，风雨至夜半。求济敢自必，苟安固所愿。孤愁知无益，暂忍复永叹。夜久忽自睡，倦极不知旦。舟人呼我起，顺风不容缓。半蒿已湖心，一叶恰镜面。仰见云衣开，侧视帆腹满。天如琉璃钟，下覆水晶碗。波光金汁泻，日影银柱贯。康山杯中蛭，庐阜帆前慢。豁然地无蒂，渺若海不岸。是身若虚空，御气游汁漫。初忧触危涛，不意拾奇观。近岁六暄凉，此水三往返。未涉每不宁，既济辄复玩。游倦当自归，非为猿鹤怨。

《华岳南征录·过鄱阳湖》

翠微访赵贡元于鄱阳湖之中，方及中流，风涛大作，篙师束手，翠微恬然，哦一绝而止。北风翻雪鼓雷霆，舟子停兰亦断魂。看我金鳞三十六，为君一跃上龙门。

和

蓦地波涛怒震霆，整冠危坐肯消魂。乘风更驾飞帆去，要看夜潮生海门。

《章忠恪公集·夜过鄱阳湖三首》

风驱残暑月侵衣，仙客乘槎八月归。万顷平湖波不动，夜深鸣橹渡如飞。
平湖闻说浪如山，今夜扁舟自在还。天象水光俱一色，此身安渡斗牛间。
鄱阳湖面三百里，草树云山望里无。月夜扁舟讶何许，一天星汉近相趋。

元《范德机诗数》

日跋涉泥淖，至北山始霁，暮经鄱阳湖。　川路远长林，岁穷千里心。贾舟栖港迮，樵火出邨深。欲雪应消瘴，因风忽解阴。转移足清景，难受客愁侵。

隐显翁《游山诗集·鄱阳湖过彭蠡湖》

江村烟树挂渔簑，湖上晴山叠翠螺。回首唤醒尘世梦，沧浪深处一声歌。

《王沂诗·过鄱阳湖》

东流浩浩远朝宗，联络坤维秀所钟。山入断云回白雁，波涵落日见苍龙。英雄埋没怜今古，形势开张扼要冲。回望匡庐招五老，紫烟晴瀑界云松。

国朝顾录《过鄱阳湖》

临风酾酒醉湖神，打鼓开舡发要津。云雾气蒸迷日月，波涛声撼震乾坤。放歌今日容豪客，破敌当年想至尊。咫尺南昌城郭近，且将双足洗征尘。

《又入鄱阳湖口》

鄱阳秋水阔无津，极目遥观欲损神。尚想天王平贼处，至今遗庙祀功臣。

张宏《江湖吟啸集·过鄱阳湖》

忆我少年时，常有江湖志。番易胜概天下间，欲往从之无由致。我时特为朝京来，欻然一见心颜开。举头四顾渺无际，但见天光云景同裴回。南风正高北风止，前舡唱歌后舡喜。四围山色画图开，万顷波光锦鳞起。同舟赖有金黟人，往来谈笑时相亲。弹棋数局消白日，高歌一曲回阳春。谁云客里多萧索，始信江湖有真乐。明朝买酒赛江神，尽日开蓬细斟酌。

彭蠡湖

《九江志》

彭蠡湖,在寻阳县东南,与都昌县分界,湖心有大孤山。顾况诗云:大孤山尽小孤出,月照洞庭归客舡。案《郡国志》:彭蠡湖周回四百五十里,内有石高数十丈,大禹刻其石以记功焉。又有乞鸟,随舡行舟人掷抟饭,接之,高下不失一粒。今此鸟,沿江灵庙多有,不独在彭蠡湖尔。

《豫章续志》

彭蠡湖去进贤县一百二十里,弥茫浩渺,与天无际。接三州之境,东则饶州,西则南康军,北则都昌,南则本县。《禹贡》所谓彭蠡既潴阳鸟攸居者,即此湖也。湖之水,消长有时,每春夏之间,水涨而湖愈阔。至秋冬则水缩,俗谓之落槽。

《南康军志》

彭蠡湖在城东南。《禹贡》:蠡既潴。又曰东汇泽为彭蠡。《汉志》:武帝浮江,自寻阳出枞阳至彭蠡,是也。又名官亭湖,又名左里湖。

《舆地纪胜》

彭蠡湖,在德化县东四十里,大合江汉,细纳章贡,实为水之都会。湖心有大孤山,高数十丈。今西属德化,南属南康,东北属湖口。一湖隶三境焉。

龙泉窑刻花五管带盖瓶

《太平寰宇记》

彭蠡湖,西湾,夏秋水涨,商徒萦纤,牵舟循绕,人力疲劳,号为西疲湾,亦在湖,江水泛涨,惊波似雪,汹涌嘈𰀁,因是名焉。又有落星石,又有神林湾,在湖西北湾中有林木,林下有庙,商旅多于此阻风波,祷庙祈福,而获前进,由是名焉。又有女儿浦,内有女儿庙,祷祈亦有灵应,即未详所置。

《记纂渊海》

宫亭即彭蠡泽也。谓之彭蠡湖,一名汇泽。

《荆州记》

宫亭湖庙神,甚有灵验,能使湖中分风,而船南北同上。

宋谢灵运诗《入彭蠡湖口作》

客游倦水宿,风潮难具论。洲岛骤回合,圻岸屡崩奔。乘月听哀狖,浥灵馥芳荪。春晚绿野秀,岩高白云屯。千念集日夜,万感盈朝昏。攀崖照石镜,牵叶入松门。三江事多往,九派理空存。灵物元珍怪,异人秘精魂。金膏灭明光,水碧缀流温。徒作千里曲,弦绝念弥敦。

唐《张曲江集·彭蠡湖上》

沿涉经大湖,湖流多衍汱。凌晨趋北渚,逗浦已西日。所适虽淹旷,中留且闲逸。瑰诡良复多,感见乃非一。庐山直阳浒,孤石当阴术。一水云际飞,数峰湖心出。象类何交纠,形言岂深悉。且知皆自然,高下无相恤。

李白诗《遇彭蠡湖》

谢公入彭蠡,因此游松门。余方窥石镜,兼得穷江源。前赏亦可见,后来道空存。而欲继风雅,岂云清心魂。云海方助兴,波涛何足论。青嶂忆遥月,绿罗愁鸣猿。水碧或可采,金膏秘莫言。余将振衣去,羽化出嚣烦。

白居易诗《彭蠡湖晚归》

彭蠡湖天晚,桃花水气春。鸟飞千白点,日没半红轮。何必为迁客,无劳是病身。但来临此望,少有不愁人。

宋余靖《武溪集》

彭蠡古来险,汤汤贯侯卫。源长云共浮,望极天无际。传闻五月交,兹时已一阴至。飓风生海隅,余力千里噎。万窍争怒号,惊涛得狂势。涌恐楚山拔,声疑夏鼎沸。妖树吐浓烟,层台夸壮丽。奔雷鸣大车,连鼓声粗厉。岂识阴阳争,长忧天地闭。孤舟一叶轻,飘如胏在缀。所以沂沿人,未尝贪既济。逆犹上坂丸,顺比飞鸿翅。直待浮云收,乾坤廓然霁。湖光百里平,波色连天翠。然后傍兰桡,以避蛟龙害。进退甘迟留,克保无祗悔。我愿修身者,体此操舟态。动静惟时几,畏惧存纤芥。跬足虽平易,尽心防暧昧。长如复险时,终身不危殆。

杨诚斋诗《明发四望山过 都昌县入彭蠡湖》

众舡争取疾,直赴两山口。吾船独横趋,甘在众船后。问来风不正,法当走山右。不辞用尽力,要与风相就。忽然挂孤帆,吾船却先走。

徐师川诗《渡彭蠡湖》

沙岸委蛇白,云林迤逦青。千山拥庐岳,百水会宫庭。旋食犹能饭,丛祠更乞灵。江湖万里浪,政尔片帆经。

王安石诗《彭蠡湖》

茫茫彭蠡春无地,白浪春风湿天际。东西掞柂万舟回,千岁老蛟时出戏。少年轻事镇南来,水怒如山帆正开。中流蜿蜒见脊尾,观者胆堕予方咍。衣冠今日龙山路,庙下沽酒山前往。老矣安能学攸飞,买田欲弃江湖去。

《江湖续集·董国材过彭蠡湖》

客子扁舟故里还,烟收雨雾出芦湾。浮天浴日重湖水,镇浪回风四望山。远树离离飞鸟外,征帆点点断云间。渔翁活计一蓬底,爱汝白鸥相似闲。

王十朋诗《彭蠡》

干越亭前越风起,湖入鄱阳三百里。晓来一雨洗新秋,身在江东画图里。

元赵子昂诗《泛彭蠡湖》

楚泽汇诸水,我船泛其中。羁游集雁鹜,歌笑惊鱼龙。方辞康郎曲,已过堂阴东。远屿列苍翠,遥波际虚空。地势此更非,江流正无穷。□民得平土,始见神禹功。念我行役初,履险心忡忡。安得数亩田,愧称北山农。

国朝释希能《澹游集·过彭蠡湖, 舟中次韵奉简见心禅师》

杨柳青青闻擢歌,东风三月放船过。山浮空翠湿烟雾,江出大鱼吹浪波。上疏无因继嵩琏,论诗漫自拟阴何。同参不负凌霄约,清梦时时绕薜萝。

《复见心次韵》

舟入晓唱竹枝歌,百丈牵帆湖上过。燕子泥香红杏雨,茗花风澹白鸥波。山林疏散真吾愿,岁月迁流奈老何。东望龙门九霄上,诸天钟鼓启藤萝。

张宏《江湖吟啸集·过彭蠡湖》

神工疏凿几千秋,万顷冲融会众流。波撼荆南三百里,势吞江右十三州。乘槎未效张骞去,举棹先怀范蠡游。自叹此身多系绊,何如天地一沙鸥。

宫亭湖

《隆兴府志》《舆地纪胜》

宫亭湖。《寰宇记》云:在州北三百四十里,有宫亭神,能分风上下。刘删诗云:回流乘派水,举帆逐分风。秦少游宿于湖边,梦神女遗之以诗曰:闻道文章妙天下,庐山对面可无言。

宋黄庭坚《豫章集寻阳志》

江州德化县东四十五里有彭蠡湖。《荆州记》曰：宫亭湖，即彭蠡泽。又谓之彭泽、汇泽。左手作图，右手方，世人机敏便可尔。一风分送南北舟，斟酌鬼神宜有此。江津留语同济僧，它日求我于宫亭。吁磋人盖自有口，独为乐公不举酒。乐公千岁湖冥冥，白茅缩酒巫送迎。朱辖皂盖来托宿，不听灵君专此屋。雄鸭去随鸥鸟飞，老巫莫歌望翁归。贝阙珠宫并水府，雨栋风帘岂来处。平生来往湖上舟，一官四十已包羞。灵君如愿倘可乞，收此桑榆老故丘。

湖

东湖

台州东湖

《赤城志》

东湖在台州府崇和门外三十步，初为船场水军营。盖端拱二年，张守蔚所建也。景祐中，运使段少连废船场，归温明二州。嘉祐中，徐守亿徙水军营入城。熙宁四年，钱守暄始开为湖。时方垒石修城，以水至漂溢，故凿湖以受众水，且以其土堤城之东，绝后患焉。绍兴二十年，萧守振载加修辟。乾道五年，向守均复披故道，创城闉斗门，上覆以亭，又即故斗门，筑三闸以通江。淳熙十一年，江守乙祖亦复修焉，度其地凡一万六千步，中有堂，曰共乐。堂之前有亭，曰流杯，皆址于湖心。钱守所立水光山色，涵映虚旷，为春夏行乐之冠。庆元三年，刘守坦之易名知乐，人止称共乐也。

《跋游东湖记》

四明佳山水，而东湖特专其胜。余侨此邑，念一游，未遂也。一日，天台朱君伯贤访余蓝溪上，出示游东湖诸山五记，以极登临览观之盛，而朔山泉石，献奇于烟云杳霭间，千态万状，与夫琳宫梵刹，灵踪秘迹，历历模写，隐显弗遗。余得尽读之，而东湖之胜，宛在眉睫，若可冥交而默契者。殆与《愚溪》《钴𬭁潭》诸记，驰骋后先，宜无愧也。若其遇物遣情，达生顺命，抑又过之。古今高人韵士，往往适趣山水，以擝幽发粹，盖将托游观以养视听也。君尚友古人，清才健笔若此，则所养可知矣。暇日追胜践，以酬凤昔之怀，则是记有足徵者。至正壬寅夏四月，镇阳张守正识。

予尝泝洞庭，至衡岳矣。顾未适永、柳之郊。读柳子游山水记，永、柳不遗吾睫。会稽四明佳山水，予尝游焉，辄晨出夕返，慨不能熟览其胜，以发奇气，殆今未惬也。读天台

朱君伯贤游云门东湖诸记，服其善叙山川形胜，游览意态，宛若图尽。后之能图者，藉不即其地，按书概可图矣，岂不伟哉！然柳子记永、柳山水，非其形胜可图也。柳子被黜，姑托物以寓情耳。朱君以韦布游名山川，心与境会，意与趣适，故其词气清逸，有非柳子之不得于物者比也，因书于记后。善评是记者，必不以予言为非是。栝苍王廉识。

山水林泉之胜，必有待夫骚人墨客之品题赋咏，而后显闻。若匡庐见于太白之诗，天台见于兴公之赋，而武夷九曲，见于朱紫阳之棹歌也。盖其胜处，多在深僻遐旷寂寞之滨，非得好事者杖履之追游，觚翰之赏识，则夫仙踪佛迹，巨灵幽秘，亦何由而得传闻于世耶！凡游览之士，又皆即其清淑之气，蕴于胸中者，感发而形诸言，则其游也，为不徒行矣。四明佳山水，东湖为最，七山之僧坊道窟，两湖之风烟月露，前人之宴豫废迹，游览感慨，往往有人，而未有如吾友伯贤、吾侄元法。吾门宗器之唱和成帙，其记峰峦林薄之尤美，朝暮止宿之幽期，又加详焉。虽有不暇至者，览之思过半矣。余亦好游者，故披阅而序之。羽庭刘仁本书。

《台州府志·江泌诗》

临海东城湖，气象清且奇。无风绿色净，十顷澄琉璃。

宋赵清献公诗 过台州登巾子晚游东湖

巾顶广轩逢抄秋，万家云屋接丹丘。主人欲尽行人乐，更向东湖共泛舟。

漳州东湖

《清漳志》

东湖，在漳州城东朝天门外，居水余千亩，下通于河，溪流入焉。并湖之田，岁入以万计，灌溉资之。绍兴间，湖以旱涸，至有请湖为田者，守刘才邵，俾林安宅，复民所请者归于公，濒河置闸，又沿湖筑斗门，以时启闭焉。有《新河闸记》。乾道元年，诏郡国修水利，守何侑，蠲民所佃鱼莲钱，以其土聚为十洲，修斗门四，又于下流复斗门之废者三。嘉定五年，俾林潜，安宅犹子也，谋复旧迹，会守赵汝谪庄夏，相继修水利，因故河闸而新之，由是潮水可入，湖水不可泄。又于湖之傍瀹为渠道，阔五丈，深一丈有半。又以东岗一处，旧无斗门，盖以居民连比，渠道不通，因得民陈济家空地，官鬻之，穴渠穿路，筑新斗门，通旧为十二，有记。详见《嘉定志》。自是而后，湖之堙者犹故。淳祐壬寅，守黄朴嘱寓公杨士复、孙敏学浚益深，筑益密，而沿湖一带田，得灌溉之利矣。湖亭有诸名公题咏，独知龙溪县林迪一绝，推明农田水利之本意。诗云："万顷闲田占得多，平堤荡漾接东坡。流波散施连阡陌，余事犹堪长芰荷。"

《清漳集·提举刘棠同太守游东湖》

兀兀尘编日自迷，怪来春色转芳菲。吹嘘气象湖山远，点缀工夫草木微。挈榼不辞倾美酒，挥戈宁解住残晖。身闲官冷何欣幸，秉烛长随五马归。

知州郭祥正《题阮希东湖》

东湖北淑水相通,十里荷花半白红。冷艳已能消酷暑,暗香时复散清风。欲眠别浦无渔艇,且倚疏栏学钓翁。云起仙庭飞晚雨,洒然尘世出樊龙。

又和君仪

海边邂逅禁烟时,选胜携壶不可迟。日射山光如琥珀,水涵天影似琉璃。莺随柳絮翻罗幕,人并桃花映竹篱。却忆绿槐阴下路,曾寻宫叶为题诗。

知县林迪闻伯育承事结彩舟,
作《乐游东湖戏寄四韵》

湖波测测浸残春,东郭开筵迥不群。闻结彩舟撑碧落,更携箫鼓度青云。自怜玉海终无敌,却忆琼浆意未分。伯育先寄诗,有"与君分两石"之语。珠履难陪空怅望,且凭诗句张吾军。

次前韵

东陈君义欲传闻,雕鹗鸾凰果逸群。青竹题诗才倚马,画船槌鼓气凌云。赏心自向明时得,乐事应容下客分。敌饮会须翻玉海,背河决胜看齐军。

知县林迪《东湖》

门巷深深过客稀,杖藜闲坐钓鱼矶。醉来一枕华胥梦,肯校人间是与非。

崎岖世路苦风波,物外逍遥得趣多。门掩夕阳新睡觉,数声时度采菱歌。

林梢乍过黄梅雨,湖面闲来白昼风。六月游人不知暑,恍惊身在水晶宫。

一曲清歌酒一觞,幅巾林下兴何长。沙鸥似觉忘机久,时引新雏过短墙。

高下人家绕郡城,隔湖遥认笑谈声。黄庭阅罢无余事,却倚朱栏看月生。

采莲游女惬轻衣,争弄兰舟一叶飞。过尽绿荷人不见,夜深时带月明归。

诗坛碁战两无双,分得壶中日月长。只恐明时搜隐逸,不容高蹈老沧浪。

又题阮希圣东湖十绝

群山高下浸湖湑,暝霭朝霞物物新。驿道更穿东北去,青铜影里看行人。

东湖水似鉴湖明,红白莲花自在生。只有香风吹客坐,更无烦暑到檐楹。

轩窗特地向湖开,要客登临共一杯。白鸟探鱼常不去,清风吹水等闲来。

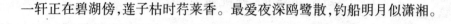

一轩正在碧湖傍,莲子枯时荇莱香。最爱夜深鸥鹭散,钓船明月似潇湘。

门外青山几鞍横,卷帘幽坐少逢迎。一钩香饵看鱼上,万顷金波待月生。

一湖绿水当窗静,百里青山卷箔开。只恐夕阳催客去,不妨幽鸟趁人来。

一炷沉烟一案书,怜君重葺紫云居。溪山朝暮能新美,世事尘缘并扫除。

锄去蒿莱地势平,开轩潇洒瞰东城。湖山变尽朝昏景,只欠青猿一两声。

谁知城郭有山林,选胜营居遣壮心。一片远烟添暮色,数声归鸟变春音。

仙亭射的阅崔嵬,紫翠飘飘落酒杯。更待春阴须一往,要看雷雨过湖来。

刘浚诗同前题

四面溪山列画屏,一堂新创有余清。湖光隔断红尘路,疑在金鳌顶上行。

轮蹄白日竞匆匆,谁向闲中静养蒙。珍重先生高卧处,一窗黄卷是家风。

两堤杨柳先春绿,十里芙蓉入夏香。自得湖山供啸傲,会稽何独羡知章。

福州东湖

《元一统志》

东湖,旧记在福州东北,周回二十三里。晋严高筑城日,与西湖同时开鉴,今渐湮塞为民田。庆历中作记,只曰渐湮塞,是犹有湖也。《元和郡县志》云在闽县北三里。

泉州东湖

《清源志》

东湖,在泉州晋江县城东一里许,旧溉民田九千五百余亩,莫知开浚年月名氏。于郡境诸湖为最大。当薛播为守时,已尝设醴于东湖,以待欧阳詹,时赵昌未开尚书塘。后茭薪壅塞,几成平陆。庆元六年春正月,守刘公颖始以钱米畀十五禅寺,使募工开济,助以壮城,卒总一万四千七百三十五丈,冬复开济一万四千三百四十丈有奇,每丈各深四尺。

积其泥为五山于湖中。即西南隅置斗门四，所以通潮，因以为放生池。岁久浸废，豪民势家规请为田。淳祐三年，守颜公顺仲案故牍，仍畀僧寺济之，始于附郭，不足则均之旁近以及远，各视产高下，率以产钱千，赋役七丈，使集佣夫，官酬其直。凡浚五万五千余丈，积土为三山，中创二桥，复丰泽斗门，置水利局，命僧司之。湖有公亭，唐贞元九年，守席公相、别驾姜公公辅尝游，州人请于县尹为立亭，欧阳詹记。后人并欧阳《宴东湖序》刻于石，今存。面湖有亭曰清源胜境，又有恩波亭，在班春亭后。庆元五年，刘公建旧有丰泽、湖光、聚星、绿野等亭，今皆废。颜公既浚湖，修三亭，改胜境曰胜概，颜公复创二亭，曰涵虚、澄碧。今澄碧亦废。涵虚民以为公生祠。

曹勋《松隐集·次韵李汉老参政
重阳前游泉州东湖》

郊亭十里绕风漪，一鉴光涵万象微。胜址几年因事废，遗芳今日识公归。凤山前直供晨翠，鲸海旁连涨夕晖。少并江湖鱼钓乐，绿蓑青笠鳜鱼肥。

豫章东湖

《豫章志》

东湖，在郡东南，周广五里。郦元云：东湖，十里一百二十六步，北与城齐。回折至南塘，本通大江，增减与江水同。汉永平中，太守张躬筑堤，以通南路，谓之南塘以潴水。冬夏不增减，水至清深，鱼甚肥美。每夏月以水泛溢塘而过，居民多被水害。宋景元年，太守蔡兴宗于大塘上更筑小塘以节水。为水门，水盛则闭之，多则泄之，自此水患少息矣。唐贞元二年，都督张廷珪奏改曰放生池，而立碑焉。五年，江水逾塘一丈，观察使李巽躬率吏民，以土囊固护，立碑以志其事。碑既亡，九年，观察使齐映复加修筑。元和三年，刺史韦丹复建南塘斗门，以泄暴涨，绕湖筑堤，高五尺，长十二里。明年，江与堤平，无复水害。元和十三年，道州刺史韩衢作东州亭记。宣宗时，塘东有三亭，曰孺子，曰碧波，曰涵虚。乾符中，因乱悉废。今复葺。

《豫章续志·开浚东湖》

嘉定庚午，湖水泛溢，为患甚于他时。明年春，郡别驾丰有浚深轸民病，请于权府计使胡公某，议所以开浚之。胡公然其请，且就委任之。于是大集土工，井画棋布，众力并举，不逾月而办。先是湖既湮塞，并湖居者，尽以厨厕侵逼入湖，污秽狼藉，不堪举目。丰公亲按图籍，开谕拆除，豪家巨姓不得免。于是浚治增筑，湖既泓深，堤亦坚固。沿堤上下植以万柳，绕湖周遭通以行路，楼观园圃，左右映带，四时游观，车盖相望，遂为江右胜践，不但免居民潆浸之患而已。尚虑后人吝费，无能嗣而葺之者，复创修湖司，拨官田若干亩，专莅再倅听收积岁租，以备浚湖之用。

《舆地纪胜》

东湖，在隆兴府。宋景平中，太守宋兴宗更筑小塘。《书·地理志》云：元和三年，刺

史韦丹开斗门。雷次宗《豫章记》云:水清至洁,而众鳞肥美。又南丰徐孺子《祠堂记》云:南昌城西,有孺子墓,小洲上有孺子宅。

郭祥正《洪州绝句》

东湖入望晚波平,蒲叶圆荷各自青。不用更寻徐孺宅;编茅楮竹一碑亭。

《张曲江集·临泛东湖时任洪州》

郡庭日休暇,湖曲邀胜践。乐职在中和,虚心挹上善。乘流坐清旷,举目眺悠缅。林与西山重,云因北风卷。晶明画不逮,阴影镜无辨。晚秀复芬敷,秋光更遥衍。万族纷可佳,一游岂能展。羁孤忝邦牧,顾已非时选。良公世不容,长孺心亦褊。永念出笼絷,常思退疲蹇。岁阳风露严,日恐兰若翦。佳辰不可得,良会何其鲜。罢兴还江城,闭关聊自遣。

宋《戴石屏集·豫章东湖》

亭亭绿荷叶,密密罩清波。为见湖光小,却嫌荷叶多。

朱晦庵《大全集·自东湖
至列岫得二小诗》

孺子高风何处寻,东湖台观水云深。生刍一束人如玉,此日凄凉万古心。昨日来时万里阴,长江雪后玉千岑。苍茫不尽登临意,重对晴天豁晚襟。

赵蕃《淳熙藁·重过东湖二首》

忆昨追凉孺子亭,再来荷柳竞凋零。试当止水凭栏看,我亦疏髯白数茎。敝车羸服豫章城,几向东湖得细行。不但屡来人似识,白鸥相惯亦忘惊。

陈杰诗《东湖》

重湖游如隔世,露雨暗池台。蓬岛又浅水,昆明几却灰。苍鹅飞底去,白雁集何来。万古南州土,荒祠一造哀。

黄裳《演山集·宴琼林东湖春日》

遽暖间俄寒,妙用向园林难问春意,万般声与色,自闻雷便作浮华人世。红娇翠软,谁顿悟天机。此理似韶容可驻,无人会,且忘言闲醉。尝度仙家长日,向人间闲看佳丽。念远处有东风在梦,悠悠往事,桃溪近幽香远,谩凝望落花流水,桂花中珠琤随轩去,还从卖花市。

袁州东湖

《宜春志》

东湖,在袁州东城外三十步。至和二年,郡守祖无择始于湖上建台榭,为游观之所。

有乐游堂、廉堂、让堂、休亭、消暑亭、风亭、月台、采香阁、采珠阁，北有射棚，南有庐石让亭，以避濮安懿王讳，易为逊。绍圣中，郡守易廉堂为阅武堂，以为教场。又以庐石在逊堂之前，易名庐石堂。淳熙五年，张公某知州事，南轩先生栻过之，为书东湖扁榜。且易庐石堂为介亭，仍题字榜侧。介亭之石，本庐肇家故物也。挺然特立。望之有汲黯在朝。淮南寝谋气象。予既取豫卦六二之义。以题其亭。并告来者共护持之。绍熙元年，郡守黄邵再修，易休亭为平易堂，采香阁为浮荫消暑亭，风亭皆废，而为圆通庵，令僧任扫洒之责。庵傍创仁知轩。开禧中，郡守罗克开重修，祖黄二守皆有记。岁久湖浅涸。鞠为园，蔬芜秽不治。嘉定十三年，郡守滕强恕始命开筑，植以芙蕖，恨未能顿还旧观也。

《祖龙学集·袁州东胡记》

袁城之东有湖焉，上有四亭，兴自近岁，厥后为州者。耄昏不事事，湖亭用不治以荒。初予至州目其处，不及往者三月，既而吏曹务简登城，而观水盈而甚污，屋虽存而将倾，乃议葺之。且官无羡财，苟赋于民，则予不为也。阅封内之浮屠氏多藏者，籍其余什之一，募匠购材，一皆新之。别为堂亭台阁五，植以珍木嘉果，间以奇卉幽草，红蕖绿荷，杂袭波上。于是游者日往焉。予乐州人之观游是好，遂署其中堂曰乐游，其东堂曰廉循，厓之南其亭曰休，因城之高其台曰月，杭水而榭曰采香阁，为庖厨二，以供宾客。旧亭四，皆无名，亦名之。在乐游之西者，曰逊堂，堂北有射棚，南有石高丈余，奇秀可爱，实自庐肇故宅徙焉。背城而东向者，曰采珠阁，阁后有石，亦惟旧廉与逊。采香、采珠，皆东西相值。据城之隅者，曰消暑亭，与月台相属，而差小者曰风亭。其浮有航，其绝有梁，其登有磴道，其周有缭墙，南北其门，后溪前市，山烟水风，渊鱼林鸟，明灭虚徐，浮沉下上。眺听之际，可以释幽郁，可以道和粹。予以公事，不得数自放于其间。月或一至，再至盖希矣。予犹为以数也。越二年，新太守在道，予行有日矣。因置酒为会同僚，举觞属予曰："湖亭虽旧，而增广之以至大备者，非君而谁？不可以不闻于后，盍文而刻诸金石乎！"予曰："池馆之作，耳目之娱，非政之急，何足道哉！"然此州，自江以西最为穷处，故朝廷往往以有罪者居之，予即其人也。或终年不逢王人出于其涂，非数君子相与乐此，予何以久处乎。后之蹑予武者，其以才选而来厥职，是宜政成民和，能无燕嬉之事欤。若以罪遣而来，又宜有登览之美，庶几忘迁谪之累焉，繇是而言，则兹境也，当不废矣。奚取于予文，如欲谨其岁时，请以斯言刻之。至和二年冬十一月一日，范阳祖无择记。

《宜春志·黄劭重修东湖记》

凡官事创于臆，与误而弗治。其差等耳。诂训、州，殊也。殊别于此，绥之齐之，抑思所以悦之，与悦之也者，其使由而弗知也。故国有囿，都有圃，囿与圃云者，默焉乎寓。岂徒为是游观已。宜春东湖，尚矣。至和中，已芜没。祖君来一营之，其别今历历然。而兴且废，其故不可考。颓仆决蚀，存者无几，岂为政者不亟，是其力有不给，而物之情循环然耶。唯其地灵而天成之，万象昭融，固自若也。余始至异焉，暇日一往，豁然心目，是胥乐之地。昔人既辟之矣，余弗力，其往而不复与。久之以无事，始及郡丞议加葺焉。乃椽乃支，乃潴乃苴，其不可缺而新之者不与也。之介之乐游，东西辟两翼，尽湖之趣焉。之月台胜观也，名以语局，曰熙登，同民志也。表以门扁，增旧堵为堂三间，梁隙以行，亭其上，堂曰平易，便观纳也。亭曰浮荫，知鱼之乐乎。其北俯秀江，直袁山，为轩马焉曰仁知，静以观动也。执汛扫之，新筑所由立也。锱铢之费，不以厉民。官所役皂，亦别廪之。民知

余之相之也,观者阗溢,忻然一辞。夫物莫具美,若或靳之,二华、九疑、七泽、三湘,嵴崷困浩,旁连坤轴,得而私焉者,否也。彼穷土木者,流舟散藻,甍栋惊飞,类欢于□墙之外无睹也。今而开拓宛然,迫而不嚣,迥无勤焉。环江山之秀,萃乎一览,曰陂池台榭,庭宇梁磴之属,靡不具,而水石林楸,鱼鸟菰蒲之乐,凡而生聚优游其中,皆得而共之矣。迹之所历,实仅有之。玩而忽诸,可乎哉。余既以余力新之矣,新而敝,复何垾焉。惟来者知其故,毋隳其旧,民其迄熙熙然矣,岂无所助云。绍熙元年二月十八日起工。十二月朔记。

王云《东湖诗》

湖景甲东城,亭台相照清。地分春色早,波动日华生。绝胜新图展,涵虚古鉴明。绿杨烟岸侧,风约钓舟横。三月前头二月天,湖亭雄绝富韶妍。石形卓砌虎蹲岸,樯影浸波龙卧渊。向时鲜明花曝锦,随风零乱柳飞绵。春来此地堪行乐,谁共赏心张雅筵。

《祖龙学集·李素伯
题袁州东湖呈龙学》

万象城东雅入诗,半湖云霭卷残辉。老龙惜雨慵离蛰,幽鹭逢人惯不飞。岸僻自宜安钓石,水清谁碍濯尘衣。使君公退便游此,却恐吾皇急诏归。

再呈

郡藏好景有东湖,谁道蓬莱远无路。水底芙蓉谩托根,争如岸上甘棠树。客来坐见碧波中,鱼跳泼刺颉尾露。下钓不及吕尚贤,明月清风又归去。

镜州东湖

《镜州府志》

东湖,在饶州,一名督军湖。湖中有洲,乃吴芮将梅鋗督军台也。其水南注于江

唐曹松诗《江西题东湖》

凿出江湖思,凉多爽气间。无风触微浪,半日到秋山。客袖沙光满,舡窗荻影闲。时人见黄绶,应笑狎鸥还。

彭汝砺《鄱阳集·癸未偕子中都官文
渊节推游东湖,分题和子中湖字韵》

泛泛林道晚,扁舟忆五湖。丹青难作赋,水墨好为图。龙蛰云长在,霜寒草自枯。诗翁足幽兴,潇洒在蓬壶。

《又和子坚同游东湖游字韵》

小径行幽草,回塘泛杪秋。风波鱼自乐,芹藻雁同游。暇日容携酒,晴天好放舟。夕

阳归旆晚,更向水边留。

《又游东湖》

草色兼葭芦苇中,莲花一片万枝红。斜阳色妒波心日,细雨香吹水面风。泽国地开金色界,桃源人在水晶宫。扁舟便好如张翰,好在溪边旧钓筒。

《番易志》

东湖在余干县学之南。

安福县东湖

《舆地纪胜》

东湖,在安福县东南,水石幽胜,唐赵居士之故居。

武陵东湖

《武陵图经》

东湖,有二,一在武陵县郡城东,周数里,受白马湖之派。一在武陵县城内东南隅,周二里,本官弃地,势下潴水。宝庆二年,林农丞岳属置寨,官济之填洼,以种蒔花木荷芰,南以城为堤,北接官道,散布亭榭,纵邦人游观。后袁监丞申儒增饰之,有魏鹤山了翁记。

鹤山《渠阳杂抄》

常德府东湖记,或作东园。大府寺丞四明林公,以湖北路详刑使者治常德府会摄守事,乃宝庆三年之秋,缮城浚隍,得城东废地为圃,与民共之。临邛魏某尝被命守是邦,旋以罪戾徙靖,实公所部,明年命记,成事不敢以寡陋辞。东门之衍,籍于候都。沟封弗戒,岁异月殊。断潢裂壤,榴翳所于帝命林公,使节州符。靡微不究,曷蠹弗除。溥彼武陵。城郭亏疏,言坏言捄。相彼闉阇,彼城之隅。有烨其湖,顾为宾佐。风气之储,而是陉陵。盉辟而肱,略址赋文。席财庀徒,自朝宗门,迄西南郛,东西撏修。其广百堵,埤厚济深。剔疏沮洳,信偃起仆。披聋发瞽,乃基乃堂。攸馆攸宇,艺之卉木,沈沈渠渠,为梁十所。可舟其下,更郑氏楼。以门其圃,鹭桥为防。以泄以潴,以流其恶。以戒不虞,公与其属。于方于车,疏视沦听。志明体舒,候士若民。于曳于娄,节宣劳佚。声和气愉,自有宇宙。山川与俱,奚隐乎人。今有昔无,如艮止健。久畜弗纾,霍然阳开。何天之衢,又如暌孤。或豕或狐,遇雨之吉,群阴毕驱,如人心然。所居广居,所立正位。所履大涂,为间不用。谬迷厥初,一日克□。我室我庐,不假外求。随处裕如,下客不佞。记事之余,请歌唐风。以徼宴娱,其诗曰:无已大康,职思其居。

武昌东湖

《元一统志》

东湖,在武昌府城东四里,湖上有园,为近城登览之胜。

《中州元气集·李章东湖曲》

武昌女儿颜如玉,夜夜抱寒溪上宿。朝来懒上木兰舟,落日悲歌采莲曲。袖中忽惹藕丝长,不与行人系断肠。情多触处不称意,沙头更见双鸳鸯。斜风萧萧吹雨落,乍寒不管罗衣薄。空将荷叶盖头归,摇指凤凰山下泊。

袁起岩《东塘集》

只说西湖在帝都,武昌新又说东湖。一围烟浪六十里,几队寒鸥千百雏。野木迢迢遮去雁,渔舟點點映飞鸟。如何不作钱塘景,要与江城作画图。

龙泉窑粉青釉花瓶

项安世《梅薁后编》

自笑知州百不知,近他池馆未曾窥。主人正可今为客,和议初成恰是时。草色茸茸花覆座,波光艳艳酒浮卮。留连枉是凭栏久,洗得当年了事痴。

衡州东湖

《衡阳志》

湖在衡州耒阳县东四里,周回八里,深三丈。

长沙东湖

《长沙府志》

湖在长沙府湘阴县东,又名澄鲜湖。阔可五里,受拨水江水,入县江,春夏水涨成湖,通前湖为放生池。

《唐百家诗·戴叔伦莫春游
长沙东湖赠辛兖州巢父》

　　湘流分曲浦，缭绕古城东。岸转千家合，林开一镜空。人生无事少，心赏几回同。且复忘羁束，悠悠落照中。回环路不尽，历览意弥新。古木畲田火，澄江荡桨人。缓歌寻极浦，一醉送残春。草恨长沙远，他年忆此辰。

《李群玉诗·三月五日
陪裴大夫泛长沙东湖》

　　上已余风景，芳辰集远垌。采舟浮混荡，绣縠下娉婷。林榭回葱茜，笙歌转杳冥。湖光迷翡翠，草色醉蜻蜓。鸟弄桐花日，鱼翻榖雨萍。从今留胜会，谁看画兰亭。

荆州东湖

《郡县志》

　　东湖，在荆州府峡州远安县境。

《元一统志》

　　东湖，在公安县五里，法华寺东北，张商英建傍敞蓬湖，广袤数里，时与名贤泛舟游赏，有东湖赋。赋曰：纷不知吾之所如兮，独漫漫而若狂。乖醉饱之余力兮，遂陟巇而缘岗。惟大冬之栗烈兮，莽川泽之茫茫。农功休乎场圃兮，平陆散夫牛羊。悯大木之百围兮，惨赤立而无裳。鹳雀群鸣而下上兮，杂篁竹之青黄。忽平陆之既穷兮，渐积水之汪洋。曰是为齐安之东湖兮，右派合乎涛江。荒湾寂寥而葭苇兮，悬疏噌乎夕阳。为举纲而无获兮，嘉鱼逝而洋洋。吊村落之柴荆兮，哀淮夷之陋荒。呼徒侣吾还归兮，阴风振而尘囗。畏星昂之将中兮，冒玄夜之飞霜。顾谓童子，汝其赋诗，爰有小子，褒然致词，歌曰：岁穷木落兮，大泽空。雁宵征兮，天北风。曷不饮酒兮，御玄冬。归来归来兮，乐未终。余曰：汝歌置之。乃歌曰：临山川兮怀故乡，岁穷阴兮昼不囗，升高堂兮洁余樽，耿余思兮古之人。

《舆地纪胜》

　　东湖，在蕲州治中。

琼州东湖

《琼州府图经志》

　　东湖，名潭揽。土语平地陷。成水为揽，故老相传，有巨室陷于此。距东二十里，水

极深黑。元时大旱将雨,则湖中有物如柱。直立高十余丈,须臾倒于水,其声振撼,后日大雨,湖中稍浅处,栋柱朽木犹有存。湖上有庙,湖中有银器。人假借,则具数于状。以香酒楮钱告庙,焚之,须臾银器如假之数,浮水而出。用毕,则还之,人以为常。后有奸民假其器,以锡易之,浮水不沉。自是以后人复假借,器不复出。宋之遗老在元初时,犹言目击其事。州县凡遇旱,则请水于湖。而致祷,既祷则返水于湖,以为故事。近年以来,民不知畏,渔于其中,湖水亦浅甚,失旧之所闻矣。

湖州东湖

《湖州图经志》

韩山之后有东湖,四山回环,荷花弥望。湖中有亭,曰湖山观,曰清暑,曰水月,曰友堂。沿湖而东,縁山麓而升,有乐善堂。小桥寒谷仙关山阁,此提举刘景所居也。为东山之胜,今亦废。

钦州东湖

《钦州宁越志》

东湖,南湖,西湖,北湖,各居城外之四隅,惟中湖在城内。

陶弼商翁作

宁越佳山水,东湖带郡城。月天高寺影,春雨小桥声。石上青蒲合,沙中白鸟横。史君时独往,潮载酒舡行。

黎州东湖

《舆地纪胜》

东湖,在黎州郡圃雅,独此为稼,方广十丈,芙蓉万盖,锦鳞千尾,驾桥其中,揭亭曰唤鱼。

崇庆东湖

《元一统志》

东湖,在崇庆府,湖上环以修竹,在通判厅。政和间,有山苏元老监郡,事颇藻绘,竹蔓之间,暗泉入焉。为渠为流,其行错综如织。又其落时,则鸣如佩环。其止也,澄澈如鉴。又有东湖六咏,曰岁寒亭、涵空亭、扶疏亭、碧鲜亭、璧台、九峰亭。

温州东湖

《经钮堂杂志》

温陵东湖,有湖山之胜,刘公君实开济。水面颇阔,其北则恩波亭,南则宝胜院,真佳景也。温州府《瑞安县志》 东湖,在县城东门外。一名周湖。白岩桥,水自城中出东安桥。历白岩桥外河。流至帆游桥北。其东岸则入帆游,崇泰乡,诸山之水。穗丰。鱼潭岩。下仙岩。入水。归田。新功。万田。石冈。周田。丁田。孙田。东支河之水皆汇焉。其西岸,则受集善,清泉乡,诸山之水。白门。李奥。梓奥。竹溪。澍村。金奥。岱石。新城。九里支河之水。皆汇焉。湖有石塘至帆游,接永嘉县境。

林淳诗《温陵东湖次陈休斋
体仁韵水调歌头》

潇洒东湖上,夜雨洗清秋。朝来尘霁,凝望千里兴悠悠。山色揉蓝深染,波影青铜新铸,冷翠光浮,蓑笠真吾事,聊整钓鱼钩。 坐中客,凌王谢,更风流,一觞一咏,豪俊谈笑气吞牛。花月连环长好,到处名园池。遇景且遨游。试问陶元亮,底事赋归休。

建康东湖

《建康志》

太子东湖,在上元县丹阳乡,太子台下东桥之东。梁昭明太子植莲于此。

沈存中《长兴集·游秀州》东湖

柳色青天雨乍晴,鸭头细草绕堤生。林间野日依依见,水底春光寸寸明。犹喜乱花时入眼,可能万事顿忘情。无端景物相料理,屡欲颠狂兴不成。

积潦晓云霁,莫春饶物华。众绿渐葱茜,灼灼棲余花。步遵清湖浔,来憩幽人家。依松坐石磴,咲语纷喧哗。密树含风烟,樛枝翁相摩。清溪澄肺肝,苍巘遥嵯峨。歌声散飘风,惊鸥起参差。人生处兹世,尘事苦纷拏。持心苟冲寞,万虑一以化。日落幽意生,轻桡入烟霞。

蔡州东湖

《祖龙学集·题蔡州东湖》

夕阳水底霞铺锦,清夜波心月涌金。此是东湖最佳处,无人来伴水仙吟。

唐李群玉诗《东湖二首》

晚景微雨歇,逍遥湖上亭。波闲鱼弄饵,树静鸟遗翎。性野难依俗,诗玄自入冥。何由遂潇洒,高枕对云汀。　雨气消残暑,苍苍月欲升。林间风卷簟,栏下水摇灯。迥野垂银汉,层峦挂玉绳。重期浮下楫,来摘半湖菱。

李绅《忆东湖》

菱歌罢唱蠲舟回,雪鹭银鸥左右来。霞散浦边云锦截,月临湖面镜波开。鱼惊翠羽金鳞跃,莲脱红衣紫菂摧。淮口值春偏怅望,数株临水是寒梅。

韦庄《三堂东湖》

满塘秋水碧泓澄,十亩菱花晚镜清。影动新桥横蝃蝀,岸铺芳草睡鸳鸯。蟾投夜魄当湖落,岳倒秋蓬入浪生。何处最添诗客兴,黄昏烟雨乱蛙声。

刘文房诗《东湖送未逸人归》

山色湖光并在东,扁舟归去有樵风。莫道野人无外事,开田凿井白云中。

宋苏东坡诗

吾家蜀江上,江水绿如蓝。迩来走尘土,意思殊不堪,况当岐山下,风物犹可惭。有山秃如赭,有水浊如泔。不谓郡城东,数步见湖潭。入门便清奥,悦如梦西南。泉源从高来,随波走涵涵。东去触重阜,尽为湖所贪。但见苍石螭,开口吐清甘。借汝腹中过,胡为目眈眈。新荷弄晚凉,轻棹极幽探。飘飘忘远近,偃息遗佩参。深有鱼与龙,浅有螺与蚶,曝晴复戏雨,戢戢多于蚕。浮沉无停饵,倏忽遮满蓝。丝缗虽强致,琐细安足戡。闻昔周道兴,翠凤棲孤岚。飞鸣饮此水,照影弄毶毶。至今多梧桐,合抱如彭聃。彩羽无复见,上有□抟鸽。嗟予生虽晚,好古意所耽。图书已漫漶,犹复访侨邻。卷阿诗可继,此

意久已含。扶风古三辅,政事岂汝谙。聊为湖上饮,一纵醉复谈。门前远行客,劫劫无留骖。问胡不回首,无乃趁朝参。予今正疏懒,官长幸见函。不辞日游再,行恐岁满三。暮归仍倒载,钟鼓已黯黯。

《苏颖滨集》

不到东湖上,但闻东湖吟。诗词已清绝,佳景亦可寻。蛇蜒苍石蟏,蟠拏据湖心。倒腹吐流水,奔水注为深。清风荡微波,渺渺平无音。有鳖行在沙,有鱼跃在浔。鳌圆如新荷,鱼细如蛊蟫。梧桐生两涯,萧萧自成林。孙枝复生孙,已中瑟与琴。秋虫噪蜩蚻,春鸟鸣鸩𪃟。有客来无时,濯足荫清阴。自忘府中官,取酒石上斟。醉倒卧石上,野虫上其襟。醒来不知莫,湖月翻黄金。油然上马去,纵意不自箴。作诗招路人,行乐宜及今。人生不满百,一瞬何所任。路人掉头笑,去马可駸駸。子有不肖弟,有冠未尝簪。愿身化为线,使子为之针。子欲烹鲤鱼,为子溉釜鬵。子欲枕山石,为子求布衾。异乡虽云乐,不如反故岑。瘦田可耕凿,桑柘可织纴。东有轩辕泉,隐隐如牛涔。西有管辂宅,尚存青石砧。彭女留膝踝,礼拜意已钦。慈母抱众子,乱石寒萧森。朝往莫可还,此岂不足临。慎勿语他人,此意子独谌。

《洪龟父集·奉陪方从教泛东湖》

可人一宇宙,十顷降魔镜。彼美撰清明,令我赏兹胜。荷茭相因依,投台入鱼艇。龙蛇上峥嵘,雨浒静相映。本木隐兰若,风中度钟磬。夏虫语交加,此中有真静。对此亦何言,妙处心已领。聊复归去来,日入西峰暝。

彭汝砺《鄱阳集·癸未季秋偕子中都官推,于坚光辈,同游东湖,分题得东字》

高山据西南,湖水自南东。中有避汉人,如彼云中鸿。一日克诸已,百世闻其风。乐哉今日游,况有贤者同。

李石《方舟集》

清和气始交,候火未可炽。雨师偶失职,焰焰使人畏。东湖冷如水,舍此谁止沸。猊吻呀不吐,浊泥点枯翠。农田不难料,焦灼懔生意。西南有重屯,百万方振臂。自今数秋成,一饱偿可冀。蛟龙卧慵懒,朱鸟夸羽翅。吾生老文园,肺渴不自慰。安得挽天河,并为洗兵气。

东湖感事二首

桃李洲中别一春,雪山肯为障红尘。鬼神半夜应怜我,魑魅今朝不喜人。烟雨晦明乡外眼,风霜来去树边身。细思只合归耕好,并舍何由笑我贫。一官职械冷秋水,尽日量书接夜灯。老去髭须无可染,秋来面目自生憎。湖通堰尾听泉激,日出山尖见雪层。结习来除江海客,不忘回首梦觚稜。

王梅溪《家政集》

二公亭插芰荷间，绿盖红妆四面环。若把西湖比西子，东湖自合比东山。

东湖小饮

微凉散梅润，浓绿敷桐阴。送客出东郊，驾言事幽寻。湖光照我眼，荷香清我襟。平畴入远望，岁有其自今。牛眠种已毕，蛤吠苗初深。古亭怀二公，遥碧罗千岑。邂逅得良友，欣然契予心。乔松喜客来，风枝出清音。手持荷叶杯，共对莲花斛。东湖异西湖，有诗不妙吟。

知宗游东湖用贡院纳凉，
韵见寄，次韵奉酬。

东湖曾一到，想像贺家湖。花似越女好，人知狂客无。

知宗寄居会稽

高岭还老手，野趣属潜夫。归奏南风曲，薰兮欲和虞。宗老呼佳客，同观郭外湖。融樽常喜雨，参酒不言无。

知宗二子侍行

草色怀三径，松声忆五夫。州五夫固秦封五松得名。公游更何日，旌至定招虞。

史浩《鄮峰真隐集·次韵
孙季和东湖二诗》

出郭乘清兴，扁舟一迅风。山光真黛比，水色与天同。宿露班班白，寒枫处处红。谁知吾胜概，名冠甬勾东。

水拭双鸾镜，山环六曲屏。云端送朝日，木杪见疏星。梅坞春长在，柴门夜不户。援琴谁写景，思得与君听。

胡仲兮《苇航漫游稿·清源
胡仲兮希圣》

乍过黄梅雨，湖边物色饶。水深宜马浴，藻密碍鱼跳。露重荷倾盖，风高柳折腰。道人勤借问，此地好渔樵。

任希夷《斯庵集·与
毛茶干赵司法游东湖》

野迥尘襟豁，湖平望眼宽。山蹊新雪润，木叶半霜干，岁晚成三友，清游集四难。乐哉忘尔汝，臭味本芝兰。湖晓水渐结，江寒烟霭收。喜陪谢公屐，凝共李膺舟。醉袖翩翩举，词源衮衮流。兴酣思夜猎，不用设置罘。

才隽真龙种,官闲似马曹。班扬趋后胜,李杜漫残膏。阿阁宜巢凤,词林合跨鳌。未应久留滞,湖海只诗豪。

颖出三千客,今趋万里程。才高官未称,词与笔俱精。珠玉忘形秽,江山共眼明。莫嫌巴蜀远,扬马各文鸣。

《江湖续集·东湖歌》

湖光荡绿春拍塞,百雉之东才咫尺。五步一亭十步榭,轩窗处处临水阁。露浓画淑花溜红,烟嫩堤平草连碧。俯窥萍藻鱼上下,仰听水杪禽格磔。拂拭尘埃读祖碑,摩挲峰窍怜庐石。中年怀抱多感慨,东西跳丸驹过隙。山林钟鼎同一尽,可笑世网甘形役。瓮边吏部真得计,右酒左蟹船中拍。明朝风雨那可料,且对湖山醉今夕。沙鸥许我再亲盟,从此时携杖头百。人谓庐肇石三峰九窍,梅圣俞和庐石诗云,高峰削出嵩华骨。庐窍鉴破蛟螭额。

《知稼翁集·和汪端中陪府君游东湖》

汉家虎玺重分铜,峦坡压直金莲红。海角疮痍烦大手,循良不愧古人风。偃塞霜松铃阁寂,蒙茸春色园扉空。为郡风流见前辈,隙日车盖飞城东。鳌首虚亭未泯灭,骚人古意无终穷。香风十里菰蒲外,喜气一城樽俎中。中原景物久荆棘,南渡衣冠随梗蓬。此地龟纹符古识,盛观略与承平同。腐儒谬忝无双裔,声价远惭吾祖童。青衫幕府困奔走,赖有新诗为发聋。

李方叔《济南集》

翠荇弄水时出没,紫菁浸滑涎蜿蜒。川光接傲行潦前,野气空阔浮寒烟。常思郢客解刺舡,岂解乘搓上青天。又思吾儿能测渊,岂能夺得骊颔蜒。上升却回复入海,只恐澄海为桑田。

许景运《野雪行卷·东湖生双莲花,守者以为郡齐献,馆宾黄云夫有诗述其事,应史君属和,且以见示,辄次韵》

王业本根在幽岐,郡国千万分柯枝。使君驷马一马驰,三台瑞应天为之。视吏舆台民如子,不烦顾指而气使。铃斋宴坐扬仁风,披拂东湖花十里。六月为霖报政成,山光水容朝暮新。春玉淘珠登早稿,此邻果是华胥国。事见《列子》采莲游艇献骈芳,蜀客作歌纪其祥。转而上闻君相喜,伫待来归政事堂。

陆游《渭南集·秋日怀东湖二首》

小阁东头奄画池,秋来长是忆幽期。身如巢莺临归日,心似堂僧欲动时。病思羁怀惟付酒,西风落日更催诗。故知岁暮常多感,不独当年宋玉悲。

奄画池边小钓矶,垂竿几度到斜晖。青苹叶动知鱼过,朱阁帘开看燕归。岁晚官身空自闵,途穷世事巧相违。边州客少巴歌陋,谁与悉城略解围。

易士达诗《游东湖》

好是东湖近物华,微吟去路亦何赊。雨堤柳影澹台墓,十里荷香孺子家。淡淡烟笼僧寺静,飘飘风飐酒旗斜。重来倚徙阑干久,天末残阳噪暮鸦。

黄裳《演山集·次赵彦思东湖见寄》

为爱江湖梦也寻,有泉来处乱云深。凿开澄澈是天界,激起潺湲非世音。鸿雁渚幽山两足,芙蓉堂冷水中心。花时月夜扁舟兴,相约公余一醉吟。

次齐守岩老见示东湖之韵

近将余事作东湖,公外闲来物外居。莲吐花时看晋社,桃随流处得秦渔。放怀抱酒须寻友,适性垂纶岂问鱼。报我故人三乐意,翠珉新刻右军书。月华西下日华东,闪闪湖光渺渺中。天地会通银色界,亭台环合水晶宫。披襟望处清生白,穿径游时翠引红。自许此生心已了,湖山犹称道家风。

《曾文清公集·寒食与客游东湖》

官曹颜状满尘埃,负郭陂湖眼为开。春色少留如过客,赏心多病只寒灰。黄童白叟喜相告,皂盖朱幡能一来。日暮游人归去尽,沙头鸥鹭与徘徊。

郭功父诗

东湖北溆水相通,十里荷花半白红。冷艳已能消酷暑,暗香时复散清风。欲眠别浦抛渔舣,且倚疏栏学钓翁。云起仙庭飞晚雨,洒然身世出尘笼。

僧子腾《和盛员外题东湖》

涵空清浅浸寒芜,策杖吟看立一隅。题去便夸堪泽国,画来全恐甲州图。摇风菡萏明秋岸,戏水鸳鸯入晚蒲。倚棹渔歌偏好听,不惊波浪胜重湖。

项安世《悔蕖后编·次胡仲方东湖送别韵》

只知白下棠花白,不记湖边草色青。郁郁楼台笼戍柳,荒荒苔藓画游舲。重来老子惭无恨,佯卧尊前醉不醒。投晓张帆顺风去,怕遭民吏笑明廷。

李直讲文集

古郡城池已瞰江,重湖更在郡东方。水仙座下鱼鳞赤,龙女门前橘树香。路绝尘埃非洒扫,地无风雨亦清凉。使君待客多娱乐,只有醒时觉异乡。晴烟幕历澹湖光,势胜居然占一方。拂水万丝杨柳弱,倚风千盖芰荷香。纵游闲泛兰舟稳,半醉狂眠石席凉。公退每来须度日,却疑身出利名乡。

程公许《沧洲尘缶编倅·教授、判官、皆为东湖有赋,次韵》

逶迤三径带重湖,心眼经营念厥初。问俗只须无事治,倦工适际有年书。雪融趁急栽花柳,春到随宜办果蔬。最喜城隅便来往,不嫌奔走费台舆。交情郁穆两监州,采藻依莲总俊游。水洁霜明相并照,渭清泾浊岂同流。虢堂拟把新题和,锦里还思故事修。荷荡花溪总幽绝,胜须栽竹奈霜秋。

又正之二十八日,忽小霁,领数客过东湖,若水有赋,为次韵

积雨酿成寒料峭,漫游稍觉意清真。痴云妒日吞还吐,弱柳含烟巧斗新。簪屦招呼参楚蜀,看蔬盯饾杂冬春。却嫌车从妨侍趣,那得临流岸白纶。

袁洁斋诗《雨中度东湖》

宿霭埋山未肯收,晚风吹雨湿衣裘。渔航一叶烟波里,添我胸中万斛愁。

又十月望东湖五首

泓澄万顷浸水轮,千尺惊看玉塔新。满目辉光相照耀,乾坤何处不精神。

天上金波印水心,心中波浪亦成金。小舟荡漾金波里,陡觉广寒宫殿深。

世故纷纷撰白头,何如良夜一扁舟。霜风拂面心神肃,尘虑宁容一发留。

五十颓然一秃翁,湖山清兴渺无穷。扁舟欲学鸱夷子,未有平吴伯越功。

世上功名姑置之,微茫心事要深思。水光月色精神好,长使襟怀似此时。

又二首

重峦叠嶂巧萦迂,中有汪汪万顷湖。山色水光相映发,清辉含处妙难模。

平生酷爱水浮天,每到东湖意豁然。要识此湖功利博,旱时无限荫民田。

葛元承诗《秋日东湖》

荻花风里桂花浮,万竹生云翠欲流。谁拂半湖新镜面,飞来烟雨暮天愁。

翁灵舒诗《东湖行》

湖水添时宿雨晴,野禽无处不春声。万株杨柳青如昨,全是东风染得成。

赵蕃诗《是日复游东湖题庐石》

云中不改苍苍色,春后宁国濯濯姿。欲为渠侬下转语,笔无潮力强题诗。

黄裳诗

共辞兰省作诸候,更领东蕃第一州。万事了时寻好景,两岗盘处得寒流。

《董霜杰先生集·东湖晚步》

九衢尘土暗秋容,颇觉青山负眼中。湖上晚来聊散策,殷勤殊谢芰荷风。合眼几成湖上梦,只今秋色杖藜中。赋诗安得如元亮,报答玻璃十顷风。

张泸滨东湖汤饼后进翁展墓,饮
嵩山,踏雨泳归,在行相继属和,
兰亭集献之噤无半语,果人情邪?

诸老襟期三十年,看花杖履又栖禅。春风不断斯文意,嘘拂衣冠着一边。溪桥三日雨轻过,归影苍凉雨奈何。诗落邙山松柏后,相看有愧少陵多。

张舜民《画墁集·东湖晚眺》

白鹭双飞过女墙,雨行高柳正斜阳。荷花满眼都无主,暗里风飘入袖香。

《古今诗统·东湖晚步》

城里北风连夜号,平湖卷绿上枯濠。不知江水长多少,樯尾过城三丈高。如画

《孙烛湖先生集·泛东湖
风浪作复止》

万顷重湖东复东,意行得怕打头风。故畦遗穗鄰鄰在,野水寒林处处通。鸿雁汀洲渺葭苇,牛羊篱落见儿童。衣冠尘土空头白,渐愧扁舟把钓翁。

程公许《沧洲尘缶编·李贰
车约饮东湖》

西湖绕遍又东湖,永夜论文酒浅斟。最爱霜林梅蘸水,拟撑小艇访林逋。

《江湖续集·东湖即事》

醉扶吟策倚西风,欲泝湖光欠短蓬。一段秋客堪画处,败荷衰柳夕阳中。

柳安道诗

平陂数顷万山前,一片丹青画不全。幽榭小轩横翠水,茂林修竹锁轻烟。

王元粹诗《东湖》

为客东湖好,频来湖上游。坐时惟藉草,行处不惊鸥。日落烟光暝,风高木叶秋。偶逢樵牧语,且复少淹留。

元石良辅《节斋吟藁·东湖
席上呈史药房》

新荷匝水柳疏疏,四望青山列画图。弦管诗成人醉后,东湖仿佛似西湖。

又立秋日东湖呈诸公

柳营此日正狙刘,来赏东湖万顷秋。云锦一机呈霁色,水枫叶下试清讴。

王景初《兰轩集·东湖感事》

手栽桃李尽成阴,碧沼流泉日已深。狼藉东风旧台榭,行人谁有故侯心。主人当日重繁华,不惜黄金贵买花。十载东风成一梦,觉来春色是谁家。三十年来种松柏,一朝斤斧尽须臾。霜枝雪干空无数,不及甘棠只一株。碧云苒苒日将暮,芳草萋萋人未还。感兴诗成谁会得,晚风摇动水中山。

杨仲弘《东湖四景·为
大尹王本斋王侯赋》

朝来千骑出城闉,为向东湖踏早春。素练幕林云气薄,明珠穿草露华新。山花献笑开烟畔,海鸟忘机戏水滨。记取当年贤太守,及时为乐与斯民。

夏月湖中爽气多,南风叠叠卷长波。渔人舟楫冲萍藻,游女衣裳临芰荷。脍切银丝尝美味,腔传金缕换新歌。使君用意仍深远,即此光华岂灭磨。

暂停麾盖拥轻舟,此日湖山属暮秋。采采黄花登几案,离离红树散汀洲。倾壶浮蚁杯频竭,下箸鲜鳞网乍收。莫向钱塘夸往事,白苏未许擅风流。

云气低藏十万家,东湖飞雪又交加。玉禾旧布仙山种,琼树新开帝所花。别浦移舟闻过雁,高楼凭槛见归鸦。候门似有相如客,剩赋篇章与世夸。

元遗山《东湖次及之韵》

西山山头山月白,倒影涟漪舞寒碧。竹溪花岛要君诗,醉墨几番枯研滴。

东湖佳处诗已尽,矫首不知川路隔。当年韩贾俱辞伯,物色分留到佳客。

此州何必减苏州,频有诗人来列职。一时人境偶相值,万古风流余此席。

三堂风月今犹昔,拟拂尘缨问投迹。因君寄谢使君公,却恐他年厌求索。

张子渊

破寺依山杪,平湖绕四围。霜风吹客鬓,水气湿人衣。渔舸鸣榔急,吟蓬载酒归。晚来闲物色,坐鉴岁华非。

送王正卿归隐东湖，分题得钓石。

苍岩郁峨峨，沧波靓涓涓。水山蕴灵秀，人物储清妍。步寻钓石处，抚迹心油然。达固登崖廊，穷当处林泉。未论磻溪高，尚友羊裘贤。江海多风霾，洪涛政滔天。抱怀砥柱姿，容默思自全。嗜此水山嘉，盘邀送流年。坐拂石上云，永啸清风前。

刘仁本二首

一带山如画，东连百顷湖。水腥龙吐气，月莹蚌含珠。畎浍浮香稻，沤波没短蒲。渔人撑小艇，来往疾如凫。

倚杖东湖上，行人鸥鹭边。几番风雨度，一曲水云连。胜既多山寺，膏腴胜稻田。芙蓉涵倒影，荡漾采菱舡。

国朝杨基《眉庵集·东湖晚眺》

鸥没岸如无，凉多柳易枯。巫归神庙静，兵语驿亭孤。日落霞明渚，虹妆雨暗湖。此时蓬底望，日尽是东吴。

《方是闲诗·刘习之外舅安抚，游东湖一联云》

润衣红湿池荷雨，拂面清凉槛竹风，即席令足成之。庚伏人间暑气隆，纳凉留客咏诗翁。润衣红湿池荷雨，拂面清凉槛竹风。沙觜金痕平不露，野湾新涨曲相通。画桡澹月人归处，万盖翻翻涌翠箐。

黄裳《演山集·蝶恋花》

南北两山骄欲斗，中有涟漪，莫道湖山小。落落情怀临漂渺，驾言来处铃齐悄。　行到桃溪花解笑，人面相逢，竞好窥寒照。醉步欹斜西日少，欢声犹唱多情调。

高下亭台山水镜，两畔清辉中有垂杨径。鹭点前汀供雪景，花乘流水传春信。　不醉无归先说定，醉待言归又被风吹醒。月下台天游未尽，广寒宫是波中影。杳杳晴虚寒漫漫，放下尘劳相共游银汉。便入醉乡休浩叹，神仙只在云门馆。　饮兴偏宜流水畔，时有红蕖落在黄金盏。鹭未忘机移别岸，画舡更上前汀看。

水鉴中看犹未老，乘兴挐舟更向湘江过。俯仰太虚一个，九春风思谁吟到。　闻上钓台云外坐，待得金鳞始放芳樽倒。醉后言归犹更早，素织有有数君须道。

刘须溪诗《金缕和龚竹
乡韵东湖客中》

何处从头说,但尊淋漓醉墨,疏疏密密看取两轮东西者,也是樊笼中物。这光景年来都别,白发道人隆中像,壁间有武侯像。旅中坐对。笑相逢,对拥炉边雪,又过了上元节。纸窗旋补寒穿冗,柳粘窗青青过雨劝君休折。睡不成酣酒先醒,花底东风又别。夜复夜吟魂飞越,典却西湖东湖,住十三年不出,今朝出容易得二三月。

辛稼轩词《满庭芳·游东湖》

柳外寻春花前得句,怪公喜气轩眉,阳春白雪清唱古今稀。鲁是金銮旧客记,风凰独绕天池。 挥毫罢,天颜有喜,催赐尚方彝。公在词披尚拜尚方宝鼎之赐只今江海上,钧天梦觉清泪如丝,算除非痛把酒疗花治。明日五湖佳兴,扁舟去,一笑谁知。溪堂好,且拼一醉,倚杖读韩碑。堂记公所制。

湖

西湖

杭州西湖

《杭州府志》

西湖,在州之西,周三十里,山川秀发,景物华丽,映带左右。自唐以来,为东南游赏胜处。旧称西湖十景,曰:平湖秋月,苏堤春晓,断桥残雪,雷峰落照,南屏晚钟,面院风荷,花港观鱼,柳浪闻莺,三潭印月,两峰插云。按《旧志》云:源出于武林钱塘,李泌引湖水入城中为六井,以便民汲。白居易《记》云:遇岁旱,可溉田千顷。

宋元祐五年四月二十九日,龙图阁直学士左朝奉郎知杭州苏轼。奏开西湖状:

元杭州之有西湖,如人之有眉目,盖不可废也。唐长庆中,白居易为刺史。方是时,湖溉田千余顷。及钱氏有国,置撩湖兵士千人日夜开浚。自国初以来,捐废不治,水涸草生,渐成葑田。熙宁中,臣通判杭州,则湖之葑合,盖十二年耳。至今才十六七年之间,堙塞其半。

龙泉窑印花莲瓣碗

父老皆言,十年以来,水浅葑横,如云翳空,倏忽便满,更二十年无西湖矣。杭州无西湖,如人去其眉目,岂复为人乎?臣愚无知,窃谓西湖有不可废者五。天禧中,故相王钦若始奏以西湖为放生池,禁捕鱼鸟,为人主祈福。自是以来,每四月八日,郡人数万会湖上,所活羽毛鳞介,以百万计,皆西北向稽首,仰祝千万岁寿。若一旦堙塞,使蛟龙鱼鳖同为涸辙之鲋,臣子坐观亦何心哉!此西湖之不可废者一也。杭之为州,本江海故地,水泉咸苦,居民零落。自唐李泌始引湖水作六井,然后民足于水,井邑日富,百万生聚,待此而后食。今湖狭水浅,六井渐坏,若二十年之后,

尽为葑田，则举城之人，复饮咸苦，其势必自耗散，此西湖之不可废者二也。白居易作《西湖石函记》云：放水溉田，每减一寸，可溉十五顷。每一放时，可溉五十顷。若蓄泄及时，则濒河千顷可无凶岁。今虽不及千顷，而下湖数十里，茭菱谷米，所获不赀，此西湖之不可废者三也。西湖深阔，则运河可以取足于湖水。若湖水不足，则必取足于江潮。潮之所过，泥沙浑浊，一石五斗，不出三岁，辄调兵夫十余万工开浚，而河行市井中，盖十余里，吏卒搔扰，泥水狼藉，为居民莫大之患，此西湖之不可废者四也。天下酒税之盛，未有如杭者也。岁课二十余万缗，而水泉之用，仰给于湖。若湖渐浅狭，水不应沟，则劳人远取山泉，岁不下二十万工，此西湖之不可废者五也。臣目睹西湖，有必废之渐，有五不可废之忧，岂得安岁月不任其责，辄已差官打量湖上葑田，计二十五万丈，度用夫二十余万工。若更得度牒百道，则一举募民，除去净尽，不复遗患矣。

轼尝有诗谓："西湖天下景。"又云："水光潋滟晴方好，山色空濛雨亦奇。好把西湖比西子，淡妆浓抹总相宜。"当轼开湖时，筑堤其上。自孤山抵北山，夹道植柳，后人思其德，因名曰苏公堤。其后禁苏氏学，士大夫多媚时好，郡守吕惠卿奏毁之。乾道中，孝宗命作新堤，自南山净慈寺前新路口，直抵北山，湖分为二。游人大舟往来，第能循新堤之东崖，而不能至北山。绍兴中，始造二高桥，出北山达大佛，而舟行往来始无碍，堤上有亭宇，为游人赏息处。旧有三贤堂，东坡苏轼、香山白居易、和靖林逋。

《临安志》

在郡西，旧名钱塘湖。源出于武林泉，周回三十里，自唐及宋，号游观胜地。中兴以来，衣冠之集，舟车之舍，民物阜蕃，室钜丽，尤非昔比。庆历初，守郑戬发属县丁数万人尽辟豪族僧寺规占之地，仁宗嘉之，降诏奖谕。仍命岁常修导。绍兴十九年，以西湖近来秽浊埋塞，诏郡守阳鹏举措置，遂用工开撩。及修砌六井，阴窦水口，增置斗门闸板，量度水势，通放入井，且条具事宜。一。检准绍兴九年八月指挥。许本府招置厢军兵士二百人。见管止有四十余人。今已措置拨填。辖及元额。盖造寨屋、舟船专一撩湖，不许他役。一。契勘绍兴九年八月指挥。钱塘县尉管兼开湖职事。臣令欲专差武臣一员。知通逐时检察，庶几积日累月开撩，不致依旧埋塞。一。契勘西湖所种茭菱，往往于湖中取泥，葑夹和粪秽，包根坠种，及不时浇灌秽污。绍兴七年六月申明，今后永不许请佃栽种。今来又复重置莲荷，填塞湖港。臣已将莲荷租课官钱并已除放讫。如有违犯之人。科罪追赏。有官人。具申朝廷取旨施行。乾道五年，周安抚淙奏：臣窃惟西湖，所贵深阔。而引水入城中诸井，尤在涓洁。累降指挥禁止抛弃粪土，栽植茭菱，及汗衣洗马，秽污湖水，罪赏固已严备。旧招军兵二百人，专一撩湖，委钱塘县尉主管。后来废阙，见存止三十五名，而有力之家，又复请佃湖面，转令人户租赁，栽种茭菱，因缘包占增叠堤岸，日益填塞，西湖愈狭，水源不通。臣近已重修诸井，沟口了毕，今欲增置撩湖军兵一百人，修盖寨屋，置造舟船，就委钱塘县尉，并本府壕寨官一员，于卫位内带主管开湖事，专一管辖军兵开撩，不许人户请佃种植茭菱，及因而包占增叠堤岸。或有违戾，许人告捉，以违制论。旨从之。自后时有申明。淳祐丁未大旱，水尽涸，诏郡守赵节斋开济，仍奉朝命，自六井至钱塘门上船亭、林桥、北山第一桥、高桥、苏堤、三塔、南新路柳州寺前，凡菱荷茭荡，一切薙去之。

《梦粱录》

杭城之西，有湖曰西湖，旧名钱塘湖。周三十余里，自古迄今，号为绝景。唐朝白乐天守杭时，再筑堤捍湖。宋庆历间，尽辟豪民僧寺观占之地，以广湖西。元祐时，苏东坡

守杭,奏陈于上,谓西湖如人之眉目,岂宜废之。遂拨赐度牒易钱米,募民开湖,以复唐朝之旧。绍兴间,辇毂驻驿,衣冠纷集,民物阜番,尤非昔比。郡臣汤鹏举,申明西湖条划事宜于朝,增置开湖军兵,差委官吏管领,任责盖造寨屋,舟只专一撩湖,无致埋塞。修湖六井,阴窦水口,增置斗门水闸,量度水势,得其通流,无垢污之患。乾道年间,周安抚淙奏。乞降指挥禁止官民,不得抛弃粪土,栽植荷菱茭,植秽污,填塞湖港。旧招募军兵,专一撩湖,近来废阙,见存者止三十余名。两乞填刺补额,仍委尉司官,并本府壕寨官,带主管开湖职,专一管辖军兵开撩,无致人户包占。或有违戾,许人告捉,以违制论。自后时有禁约,方得开辟。淳祐丁未大旱,湖水尽涸,郡守赵节斋奉朝命开济,自六井至钱塘上船亭、西林桥、北山第一桥、苏堤、三塔、南新路、长桥、柳洲寺前等处,凡种菱荷茭荡,一切薙去,方得湖水如旧。咸淳间,守潜皋野亦申请于朝,乞行除拆湖中菱荷,毋得存留秽塞,侵占湖岸之间。有御史鲍度劾奏,内臣陈敏贤、刘公正包占水池,盖造屋宇,濯秽洗马,无所不施。灌注湖水,一以醒酒以祀天地,飨祖宗,不得蠲洁,而亏歆受之福,次一城黎元之生,俱饮污腻浊水,而起疾疫之灾。奉旨降官罢职。令临安府日下拆毁屋宇,开辟水港,尽于湖中,降拆荡岸,得以无污秽之患。官府除其年纳利租官钱,消灭其籍,绝其所蒔本根,勿复萌蘖矣。且湖山之景,四时无穷,虽百画工莫能摸写。如映波桥侧,竹水院涧,森竹茂盛,密荫清爽,委可人意。西林桥,即里湖内,俱是贵官园囿,凉堂画阁,高台危树,花木奇秀,灿然可观。有集芳御园,理庙赐与贾秋壑为第宅家庙,往来游玩舟只,不敢仰视,祸福立见矣。西林桥外孤山路,有琳宫者二,曰四圣廷祥观,曰西太乙宫。御圃在观侧,乃林和靖隐居之地,内有六乙泉、金沙井、闲泉、仆夫泉、香月亭,亭侧山椒环植,梅花亭中,大书于照屏之上,云:"疏影横斜水深浅,暗香浮动月黄昏"之句。又有堂扁曰"挹翠"。盖挹西北诸山之胜耳。曰:"清新亭"。面山而宅其麓,在挹翠之后。曰:"射圃。"曰:"玛瑙坡。"曰"陈朝桧。"皆列圃之左右。旧有东坡庵、四照阁、西阁、鉴堂、辟支塔、年深废久,则名不可废也。曰苏公堤,元祐年东坡守杭,奏开浚湖水,所积葑草筑为长堤,故命此名,以表其德云耳。自南迄北,横截湖面,绵亘数里,夹道杂植花柳,置六桥,建九亭,以为游人玩赏驻足之地。咸淳间,朝家给钱命守臣增筑堤路,沿堤亭再治一新,补植花木。向东坡尝赋诗云:"六桥横接天汉上,北山始与南屏通。忽惊二十五万丈,老葑席卷苍烟空。"曰南山第一桥,名映波桥。西偏建堂,扁之先贤。宝历年,大资袁京尹韶请于朝,以杭居吴,会为列城冠。湖山清丽,瑞气扶舆,人杰代生,踵武相望,祠祀未建,实为阙文。以公帑求售居民园屋,建堂,奉忠臣孝子、善士名流,德行节义,学问功业,自陶唐至宋,本郡人物,许箕公以下三十四人,及孝节妇、孙夫人等五氏,各立牌刻表,世旌哲而祀之。堂之外堤边有桥,名袁公桥,以表而出之。其地前挹平湖,四山环合,景象窈深,虽堂滨潮入其门,一经萦纡,花木蔽翳,亭馆相望。五六来者,縓振衣,历古香,循清风,登山亭,憩流芳,而后至祠下,又徙玉晨道馆于祠之艮隅,以奉洒扫。易扁曰"旌德。"且为门便其往来。直门为堂,扁"仰高。"曰第二桥,名锁澜桥。西建堂,扁"湖山。"咸淳间,洪帅焘买民地创,栋宇雄杰,面势端闳,冈峦奔趋,水光荡漾,四浮图画四围,如武士相卫,回眸顾眄。縓后而望,则芙渠菰蒲,蔚然相扶,若有逊避其前之意。后二年,帅臣潜皋野增建水阁六楹,又纵为堂四楹,以达于阁,环之栏槛,辟之槛牖,盖迤延远挹,尽纳千山万景,卓然为西湖堂宇之冠,游者争趋焉。曰第三桥,名望山桥。侧有堂扁"三贤,"以奉白乐天、林和靖、苏东坡三先生之祠。袁大资请于朝,切惟三贤,道德名节,震耀今古,而祠附于水仙庙东庑,则何以崇教化、厉风俗?遂买居民废花坞,改造堂宇,以奉三贤,实为尊礼名胜之所。正当苏

堤之中,前挹湖山,气象清旷。背负长冈,林樾深窈,南北诸峰,岚翠环合,遂与苏堤贯联也。盖堂宇参错,亭馆临堤,种植花竹,以显清概。堂扁水西云北月、香水影、晴光、雨色,曰:北山第二桥,名东浦桥。西见一小矮桥过水,名小新堤。于淳祐年,赵节斋尹京之时,筑北堤至曲院,接灵隐三竺梵宫,游玩往来,两岸夹植花柳,至半堤,建四面堂,益以三亭于道左,为游人憩息之所。水绿山青,最堪观玩。咸淳再行高筑堤路,凡二百五十余丈,所费俱官给其券工也,曰北山第一桥,名涵碧过桥。出街东有寺,名广化建竹阁。四面栽竹万竿,青翠森茂,阴晴朝暮,其景可爱。阁下奉乐天之祠焉,曰寿星寺。高山有堂扁,江湖伟观,盖此堂。外江内湖,一览目前,淳祐赵尹京重创广厦,危栏显敞虚旷,旁又为两亭,巍然立于山峰之顶,游人纵步往观,心目为之豁然,曰孤山桥。名宝祐,旧呼曰断桥。桥里有梵宫,以石刻大佛,金装,名曰大佛头。正在秦皇缆丹石山,游人争睹之。桥外,东有森然亭,堂名放生。在石亟桥西,昨于真庙朝。天禧年间,平章王钦若出判杭州,请于朝建池,次年守臣王随记其事。元祐,东坡请浚西湖,谓每岁四月八日,邦人数万集于湖上,所活羽毛鳞介,以百万数,皆西北向,稽首祝万岁。绍兴以銮舆驻跸,尤宜涵养,以示渥泽,仍以西湖为放生池,勿采捕。遂建堂扁德生。有亭二:一以滨湖,为祝网纵鳞之所。亭扁泳飞。一以枕山,九名贤旧刻,皆峙焉。又有奎画戒烹宰文,刻石于堂。上曰玉莲,又名一清。在钱塘门外,菩提寺南沿城。景定年尹京马光祖建,次年魏克愚徙郡,治竹山阁,改建于此。但堂宇爽恺,花木森森,顾眄湖山,蔚然堪画。曰丰豫门外有酒楼,名丰乐,旧名耸翠楼,据西湖之会,千峰连环,一碧万顷,柳汀花坞,历历栏槛间,而游梭画船,棹讴堤唱,往往会于楼下,为游览最。顾以官酤喧杂,楼亦卑小,弗与景称。淳祐年,帅臣赵节斋再撤新割瑰丽宠特高楼云霄,为湖山壮丽,花木亭榭,映带参错,气象尤奇。缙绅人乡饮团拜,多集于此。更以钱塘门外望楼,又名看经楼。大佛头石山后,名十三间楼。乃东坡守杭曰多游此,今为相严院矣。丰豫门外有有湖堂三处,俱废之久,名贤遗迹不可无传,故书之,使后贤不失其名耳。曰湖边园圃,如钱塘玉壶,丰豫渔庄,清波最景,长桥庆乐,大佛雷峰,塔下小湖,斋宫甘园,南山南屏,皆台榭亭阁,花木奇石,影映湖山。兼之贵宅宦舍,列亭舒于水堤,梵刹琳宫,布殿阁于湖山,周回胜景,言之难尽,东坡诗云:若把西湖比西子,淡妆浓抹总相宜。正谓是也,近者画家称湖山四时景色,最奇者有十:曰苏堤春晚,曲院风荷,平湖秋月,断桥残雪,柳岸闻莺,花港观鱼,雷峰落照,而两峰插云,南屏晚钟,三潭印月,春则花柳争妍,夏则荷榴竞放,秋则桂子飘香,冬则梅花破玉。四时之景不同,而赏心乐事亦无穷矣。

《武林旧事》四水潜夫辑

《西湖游幸》都人游赏

　　淳熙间,寿皇以天下养,每奉德寿三殿,游幸湖山,大龙舟,宰执从官以至大珰,应奉诸司及京府弹压等,各乘大舫,无虑数百。时承平日久,乐与民同,凡游观买卖,皆无所禁,画楫轻舠,旁午如织,至于果、蔬、美酒、关扑、宜男、戏具、闲竿、花蓝、画扇、彩旗、糖、鱼、粉饵、时花、泥婴等谓之湖中土宜。又有珠翠冠梳、销金彩段、犀钿髹漆、织藤窑器、玩具等物,无不罗列。如先贤堂、三贤堂、四圣观等处最盛。或有以轻桡趁逐求售者,歌舆舞鬟,严妆自炫,以待招呼者,谓之水仙子。至于吹弹舞拍、杂剧杂扮、撮弄胜花、泥丸鼓板、投壶花弹、蹴踘分茶、弄水踏混、木拨盆杂艺、散耍、讴唱、息器、教水族飞禽、水傀儡、

鬻道术、烟火起轮、走线、流星、水爆风筝不可指数，总谓之赶趁人。盖耳目不暇给焉，御舟四垂，珠帘锦幕，悬挂七宝珠翠、龙舡梭子、闹竿、花蓝等物，宫姬韶部，俨如神仙。天香浓郁，花柳避妍，小舟时有宣唤，赐予如宋五嫂鱼美，尝经御赏，人所共趋，遂成富媪。朱静佳六言云：柳下白头钓叟，不知生长何年。前度君王游幸，卖鱼收得金钱。往往修旧京金明池故事，以安太上之心，岂特事游观之美哉。湖上御园，南有聚景、真珠、南屏，北有集芳、延祥、玉壶，然亦多幸聚景焉。一日御舟经断桥，桥旁有小酒肆，顾雅洁，中饰素屏，书风入松一词于上。光尧驻目，称赏久之，宣问何人所作，乃太学生俞国宝醉笔也。其词云：一春长费买花钱，日日醉湖边。玉骢惯识西湖路，骄嘶过沽酒楼前。红杏香中歌舞，绿杨影里秋千，东风十里丽人天，花压鬓云偏。画船载取春归去，余情在湖水湖烟。明日再携残酒，来寻陌上花钿。上笑曰：“此词甚好，但末句未免儒酸。”因为改定云：明日重扶残醉。则迥不同矣。即日命解褐云。西湖天下景，朝昏晴雨，四序总宜，杭人亦无时而不游。而春游特盛焉，承平时，头舡如大绿、间绿、十样锦、百花宝胜、明玉之类，何翅百余。其次则不计其数。皆华丽雅靓，夸奇竞好，而都人凡缔姻、赛社会、送葬、经会献神、仕宦恩赏之经营，禁省台府之嘱托，贵珰要地，大贾豪民，买笑千金，呼庐百万，以至痴儿騃子，密约幽期，无不在焉。日糜金钱，靡有纪极，故杭谚有销金锅儿之号，此语不为过也。都城自过收灯，贵游巨室，皆争先出郊，谓之探春。至禁烟为最盛，龙舟十余，采旗叠鼓，交午曼衍，粲如织锦，内有曾经宣唤者，则锦衣花帽，以自别于众，京尹为立赏格，竞渡争标，内珰贵客，赏犒无算，都人士女，两堤骈集，几于无置足地。水面画楫，栉比如鱼鳞，亦无行舟之路。歌欢箫鼓之声，振动远近，其盛可以想见。若游之次第，则先南而后北，至午则尽入西冷桥，里湖。其外几无一舸矣。弁阳老人有词曰：“看画船尽入西冷，闲却半湖春色。”盖记实也。既而小泊断桥，千舫骈聚，歌管喧奏，粉黛罗列，最为繁盛，桥上少年郎，竞纵纸鸢，以相勾牵剪截，以线绝者为负。此虽小技，亦有专门爆仗、起轮、走线之戏，多设于此。至花影暗而月华生，始渐散去。绛纱笼烛，车马争门，日以为常。张武子诗云：“帖帖平湖印晚天，踏歌游女锦相牵。都城半掩人争路，犹有胡琴落后船。”最能状景。茂陵在御，略无游幸之事，离宫别馆，不复增修，黄洪诗云：“龙舟太半没西湖，此是先皇节俭图。三十六年安静里，棹歌一曲在康衢。”理宗时，亦尝制一舟，悉用香楠木，抢金为之，亦极华侈。然终于不用。至景定间，周汉国公主得旨，偕驸马都尉扬镇泛湖，一时文物亦盛，仿佛承平之旧，倾城纵观，都人为之罢市。然是时先朝龙舫，久已沉浸，独有小舟，号小乌龙者，以赐杨郡王之故，尚在。其舟平底有拖，制度简朴，或传此舟每出，必有风雨，余尝屡乘，初无此异也。

《能改斋漫录·郑文肃复西湖旧堤》

郑文肃天休，仁宗时知杭州，郡中西湖环三十里，溉湖上良田千顷，唐李泌即湖中。作阴窦引水灌城中六井，以资没者。武肃置撩清军，以疏其恶，自钱氏纳土至公居郡时，凡六十余年，而湖秒不治，豪夺以耕，僧侈其宇，浸淫蠹食无有已时。公按旧记复故堤，程工无虑十万，调境内丁夫辟之，湖利大兴。

《四朝闻见录·杨沂中冗西湖》

言者疏奏：“沂中擅灌西湖水入私第”。上徐晓言者曰：“朕度南之初，虏人退而群盗起，朕重困赤子，遂用议者羁縻之策，刻印尽封群盗，大者郡王，小亦节钺，朕所自有者，惟

浙数郡，计犹豫未决。会诸将尽平群盗，朕已发顾除土地之外，凡府库金帛，俱置不问。沂中故有余力，以给泉池，若以诸将平盗之功，虽尽以西湖赐之，曾不为过。沂中此事，唯卿容之。"言者惶恐而退。

《临安志》

　　杭州有西湖，而颖亦有西湖。皆为游赏之胜，而东坡连守二州，其初得颖也。有颖人在坐云：内翰但只消游湖中，便可以了郡事。盖言其讼简也。秦少章因作一绝献之云："十里荷花菡萏初，我公所至有西湖。欲将公事湖中了，见说官闲事亦无。"

卷之二千二百六十五 六模

湖 西湖

宋林淳《定斋集》

西湖 鹧鸪天

天近袄知雨露浓,湖山无日不春风。闲花野草皆掀舞,曾在君王顾眄中。 时易得,会难逢,朝为逆旅暮三公。蛟龙得雨飞无便,鸡犬腾云夙有功。

游西湖 柳梢青

水月光中,烟霞影里,化出楼台。空外笙箫,云间笑语,人到篷莱。 天香散逐风回,三十里荷花盛开,买个船儿,山南游遍,山北归来。 富贵园林,清虚池馆。随意登临。物外风光,云明花媚,鸟语烟深。 徐徐缓辔微吟,迤逦度松间柳阴。览遍幽奇,小舟归晚,月映波心。

忆西湖 浣溪沙

却忆西湖烂漫游,水涵山影翠光浮,轻舟短棹不惊鸥。 带露精神花妩媚,依风情态柳温柔,鹦歌燕语巧相留。

次赵帅开西湖韵 水调歌头

湖波涨新绿,环绕越王山。棠斋清昼余暇,赢得静中观。四面屏围碧玉,十里障开云锦,冰鉴倒晴澜。目送孤鸿远,心与白鸥闲。 隘游人,喧鼓吹,杂歌欢。晓天澄霁,花羞柳妒怯春寒。好在风光满眼。只恐阳春有脚,催诏下天关。剩写鹅溪幅,归去凤池看。

疏水绕城郭,农利遍三山,使君重本,雅志初不在游观。化出玉壶境界,挥洒锦囊词翰,笔下涌波澜。天巧无余蕴,意匠自舒闲。 拥鳌头,民同乐,颂声欢养花天气,云柔烟腻护朝寒。桃李满城阴合,杨柳绕堤绿暗,幽鸟语间关。似诉风光好,留与后人看。

螺水亘千古,鳌顶冠三山。年丰帅阃尘静,栏槛纵遐观。四望潮登浦溆,万顷绿浮原野,堤岸溢波澜。亩浍皆沾足,日永桔槔闲。　肆华筵,鱼鸟乐,众宾欢。良辰好景,年年莫放此盟寒,且念新湖遗爱,莫作故园遐想,到处是乡关。勋业知非晚,聊把镜频看。

《刘麟洲集》

游西湖_{贺新郎}

睡觉啼莺晓,醉西湖千场。日日买花簪帽。去尽酒徒无人问,惟有玉山自倒,任拍手儿童争笑。一舸乘风翩然去避,鱼龙不见波声悄。歌韵远,唤苏小。　神仙路远蓬莱岛。紫云深,参差禁树有烟花绕。人世红尘西障日,百计不如归好。付乐事与他年少。费尽柳金梨雪句;问沉香亭北何时召。心未惬,鬓先老。

吴泳《鹤林集》

游西湖和李微之校勘_{贺新郎}

一片湖光净,被游人撑船,刺破宝菱花镜。和靖不来东坡去,欠了骚人逸韵。但翠葆玉钗横鬓,碧藕花中人家住。恨幽香可爱不可近,沙鹭起晚风进。　功名得手真奇隽,黯离怀,长堤翠柳,系愁难尽。世上浮荣一时好,人品百年论定。且牢守文章密印。秘馆词人能度曲,更不消檀板标苏姓。凌浩渺,纳光景。

再游西湖和李微之_{满江红}

风约湖船,微摆撼。水光山色。纵夹岸秋芳冷淡,亦随风拆。荷芰尚堪骚客制,兰苕犹许诗人摘。最关情,疏雨画桥西,宜探索。　蓬岛上,神仙宅。苍玉佩青城客,把从前文字,委诸河伯。涵浸胸中今古藏,编排掌上乾坤策。却仍携新草阜陵书,归山泽。

刘德秀词

西湖_{贺新郎}

雨沐秋容薄。莹湖光琉璃千顷浪,平如削。步绕湖边佳绝处,时涌琼楼珠阁。记一一经行皆昨,十万人家空翠里,借姮娥玉鉴相依约。卷雾箔,飞烟幕。　天机云锦才收却,放芙蓉,岸花十里,翠红成幄。向晚买舟撑月去,笑引银潢共酌。醉欲起骑鲸碧落,试唤坡仙哦妙句,问淡妆此夕如何着。只云月,是梳掠。

《葵窗词藁》

西湖 六桥行

芙蓉苑,记试酒清狂。鞾鞭游遍,翠红照眼凝芳露,洗出晴霞一片。垂杨两岸,窥镜底新妆深浅。应料似锦障行春,三千粉春矜艳。 邂逅系马堤边,念玉笋轻攀笑,簪同欢。岁华暗换。西风路,几许愁肠凄断。仙城梦黯,还又是六桥秋晚。凝望处,烟淡云寒,人归雁远。

苏堤路,正密柳烘烟,嫩莎收雨。野芳竞吐山如画,隐隐云藏山坞。六桥徙倚,喧处处行春箫鼓,鸥影外。一片湖光,夷犹彩舟来去。 凝想禊饮花前,爱裙裾围香,款留连步。旧踪未改还曾记,揽结亭边芳树。愁情几许。更多似一天飞絮,空自有花畔黄鹂,知人笑语。

曲院风荷图

西湖 少年游

四山烟霭未分明,宿雨破新晴。万顷湖光,一堤柳色,人在画图行。 清明过了春无几,花事已飘零。莫待斜阳,便寻归棹,家隔两重城。

西湖 喜迁莺令

青嶂绕,翠堤斜晴,绮散余霞。一湖春水碧无瑕,可惜画船遮。 燕交飞,莺对语,风软香尘凝路。一年春事又杨花,诗酒韶华。

张元幹《归来集》

西湖有感寄晞颜 八声甘州

记当年共饮醉,画船摇碧冑花钗。问苍颜华发,烟蓑雨笠,何事重来。看尽人情物态,冷眼只堪咍。赖有西湖在,洗我尘埃。 夜久波光山色间,澹妆浓抹,冰鉴云开。更潮头千丈,江海两崔嵬。晓凉生,荷香扑面洒,天边风露逼襟怀。谁同赏,通宵无寐,斜月低回。

蔡友古《居士词》

西湖忆秦娥

湖光碧,春花秋月无今昔。无今昔,十年往事尽成陈迹。　玉箫声断云屏隔,山遥水远长相忆。长相忆,一生怀抱,为君牵役。

浣溪沙

玉趾弯弯一拆弓,秋波剪碧滟双瞳。浅颦轻笑意无穷。　夜静拥炉熏督耨,月明飞棹采芙蓉。别来欢事少人同。

卢申之词

西湖乌夜啼

漾暖纹波飐飐,吹晴丝雨濛濛。轻衫短帽西湖路,花气扑春聪。　斗草褰衣湿翠,秋千瞥眼飞红。日长不放春醪困,立尽海棠风。

《履斋先生诗》

余西湖满庭芳

春水溶溶,春山漠漠,淡烟浅罩轻笼。危楼栏槛,掠面小东风。又是飞花落絮,芳草暗万绿成丛。闲徙倚,百年人事,都在画船中。　故园无恙否,一溪翠竹,两径苍松。更有鱼堪钓,有秫堪春。底事尘驱物役,空回首,社燕秋鸿。功名已,萧搔短鬓,分付与青铜。

游西湖卜算子

春事到西湖,处处梅花笑。抖擞长安车马尘,眼底青山好。　身世两悠悠,岁月闲中老。极目烟波万顷愁,此意谁知道。

《张于湖词》

泛西湖_{柳稍青}

　　湖岸千峰嵌岩,掩映绿竹青松。古寺参差,楼台高下,烟雾溟濛。　波光万顷溶溶,人面与荷花共红。拨棹归欤。一天明月,十里香风。

《张约斋词》

西湖_{柳稍青}

　　千丈风漪霁光,明处花柳高低。箫鼓声中,宝钗遥认,兰棹交驰。　贪呆觑着帘儿,不好价伊家怎知。便是重来,真情厮向,难似当时。

曹遇词

游西湖_{宴桃源}

　　西湖避暑棹扁舟,忘机狎白鸥。荷香十里供瀛洲,山光翠欲流。　歌浩浩,思悠悠,诗成兴未休。清风明月解相留,琴声万籁幽。

　　廉纤小雨养花天,池光映远山。蕙兰风暖正暄妍,归梁燕翼偏。　芳草碧,绿波涟,良辰近禁烟。酒酣午枕兴怡然,鹦声惊梦仙。

《范石湖词》

雨后携家游西湖荷花盛开_{满江红}

　　柳外轻雷,催几阵雨丝飞急。雷雨过,半川荷气,粉融香浥。弄蕊攀条春一笑,从教水溅罗衣湿。打梁州箫鼓,浪花中,跳鱼立。　山倒影云千叠,横浩荡,舟如叶。有采菱清些,桃浪双楫,忘却天涯飘泊。地蹼前,不放闲愁入。任碧筩十丈卷金波,长鲸吸。

陈三聘和

　　绀縠浮空,山拥髻晚来风急,吹骤雨,藕花千柄,艳妆新浥。窥鉴粉光犹有泪,凌波罗

袜何曾湿。讶汉宫朝罢玉皇归,凝情立。　　樽前恨歌三叠,身外事轻飞叶。怅当年空击楫江孤楫。云色远连平野尽,夕阳偏傍疏林入。看明月冷浸碧流璃,君须吸。

《蕙亩拾英集》

张熙妻王氏作西湖曲 菩萨蛮

横湖十顷琉璃碧,画桥百步通南北。沙暖睡鸳鸯,春风花草香。　　闲来撑小艇,划破楼台影,四面望青山,浑如蓬莱间。

《黄谈词》

过西湖 念奴娇

午风清暑,过西湖,隐约曾游堤路。云径烟扉人境绝,真是珠宫玄圃。倦倚栏干,笑呼艇子,同入荷花去。一杯相属,恍然身在何许。　　休怪梦入巫云,凌波罗袜,我在迷湘浦。缥缈惊鸿飞燕举,却怨严城钟鼓。百斛明珠,千金骏马,豪气今犹故。归来清晓,幅巾犹带香露。

黄人杰《可轩词》

西湖 感皇恩

秋色满西湖,雨添新绿。一泓烟光望中足,清香十里。画舸去来相逐。酒酣时,听得渔家曲。　　人道似郎,郎还第六,云水相逢示谙熟。晚来风静,闲浸几枝红玉。水神应不,禁江妃浴。

游西湖 念奴娇

西湖胜绝,有栖云楼观,蟠空丘壑。玉鉴光中天不老,人在蓬壶行乐。画舸藏春,垂杨系马,幽处笙箫作。京华狂客,也忘身世飘泊。　　行待载酒寻芳,湖湾堤曲,放浪红尘脚。借景留欢排日醉,不负莺花盟约。忍缓东风,耐烦迟日,休恁匆匆著。温存桃李,莫教一顿开却。

辛稼轩词

西湖和人韵 念奴娇

晚风吹雨战新荷,声乱明珠苍璧。谁把香奁收宝镜,云锦周遭红碧。飞鸟翻空,游鱼吹浪,惯听笙歌席,坐中豪气,看公一饮千石。　遥想处士风流,鹤随人去,已作飞仙伯。茅舍疏篱今在否,松竹已非畴昔。欲说当年,望湖楼下,水与云宽窄。醉中休问,断肠桃叶消息。

西湖 好事近

日日过西湖,冷浸一天寒玉。山色虽言如画,想画时难邈。　前弦后管夹歌钟,才断又重续。相次藕花开也,几兰舟飞逐。

苏东坡词

西湖夜归 好事近

湖上雨晴时,秋水半篙初没。朱槛俯窥寒鉴,照衰颜华发。醉中吹堕白纶巾,溪风漾流月。独棹小舟归去,任烟波摇兀。

西湖 南歌子二首

山与歌眉敛,波同醉眼流。游人都上十三楼,不羡竹西歌吹古杨州。菰黍连昌歜,琼彝倒玉舟。谁家水调唱歌头,声绕碧山,飞去晚云留。　古岸开青葑,新渠走碧流,会看光满万家楼。记取他年扶路入西州。佳节连梅雨,余生寄叶舟。只将菱角与鸡头。更有月明,千顷一时留。

杨冠卿词

春日西湖用吴监簿韵 菩萨蛮

春山愁对修眉绿,春衫谁为裁水縠。日暮倚栏干,不禁烟雾寒。　湖边归去路,犹记传觞处。往事等空花,客心惊岁华。

马庄文词

西湖春暮 阮郎归

清明寒食不多时,香红渐渐稀。番腾妆束闹苏堤,留春春怎知。　花褪雨,絮沾泥,凌波寸不移。三三两两叫船儿,人归春也归。

《永平志》

西秦张叔夏西湖春感 高阳台

接叶巢莺,平波卷絮,断桥斜日归船。能几芳游,看花又是明年。东风且伴蔷薇住,到蔷薇春已堪怜。更凄然,万绿西泠,一抹荒烟。　当年燕子知何处,但苔深韦曲,草暗斜川。见说新愁,如今也到鸥边。无心再续笙歌,梦掩重门,浅醉闲眠。莫开帘,怕见飞花,怕听啼鹃。

晓行西湖边 菩萨蛮

霜花铺岸浓如雪,田间水浅冰初结。林密乱鸦啼,山深雁过稀。　风恬湖似镜,冷浸楼台影。梅不怕隆寒,疏葩正耐看。

陈造《江湖长翁集》

西湖 诉衷情

今朝人自藕洲来,花意尚迟回。几时画船同载,云锦照鳞罍。　铃斋外已全开,是谁催。诗仙住处,和气回春,羯鼓如雷。

《清江渔谱》

舟次东山忆西湖旧游 醉蓬莱

记澄湖抱练,画舫参差。闹花时节,油壁鸣堤。有障紫屏列,燕草香融,鸦条香浅。似渭城烟雪。急管斜阳,卫娘葱倩,带围寒怯。

苏小闲情,绿杨如织。阑槛东边,好山千叠。料得如今,也翠销红歇,何限繁华,春来都付与数声啼鴂。谩怆羁魂,扁舟买醉,谢公明月。

《欧阳公集》

西湖采桑子并念语

昔者王子猷之爱竹,造门不问于主人。陶渊明之卧舆,遇酒便留于道士。况西湖之胜概,擅东颍之佳名。虽美景良辰固多于高会,而清风明月幸属于闲人。并游或结于良朋,乘兴有时而独往。鸣蛙暂听,安问属官而属私;曲水临流,自可一觞而一咏。至欢然而会意,亦傍若于无人。乃知偶来常胜于特来,前言可信;所有虽非于已有,其得已多。因翻旧阕之辞,写以新声之调。敢陈薄伎,聊佐清欢。

轻舟短棹西湖好,绿水逶迤,芳草长堤,隐隐笙歌处处随。　无风水面琉璃滑,不觉船移微动涟漪,惊起沙禽掠岸飞。

春深雨过西湖好,百卉争妍,蝶乱蜂喧。晴日催花暖欲燃。兰桡画舸悠悠去,疑是神仙。　返照波间,水阔风高□管弦。

画船载酒西湖好,急管繁弦,玉盏催传,稳泛平波任醉眠。　行云却在行船下。空水澄鲜,俯仰留连。疑是湖中别有天。　群芳过后西湖好,狼籍残红,飞絮濛濛,垂柳栏干尽日风。

笙歌散尽游人去,始觉春空。垂下帘栊,双燕归来细雨中。　何人解赏西湖好,佳景无时,飞盖相追,贪向花间醉玉卮。　谁知闲凭栏干处,芳草斜晖,水远烟微,一照沧洲白鹭飞。

清明上巳西湖好,满目繁华,争道谁家,绿柳朱轮走钿车。　游人日暮相将去,醒醉喧哗,路转堤斜,直到城头总是花。

荷花开后西湖好,载酒来时,不用旌旗,前后红幢绿盖随。　画船撑入花深处,香贬金卮,烟雨微微,一片笙歌醉里归。

天容水色西湖好,云物俱鲜,鸥鹭闲眠,应惯寻常听管弦。　风清月白偏宜夜,一片琼田,谁羡骖鸾,人在舟中便是仙。

残霞夕照西湖好,花坞苹汀,十顷波平,野岸无人舟自横。　西南月上浮云散,轩槛凉生,莲芰香清,水面风来酒面醒。

平生为爱西湖好,来拥朱轮,富贵浮云,俯仰流年二十春。　归来恰似辽东鹤,城郭人民,触目皆新,谁识当年旧主人。

吴子和词

王生陶氏,月夜共沉西湖赋此
吊之霜天晓角

连环易缺,难解同心结。痴騃佳人才子,情缘重,怕离别。　意切人路绝,共沉烟水阔。荡漾香魂何处,长桥月,断桥月。

《刘龙洲词》

西湖沁园春

斗酒彘肩风渡江,岂不快哉。被香山居士约林和靖,与坡仙老勒驾吾回。坡谓西湖正如西子,浓抹淡妆临照台。二公者,但掉头不顾,只管传杯。　白云天竺去来,看金璧崔嵬楼观开。况纵横二涧,东西水绕,两山南北高下云堆。逋曰不然,暗香浮动,何似孤山先探梅。须晴去访,稼轩未晚,且此徘徊。

高竹屋词

苏堤芙蓉菩萨蛮

红云半压秋波急,艳妆泣露娇啼色。佳梦入仙城,风流石曼卿。　宫袍呼醉醒,休卷西风锦。明日粉香残,六桥烟水寒。

刘随《如镇集》

西湖饯别江神子

送春曾到百花洲,夕阳收,暮云留。想伴花神,骑鹤上扬州。回首湖山情味淡,重把酒,更登楼。　相思南浦古津头,未挐舟,已惊鸥。柳外归鸦,点点是离愁。空倚阳关三叠曲,歌不尽,水东流。

《洪叔玙与词》

西湖菩萨蛮

吴姬压酒浮红蚁,少年末饮心先醉。驻马绿杨阴,酒楼三月春。　看看成一笑,遗恨知多少。回首欲魂销,长楼连断桥。

沈元用词

西湖小重山

湖上秋来莲荡空,年华都付与木芙蓉。采菱舟子两相逢,双眉厴,一笑与谁浓。　斜日落溟濛,鸳鸯飞起水无踪,望湖楼上两三峰,人不见,林外数声钟。

《姜白石词》

角招黄钟角

甲寅春,予与俞商卿燕游西湖,观梅于孤山之西村。玉雪照映,吹香薄人。已而商卿归吴兴,予独来,则山横春烟,新柳被水,游人容与飞花中。怅然有怀,作此寄之。商卿善歌声,稍以儒雅缘饰,予每日度曲吟洞箫,商卿辄歌而和之,极有山林缥缈之思。今予离忧,商卿一行作史。殆无复此乐矣。

为春瘦,何堪更绕湖尽是垂柳,自看烟外岫。记得与君湖上携手,君归未久早乱,落香红千亩。　一叶凌波缈缥,过三十六离宫,遣游人回首。犹有。　画船障袖,青楼倚扇,相映人争秀,翠翘光欲溜。　爱着宫黄而今时候,伤春似旧,荡一点春心如酒。写入吴丝自奏,问谁识曲中心,花前友。

史轻那《梅溪集》

六月十五日夜西湖月下 贺新郎

上是西山,下是天地,中间爱酒能诗之社。船向少陵佳处,放尘世必无知者。暑不到雪宫风榭,楚竹忽然呼月上。被东南几叶云萦惹。　云散去笑声罢,清尊莫为婵娟泻。

为狂吟醉舞,失晋人风雅,踏碎桥边杨柳影,不听渔樵闲话。更欲举空杯相谢,北斗以南如此,几想吾曹便是神仙也,问今夜是何夜。

湖上高宾赵王子埜同赋

西子相思切,委萧萧风裳水佩,照人清越。山染娥眉,波回曼绿,聊可与之娱悦。便莫赋湘妃罗袜,怕见绿荷相倚恨,白欧占了凉波阔。　拣凉处,放船歇,道人不是尘埃物。纵狂吟魂魄,吹乱一巾凉发,不觉引杯浇肺渴。正要清歌骏发,更坐上其人冰雪。截取断虹,堪作诗钩玉奁,今夜来时节,也胜钓石城月。子埜有石城图故及之

孙居敬《畸庵词》

西湖临江仙

触事老来情绪懒,西湖债未曾还。试呼小艇访孤山,昔年鸥鹤侣,总笑鬓斓班。　仙去坡翁山耐久,烟霏空翠凭栏。日斜尚觉酒肠宽,水云天共色,欸乃一声间。

摘索枝头何处玉,吹来万里春风。须臾陆地遍芙蓉,珠帘和气扑,一笑夺炉红。　文字红裙相间出,主人钟鼎仙翁。清谈隽语与香浓,太平欢意远,人在玉壶中。

次卢申之韵贺新郎

风月为佳节,更湖光平铺,十里水晶宫阙。若向孤山邀俗驾,只恐梅花凄咽。有图画天然如揭。好着骚人冰雪句,走龙蛇醉墨成三绝。尘世事,谩如发,直须脚踏层冰滑。倚高寒,身疑羽化,水平天阔,目送云边双白鹭,杳杳冲烟出没,唤醒儿曹梁甑梦,把逍遥齐物从头说。洗夜光,弄明月。

杨无咎《逃禅词》

赵祖文画西湖图,名曰总相宜。

西湖天下应如是,谁唤作真西子。云凝山秀,日增波媚,宜晴宜雨。况是深秋,更当遥夜,月华如水,记辞人,解道丹青妙手应难写。真奇语。　往事输他范蠡。泛扁舟仍携佳丽,豪端幻出,淡妆浓抹,可人风味。和靖幽居,老坡遗迹,也应堪记。更凭君画我,追随二老,游千家寺。

《夜行船》

怪被东风相误,落轻帆暂停烟渚。桐树阴森,茅檐潇洒,无是那回来处。相与狂朋沾酽醑,听胡姬隔窗言语。我既痴迷,君还留恋,明日慢移船去。　夹岸倚罗欢聚,看喧喧彩舟来去。晴放湖光,雨添山色,谁识总相宜处,输与骚人知胜趣。醉临流戏评坡句,若把西湖比西子,这东湖似东邻女。

姚成一《雪坡集》

忆西湖 柳稍青

长记西湖,水光山色浓淡相宜。丰乐楼前,涌金门外,买个船儿。　而今又是春时。清梦只孤山赋诗。绿盖芙蓉,青丝杨柳,好在苏堤。

《柳耆卿词》

西湖 望海潮

东南形胜,江浙吴都会。钱塘自古繁华,烟柳画桥,风帘翠幕,参差十里人家。云榭绕堤沙,怒涛卷霜雪,天堑无涯。市列珠玑,户盈罗绮。竞豪奢。　重湖叠巘清嘉。有三秋桂子,十里荷花。羌管弄晴,菱歌泛夜,嬉嬉钓叟莲娃。千骑拥高牙,乘醉听萧鼓,吟赏烟霞,异日图将好景,归去凤池夸。

如鱼水

轻霭浮空,乱峰倒影,激滟十里银塘。绕岸垂杨,红楼朱阁,相望芰荷香。双双戏鸿鹓鸳鸯,乍雨过,兰芷汀洲,望中依约似潇湘。　风澹澹,水茫茫,动一片晴光,画舫相将。盈盈红粉清商,紫薇郎,修禊饮,且乐仙乡。便归去,遍历鸾坡凤沼,此景也难忘。

高观国《竹屋痴语》

西湖 青玉案

平生似欠西湖价,每弃了金貂解,妩媚烟云多变态,雕鞍来处,画船归去,花柳春风隘。　玉京相接蓬壶界,入画遥山翠分黛,苏小不来时节,改一堤风,六桥烟水,鹭约鸥盟在。

立秋前一日西湖 鹧鸪天

不肯楼边着画船,载将诗酒入风烟。浪花溅白疑飞鹭,荷芰藏红似小莲。　醒醉梦,唤吟仙,先秋一叶莫惊蝉。白云乡里温柔远,结得清凉世界缘。

胡铨词

和陈景卫忆西湖鹧鸪天

一忆西湖大瘦生,十年不到梦曾行。空濛山色烟飞晚,淡池湖光雾縠轻。 芳草远,暮云平,雨余空翠入帘明。梦回一饷难存济,这错都因自打成。

康伯可词

游西湖长相思

南高峰,北高峰,一片湖光烟霭中,春来愁杀侬。 郎意浓,妾意浓,油壁车轻郎马骢,相逢九里松。

元《刘须溪词》

西湖感怀

涌金门外上船场,湖山堂,众贤堂,到处凄凉,城角夜吹霜。谁识两峰相对语,天惨惨,水茫茫。月移疏影傍人墙。怕昏黄,又昏黄。旧日朱门四圣暗飘香。驿使不来春又老,南共北断人肠。

灵挈词

浙省李参政燕予杭之白塔寺南庑。乐府赐春宴者,引喉赴节于樽俎之间,遂醺然而归。翌日载酒湖春宴,已伺於舟中矣。大参公谓予不可无言,饮后赋长短句以赠鹊桥仙

江山画图,楼台烟雨,满意云间金缕,饶他苏小更风流,便怎似贞元旧谱。西湖载酒,薰南清暑,弭棹芙蓉多处,醉扶红袖听新声,莫惊起同盟鸥鹭。

国朝《张仲举词》

秋日西湖泛舟,午后遇雨八声甘州

向芙蓉湖上驻兰舟,凄凉胜游稀,但西冷桥外,北山堤畔,残柳依依,追忆莺花旧梦。回首冷烟霏,惟有盟鸥好,傍人飞。听取红筵象板,尽歌回彩扇,舞换仙衣。正白苹风急,吹雨暗斜晖,空惆怅。离怀未展,更酒边忍别,又送将归。江南客,此生心事,只在渔矶。

刘习之词

西湖夜醉长相思

湖山横,湖水平,买个湖船一叶,轻傍湖随柳行。秋风清,秋月明,谁捣秋砧烟外声,悲秋无尽情。

南湖

琼州南湖

《琼州府台志》:琼州南湖,在潭村,去城二十里。湖水亦深碧,环湖皆石立巉然。四岸民居。去湖四十步有井,名仙井。有石如砥。俗传古有仙,常游于此,跪坐石上,其膝有痕。又有刻诗云:山高水丘半岩泉,接桃花亦峒天。若挥光厄九转,寻功行满三千。方世界人何立,点丹砂便自然。急报君须记取,知平地有神仙。皆取上字接下句,半已磨减,诗得于乡士吴眉寿。

安庆南湖

《安庆府志》:安庆南湖,旧名南园。三面依城,古木参天,湖浸甚广。中有搴芳堂,李师中有记。在郡治南,端平厄于兵火。

临川南湖

《临川县志》:临川南湖,在郡城丰安门外。旧吴陂庄之南塘,广袤四百余丈,郡守朱公正辞以为放生池。绍兴中,郡守晁公谦之茸治之。面湖作堂。后废。绍定戊子,提举魏公大有并湖山堂于堤上。淳祐九年,提举冯公去疾并湖创临汝书院,遂易堂扁曰风云,复于书院中门外创亭曰爱莲,又于亭之左右立二亭,曰漱石,曰枕流。自漱石而左,则有桥曰流芳,盖湖水自此出,而溉民田也。

元虞集《归田藁》

抚州临汝书院复南湖记

临川临汝书院,在郡城西二里许。有汇泽曰南湖,延广数百亩,受西北诸源之水,霖雨不溢,旱干可潴。其流南出,多所灌溉,而后与郡城众流会马。盖属县乐安、崇仁、宜黄之水,皆至于郡城之南,与所谓临水、汝水俱合于盱江之水,而东北行,去郡城殊远,虽抑之趋近,卒不可得也。城郭之间,峰岭寥葛,地势回薄,自官府民居,祠庙闾巷,因其高下,无有虚旷。风气隘互,疏通委折,则渠沟之流注而已矣。是以无以宣其堙爵,去其壅底。以来夹垲而至清通马。则南湖之纳,于郡人之休养生息盖有所系焉。书院虽以临汝名,实王于兹湖也。考诸旧志,容其进而莫之敢堙者,旧已。故宋天圣中,修唐故事,郡置放生池。时守臣太常博士朱公正辞用诏书,即此湖为放生之池。其说曰使鱼鸟草木各遂其性,以祝人君千万寿云。是以有司谨治之盛观善与民偕者也。曾子固诸人皆尝赋焉。非直道其游观之美而已也。及乎宋晚,儒士之在庠序,尚进士业,而务为禄仕,学道之君子有忧之,是以常平使者都昌冯公去疾,即湖为堂,率学者以从事乎为已之学。书堂,祠朱文公,而尊信服行其说焉,而兹湖也,遂为风云咏归之地,郡人士耆艾童冠之至于斯也,相观而善,是以徽奄程君以考亭之学,从郡守部使者之请,来为之师,游其门而甚

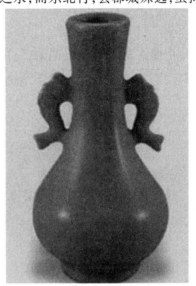

龙泉窑梅子青釉双鱼耳瓶

知名者,故司徒楚国程文宪公钜夫,故翰林学士吴文正公澄。其人也。盖书院始于淳祐戊申,未三十年而内附。国朝崇尚学校,建官立师,士之效学于斯者,无敢慢焉。又数十年而执事者弗虔,寝为旁近堙堑殖利,鸢飞鱼跃之高深,涸以污莱之变易,川泳云飞之间,适限以畦町之纵横,吏民失及时之乐,士子与茅塞之叹,彼独何心哉。吾闻古之为田者方里而井,井九百亩,上有阡陌,下有沟洫,夫岂不知千亩之土,沟洫之浸,皆可稼穑乎。然而圣贤之相承,谨修其制,而不敢尽者,所以为天道地利之当然而不可易,不然,何待于后之尽利之轻废者乎,此又君于之所当究心者矣。是以仕于斯者,岂无慨然欲复其旧乎?盖曰:力有所不及者而已。至正辛已,蜀人王君圣孙来为照磨,览其旧迹而叹焉;爱莲之名徒在,而中通外直者何见。枕流之扁虽存,而有源之活水何注。语诸其寮,知事夹谷立以告监郡俯贰,请按国籍之旧而复之,莫不称善。是时山长张震尽力职事,租入无弊,禀膳有常,自礼殿、讲堂、门庑、斋舍,久坏而弗修者,悉致其力而新完之。土田之久侵于人者,理而复之。方委曲咨劝,以承王君之志,而幕老亳人赵君雷泽,实来克合其志。按得其实,即备徒役,具畚锸,除损坏,完堤防,沛然而清流集,渊然而止水停,生植为之光辉,飞动为之欣悦。而郡将处州,万户邢侯惟明始作漱石之亭,以为之劝,而放生、风云、枕流

皆如其旧。自始役至于成功，朝夕程督者，录事司达曾花赤和尚与震也。既而太守洛阳杨公益，始下车登斯堂也，观斯湖也，雇而喜曰："天将使吾民沐浴圣化，而苏息其凋瘵乎？春水方新，秋潦既尽，予得以与文武吏士，酌芳泉以胥庆，咏太平于无涯，有不在于斯者乎？郡幕三君皆历仕宪府而至是，以得时错之宜者，以予既老而侨于斯土也。"命震率其训导虞登，而以其府公之命，来求为记云。

广德南湖

《舆地纪胜》

广德南湖，去建平县四十里，其水流入丹阳诸湖。入燕湖，建大江。

凤阳南湖

《元一统志》

凤阳南湖，在凤阳府五河县南一里半。

武昌南湖

《武昌府志》

武昌南湖，在保安门外。

《元一统志》

武昌南湖，在府望泽门外，周二十里。旧名赤栏湖，外与江通，长堤为限，长街贯其中，四旁居民蚁附。

《郡县志》

武昌南湖，亦云五丈，在武昌县东八里，以荷自蔽，即此

《寰宇记》

湖通江南，冬即干涸。陶侃作塘以遏水，于是水不竭。因取琅耶摄湖鱼菱置湖内，其菱异于他处，有鲫鱼长三尺。永嘉初，颓破，太守褚隽之重修，复颓。

武昌县南湖,在县东八里。《寰宇记》旧名南浦,江淹别赋,送君南浦即此。

武陵南湖

《武陵图经》

武陵县南湖,在村北接白马湖,南至沅水,长三十里,亦乔难_陁修,俗呼难湖。多菁菜,又名菁陂。唐开元二十七年,李珊增筑。宋朝清江刘攽客潭鼎间,有南湖诗二首。

湖波微涨日初长,水面花香柳绿黄。沙鸟喧嘲随笑语,鯈鱼惊跃近舟航。春心处处迷芳草,醉眼依依乱夕阳。信似习池风物好,偷闲胜醉两三场。

一罇芳酒数篇诗,坐待南湖夕景低。日照杏花堆火齐,水涵天色湛玻璃。静中鱼鸟浑相忘,醉里风光时易迷。还有渔舟澹客兴,谁言不似武陵溪。

澧州南湖

《澧州志》

澧州南湖,在澧阳县西四十五里,苏后湖别墅在焉。

温州南湖

《温州府志》

温州南湖,在平阳县崇政乡,去县西南九十里。南湖出瑞安水门外,为南郭,水西接永泰桥下西湖,沿城下皆平堤,树以柳,南岸皆园馆,东为钓桥,今为斗门埭。通新开壕前为车桥,水通花柳塘,历飞霞洞前过虹_{音降}桥,达朱村埭。北过古船场水寨,至外沙河,为罗城外壕。江乡搬运,多由于此。南湖出南塘大湖,直抵瑞安县,延袤七十余里。晋太守王羲之,自南门登舟赏荷花即此地。永宁编云,德政乡十一都,至今犹称会昌里。盖西湖南湖,皆以会昌名焉。东水一支过茶院寺边,全巽吉山浚一支过芦浦桥,至曲头岩屿。朱村一支入黄田巷桥,一支过李田桥,山行祠边历划龙分入蒲洲,入仙洋,入茅竹岭下。西水二支,并通峥水。东岸为南塘市,列肆临湖,舟航来往,西岸则流水江村,渔家田舍,菱洲荷荡,橘圃柑园,在在有之,不减苕霅之胜。遂募民疏之,自是溉两乡田。石碑桥,九间桥,有六桥此其大者北并湖泺,延袤数里,皆植荷花。_{旧时郡庠收其租,入以养士,每花盛时,尺舫游衍其中,湖光山色,为乡落胜概,春尽鲜鲫肥美,迥异他产。}

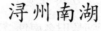

浔州南湖

《元一统志》

浔州南湖,在州南一里,长三里,俗名结糖湖,上有洲。洲上旧有平波亭。临岸亦有南浦亭,郡官多乘彩船以游赏。

宁越南湖

《宁越志》

宁越佳山水,南湖水浅清。暗泉通古庙,凉气入军城。有禁鱼常乐,无机鸟不惊。远蕃舸舶至,海角暮潮平。

唐刘文房诗《送庐判官游南湖》

漾舟仍载酒,愧尔意相宽。草色南湖绿,松声小暑寒。水禽前后起,花屿往来看。已作沧洲调,无心恋一官。

《温飞卿集》

南湖

湖上微风入槛凉,翻翻菱荇满回塘。野船着岸偎春草,水鸟带波飞夕阳。庐叶有声疑雾雨,浪花无际似潇湘。飘然蓬艇东归客,尽日相看忆楚乡。

宋清江三孔集诗戏十三日南湖
之集,宾主六人,谨成诗十韵拜呈。

律筦秋灰动,铢衣暑服轻。居官半舜牧,环坐列周卿。揽辔湖边集,谈经席上倾。逸交希李白,奇策拟陈平。博奕休言戏,韬钤且议兵。续笺诗义白,重演卦爻成。午日停龙驭,西风驻鹢程。弓钓寒力壮,天幕霁华明。绿野接乡遂,良辰推甲庚。浴沂人已散,终夕梦魂清。

再吟六诗一首拜呈

摩天皆劲翮,对垒尽雄师。汉士增三杰,唐儒益二夔。素修同德行,良会展尊寻。耻佩苏秦印,闲吟谷永诗。郡条颁美政,邦典守新规。暗换阴阳气,平分昼夜时。南朝余草树,战国旧城池。弱跪霜前蟹,奇眸水底龟。风标观画鹤,祸福中灵棋。尼父谈诸蔽,尤

当谨礼仪。

累日欲修礼，今兹清饮陪。位分乾卦画，人比晋卿才。宗庙精禋近，候邦舞羽来。光华连七璧，符采缀三台。仪凤须论德，良弓自有材。雄铓皆帝剑，卫绾先帝赐臣剑六直节倍公槐。吏计无先善，人情且去哀。箴思丹宸补，李德裕丹宸六箴彩喜碧油回。穆若亲多会，欣然肺腑开。驰蛟参骏轨，楚词驰六蛟今上径朽御愧驽骀。

侯服安无事，官曹静不哗。畴非信善友，孟子六等俱是孝廉家。汝南六孝廉荀衮传荣耀，《荀氏家传》：衮、衣、昉、晔，六叶九公温龙竞爪牙。滥美兄弟六人号六龙尺舆思附凤，六尺舆角扇笑紫蛇。王羲之题六角扇士习贤科论，人趋太守衙。庄衢当自骋，陈药更谁夸。和露餐荷叶，法庆朝进荷叶六枚临流饮雪花。草莱依瑞穗，稻一茎六穗于庖荆布缀明珈。且固官庭守，宁忧柄用赊。他时摇玉佩，上元夫人六玉之佩鳌禁定联华。

龙笛霜号窍，笛六孔熊旗露缀斿。熊旗六斿追欢品加豆，楚子享郑加笾豆六品偷暇日要囚。要四五六日周冕英才集，周礼六冕商瑚瑞气浮。商之六瑚金弢书屡讲，金版六弢蓬矢志须酬。蓬矢六草树双仙岛，风烟半玉楼。画图观隰驭，果实采沉榴。宋书武陵临沅数，安石榴一带六实通贵人无恙，贾谊六七贵人无恙承平府孔修。官非剑外久，凌策六经剑外课比茂陵优。萧育茂陵课第六时变休成论，王通作时变论六篇皇明已照幽。皇明独幽又光照六幽责躬无复事，六事自责嘉谷蔼高秋。六谷

谢无逸《溪堂集》

八月十六日夜，玩月南湖用老杜韵

月减一分魄，风生万壑秋。山烟连野白，湖水接天流。妙语怀支遁，清歌欠莫愁。洼罇聊共酌，无羡玉为舟。

与诸友游南湖，分韵得红字

不通泮宫籍，端居常屡空。贫知俗益薄，老觉书有功。寂无裹饭客，门前翳蒿蓬。平生眼底人，粗知吾困穷。招呼城南游，饭我枵肠空。亭午得一饱，哦诗和秋虫。扪腹步南湖，缓带披凉风。渐见波心莲，颇忆新妆红。徐酌穆生醴，宛如秋露浓。三咽不知味，百盏无醉容。但可胜茶汤，留饷东坡翁。儒生本酸寒，独处罹百凶。不谒魏元君，粗免恶少攻。

黄通理邀游南湖

不踏南湖路，端居两见春。浮花空过眼，浊酒谩濡唇。曳杖惟今日，开罇有故人。何须推物理，行乐及佳辰。

汪信民载酒,令表弟吴迪吉 邀予同游南湖

古人多龃龉,吾党故徘徊。表弟邀予出,参军载酒来。南湖未新柳,东巷且残梅。但恐辟书至,将军幕府开。东府文虽下,西津艇未横。莫愁官长羁,且伴老夫行。饮酒旧无敌,能诗新有声。此樽虽可使,待倩许飞琼。

与高彦应司理游南湖

飞花眯目乱纷纷,细草裙腰绿映门。山色入帘清可挹,湖光照座冷无痕。揄扬春色烦诗句,排遣愁情赖酒尊。预想明年君去后,沙寒竹净野烟昏。

南湖绝句戏高彦应司理

平湖夜镜净无尘,地接西坛共一云。安得御风如列子,更邀明月访元君。

野情萧散不便吾,老大无心赋子虚。待借南湖双艓子,绿荷阴里看游鱼。

芰荷香里文章静,苹藻汀边职事清。若使渊明知此味,折腰五斗可忘情。

山色波光入座中,笑谈不觉酒杯空。掾曹莫作刑官看,兼有江湖隐者风。

碧瓦朱甍午影凉,软风翻袂送清香。荷花也似知秋近,故欲羞容避夕阳。

文美约游南湖湖戏作绝句

疏疏小雨阁春云,步屧轻便不浣尘。湖上沙鸥莫惊顾,吾曹岂是觅鱼人。

沙井泉甘自试茶,匆匆一饭野僧家。萧然于箸各归去,不踏城西晚鼓衙。

沈继祖《鏖林集》

寄题南湖

南湖一水漾轻舠,水与春深已半篙。十雨五风天气好,三桃二李岸花交。酒因衰病成相绝,诗少游从竟不高。公退萧然人不到,肯来惟有燕归巢。用进退韵

问讯南湖

三月桃花浪,南湖水若何。只应船拍酒,疑有袜凌波。袅袅轻吹絮,田田暗长荷。有诗歌射鸭,无客记分鹅。

再用赋南湖何字韵

诗每临流赋，君今赋几何。翠屏山拥户，金塔月摇波。有句谁题叶，无衣欲制荷。硬黄临小字，留取换群鹅。

约斋南湖八绝

水石清奇居士居，南湖端不减西湖。王城有此无尘境，安得营丘画作图。

沉沉归院柳边迷，前后花开故不齐。三岛似非人世界，五云飞动玉皇题。

何年夜半有山移，石洞门前列钓矶，忽有船从花底出，直疑人自武陵归。

窣地帘垂不上钩，曲栏干外绕清流。朱帘半卷人犹睡，何处一声黄栗留。

浅寒燕子欲归来，玉照堂前尚有梅。就使落梅浮酒盏，也胜把酒待梅开。

四面看花坐不移，海棠围坐醉红垂。何人解道花间意，记取江湖一首诗。杨诚斋有诗

社雨收来几日晴，花边院落竹边亭。不须更使清樽尽，花气薰人已不醒。

夭桃照水数枝斜，倒影摇红杂暮霞。薄暮未归何所待，更看明月上梨花。

《项安世诗》

寒食风雨中过南湖

风雨春无绪，人家食并寒。一年佳节过，五字小诗难。开户桃花笑，倾杯行叶干。听人谈异俗，为尔慰愁端。各有极谈己俗之异者

留别南湖二首

老夫梦识南湖路，水槛山堂处处通。若有新篇无告诉，不妨题写寄江东。

九重城里尘如海，只有南湖一片霜。若向南湖谈世事，老夫只得去池阳。

次韵沈告院问讯南湖

欲问南湖事，南湖事若何。主人新雋正，风物旧鸥波。绿发深深柳，娇钿细细荷。槛

虚宜斗鸭,船过莫惊鹅。

《苏颖滨集》

河上莫归过南湖二绝

西来白水满南池,走马池边日落时。桥底荷花无限思,清香乞与路人知。

淤田水浅客来迟,解舫都门问几时。谁道两京鸡犬接,差除屈指未曾知。

次韵文务光秀才游南湖

料峭东风听腊寒,汀滢白酒借衰颜。满床书卷何曾读,数步湖光自不闲,梦想绿杨垂后浦,眼看红杏照前山。新春渐好君归速,不见游人暮不还。湖前小山日杏山

寒食游南湖三首

春睡午方觉,隔墙闻乐声。肩舆试扶病,画舫听徐行。适性逢樽酒,开怀挹友生。游人定相笑,白发近纵横。

绕郭春水满,堤边新柳黄。黄池无禁约,野艇得飞杨。浪泛歌声远,花浮酒气香。晚风归掉急,细雨湿红妆。

携手临池路,时逢卖酒垆。柳斜低系缆,草绿荐倾壶。波荡春新起,风吹酒力无。冠裳强包裹,半醉遣谁扶。

《朱晦庵集》

择之寄示深卿唱和乌石南湖
佳句,辄次元韵三首

未识南湖景,遥欣二子游。赏心并胜日,妙语逼清秋。剩欲携书卷,相将买钓舟。微吟归去晚,杜若满汀洲。

平湖渺空阔,积水暮生寒。但见绿千顷,不知深几竿。人间元迫隘,世路足艰难。若了沧洲趣,无劳正眼看。

春来年去为谁忙,三伏炎蒸忽变凉,阅世谩劳身碌碌,怀人空得鬓苍苍。诗篇眼盖何

终极，道学心期遽未央。安得追寻二三子，舞雩风月共徜徉。

《刘丞直弼集》

同俞自安泛舟南湖寄龚所立

高秋留别墅，亭午泛寒流，未结巢由社，还同李郭舟。波光迎日动，云气挟山浮。为问乘槎客，何时赋远游。

《文潞公集》

次韵和公仪月夕游南湖

凉夜南湖饮，林端月上初。樽垒既古雅，亭馆复清虚。静赏兴无尽，剧谈欢有余。群驺不喜事，应厌久停车。

《赵提举虪瘫集》

南湖

每忆南湖上，青帘卖酒亭。柳条鱼颊翠，花片马蹄馨。寒食经行路，晴窗入梦屏。因循春又晚，风紧揽空冥。

《司马温公集》

旅宿睢阳南湖

梁王弃宫馆，时世古今违。犹有南湖水，春来雁鹜飞。楼台沈倒影，林簿桂余晖。豪侈终何在，行人得暂依。

南湖二首

宋都南野水，花柳媚名园。鸟起沙留迹，鱼惊浪结痕。朱桥通别岛，白路出荒村。城邑虽云迩，常无车马喧。

海雁长桥北，乘闲日日来。游鱼自应乐，宿鸟不相猜。弱柳周遭合，芳花次第开。梁

王昔游集,后乘列邹枚。

《张镃诗》

客舍夜闻吴讴有怀南湖

屋漏灯垂粟,墙欹蟏唱丛。断编非径捷,隔座且丞聋。歌听鱼蛮子,盟寒水勃公。明知今夜梦,清杀苇间篷。

归南湖喜成

路转斜桥似梦醒,拥衾摇兀亦身轻。知期岸鹊如相语,匿笑邻翁欲斗迎。见处青山还委么,遮回居士太忮生。矮篱半露寒球树,新种浑如旧种成。

南湖

胸中诗本悭,天教专一壑。万景休坌来,老夫重然诺。

南湖书事五首

初来作舍少人行,桥外如今满市声,绕岸种成桃间柳,一家和气万家生。

过午人家起灶烟,被风轻引向晴川。须臾却与云阴杂,不碍玻璃镜自图。

科树梯斜倚暮晖,大声如蛤透疏篱。谢天排出江村景,副我凭栏一望时。

水鸟鸿俦已可听,浩然分练蹙波声。成群争似沙鸥少,别有高闲物外情。

恍看潋潋金幢,日脚横澜万褶光。吹到槛边争荡激,直疑身似水仙王。

三月十四夜观月思南湖

期会纷然不到诗,拙哉前计只心知。纵当吏散庭空后,争似山行水泛时。柳影半笼明处路,苇声轻窣暗边篱。波神擅此三更月,定讶今宵欠笛吹。

南湖偶成谒金门

秋淡淡,弥望暮天云黯,窗小新糊便老眼,不应疏酒盏。　菊净橙香霜晚,何处数声来雁,飞下湖边红蓼岸,有诗方许看。

南湖蝶恋花

门外沧洲山色近,鸥鹭双双恼,乱行云影,翠拥高筠阴满径,帘垂尽日林堂静。　明月飞来烟欲暝,水面天心两个黄金镜,慢貤轻摇风不定,渔歌欸乃谁同听。

俞良能《香山集》

访何茂恭于南湖作三绝句六言

十里相望烟树,旬月不绝蓝舆。漱石枕流戏彩,浮家泛宅南湖。

南湖绿发居士,恰少罄湖八年。掀雷扶电杰句,出月穿天大篇。

啼饥妻子眼底,厚禄故人日边。一钱不直谁念,五十无闻自怜。

茂恭见和再用前韵奉酬

朗朗百间羊眄,森森千丈长舆。一身宜着台阁,半生流落江湖。

忆昔永新番水,俱吏江左三年。不作载苡马援,聊为留犊苗篇。

少陵时时醉里,子山日日愁边。白发新来满镜,故人万一能怜。

访何茂恭于南湖何有诗因次韵

相别三年久,相逢一笑时。眼边无俗物,袖里有清诗。山路梅花早,湖天雪意迟。不眠成夜语,寒月在疏枝。

《刘忠肃公集》

泛舟南湖二绝句寄公秉

路转芳洲面面风,回环惭愧刺船翁。画桥东北桃花坞,时有飘红落酒中。不知芳物过春风,傲兀扁舟惬浪翁。得似王猷剡溪上,何须范蠡五湖中。

吴虎臣诗上晁侍郎

南湖之废二十年,自晁待制谦之守是邦,因复兴之,夹岸皆桃李。已将政事继龚黄,更与风光作主张。见说南湖桃与李,郡人今复比甘棠。

王质《雪山集》

陪林守游南湖月下歌

紫霄峰头云破涌明月,翠华洞里烟冷生清风。水光上下相映碧,小舟飞入玻璃中。荷露白凝珠,蓼花红缀米,沉沉水晶宫,金波几千里。君不见,风流太守醉似泥,倒着接篱骑马归,南湖风月君不知,问君何以高阳池。翡翠杓,金叵罗,劝君一杯酒,听我南湖歌。清风明月万古长如此,有酒不乐将奈何。

《谢幼槃集》

夏日游南湖

趁尘裙与草争绿,象鼻箭轻琼作杯。可惜小舟横两桨,无人催唤莫愁来。

《刘公是先生集》

独钓南湖

澄澄春波深,中有鲂与鲤。无人收潜隐,好生得五子。投竿坐孤石,尽日倦未起。既失常若惊,有逢忽然喜。子心岂残物,子道岂娱己。人谁辨子意,我请尽其理。

垂钓须得鲜,治国须得贤。所以不惮勤,岂在虾鱼间。君子爱其君,讽谕以为先。詹何臧丈人,古事皆已然。谁将子之术,更诵吾君前。

黄裳《演山集》

泛南湖二首

菡萏香中画舫轻,新红相照亦多情。似迎学士来归院,花烛前头朵朵明。

雨过圆荷万点星,云开银汉眼前明。难逢此景休归去,更待天西片月生。

陈亮《龙川集》

南湖望中谒金门

爽气朝来卒未阑,可能着我屋千间。不须拄笏望西山,柳外霎时征马骏。沙头尽日白鸥闲,称心容易足君欢。

《徐恢诗集》

临川洪守游南湖命予赋诗

芙蓉堂前春水绿,芙蓉堂后春花开。芙蓉堂中醉歌舞,芙蓉堂下车如雷。

轻舟弄水买一笑,游人竞逐墙阴来。浪痕不受尘滓浣,东风吹入黄金杯。

秋千欲上彩绳稳,老翁稚子连声催。邀头春思浓似酒,剧饮谁能问升斗。

博山香软珠帘低,坐客请行时被肘。觥筹交错兴未已,更着山肴并野簌。

归来门巷影散乱,舍南舍北黄埃走,轻衫短帽亦不恶,追欢岂落醉翁后。

小姬顾盼扬秋波,十十五五细马驮。红旗夹道映斜日,金钗坠处肩相摩。

旁观定自双眼饱,但见两脸生微涡。从今湖上愈清好,织腰长袖成奔梭。

冥搜付与纸上语,朱颜为我商声歌。愿公归侍玉皇侧,更向西湖弄春色。

《曾子固集》

南湖行二首

二月南湖春雨多,春风荡漾吹湖波。着红少年里中出,百金市上裁轻罗。插花步步行看影,手中掉旗唱吴歌。放船纵櫂鼓声促,蛟龙擘水争驰逐。倏亲忽远谁可追,朝在西城冀南溪。夺标得隽唯恐迟,雷轰电激使人迷。红帘彩舫观者多,美人坐上扬双娥。断瓶取酒饮如水,盘中白笋兼青螺。生长江湖乐早湿,不信中州天气和。东南溪水来何长,

若耶清明宜靓妆。南湖一吸三百里,古人已疑行镜裹。春风来吹不生波,秀壁如衾四边起。

蒲芽荇蔓自相依,踯躅夭桃开满枝。求君白鸟映沙去,接翼黄鹂穿树飞。我坐荒城苦早湿,春至花开曾未知。荡桨如从武陵入,千花百草使人迷。山回水转不知远,手中红螺岂须劝。轻舟短楫此溪人,相要水上亦湔裙。家住横塘散时晚,分明笑语隔溪闻。

韩维《南阳集》

和晏相公泛南湖,至常家园,过西溪,至许家园效杜子美体

湖心点点生圆荷,黄花白花满晴波。环堤客树垂婆娑,鱼沉鹭矫各自得。人生不乐其谓何,南塘过尽西溪绿。上下名园依小曲,相君从容来赏瞩。不驱大旆事喧闻,直解扁舟作幽独。幕中实从才且良,酒酣落笔离文章。珠联璧合争辉煌,政成礼息无一事。明日复此醉笔觞。

甘中夫集

过南湖

忽有一事碍胸次,摆脱不去呼酒来。溟溟濛濛混沌在,坦坦荡荡虚空开。精神一生留笔砚,自道甚真形骸昨夜为尊缶。年年看梅今白发,晴日江路行青苔。

李商老集

往过南湖

往过南湖寺,杖藜真率瓢。鼎茶煎短尾,僧饭饱长腰。壁际银钩动,天涯玉树遥。喜联城北袂,将泛浙江潮。塞草风犹劲,严松寒不凋。着靴非事窦,洗耳似逃尧。不见贪丘壑,何由听徵招。

杨万里雕像

杨万里《朝天集》

和张功父梦归南湖

一生两事苦相关，从仕居贫并作难。雇我雪穿行脚袜，羡君身作在家官。晓分京兆月半壁，夕问南湖水几竿。桃李能言春满坐，向人犹自诉春寒。

郝内翰俣集

奉陪太守游南湖同郭令赋

翠幄千章荫晚空，年华心赏两无穷。云头欲落催诗雨，池面微生解愠风。经笥使君谈似绮，仙舟令尹饮如虹。嫩隅自适清池乐，不信参军是郝隆。

中州集

吴学士徵过南湖偶成

杏山松枪紫坡随，湖面无风亦自波。绿鬓朱颜嗟老矣，落花啼鸟奈愁何。诗人未必皆憔悴，世事从来有折磨。列坐流觞能几日，知谁对酒爱新鹅。

江湖续集

三山曾由基赵岁寒昆季三人，拉
李学谕、余同游南湖，次岁寒韵

紫麒麟楦岂身荣，腹有诗书气便清。野酌雅宜招胜士，贵游太半是宗英。主翁旧有登堂约，舌树今知夹道迎。胜欲索梅同一笑，却随尽角弄初更。

小山杂著集

和张时可景灵宫即事，及
暂归南湖二诗

嵯峨宫殿晓风清，月挂林梢夜欲更。户外朝绅千绮集，马头扫烛五枝明。诸天呗响超三界，众妙香然罄一诚。渭北衣冠应北雇，请扶大汉振天声。南湖风月想经行，隐兴常多薄宦情。辇毂只今烦佐治，僮奴休复事欢迎。人如仲举与增重，客为相如座尽倾。咫尺不妨时问道，病余已觉此身轻。

吕祖俭《大愚叟集》

和赵户曹彦谈衢之龙游人游南湖之篇

金华山下旧同游，甬水相逢又半秋。明月初开青玉匣，微云吹破白云头。谁能共我同清赏，且得从君散客愁。深夜沉沉欲回棹，浩歌相送过青州。

曾艇齐季狸

葛巾藜杖兴何长，为爱南湖六月凉。雨在山头作云气，风来水面散荷香。登临梢喜市声远，从倚犹嫌归兴忙。后日重来携枕簟，不妨午梦到斜阳。

晁无咎诗

次韵韩求仁南台朝请晚遇南湖见寄

浮花浪蕊信东西，何许寻芳去自迟。光景不须惊石火，寸田应已长琼枝。想君清兴聊堪发,遣我忧心久欲夷。便作崔丞日临水,凫行摘尾不相知。

洛阳志

南湖新成用前韵示诸君

散雪纷纷正月初,春风西辅已堪锄。放开滟滟一湖水,凿破青青十亩蔬。未必满盘堆小甲,胜于他日□长鱼。地形南北何须问,襄渚新池总不如。

蒲宗孟新开湖诗并序

三堂有北湖,见于韩愈二十一咏。岁父湮没莫可寻究,耆旧相传,皆言湖在今牙城之外。予尝据城乘高而望,直北地形宽广洼下,恐或然也。北湖不可复矣,遂开凿南湖以代之。日又作小诗,以论开凿种植之意,俾观全诗者,知予不负三堂矣。

将废西围,开南湖,先论老圃

拟作南湖南北湖,劝教老圃罢耕锄。此间有景待垂钓,何处无田可种蔬。长夏便应浮藻荇,高亭行看走黾鱼。秋风一棹荷花裹,醉卧烟波欲自如。

外司万参军甄盘虢略、主簿
何殊南湖种柳植莲

远岸便须多种柳,满湖仍为遍栽莲。长条翠盖成阴日,我欲移舟处处眠。

论甄何二君,于南湖诸亭筑孤屿

孤屿莫教闲草占,诸亭还向四边开。凉天我欲携樽酒,同兴清风白月来。

讽甄何二君南湖养鱼

剩将膻鲔散南湖,一细干鳞已有余。传舍客来须纵食,莫教弹剑叹无鱼。

讽甄体二君于南湖并小舟

细编青蒻高为盖,密斗朱栏大作船。准拟使君清兴发,银笙玉笛醉红莲。

讽甄何二君于南湖架梯桥过渚亭

桥须跨水三千尺,路要梯横数百层。会有赤松来过我,待从此处共飞腾。

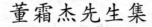

董霜杰先生集

游南湖怀龙溪先生

两岸春风送踏歌,龟鱼亦自阅人多。玉堂词伯浯溪去,可奈玻璃百顷何。烟雨空濛奄尽中,凫鸥灭没水晶宫。湖边父老犹能记,内史风流太史公。向来胜事继中原,移守临川自言川。行处照人清德在,湖中秋色镜中天。

徐安国《西窗集》

挐舟赴南湖之约

小舟撑入尽桥东,迎面着人杨柳风。手秉霜执当垂钓,可无西子在其中。

玉照堂用前韵

春在君家小院东,浴沂同咏舞云风。殷勤况有南湖老,收拾归来俎豆中。

次约齐

临流觞咏总相宜,特为南湖别赋诗。薄暮归来任渠笑,桃花安得吾不知。

元郝经《陵川集》

同阚彦举南湖晚步四首

月出东南隅,湖涌黄金波。清风飒然至,奈此良夜何。

太古吐金气,水楼清霁寒。悠悠半沧海,月出浮云端。

荷花临水殿,绮月转帘腰。晚吹动银管,暮凉生翠绡。

清风凌八极,虎豹天门开。长虹忽中断,海窟明月来。

马易之《金台集》

赋南湖送欧阳逊学庐陵

潇潇庐陵郡,南湖水镜开。乱云堤上起,一棹雨中来。浦树栖鸦集,城楼叠鼓催。君还秋色里,载酒重徘徊。

《程端学诗》

史躬父诸公有南湖之游,
病中不与,因见寄题焉

爱汝春郭楼阁迥,更有花鸟争纷纭。花临涟漪影自照,鸟隔葱蒨声相闻。清江见底走日月,碧天无际走风云。抱痾羡子得此乐,何当相与穷朝曛。

丁继道诗

和骆钧用咏金叔泰南湖四景

画船载酒及春晴,潋滟湖光碧玉城。桥外绿杨谁系马,水晶宫里管弦声。

槐云屯午咽新蝉,一枕南薰暑不前。隔岸藕香新雨后,白鸥点破镜中天。

松寺联阴晚更幽,天光倒浸玉壶秋。蓼汀栖雁忽惊起,一曲渔歌月满舟。

平湖雪压小桥低,万里乾坤眼欲迷。谁泛扁舟深夜过,却疑人在剡溪西。

王景初《兰轩集》

南湖雨中

漠漠烟中小艇回,芙蓉花外有轻雷。平湖一目三千顷,高卧南风看雨来。

气涵云外草堂虚,苹末风来午梦余。起逐邻翁上船去,藕花深处看义鱼。

三年身不到江湖，惭愧烟波旧钓徒。今日扁舟复何日，卧听风雨闹黄庐。

荷叶青青水湿衣，南湖日暮采莲归。菱歌一曲风生浦，几处冲烟白鸟飞。

南浦风高咽棹歌，木兰舟重采莲多。青蓑不脱和烟卧，细雨斜风奈我何。

绿醅新压白鱼鲜，日落厨香煮碧莲。主意殷勤须醉饱，夜深同上钓舟眠。

黄金不买庙堂忧，散发烟波谢远游。咫尺鲈鱼高兴动，阿谁随我上扁舟。

水面云生天气昏，望中烟雨暗前村。采菱歌罢扁舟去，日暮谁招楚客魂。

诗酒人夸甫里仙，鲈鱼今觉季鹰贤。麻衣不谒黄金殿，须卧烟波老暮年。

白苹烟淡雨濛濛，簑笠人归钓艇空。安得西齐陈处士，水边同醉芰荷风。

国朝张孟循诗

次定子静侍郎舟泊南湖韵

石钟班驳涨痕侵，帆转回汀半苇林。云气往来兼雨重，湖光绿尽带春深。战图空阔犹堪写，旅思苍茫不易斟。喜有西曹吟白雪，好怀千叠付长琴。

高季迪《岳鸣集》

早过南湖

湖黑月未出，蒹葭露凄凄。傍人识浦淑，不畏荒烟迷。残梦讵可续，舟摇橹鸣齐。开篷望天边，斗柄插水低。津遥未见树，村近才闻鸡。自嗟远游人，中霄走东西。不如沙头雁，宛颈犹安栖。

答禄与权诗

送孙处士还南湖

透江泛晴澜，逝者何深广。天空远峰出，参差列仙掌。湖平秋水澄，林忧朝霞上。举

手揖孙登，相期谢尘鞅。

北湖杭州北湖

杭州府《余杭县志》

杭州北湖，在余杭县之北。其源出诸山塘，高一丈，上广一丈五尺，下广二丈五尺，按《唐地理志》云县令归珧所开，溉田千余顷。

温州北湖

《温州路志》

温州北湖，在瑞安县北门外。一名锦湖。旁有水门，城内水出湖，环绕城外接东湖，即城外濠河。有锦湖桥。每岁端午竞渡，邑人于此纵观。

瑞安州北湖。今名铭湖

在瑞安西北三里，源出集云山，分三派入河，四环曲折，曰腰带水。

宋林季仲《竹轩杂著·憩瑞安北湖》诗三首

去去春无语，融融物自骄。饷耕怜野老，随犬过山桥。晚唱缘溪口，晴晖绊柳腰。迂儒欲何用，只合伴渔樵。

径深松翠重，风软马蹄骄。水绕谁家屋，门飞小竹桥。龟开平野兆，蜂引断山腰。生理吾能免，趋林拾堕樵。

吐晴林雨薄，弄水夕阳骄。风定云横野，马鸣人度桥。藓斑封石骨，花影动溪腰。谁破南窗梦，空山落断樵。

郴州北湖

《郴州重修图志》

北湖在郴州郴县城北仙桂门外，湖面渺阔，其泉发源自龙居寺前，腾踊深碧，莲若云

锦，昌黎所谓"航北湖之空明"是也。其水流七里入郴水，灌田顷余。旁有文公祠，义鱼亭，与湖堂玉雪亭对峙。放生池亦在其侧焉。

《郴江志·郴州北湖始末记》

郴城西北有官湖，广袤可数里，宋时为豪右何公家之没为已有。元祐太守林公愈穷极其源，复归于官。载之郡乘，班班可考。皇庆癸丑，予误渥来郴江驿祗应，上年皆以官本派之各县，名虽规画，实取于民也。思所以革其弊，乃问北湖之源，每岁皆民承佃，岁纳租钞三十两有奇。究其利之所入，不啻数倍。予因语僚属曰："与其利入于豪民，孰若归之于官，以助祗应，使民无受扰，旧弊可革。"令以馆驿官本代纳租课，买鱼蓄养，岁收其利。然湖之北有泉冗深广，所放之鱼，皆逸入而不出，虽网罟无所施。遂督令徐云龙佣募工役，直湖之心筑而堤之，亘湖之南北岸长百丈，广可五尺，别为前后湖。凡放鱼于前湖，使无遗逸之患。后湖水势若壅之大甚，必至泛溢，乃于堤之中，斤木编竹为插水，既流通于前湖，则鱼不入于后湖矣。又于北楼之后桥之下筑室三间，堤壅湖水下流，激轮为磨，运机为筛，以官本验时价籴麦为面。昼夜计之可破五斛，以充郴江驿祗应之用，余则依时价而市之。其养鱼造面之事，悉以郴州江驿吏掌之，置立簿册，常加检覆。于是郴江驿沛然有余，而各县之民无复受前日之扰。先是湖桥有亭，岁久弗葺，越明年，捐俸率先□石为桥，作亭于上，庶民相助，不日而成。水月映其左，玉雪映其右，迎恩而来，朝京而去，凡官民接送休憩于此者，莫不心旷神怡，可以壮一郡之大观。嗟夫！予之所以为此者，非以要誉也，直为民而已。后之守是邦者，倘能谅予之心，而不以为迂，堤有损坏，增而筑之，亭有弊漏，嗣而葺之，利之入官者，稽而摧之，则官有余用，民有遗泽，其惠又安有穷哉。若是，则非惟郴民之是望，是亦予之所深望也。姑述本末以纪岁月云。三山王都中记。

知事雪牖郑从仕北湖诗

开宴醒心处，当年太守亭。接天秋水阔，遇雨远山青。古寺蛟龙窟，韩祠鸥鹭汀。一觞还一咏，鄙俚相君听。

郡守王本斋和郴卿北湖诗

云容水态若为模，仿佛风光似鉴湖。桥跨沧浪泻寒玉，舟横沁碧滚明珠。且斟醽醁醉鹦鹉，底用娉婷唱鹧鸪。席上佳宾贤雪牖，高吟元不让三苏。

访古空遗迹，义鱼旧有亭。苔封荒径绿，草没断碑青。老树根横水，云芦叶满汀。渔歌何处起，倦客倚栏听。

朱墨埋头拨不开，强凭欢伯洗纷埃。江泻镜光缘石去，山将翠色入杯来。羡君得句成珠玉，愧我狂歌并草莱。欲问年来登览处，虎丘山畔有苏台。

游北湖

画船摇曳泛空明，满酌流霞倒玉舠。山鸟亦知游乐意，夕阳高树两三声。

奁镜平开碧四围,百重山里亦希奇。写成万古空明趣,只为中秋一首诗。

柳州北湖

敬州吴镒词·柳州北湖水调歌头

澄澈北湖水,圆镜莹青铜。客槎星汉天上,隐隐暗朝通。六月浮云落日,十顷增冰积雪,胜绝与谁同。罗袜步新月,翠袖倚凉风。　子韩子,斗虞帝,傲祝融。御风凌雾来去,邂逅此从容。欲问骑骊何处,试举义鱼故事,惊起碧潭龙。乞我飞霞佩,从子广寒宫。

三楚上游地,五岭翠眉横。杜诗韩笔难尽,身到增明。眼最好流泉百道,浸浸绕城萦市,唯见洛阳城。化鹤三千岁,橘井尚凄清。　阆风客,紫见阙,白玉京。不堪天上官府,时此驻霓旌。岁晚朔云边雪,压尽蛮烟瘴雨,过雁落寒汀。目所观前人,盖以词寓其意。况有如泉酒,细与故人倾。

饶州府北湖

《饶州府志》

北湖,在鄱阳县。

《浮梁县志》

浮梁北湖,在县北,周回三里。

丹阳北湖

《宋书》

丹阳北湖,元嘉二十三年立元武湖。于乐游苑北。

《文选》颜延年应诏观北湖田
收诗集日元嘉十年

注《丹阳郡图经》曰:乐游苑,晋时药园。元嘉中筑堤壅水,名为北湖。

唐《韩昌黎集·春日陪杨江宁
及诸官宴北湖,感古作》

昔闻颜光禄,攀龙宴京湖。楼船入天镜,帐殿开云衢。君王歌大风,如乐丰沛都。延年献佳作,邈与诗人俱。我来不及此,独立钟山孤。杨宰穆清风,芳声腾海隅。英僚满四座,粲若璚林敷。鹢首弄倒影,蛾眉缀明珠。新弦采梨园,古舞娇吴歈。曲度绕云汉,听者皆欢娱。鸡栖何嘈嘈,沿月沸笙竽。古之帝宫苑,今乃人樵苏。感此劝一觞,愿君覆瓢壶。荣盛当作乐,无令后贤吁。

北湖

闻说游湖棹,寻常到此回。应留醒心处,准拟醉时来。

宁越北湖

《宁越志·宁越北湖诗》

宁越佳山水,城楼枕北湖。丘陵助形势,沟洫借膏腴。晚景群峰会,春流众壑趋。自知千载后,歌咏有农夫。

宋曾巩《元丰类藁·北湖》

常时泛西湖,已觉烟水永。北堤复谁开,长涵一川静。久幽霵地偏,跬步人迹屏。我初得之喜,指顾辟榛梗。

种花延妙香,插柳待清影。飞梁通两涯,结宇临四境。包罗尽高卑,开拓极壬丙。洒然尘滓净,悦尔心目醒。与物振滞淹,如人出奇颖。日携二三子,杖履屡观省。念时方有为,众智各驰骋。独此得逍遥,固为拙者幸。

张舜民《画墁集·北湖集句》

北湖泛空明,移舟泊沧渚。篙师暗理楫,宛转到深处。回流抱绝巘,长烟曳轻素。山明望松雪,湖阁兼云雾。遥风送筦弦,白日无尘土。皎镜含虚碧,瘴烟跕飞羽。高冢空累累,昔时卿相墓。郴州颇凉冷,沧洲有奇趣。逐客久憔悴,世途多礼数。孤影空相随,不知从此去。终朝对樽酒,况复天景暮。乐罢不无悲,却寻故乡路。

吴则礼《北海居士集·北湖》

北湖真大痴,丑拙人共憎。宿昔有鼻孔,不穿牯牛绳。亭亭僧伽塔,要以两脚登。折腰怕督邮,此事岂吾能。

胡铨《澹庵集·北湖》

北湖境自舒,水迥山更碧。雪衣故飞来,照影共清白。

中秋前一夕,携家步至北湖,藉
缛草久之,和东坡湖上听琴韵

临水迟佳客,碧尽天边云。心期殊未来,且复偶细君。援琴松满耳,添酒月入樽。水天静秋光,不受世所醺。饮酣睡味美,风漪生簟纹。得丧亦何有,理乱了不闻。儿童莫唤醒,不妨长醉昏。休论万里情,我非宜城浑。

吴芾《湖山集·夜来同诸公泛舟湖
中,乐甚,因更潭名作北湖,乃作拙
句呈诸友亲,聊以纪一时之胜云》

北山万仞罗翠屏,下有湖水镜面平。山影静倒千丈碧,波光冷浸一天星。自有此湖知几岁,居人日日常经行。但知湖水鸭头绿,谁人向此含幽情。我来正值秋容媚,野旷天空风物清。烟横木末斜阳晚,云散溪头明月升。放船直入波深处,水鸟窥人元不惊。天晴水暖鱼亦乐,时见拨剌波间鸣。持竿举网忽有得,满座欢呼山岳倾。水面黄花更堪爱,盈盈仁立如娉婷。栗玉簪头红一点,随风翠带还相萦。兴来不觉千钟尽,众宾皆醉无一醒。渔榔敲罢棹歌起,十里犹闻咲语声。谪仙死后无此乐,我今此乐真难并。人生适意未易得,此湖从此宜知名。要配北山长不朽,酌酒更告山之灵。我欲结茅湖上住,尽使湖光入户庭。枕流漱石过一世,不妨清处时濯缨。更酿此湖作春酒,招我四海良友朋。夜夜扁舟同载月,尊前吹笛到天明。

《毕西台先生集·次韵和
贡父学士游左山归泛北湖》

带郭湖山隔故丘,使君把作醉乡游。僧轩爱客长开户,沙鸟迎人不避舟。一塔清风来处远,三楼寒月影相留。酣歌想见江南路,野客溪禽好在不。

《陈志斋集·和沈一咏北湖》

北湖只隔岭头云,谁在湖边问讯人。若得小舟通我过,雨晴须破半时辰。

《李跨鳌先生集·和李少卿
游北湖六首》

真有鬼谣藏古锦,曷须尘阀眩乌衣。但看湖上波光里,不欠当年小院归。

碧摇虹影桥横水,翠漏林光日薄山。本绝机心成野步,却惊鸥鹭不知还。

东山歌扇圆荷动,北海琼酥竹叶开。笑擘轻红堆玉碗,冲尘亦有荔枝来。

芙蕖照水晚妆明,彩鹢无风自在行。争席要人相尔汝,新来翻为玉桨惊。

纹楸圆玉斗清坚,阵马云屯绝复连。坐拖胡床消永日,此身今逐地行仙。

粗疏犊鼻却闲身,莫道吾家北院贫。自是江湖钓竿手,不妨烟水却知人。

钟仲远词《上巳日游北湖》念奴娇

锦城城北,有平湖,仿佛西湖西畔。载酒郊坰修禊事,雅称兰舟泛。菱障黄轻,修林绿重,莫厌春光晚。棹讴声发,飞来鸥鹭惊散。　好是水涨潋漫,山围周匝,不尽青青岸,除却钱唐门外见,只说此间奇观。勾引游人,追陪佳客,三载成留连。古今陈迹,从教分付弦筦。

次宇文总领上巳日游湖韵满江红

雨后晴,初觉春在榿林柳陌。修禊事郊坰寻胜,特邀君出。缭绕群山疑虎踞,潋漫一水容鲸吸,怪西湖,底事却移来,龟城北。　酬令节,逢佳日,风迎暖,烟凝碧。趁兰舟游□,尽杯中物。十里轮蹄尘不断,几多粉黛花无色。笑社陵昔赋丽人行,空遗迹。

次宇文总领游北湖韵念奴娇

郎闱凤望,问何因袖手双流溪畔。忆昔班行曾接武,今喜一罇同泛。骥枥难淹,鹏程方远,大器成须晚。等闲访我,又惊云分雨散。　最是游子悲乡,小人怀土,梦绕江南岸。楚尾吴头家住处,满目山川遐观。归兴虽浓,俞音尚阕,此地非贪恋。东西惟命,去留迟速休管。

李忠野《逸堂集·杏花天·刘司法 喜咏北湖次其韵》

爱寻水竹添清况,任云卧溪边石上,御杯乐圣成游荡,不为弓弯舞样。北湖迥风飘彩舫,笑击冯夷薄相。致身福地何潇夹,莫道居夷太枉。　看花随柳湖边去,似避垢水晶宫住。刘郎笔落惊风雨,酒杜诗盟心许。玉关外不辞马武,便好展云霄稳步。郴江自绕郴山路,欲问功名何处。

《破成子·北湖次唐教授韵》

占气中涵清淑,城诗古富篇章。杖履闲随鱼乐,怀抱清如湖水凉。　何殊吴越乡,风柳春容嫋嫋。水花月影汪汪。直把清尊浇磊那个。莫为浮名愁肺肠,星星白发长。

《泛北湖次唐教授韵》玉楼春

绿波春早青烟暮,翠幕船如天上去。深杯浊酒醉贤人,隔岸幽花怜静女。　浮云散乱流萍聚,恨满韩张离合处。欲招骑龙帝乡人,来咏义鱼春岸句。

乌

城上乌《乐府诗集》

桓帝之初,京都童谣。按此皆谓为政贪也。"城上乌,尾毕逋"者,处高利独食,不与下共,谓人主多聚敛也。"公为吏,子为徒"者,言蛮夷将畔逆,父既为军吏,其子又为卒徒往击之也。"一徒死,百乘车"者,言前一人往讨胡既死矣,后又遣百乘车往。"车班班,入河间"者,言桓帝将崩,乘舆班班入河间迎灵帝也。"河间姹女工数钱,以钱为室金为堂"者,灵帝既立,其母永乐太后好聚金以为堂也。"石上慊慊春黄梁,"言永乐唯积金钱,慊慊常若不足,吏人春黄梁而食之也。"梁下有悬鼓,我欲击之丞卿怒"者,言永乐教灵帝使卖官受钱,所禄非其人,天下忠笃之士怨望,欲击县鼓以求见。丞卿,主鼓者,亦复诣顺怒而止我也。刘昭以为此谣后验,竟为灵帝作。言"一徒",似斥桓帝,帝贵任群阉,参委机政,左右前后,莫非刑人,有同囚徒之长,故言寄一徒也。且又弟则废黜,身无嗣,块然单独,非一而何?"百乘车"者,乃国之君解犊后徵正应斯数,继以"班班",尤得以类焉。解犊,灵帝所封也。

龙泉窑梅子青釉双凤耳盘口瓶

城上乌,尾毕逋。公为吏,子为徒,一徒死。百乘车,车班班,入河间。河间姹女工数钱,以钱为室金为堂。石上慊慊春黄梁,梁下有悬鼓,我欲击之丞卿怒。

《古辞·乌生》,一曰《乌生八九子》。《乐府解题》曰:古辞云:"乌生八九子,端坐秦氏桂树间。"言乌母子本在南山岩石间而来,为秦氏弹丸所杀。白鹿在苑中,人得以为脯。黄鹄摩天,鲤在深渊,人得而烹煮之。则寿命各有定分,死生何待前后也?若梁刘孝威"城上乌,一年生九雏,"但咏乌而已。又有《城上乌》,盖出于此。

乌生八九子,端坐秦氏桂树间。唶!我秦氏,家有游遨荡子二。用睢阳彊苏合弹,左手持彊弹两丸。出入乌东西。唶!我一丸即发中。乌身死,魂魄飞扬上天。阿母生乌子

时,乃在南山岩石间。嘻!我人民安知乌子处,蹊径窈窕安从通。白鹿乃在上林西苑中,射工尚复得白鹿脯。嘻!我黄鹄摩天极高飞,后宫尚复得烹煮之。鲤鱼乃在洛水深渊中,钓钩尚得鲤鱼口。嘻!我人民生,各各有寿命,死生何须复道前后。右一曲,魏晋乐所奏

梁吴均

焉焉城上乌,翩翩尾毕逋。凡生八九子,夜夜啼相呼。质微知虑少,体贱毛衣粗。陛下三万岁,臣至执金吾。

朱超

朝飞集帝城,犹带夜啼声。近日毛虽暖,闻弦心尚惊。

刘孝威

城上乌,一年生九雏。枝轻巢本狭,风多叶早枯。氄毛不自暖,张翼强相呼。金析岩兮翠栖肃。蜃璧光兮椒渥馥。虞机衡网不得猜,鹰鸷隼搏无由逐。永愿共栖曾氏冠,同瑞周王屋。莫啼城上寒,犹贤野间宿。羽成翮备各西东,丁年赋命有穷通。不见高飞帝辇侧。远托日轮中,尚逢王吉箭。犹婴夏羿兮,岂如变彩救燕质,入梦祚昭公。留声表师退,集幕示营空。灵台已铸像,流苏时候风。

宋文同《丹渊集》

南山有乌鸟,生子层崖巅。戢戢新羽成,相将弄晴烟。朝饥集垅上,暮渴来岩前。托居深林中,自足终尔年。胡为去所依,无乃甘弃捐。却爱庭树好,群飞投碧圆。高枝踏未稳,身已随潜弦。因知万物理,主者持默权。凡云爱此命,生死期已然。出入既有定,何叹于后先。

《乌夜啼》

《乐府诗集·乌夜啼》八曲

《唐书·乐志》曰:乌夜啼者,宋临川王义庆所作也。元嘉十七年,徙彭城王义康于豫章。义庆时为江州,至镇相见而哭。文帝闻而怪之,徵还宅大惧。伎妾夜闻乌夜啼声,扣斋阁云:"明日应有赦。"其年更为南兖州刺史,因此作歌。故其和云:"夜夜望郎来,笼窗窗不开。"今所传歌辞,似非义庆本旨。

《教坊记》曰:《乌夜啼》者,元嘉二十八年,彭城王义康有罪放逐,行次浔阳。江州刺史衡阳王义季,留连饮宴,历旬不去。帝闻而怒,皆因之。会稽公主,姊也,尝与帝宴洽,中席起拜。帝未达其旨,躬止之。主流涕曰:"车子岁暮,恐不为陛下所容。"车子,义康小字也。帝指蒋山曰:"必无此。不尔,便负初宁陵。"武帝葬于蒋山,故指先帝陵为誓,因封余酒寄义康。且日曰:"昨与会稽姊饮乐忆弟,故附所饮酒往。"遂宥之。使未达浔阳,衡

阳家人扣二王所囚院,曰:"昨夜乌夜啼,官当有赦。"少顷使至,二王得释,故有此曲。按:
史书称临川王义康为江州,而云衡阳王义季,传之误也。

《古今乐录》曰:乌夜啼,旧舞十六人。

《乐府解题》曰:亦有《乌栖曲》,不知与此同否?

歌舞诸少年,娉停无种迹。菖蒲花可怜,闻名不曾识。

长樯铁庇子,布帆阿那起。托侬安在间,一去数千里。
辞家远行去,侬欢独离居。此日无啼音,裂帛作还书。
可怜乌臼乌,强言知天曙。无故三更啼,欢子冒暗去。
乌生如欲飞,二飞各自去。生离无安心,夜啼至天曙。
笼窗窗不开,荡户户不动。欢下葳蕤篱,交侬那得往。
远望千里烟,隐当在欢家。欲飞无两翅,当奈独思何。
巴陵三江口,芦荻齐如麻。执手与欢别,痛切当奈何。右八曲

梁简文帝诗

绿草庭中望明月,碧玉堂里对金铺。鸣弦拨捩发初异,挑琴欲吹众曲殊。不疑三足
朝含影,直言九子夜相呼。羞言独眠枕下流,托道单栖城上乌。

刘孝绰诗

鹍弦且辍弄,鹤操暂停徽。别有啼乌曲,东西相背一作各自飞。倡人怨独守,荡子游
未归。忽闻生离曲,长夜泣罗衣。

周庾信诗

促柱繁弦非子夜,歌声舞态异前溪。御史府中何处宿,洛阳城头那得栖。弹琴蜀郡
卓家女,织绵秦川窦氏妻。讵不自惊长泪落,到头啼乌恒夜啼。

桂树悬知远,风竿讵肯低。独怜明月夜,孤飞犹未栖。虎贲谁见惜,御史讵相携。虽
言入弦管,终是曲中啼。

唐杨巨源诗

可怜杨叶复杨花,雪净烟深碧玉家。乌栖不定枝条弱,城头夜半声哑哑。浮萍淫荡
门前水,任胃芙蓉莫堕沙。

李白诗

黄云城边乌欲栖,归飞哑哑枝上啼。机中织锦秦川女,碧纱如烟隔窗语。停梭怅然
忆远人,独宿孤房泪如雨。

玉房掣锁声翻叶,银箭添泉绕霜堞。毕逋发剌月衔城,八九雏飞其母惊。此是天上
老鸦鸣,人间老鸦无此声。摇杂佩,耿华烛,良夜羽人弹此曲,东方憧憧赤日旭。

月出江林西,江林寂寂城鸦啼。昔人何处为此曲,今人何处听不足。城寒月晓驰思深,江上青草为谁绿。

李群玉诗

曾波隔梦时,一望青枫林。有乌在其间,达晓自悲吟。是时月黑天,四野烟雨深。如闻生离哭,其声痛人心。悄悄夜正长,空山响哀音。远客不可听,坐愁华发侵。既非蜀帝魂,恐是恒山禽。四子各分散,母声犹至今。

聂夷中诗

众鸟各归枝,乌乌尔不栖。还应知妾恨,故向绿窗啼。

白居易诗

城上归时晚,庭前宿处危。月明无叶树,霜滑有风枝。啼涩饥喉咽,飞低冻翅垂。画堂鹦鹉鸟,冷暖不相知。

慈乌失其母,哑哑吐哀音。昼夜不飞去,经年守故林。夜夜夜半啼,闻者为沾襟。声中如告诉,未尽反哺心。百鸟岂无母,尔独哀怨深。应是母慈重,使尔悲不任。昔有吴起者,母殁丧不临。嗟哉斯徒辈,其心不如禽。慈乌复慈乌,鸟中之曾参。

王建诗《庭树乌》

尔何不向别处栖,夜夜夜半当户啼。家人把烛出洞户,惊栖失群飞落树。一飞直欲飞上天,回回不离旧栖处。未明重绕主人屋,欲下空中黑相触。风飘雨湿亦不移,君家树头多好枝。

张祜诗

忽忽南飞返,危弦共怨栖。暗霜移树宿,残夜远枝啼。咽绝声重叙,惜淫思乍迷。不妨还报喜,误使玉颜低。

张籍诗

李勉《琴说》曰:《乌夜啼》者,何晏之女所造也。初晏系狱,有二乌止于舍上。女曰:"乌有喜声,父必免。"遂撰此操。按:《清商曲》亦有《乌夜啼》,宋临川王所作,与此义同而事异。

秦乌啼哑哑,夜啼长安吏人家。吏人得罪囚在狱,倾家卖产将自赎。少妇起听夜啼乌,知是官家有赦书。下床心喜不重寐,未明上堂贺舅姑。少妇语啼乌,汝啼慎勿虚。借汝庭树作高巢,年年不令伤尔雏。

《江湖诗集·姜夔诗》

老乌栖栖飞且号,晨来枝上啄楮桃。楮桃已空楮叶死,犹啄枯枝觅虫蚁。老乌贱分何其贫,未啼已被邻公嗔。吁嗟老乌不自省,墙头屋上纷成群。吴中贵游重鹦鹉,千金远

致能言语。花底红绦郑袖擎,盘中碧果秦宫取。天生灵物得人怜,过者须来鹦鹉边。老乌事事无足录,人间犹传夜啼曲。

《江湖前诗》郭从范诗

碧烟障楼天欲暮,飞乌夜集芜城戍。云外毕逋衔尾来,月明脂膊同枝语。楼中有人辍机杼,玉笙怨咽凝江雾。惆怅幽凄夜未阑,桂树秋风兰叶露。

《江湖后集》李龙诗

众乌各归枝,落花香满泥。狭斜柳树乌争宿,夜夜夜半当户啼。浮萍摇荡门前水,九节菖蒲石上死。感即中夜渡潇湘,思光暗入帘栊里。

《江湖续集》高吉诗

茕茕荡子妻,空房守幽独。缠绵心绪长,吞声忍夜哭。背灯耿孤影,香冷云幕低。绝怜屋上乌,替人呜呜啼。

周文璞诗

何人弹阮咸,故人轻手摘。弹作乌夜啼,此意我所恻。南朝有帝子,作牧号侯伯。着身疑嫌间,生意日逼仄。爱妾闻啼声,改镇颁竹册。或云长安吏,性命在顷刻。小妇闻啼声,赦令敷大泽。身虽不肖甚,幼小着苍帻。再转作县佐,欲塞父祖责。濡墨决疑讼,行诛慰冤魄。群凶见之怒,极意便剖磔。首沮隶阳桥,公议亦已格。痛掠及库胥,指作盗钱贼。胥既窘椎凿,手堕面愈黑。书款自诬伏,身竟遭刻画。酷毒一如斯,谁谓彼无策。谤书入外台,遂坐使者劾。牵连入冶城,五载穷惨礉。陈词叫穹昊,哀动人叵测。若无磊落者,谁肯为昭白?翻思受祸时,何但铄羽翮。愁冤传里巷,泣涕到臧获。嫠母偕妻孥,惘惘望秋色。岂料今日下,置酒设豚拍。听此哀丝鸣,但呼说不得。月明客已去,庭宇鸣哑哑。世人见慈乌,唾笑满阡陌。谁知事乘除,祸去反为福。苍苍上林枝,当去作谢客。

曹勋诗

饥乌哑哑不肯栖,雄飞呼雌鸣声悲。娟楼年少醉歌舞,幽闺思妇寂无语。将军百战未成功,坐数更筹听金鼓。月落啼乌近锁窗,锁窗深处绣鸳鸯。鸳鸯未就肠先结,马踏天山夜飞雪。归来且莫话封侯,同醉笙歌弄明月。僧文珦诗东家屋树与云齐,夜夜有乌来上栖。明月照树栖乌啼,愁杀窗中战士妻。官家遣夫戍辽西,三年不归守空闺。乌啼不止妇增泣,泪痕如雨衣裳湿。

《前贤小集拾遗》许洞诗

金缸焰短风幕斜,栖乌啼月声鸦鸦。玉人宝瑟掩不弄,背窗红泪飘兰花。锦机桃字相思意,欲托南风到辽水。黄龙梦断春思劳,渺邈音容隔千里。

周紫芝《太仓稊来集》

黄门急诏下,趣封南郡王。鸾辂俨且深,班剑列成行。建以左嘉旆,树以羽葆幢。骨肉厚恩义,门户生辉光。分封得大国,四境弥土疆。那知以嫌猜,将身独嗔怒。徵我还上

都，令我不得住。夺我封侯印，被我五两组。低头屏气息，对客不敢语。红窗昏夜灯，白泪堕秋雨。郁郁雨大树，依依近墙宇。鸦鸦枝上啼，膴膴振两羽。沉沉夜未夹，统统方三鼓。侍儿闻之喜，揽衣中夜起。起敲齐阁门，秉烛具殽旨。再拜前致辞，灵乌未可鄙。吾闻乌夜啼，霈泽覃万里。杲杲方平旦，使者已在门。官家有诏书，为君敦厚恩。旧帻知已释，徙封意增勤。客有鲍书记，当代称能文。命作啼乌曲，乐府传清芬。人生欲富贵，生身恨不早。富贵岂不好，危机亦难蹈。古来兄弟间，生死在一朝。煮豆然豆豆叶焦，灵乌莫厌声哓哓。

李希声诗

城头老乌尾毕逋，哑哑飞来声相呼。未央宫殿夜方徂，红靴玉带开金铺。宝蟾吐水石芙渠，日奉君王同欢虞。舞衣香坠红氍毹，漏声玲滴铜壶。乌啼未已星渐无，炯炯烛龙上天衢。万年枝影转扶疏，峨峨当殿群臣趋，请上当时无逸图。

许棐《梅屋诗》

丈人屋侵云，乌爱丈人屋。途人亦爱乌，乌声亦相续。屋底间蛾眉，环坐理丝竹。丝竹无新腔，写汝声为曲。丈人一赏音，丸碟弃珠玉。移噪邻翁家，闻者皆唾逐。

《中州集》宇文虚中

汝琴莫作归凤鸣，汝曲莫栽白鹤怨。明珠破璧挂高城，上有乌啼人不见。堂中蜡炬红生花，门前绀幌七香车。博山夜长香烬冷，悠悠荡子留倡家。妾机尚余数梭锦，织恨传情还未忍。城乌为我尽情啼，知道单栖泪盈枕。

张舜民《画墁集》

城上乌，山头月，几点残星灭不灭，营中角声鸣咽咽。战马嘶，征人发，堂上双亲垂白发，闺中少妇年二八。爷牵衣，儿抱膝，东邻西邻哭声一，道上行客肠断绝。

《刘公是先生集》

城头月出天正白，众乌惊飞啼夜色。枝高风多露新滴，畏声恶影不能息。愁人感之援鸣琴，拂弦成声泪沾襟。嗟尔生八九，鸰游不过东西林。白头反哺无所恨，桓山分飞独何心。

宋子虚诗

露花洗天天堕水，烛光烧云半空紫。西施夜醉笑蓉洲，金丝玉簧咽清秋。鼙鼓鞭月行春雷，洞房花梦酣不回。宫中夜夜啼栖乌，美人日日歌吴歈。吴王国破歌声绝，鬼火青荧生碧血。千年坏家穴狐兔，乌衔纸钱挂枯树。髑髅无语满眼泥，曾见吴王歌舞时。乌夜啼，啼为谁？身前欢乐身后悲，空留琴怨传相思。乌夜啼，啼别离。

元杨铁崖集古乐府

《乌夜啼》者，宋王义庆妓妾报赦之词，予为补之，而少见规诫之义云。
笼葱高树青门西，夜夜栖乌来上啼。报君凶，报君喜，愿君高树成连理，啼乌夜生八

九子。莫使君家高树移,乌生八九乌散飞。

答禄与权诗

绕绕芳树枝,丰草满阶露。湑湑明月入,户帘垂垂博。山烟消翠屏,冷金钉挑尽。鸾回影阿郎,不来夜方永。

马虚中《霞外集》

朝啼东方白,夜啼林影黑。关河万里天雨霜,月冷夜长眠不得。乌夜啼怜尔,巢中黄口儿。哺腥吞腐羽毛长,母子日日长追随。一旦离群自成偶,相呼相唤期相守。故雄零落不复知,留得孤雌住衰柳。柳条萧飒难栖身,梦惊三月杨花春。载飞载止情莫伸,欲去不去愁杀人。不知挟弹谁家子,暴物伤生苦如此。哀音散入江湖间,老屋破窗灯欲死。乌夜啼,君岂知?

《西乌夜飞》

宋沈攸之诗,《古今乐录》曰:西乌夜飞者,宋元徽五年,荆州刺史沈攸之所作也。攸之举兵发荆州东下,未败之前,思归京师,所以歌和云:
白日落西山,还去来送声。云折翅乌飞,何处被弹归。

日从东方出,团团鸡子黄。夫归恩情重,怜欢故在傍。

暂请半日给,徙倚娘店前。目作宴填饱,腹作宛恼饿。

我昨忆欢时,揽刀持自刺。自刺分应死,刀作离缕僻。

阳春二三月,诸花尽芳盛。持底唤欢来,花笑莺歌咏。

感郎崎岖情,不复自顾虑。臂绳双入结,遂成同心去。

《乌栖曲》

《乐府诗集》梁简文帝作

芙蓉作船丝作䑲,北斗横天月将落。采莲渡头碍黄河,郎今欲渡畏风波。

浮云似帐月如钩,那能夜夜南陌头。宜城投泊今行熟,停鞍系马暂栖宿。

青牛丹毂七香车,可怜今夜宿倡家。倡家高树乌欲栖,罗帷翠被任君低。

织成屏风金屈膝,牛唇玉面灯前出。相看气息望君怜,谁能含羞不自前。

梁元帝诗

幄中清酒玛瑙锺,裙边杂佩琥珀龙。虚持寄君心不惜,共指三星今何夕。

浓黛轻红点花色,还欲令人不相识。金壶夜水讵能多,莫持奢用比悬河。

沙棠作船桂为楫,夜渡江南采莲叶。复值西施新浣纱,共向江干眺月华。

月华似璧星如佩,流影澄明玉堂内。邯郸九技朝始成,金卮玉碗共君倾。

交龙成锦斗凤纹,芙蓉为带石榴裙。日下城南两相望,月没参横掩罗帐。

七彩随珠九华玉,蛱蝶为歌明星曲。兰房椒阁夜方开,那知步步香风逐。

陈后主诗

陌头新花历乱生,叶里春鸟送春情。长安游侠无数伴,白马骊珂路中满。

金鞍向暝欲相连,玉面俱要来帐前。含羞欲语掩芳态,翠带罗裙人为解。

合欢襦薰百和香,床中被织两鸳鸯。乌啼汉没天应曙,只持怀抱送郎去。

陈徐陵诗

卓女红粉一作妆期此夜,胡姬沽酒谁论价。风流苟令好儿郎,偏能傅粉复薰香。

绣帐罗帷隐灯烛,一夜千年犹不足。唯憎无赖汝南鸡,天河未落犹争啼。江总桃花春水木兰桡,金羁翠益聚河桥。陇西上记应行去,城南美人啼著曙。

岑之敬诗

总马直去没浮云,河渡冰开两岸分。乌藏日暗行人息,空栖只影长想忆。明月二八照花新,当垆十五晚留宾。

萧子显诗

芳树归飞聚俦匹,犹有残光半山日。莫惮褰裳不相求,汉皋游女习风流。

李端诗

白马逐牛车,黄昏入狭斜。柳树乌争宿,争枝未得飞上屋。东房少妇婿从军,每听乌啼知夜分。

唐王建

章华宫人夜上楼,君王望月西山头。夜深宫殿门不锁,向路满山山叶坠。

刘方平

娥眉曼脸倾城国，鸣环动佩新相识。银汉斜临白玉堂，芙蓉行障掩灯光。

画舸双艚锦为缆，芙蓉花发莲叶暗。门前月色映横塘，感即中夜渡潇湘。

李白诗

姑苏台上乌栖时，吴王宫里醉西施。吴歌楚舞欢未毕，青山欲衔半边日。银箭金台水多，起看秋月坠江波。东方渐高奈尔何？

张籍诗

西山作宫潮满池，宫鸟晓鸣茱萸枝。吴姬自唱采莲曲，一作吴姬采莲自唱曲。君王昨夜舟中宿。

吴泳鹤

林集城上乌，尔何不向别处栖？东飞日白足，南飞有树枝，翱翔空中不欲堕，逋尾又向城头归。城虽高，人亦好，三匝重来屋边远。不缘啄雁稗，不为唼凫藻。鸦鸦唾骂问里常，眷忠言主人告。所生八九子，赖有三雏成。两雏连檐去，一雏闻弦惊。往来城头暂栖止，旭日又恐东方明。

《司马温公传家集》

风透金铺结绮钱，穿帘入幄舞垂莲。可怜无人夜不晓，起视西窗月华皎。星疏月明漏水长，罗帷翠华帐灯光。佳人起舞玉钗堕，门外乌栖雁南过。

陆游《剑南续稿》

楚王手自格猛兽，七泽三江为苑囿。城门夜开待猎归，万炬照空如白昼。乐声前后震百里，树树栖乌尽惊起。宫中美人谓将旦，发泽口脂费千万。乐声早暮少断时，莫怪栖乌无稳枝。

冯时行诗

黄河吹风暗平川，东流之水清且澜。明月不如长年好，照我离离满秋前。明年此夜月还明，我是荆江云水人。劝君莫唱乌栖曲，千古悲凉鬼神哭。

谢翱诗

吴宫草深四五月，破楚门开乌啼歇。美人军装多在船，归来把兮堕兮弦。越罗如粟越王献，宫中养蚕不作线。辘轳出屋井水浅，栀树花萋子如蚕。乌栖乌啼宫烛秋，越女入宫吴女愁。

《江湖续集》高吉诗

塞南月冷乌飞飞，茫茫旷野无枝栖，防边夜歌大风起，铁衣如水冻不死。功成那忍乞

爱卿,叫阍已献龟形绮。

钱塘江边乌欲栖,小卿醉软红玉肌。弹云溜簪困未醒,山头赤乌啄金饼。春宵恨不长如年,无情银漏何溅溅,起来一笑花嫣然。

僧文珦诗

白露生庭芜,明月照栖乌。栖乌啼不已,闺人中夜起。起视西北方,翩翩雁南翔。幽燕戍未返,云胡不凄伤。

元董嗣杲《庐山集》

绿阴凉透城头树,月明正照乌栖处。黄昏角起吹晴云,乌欲啼愁愁夜分。夜分湖波幻绝境,境绝月漾玻璃冷。栖乌忽过别枝栖,何人采莲移舴艋。

国朝刘基《覆瓿集》

霜华着树成秋蕊,树头栖乌惊夜起。起向幽闺啼数声,闺中美人泣到明。

吴宫乌啼夜已分,宫中不闻人尽闻。夜深风落茱萸子,沉沉漏断啼乌死。

可怪乌鸦鸟,鸣声不喜人。如何好强聒,故博主人嗔。

刘基

乌啼曲

僧宗泐诗

天台王文起以故官例迁汴梁,念其亲老不得朝夕养,思慕弥笃。其寓傍有古槐树,俄群乌集其上,既久弗去。及文起以舍坏移居他巷,而乌亦随之,其孝诚感物有如此者。予闻而异之,作乌啼曲。

客舍门前古槐树,群乌哑哑啼不去。乌啼解知人意苦,迁客思亲复朝暮。五年生死无消息,一闻乌啼泪沾臆。汴水东流白日飞,老亲在南儿在北。南地灵鹊北地乌,乌啼报有平安书。

乌飞曲

宋周紫芝《太仓稊米集》

江云欲雪江风吹,王敦城头乌夜啼。云深月暗风转急,惊乌绕树无安枝。狂风忽来飞不定,夜半无巢何所依。情知天公有风雨,何不结巢高树栖?君不见,秦氏庭中双桂美,庭乌生雏八九子。乌生岂不念高飞?诧君庭阴飞不起。那知君家轻薄儿,弹丸脱手两翅垂。无巢悔不巢巍巍,有巢悔不常高飞。人生祸福难预期。

乌啼月,宋贺方回词

牛女相望处,星桥不碍东西,重墙未抵。蓬山远,却恨画楼低。细字频传幽怨,凝缸长照单栖,城乌可是知人意?偏向月明啼。跂乌词

唐《柳宗元集》

城上日出群乌飞,鸱鸱争赴朝阳枝。刷毛伸异办和且乐,尔独落魄今何为。无乃慕高近白日,三足妬尔令尔疾。无乃饥啼走路旁,贪鲜攫肉人所伤。翘肖独足下丛薄,口衔低枝始能跃。还顾泥涂备蝼蚁,仰看栋梁防燕雀。左右六翻利如刀,踊身失势不得高。支离无趾犹自免,努力低飞逃后患。

饥乌词

宋张文潜《宛丘集》

北风夜雨乌翅湿,低飞野畦啄遗粒。啄食不饱还畏人,鸣呼隔垅自求群。我行陈宋经大泽,田荒生茅不种麦。空肠待饱明年禾,鸦鸦尔饥独奈何。

啼乌词

元舒岳祥《阆风集》

月明双影带霜栖,长忆青梧玉井西。前度碧窗惊晓梦。女奴驵遣莫教啼。

晚栖乌

梁元帝诗

日暮连翩翼,俱向上林栖。风多前鸟駃,云暗后群迷。路远声难彻,飞斜行未齐。应从故乡返,几遇入兰闺。借问倡楼妾,何如荡子啼?

巢乌

隋杨师道诗

桂树春晖满,巢乌刷羽仪。朝飞丽城上,夜宿碧林垂。背风藏密叶,向日逐疏枝。仰德还能哺,依仁遂可窥。惊鸣雕輂侧,王吉自相知。

死乌

明庆余诗

暮空长罢噪,箭急不知惊。赖余琴衷曲,犹有夜啼声。

晚飞乌

虞世基诗

向日晚飞低,飞飞未得栖。只为归林远,恒当侵夜啼。

《咏乌》

唐太宗诗

凌晨丽城去,薄暮上林栖。辞枝枝暂起,停树树还低。向日终难托,迎风讵肯迷。只待纤纤手,曲里作宵啼。

大觜乌

唐元稹诗

阳乌有二类,觜白者名慈。求食哺慈母,因以此名之。饮啄颇廉俭,音响亦柔雌。百巢同一树,栖宿不复疑。得食先返哺,一身长苦羸。缘知五常性,翻被众禽欺。其一觜大者,攫搏性贪痴。有力强如鹘,有爪利如锥。音声甚咬哜,潜通妖怪词。受日余光庇,终天无死期。翱翔富人屋,栖息屋前枝。巫言此乌至,财产日丰宜。主人一心惑,诱引不知疲。转见乌来集,自言家转挈。白鹤门外养,花鹰架上维。专听乌喜怒,信受君神龟。举家同此意,弹射不复施。往往清池侧,却令鸂鶒随。群乌饱粱肉,毛羽色泽滋。远近恣所往,贪残无不为。巢禽攫雏卵?厩马啄疮痍。渗沥脂膏尽,凤凰那得知。主人一朝病。争向屋檐窥。呦噭呼群鹏,翩翩集怪鸥。主人偏养者,啸聚最奔驰。夜半仍惊噪,鹇鹠逐老狸。主人病心怯,灯火夜深移。左右虽无语,奄然皆泪垂。平明天出日,阴魅走参差。乌来屋檐上,又惑主人儿。儿郎富家业,习好方爱奇。占募能言乌,置者许高赀。陇树巢鹦鹉,言语好光仪。美人倾心献,雕笼身自持。求者临轩坐,置在白玉墀。先问乌中苦,便言乌若斯。众乌齐搏铄,翠羽几离披。远掷千余里,美人情亦衰。举家惩此患,事乌逾昔时。向言池上鹭,啄肉寝其皮。夜漏天终晓,阴云风定吹。咒尔乌何者,数极不知危。会结弥天网,尽取一无遗。常令阿阁上,宛宛宿长离。

唐白居易诗

《和大觜乌》
乌者种有二,名同性不同。觜小者慈孝,觜大者贪庸。觜大命又长,生来十余冬。物老颜色变,头毛白茸茸。飞来庭树上,初但惊儿童。老巫生奸计,与乌意潜通。云此非凡鸟,遥见起敬恭。千岁乃一出,喜贺主人翁。祥瑞来白日,神圣占知风。阴作北斗使,能为人吉凶。此乌所止家,家产日夜丰。上以致寿考,下可宜田农。主人富家子,身老心童蒙。随巫拜复祝,妇姑亦相从。杀鸡荐其肉,敬若禋六宗。乌喜张大觜,飞接在虚空。乌既饱膻腥,巫亦飨甘浓。乌巫互相利,不复两西东。日日营巢窟,稍稍近房栊。虽生八九子,谁辩其雌雄。群雏又成长,众觜骋残凶。探巢吞燕卵,入簏啄蚕虫。岂无来秋隼,羁伴委高墉,但食乌残肉,无施搏击功,亦有能言鹦,翅碧觜距红。暂曾说乌罪,囚闭在深笼。青青窗前柳,爵爵井上桐。贪乌占栖息,慈乌独不容。慈乌尔奚为,来往何憧憧。晓去先晨鼓,暮归后昏钟。辛苦尘土间,飞啄禾黍丛。得食将哺母,饥肠不自充。主人憎慈乌,命子削弹弓。弦续会稽竹,丸铸荆山铜。慈乌求母食,飞下尔庭中。数粒未入口,一丸已中胸。仰天号一声,似欲诉苍穹。反哺日未足,非是惜微躬。谁能持此冤?一为问化工。胡然大觜乌,竟得天年终。

树上乌

元稹诗

树上乌,洲中有树巢若铺。百巢一树知几乌,一乌不下三四雏。雏又生雏知几雏?雏乌未死雏已雏,散向人间何处无?护麑啄卵方可食,男女群强最多力。灵驰万古唯一珠,岂可抨弹千万亿。吾不会天教尔辈多子孙,告诉天公天不言。

鹤答乌

白居易诗

吾爱栖云上华表,汝多攫鱼下田中。吾音中羽汝声角,琴曲虽同调不同。别鹤愁,在羽调。乌夜啼,在角声。

喜乌

白居易诗

南宫鹭鸶地,何忽鸟来止。故人锦帐郎,闻乌笑相视。疑乌报消息,望我归乡里,我愿应待鸟头白,惭愧元郎误欢怪。

巢乌行

鲍溶诗

乌生几子林萧条,雄乌求食雌守巢。夜愁风雨巢倾覆,长见一乌巢下宿。日长鶵饥雄未回,雌乌下巢去哀哀。野田春尽少遗谷,寻食不得饥飞来。黄雀亦引数青雀,雀飞未远乌惊落。既分青雀口敠尔鶵,尔鶵虽长心何如。将飞不飞犹未忍,古瑟写之哀不尽。杀生养生复养生,鸣鸣唧唧何时平?

宋张子野诗

乌啼东南林,危巢雏五六。心在安巢枝,一日千往复。脱网得鲜食,入口不入腹。穷生俾反哺,岂能报成育。

宫乌栖

唐赵嘏诗

宫乌栖处玉楼深,微月生檐夜夜心。香辇不回花自落,春来空佩辟寒金。

伤乌堕水

王建诗

一乌坠水百乌啼,相吊相号达故堤。眼见行人车辗过,不妨同伴各东西。

飞乌

李峤诗

日落朝忘急,春秋元命包曰,日中有三足乌。霜台夕影寒。霜台,御史台也。汉时有乌集,因号乌台。联翩衣月树,魏屺《咏乌》曰:月树几徘徊。迢递绕风竿。魏屺《咏乌》诗:风竿一缅邈。白首何年改?《史记》曰:燕太子丹在秦欲归,秦王曰:"乌头白当放还。"乌为之头白。清琴此夜弹。琴有《乌夜啼》曲。灵台如可托,千里向长安。《西京杂记》曰:长安灵台上乌知有风至,乌即向风飞动。

乌啄棘

宋梅圣俞诗

树头阳乌饥啄棘,破红绕地青蝇老。青蝇雨湿惊不飞,残棘入泥人莫扫。西风落尽乌亦归,晋客齿黄终懊恼。

谕乌

梅圣俞诗

百乌共戴凤,惟欲凤德昌。愿凤得其辅,恣尔孰可当。百乌告尔闻,惟乌最灵长。乃

呼乌与鹊，将致庶乌康。乌时来佐凤，署置且非良。咸用所附已，欲同勖翱翔。以燕代鸿雁，传书识暄凉。鹦鹆代鹦鹉，剥舌说语详。秃鹤代老鹤，乘轩事昂藏。野鹑代雄鸡，爪觜称擅场。雀豹代鹏鹗，搏击肃秋霜。蝙蝠尝入幕，捕蚊夜何忙。老鸥啄臭腐，盘飞使游扬。鸺鹠与枭鸺，待以为非常。一朝百兽厌，谗乌出远方。乌伎亦止此，不敢恋凤傍。养子颇似父，又贪噪豺狼。为乌乌不伏，兽肯为尔戕。莫如且敛翮，休用苦不量。吉凶岂自了，人事亦交相。

众乌

王逢原诗

鸥鹭枝上乌，欲下飞复屡。忽投群辈先，以我弃肉去。群乌起争攫，既失反亲慕。饿鸥盘且一本作礴下，欲夺进复惧。群鹊一本作鹩来何轩轩，聚噪如骂怒，鸠鹆恨不逮，回旋自号呼。庭雀审细微，知非已能预。跳梁暮堂下，不舍稗粒顾。

孝乌

丁谓诗

仁里徊翔久，北齐萧放至孝，有乌栖庐墓前树上，日午飞翔庭下饮啄，晚即集树，不复下矣。层巢返哺频。乌，孝乌也，能返哺于母。九雏依百崤，汉桓帝诗童谣云：城上乌尾毕逋，一年生九雏。《抱朴子》曰：人君至孝，仁及万物，则三足乌集于郊崎。三足托重轮。《春秋》元命包曰：日中有三足乌，盖阳精积而成焉。乌有三足，其数奇也。《符子》曰：盛魄重轮六合俱照，非日月能之乎？声为空营乐，《左传》师旷曰：乌之声乐，齐师其遁，又楚幕有乌，故云空营。心因止屋驯。后汉陈蕃窦武为宦人所谮死，郭林宗哭之恸，既而叹曰："人之云亡，邦国珍瘁。乌之爱止，不知于谁之屋耳。"夜啼休度曲，琴家有《乌夜啼》曲，盖离别操也。丹白瑞无伦。《史记》燕太子丹为质于秦，秦王遇之不善。丹欲还，秦不听，谬曰："乌头白，马生角，乃得还。"太子仰天而叹，乌头尽白。武王时，天火流于王屋为赤乌，表周瑞也。

屋上乌

宋林希逸诗

我访山家友，遥看屋上乌。不知何事好，所爱与人俱。竹外参差瓦，檐间八九雏。只应交缱绻，却喜汝喧呼。谁赋牙高啄，因吟尾毕逋。待令鸥可狎，物我两俱无。买木为新居，诗翁德不孤。巧当三亩宅，带得一巢乌。羞涩无多费，槎牙已半枯。却怜栖鹊在，还识主人无。不入山家券,应添书史图。从今屋上好,来往听相呼。

弹乌

刘攽诗

夷羿射赤日,霍然落天衢。独成万世名,皆曰榷九乌。逼亥慨时俗,臂射妨四愚。谁能雏壳间,计校死与枯。孰谓党频频,莫黑相为徒。何用知雌雄,攫肉争欢呼。控弦非百钧,投丸匪明珠。弃捐不俟时,讵比埔集诛。矫翼似知机,回空如改图。但使庭户清,何必残尔躯。念无网罗祸,宁当怨除驱。吾庐正深沈,嘉木多栋梧。萋萋映朝阳,会待鸾鹓雏。

枝上乌

陈子尚书

哑哑枝上乌,各得返哺心。我独何为者,乃不若此禽。海水未可测,此恨恨深深。

巫山庙乌

苏颖滨诗

巫庙真人古列仙,高心独爱玉炉烟。饥乌巧会行人意,来去纷纷噪客船。

宋范文正公

谪守饶州,梅圣俞作《灵乌赋》以讽之。言乌能告人吉凶,而不乐其所告。公亦赋之以矫梅意。其略云:
宁鸣而死,不默而生。危言迁谪向江湖,放意云山道岂孤。忠信平生心自许,吉凶何衅赋灵乌。

金乌

刘龙洲诗

金翰振晓近天威,玉宇循环昼影迟。曾上大裘头上看,暖然可爱是冬曦。

欲栖乌

《宋景文公集》

湘竿风急未成栖,御史台前见落晖。桂冷欲依秦氏宿,柳深先望白门归。迎秋别恨填银汉,未夜啼声怨玉徽。怅望西楼珪月满,惜君犹更向南飞。

独栖乌

《漫游集·题方氏母贞子孝卷》

城上乌,夜夜啼,雄飞不归雌独栖。有雏黄口翼未齐,哑哑待哺母腹饥。城上乌,性慈孝,雏还哺母母未老,百禽见之不能效。凤凰闻汝恨不早。

乌翩翩行

吕南公诗

乌翩翩,鱼漉漉,陂湖漫漫浮穷肉。贫民疫死尸且坏,家儿忍看熏墙屋。桐棺一寸无钱置,亦可躲埋难乞地。绳牵篝载肩负捐,暮夜间关来此弃。哀号数声泪淋沥,归掩柴荆邻寂寂。官家政令如文王,日月不为盆下光。

乌伤行

王柏诗

惟皇降衷于下民。暴秦莫殄心之仁,孝哉颜氏一有感,毕逋衔土成丘茔。彼亦莫知其所以,自甘血觜含余辛。志台动气气动志,凤仪麟出理亦均。环百里地画疆井,千有余载蒙嘉名。绣衣使者迁六辔。下马肃拜心凌兢。大书瑰辞镇松栢,便有山鬼呵崖阴。明刑弼教期无刑,如何先使教化明。流传墨本到此屋,有人心者俱作兴。但愿人人常此心,安得作乱干章程。

夜闻乌啼

《景晁迁集》

不眠无恨自凄凄，真听人间乌夜啼。明月未教尘境静，华堂歌舞乍高低。义乌此夜一何啼，明月欢欣事不迷。定是军回蓟南北，宁论贼退关东西。

织乌

《侯鲭录》

东坡尝言鬼诗有佳者，诗云：流水涓涓芹吐芽，织乌西飞客还家。深村无人作寒食，殡宫空对棠梨花。王性之少年博学，解曰：织乌，日也。往来如梭之织，故云。

惊乌

《刘公是先生集》

北林风多丹叶稀，栖乌畏月夜中飞。哀音乱发不自得，孤影屡翻无所依。作巢欲高避弹射，谁道通宵不能息。山深林远去冥冥，清露寒霜损毛翼。

《宋景文公集》

远梦回时路已迷，三更霜月倚楼西。惊乌有底无穷恨，取向琴中作夜啼。

樯乌

梅圣俞诗

樯头飞去乌，夜夜啼声碎。犹不如木禽，双栖向烟外，烟外少分张，渚间多翳荟。休同八九子，反哺人谁爱。

元姚牧庵诗

吴城山头尾毕逋，飞来行舟樯上呼。舟中主人适中欲，委肉投饭供朝晡。云是巡湖

王使者,从卜祸福知前途。家人化之亦信向,恐我偶忘或误驱。绝嫌鱼网戒张设,见弹必毁仍藏弧。因思神林乌亦黠,怗势不必专城狐。

城头乌

韩明善诗

城头乌,尾毕逋,疆疆免啄哺尔雏。秦氏有好树,绿叶何敷敷。鹰扬远去,可以奠居。郎君无见怨,胡为引虚弦。眼傍一线血,乌魂直上凌苍烟。作书与鸿雁,慎勿近稻粱。艾花结素网,野田若空张。素网张来久,不闻黄鹄罹。黄鹄非有神,但当远举而高飞。高飞竟年岁,谁当疗苦饥。或能曳皇图,自天瑞明时。微生亦有命,所处何得无崇卑。乌兮乌兮速飞去,秦氏之树不可以久栖。

南飞乌

《文选》魏武帝诗

月明星稀,乌鹊南飞。绕树三匝,何枝可依?

元张思廉诗

南飞乌,尾毕逋,白头哑哑将众雏。渭河西岸逐野马,白门东楼追赤菟。冀豚荆犬肉不饱,展翼南飞向江表。江东林木多俊禽,不许南枝三匝远。老乌莫侮髯郎小,髯郎讵让老乌老。东风一炬乌尾焦,不使老乌矜觜爪。老乌自谓足奸狡,岂信江湖多鸷鸟。摔乌头,啄乌脑,不容老乌栖树枝,肯纵蛟龙戏池沼。释老乌,未肯搏,紫髯大耳先相攫。河东老羽云外落,老乌巢成哺铜雀。

乌栖庭柏

杜国英诗

苍苍庭前双柏树。灵乌结巢来上栖。欲贺主翁增寿考,风飘雨湿中夜啼。主翁爱乌且不惊,乌爱主翁犹忘情。一日往复千百度,踏枝不著宁忍去。主翁忽日客西东,傍人便欲挟弹弓。灵乌灵乌早知觉,哑哑不住声腾空。弹不著兮亏不中,问君何故心肠凶。野田啄粒自度日,佳树安巢依主翁。朝朝飞远主翁屋,声声有识期年丰。为禽尚且有仁义,为人岂可无仁心。若论今人行止事,人心往往不如禽。

乌啄啄

乌啄啄,行踽踽,朝啼暮号,反哺无所。夔龙在朝,虎在边,孝子之心苦荼苦。天高苍苍下厚土,耳若无闻目无睹。虚檐雨悬灯火青,头白生离梦中聚。梦中聚,今六霜,明年作歌歌寿昌。

老乌

陈应润诗

月远寒枝夜未栖,浪随红日走东西。旧时台上饥无语,啄尽寒云更不啼。

韩明善诗

花外提壶柳外鹦,老乌傍立太粗生。世间好丑元无定,试倚茅檐看晚晴。

莫弹乌

国朝宋濂诗《莫弹乌》

乌性从来直如矢,有凶辄告令人避。不作纷纭乾鹊儿,日走南檐学狐媚。翩翩世上夸毗予,见乌即嗔闻鹊喜。嗟哉自古亦如此,飞廉承恩比干死。

山乌

宋濂诗

海南海水热如火,海南山色青欲堕。中有山乌学春声,乌漆点作双羽翎。蛮烟未收月黑黑,堕影雕笼飞不得。当时只爱语言好,今日方知不知嘿。尔何不学颜家墓上乌,有口衔泥助孝夫。

栖乌

刘基诗

归雁将秋八楚天，薄云开月伴愁眠。露寒叶动栖乌起，一叫千声落枕边。

不如乌乌

《通鉴外纪》

周惠王时，晋骊姬谓献公曰："吾闻申生之谋愈深，君若不图，难将至矣。"公曰："吾不忘也。"抑未有以致罪，骊姬告优施曰："君许我杀太子，而立奚齐矣。吾难里克。"乃具使优施饮里克酒，中饮优施起舞，乃歌曰："暇豫之吾，吾不如乌乌。人皆集于菀，己独集于枯。"里克笑曰："何谓菀？何谓枯？"优施曰："其母为夫人，其子为君，可不谓菀乎？其母既死，其子又有谤，可不谓枯乎？"

乌不为乌

《战国策》

史疾为韩，使楚，王问曰："客何方所循？"曰："汉列子围寇之言。"曰："何贵？"曰："贵正。"王曰："正亦可为国乎？"曰："可。"曰："以正围御同盗，奈何？"顷间，有鹊止于屋上者。曰："请问楚人谓之何？"王曰："谓之鹊。""谓之乌可乎？"曰："不可。今王之国有柱国令尹司马典令，皆楚官。其任官置吏必曰廉洁胜任。今盗贼公行而弗能禁也，此乌不为乌，鹊不为鹊也。"

仰视乌鸢

《东汉书》

马援曰："当吾在西黑浪泊间，诏书每到，腹如汤火，下潦上雾，毒气上蒸，仰视乌鸢跕跕堕水中。"

翩翩如飞乌

《晋书·五行志》

庾亮初镇武昌,出石头,百姓歌曰:"庾公上武昌,翩翩如飞乌。"庾公还扬州,白马牵旒旐。又曰:庾以初上时,翩翩如飞乌。庾公还扬州,白马牵流苏。后薨于晋,果丧还京都。

天有九头乌

《太平广记》

张审通有三耳,时人笑曰:天有九头乌,地有三耳秀才。详神。

铃下为乌

《北史·李士谦传》

士谦善谈玄理,尝有客坐,不信佛家应报义。士谦谕之曰:佛经云:"转轮五道,无复穷已。"此则贾谊所言,千变万化,未始有极,忽然为人之谓也。佛道未来,而贤者已知其然矣。至若徐伯为鱼,铃下为乌,此非佛家变受异形之谓耶。

有乌如乌

《太平广记》

秦始皇时,大宛中,多枉死者横道,有乌如乌,衔草以覆死人面,遂活。

马援

乌白头

张华《博物志》

燕丹子质于秦，秦王遇之无礼，不得意欲归，王不听。谬言曰："令乌白头，马生角，乃可。"丹仰天叹，果乌白头，马生角，王不得已遣之。为机发之桥欲陷丹，丹之桥桥，为不发。

仰天乌乌

《汉书》

杨恽发为庶人，家居以财自娱。孙会宗以书谏之，答云：酒酣耳热，仰天拊缶而呼乌乌。诗曰：田彼南山，芜秽不治。种一顷豆，落而为萁。人生行乐耳，须富贵何时。本传。

飞乌

《太平广记》

《风土记》曰：藏钩之戏分二曹，或属上曹，或属下曹，为飞乌。详藏钩下。

冒乌

徐霆《黑鞑事略》

鞑人见物则欲，谓之撒花。予之则曰："捺杀因鞑"，语"好"也。不予则曰："冒乌鞑"，语"不好"也。"撒花"者，汉语"觅"也。

童乌

《瓮牖闲评》

扬子云《法言》云：育而不苗者，吾家之童乌乎？九龄而与我玄文。步里客谈以谓童下合有一点，盖子云之意。叹其子童蒙而早亡。故曰"乌乎！"则"呜呼！"二字。后世乃谓子云之子名乌，而往往皆以为然。虽苏东坡，张芸叟诸公，亦莫能辨之。观东坡在惠州，其子遁之死也，有诗云：苗不秀岂其天，不使童乌与我玄。芸叟以公奴终七，有诗云：学语仅能追骥子，草玄安敢望童乌。是亦以乌为子云之子也。

《野客丛书》

童乌，旧说谓扬子云之子小名。有一老先生读《法言》，谓"吾家之童"为一句。"乌"连"乎"字作"呜呼"字读，谓叹声也。似亦理长，仆观后汉《郑固碑》曰："大男有杨乌之材，年七岁而夭。"《苏顺赋》："童乌何寿之不将，是时去子云未远。"所举想不谬，于是知童乌为子云之子小名。

陈思《小字录》

王绚，字长素，太傅或子，小字童乌。宋秘书丞卒，谥曰恭。《世说叙录》。

阳乌

陈思，小字卢渊，字伯源。平东将军度，世子小字阳乌，敦尚学业，位至秘书监，赠安北将军幽州刺史，谥曰"懿。"

《后魏·本传》

王乌

《史记》

汉匈奴，乌维单于，数求和亲。武帝使王乌窥之，匈奴法汉使不去节，不黥面，不得入穹庐。王乌去节黥面，单于爱之，绐王乌曰："吾欲入汉见天子面，结为兄弟。"王乌归报，汉为单于筑邸长安，使路充国侯，二千石印，绶厚币直数千金。单于乃留克国不归，诸所言，特绐王乌，初无意入汉。

葛乌

罗泌《路史后纪》

戒子遁朔野,有葛乌。

释世长:鲜卑又以俟汾渝汾嗣汾侯畿为民。注或云:神农既灭,子孙遁居北方,鲜卑呼草为俟汾,以其尝草功,号俟汾氏。或以为葛乌菟,为南单于之裔,非。

三乌

唐柳充传

氏于居,则北郭东门。氏于志,则三乌五鹿。

风俗通

凡氏于职,三乌五鹿。有三乌大夫因氏焉。汉有三乌郡,为上都计。

白项乌

《东南纪闻》

古所谓揖,但举于而已。今所谓喏,乃始于江左诸王。方其时,惟王氏子弟为之。以支道林入东,见王子猷兄弟还,人问诸王何如,答曰:"见一群白项乌,闻呼哑哑声。"即今喏也。

毕月乌

俞琰《席上腐谈》

二十八宿,有房日兔毕月乌。《丹书》云:日乌,月兔,盖谓日月之交也。《易》以离为日,阳中有阴也。坎为月,阴中有阳也。张横渠谓阴阳之精,互藏其宅是也。兔四足,汉张衡以为阴类,其数偶。

伺风乌

《中华古今注》

夏禹所作也,禁中置之,以为恒式。

相风乌

《北史·于栗碑传》

栗碑孙谨为雍州刺史。初,梁元帝与齐文通将谋侵轶,命谨出讨。谨至,悉众围之。梁主率其太子以下,面缚出降,寻杀之,收其府库,得魏相风乌及诸舆辇法物以献。

《事物纪原》

《黄帝内传》有相风乌制,疑黄帝始作之也。《拾遗记》曰:少昊母曰皇娥,游穷桑之浦。有神童称为白帝子,与皇娥宴戏。泛于海山桂枝为表,结芳茅为旌,刻玉为鸠,置于表端。言知四时之候,今之相风乌亦其遗象。余见"风"字。

翻车渴乌

《汉书·西域传》

汉灵帝时,作翻车渴乌,施于桥西,周洒南北郊路。注云翻车,设机车以引水。渴乌为曲筒,以气引水上也。

雕木为乌

《太平广记》

韩志和,本倭国人也。善雕木为乌之形,置机戾于腹中,发之则飞高三二百尺,一二百步,方始却下。

何首乌

《开宝本草》附

何首乌,味苦涩,微温无毒。主瘰疬,消痈肿,疗头面风疮,五痔。止心痛,益血气,黑髭鬓悦颜色。久服长筋骨,益精髓,延年不老。亦治妇人产后及带下诸疾。本出顺州河南县,今岭外江南诸州皆有。蔓紫,花黄白,叶如薯蓣而不光。生必相对,根大如拳。有赤、白二种,赤者雄,白者雌。一名野苗,一名交藤,一名夜合,一名地精,一名陈知白。春夏采,临用之以苦竹刀切米,米泔浸经宿,暴乾,木杵臼捣之。忌铁。宋嘉祐本按日华子云:味甘久服令人有子,治腹藏宿疾一切冷气及肠风。此药有雌雄,雄者苗叶黄白,雌者赤黄色,凡修合药,须雌雄相合契有验。其药《本草》无名,因何首乌见藤夜交,便即采食有功,因以采人为名耳。又名桃柳藤。

《图经》曰:何首乌,本出顺州南河县,岭外江南诸州亦有,今在处有之,以西洛嵩山,及南京柘城县者为胜。春生苗,叶叶相对如山芋而不光泽,其茎蔓延竹木墙壁间,夏秋开黄白花,似葛勒花。结子有稜,似荞麦而细小。才如粟大。秋冬取根,大者如拳,各有五稜瓣,似小甜瓜。此有二种,赤者雄,白者雌。采时,乘湿以布帛拭去土,后用苦竹刀切,米泔浸一宿,暴乾。忌铁,以木臼杵捣之。一云春采根,秋采花,九蒸九暴,乃可服。此药本名交藤,因何首乌服而得名。

何首乌,顺州河南县人。祖能嗣,本名田儿,生而阉弱,年五十八无妻子。一日醉卧野中,见田中藤二本异生,苗蔓相交,久乃解。解合三四,田儿心异之。掘根,持问乡人,无能名者,遂暴乾捣末,酒服七日,而思人道。百日而旧疾皆愈,十年而生数男,后改名能嗣。又与子庭服,皆寿百六十岁。首乌服药亦年百三十岁。唐元和七年,僧文象遇茅山老人,遂传其事。李翱因著《方录》云:又叙其苗如木药蕌光泽,形如桃柳叶。其背遍独单,皆生不相对。有雌雄者,雌者苗色黄白,雄者黄赤。其生相远,夜则苗蔓交。或隐化不见,春末、夏中、初秋三时,候晴明日,兼雌雄采之。烈日暴乾,散服酒下,良。采时,尽其根。乘润以布帛拭去泥土,勿损皮。密器贮之,每月再暴。凡服偶日,二、四、六、八日是服讫,以衣覆汗出导引。尤忌猪羊血。其叙颇详,故载之《政和本经》。验方何首乌,新采者去皮土,后用铜竹刀薄切片。上甑如炊饭蒸,下用磁石锅,忌铁。旁更别烧一锅,常满添水。候药甑气上,逐旋以热水从上淋下。勿令满溢,直候首乌绝无气味,然后取下一匙头汁白汤亦可。此是药之精英,与常不同。治骨软,风腰膝疼,行履不寻,遍身瘙痒。首乌大而有花纹者,同牛膝剉,各一斤,以好酒一升浸七宿。暴乾,于木臼内捣末,蜜丸。每日空心食前酒下三五十丸。又方治诸处皮里面痛。首乌末姜汁调成膏,痛处以帛子裹之,用火炙,鞋底熨之妙。斗门方治瘰疬,或破不破,以至下胸前者皆治之。用九真藤,取其根如鸡卵大,洗,生嚼常服。又取叶捣覆疮上,数服即止。其药久服,黑发延年。或取其头获之九数者,服之乃仙矣。其叶如杏,其根亦类疬子,用之如神。又堪为利术伏沙子自有法,一名何首乌,又名赤葛。王氏博济治疥癣满身作疮,何首乌、艾等,分以水煎令浓,于盆内洗之,甚能解痛,生肌肉。

《何首乌传》：昔何首乌者，顺州河南县人，祖名能嗣，又名延秀。能嗣常慕道术，随师在山。因醉，夜卧山野，忽见有藤二株相去三尺余，苗蔓相交。久而方解，解了又交。惊讶其异，至旦，遂掘其根归。问诸人无识者，后有山老忽来，示之，答曰："子既无嗣，其藤乃异，此恐是神仙之药。何不服之？"遂杵为末，空心酒服一钱。服数月，似强健，因此常服。又加二钱服之，经年旧疾皆痊，发乌容少。数年之内即有子，名延秀。秀生首乌，首乌之名，因此而得。生数子，年百余岁，发黑。有李安期者，与首乌乡里亲善，切得方服，其寿至长，遂叙其事。何首乌味甘生温，无毒，茯苓为使，治五痔腰膝之病。冷气心痛，积年劳瘦痰癖风虚败劣，长筋力，益精髓，壮气，驻颜黑髭延年。妇人恶血痿黄，产后诸疾，赤白带下，毒气入腹，久痢不止，其功不可具述。一名野苗，二名交藤，三名夜合，四名地精，五名首乌，本出处州，江南诸道皆有之。苗叶有光泽，又如桃李叶。雄苗赤根，远不过三尺，春秋可采。日乾去皮为末，酒下最良，有疾而用茯苓汤下为使。常杵末，新瓷器盛服之，忌猪肉血。无鳞鱼，触药无力。此药形大如拳，连珠其中，有形鸟兽山岳之状珍也。掘得去皮生吃，得味甘甜休粮。赞曰：神效助道，著在仙经。雌雄相交，夜合昼疏。服之去壳，日居月诸，返老还少，变安病躯。有缘者遇，传之勿泄，最尔自如。

明州刺史李远傅《录经验》

何首乌所出顺州河南县，韶州、潮州、恩州、贺州、广州、四会县、潘州，已上出处为上。邕州晋兴县、桂州、康州、春州、琼州、高州、循州，已上所出次之。其仙草五十年者如拳大，号山奴。服之一年，髭鬓青黑。一百年如枕大，号山哥，服之一年。颜色红悦。一百五十年如盆大，号山伯。服之一年，齿落重生。二百年如斗栲栳大，号山翁。服之一年，颜如童子，行及奔马。三百年如三斗栲栳大，号山精。服之一年，延龄，纯阳之体，久服成地仙。

寇宋御覤《衍义》

何首乌，兼黑髭鬓，与萝卜相恶，令人髭鬓早白，治肠风热多用。

《绍兴本草》

何首乌采根为用，出产性味主治，已具经注，但疗风湿诸疾颇验。在滋下益精方亦用之，今当从本经，味苦涩微温无毒者是矣。《注说》：虽分赤白，而有雌雄二种，然所用无异。

陈衍《宝庆本草折衷》

何首乌，一名九真藤。又出幽州，蔓延竹木墙壁间。茯苓为使，恶萝卜，忌铁及猪肉、猪羊血，并无鳞诸鱼。味苦甘涩，平张松微温无毒。《续说》云：何首乌本条，及图经，尝以根赤者为雄，白者为雌。而日华子乃以叶白者为雄，叶赤者为雌，须雌雄相合则有验。然曰赤，曰白，既不各分主治，又非如芍药，茯苓，赤者利，白者补之比。今循和剂诸方，通而用之，不必泥夫雌雄之说。

元尚从善《本草元命苞》

何首乌,味苦涩,微温无毒,茯苓为使。主头面风疮瘰疬痈毒,治心腹冷气,积年劳瘦,疗五痔腰膝病,除赤白带下疾。乌髭发,益精髓,驻颜色,壮筋骨。久服延年不老,常饵明目轻身。出顺州河南县,今江南诸郡。生花黄白,蔓紫,叶如芋,不光。生必相对,根大于拳,瓣各有五棱。赤白分两种,赤为雄,苗色黄赤。白为雌,苗色黄白。春夏采,竹刀薄切,米泔浸,经宿,暴乾,捣以木杵臼。不犯铜铁器。

胡仕可《本草歌括》

何首乌,能黑髭鬓,因人采食得其名。主消瘰疬,攻痈肿。久服延年,更益精。

《苏州府志》

一名野苗,又名交藤,又名夜合,又曰地精。苗蔓相交,叶有光泽,赤根,远不过三尺。春秋采之,日乾,治痰癖风虚心膂诸疾。久服益精驻颜,酒下最良。或谓昔有何姓者,采服其根而发愈黑,故名。

《事物纪原》

本曰:夜合藤,昔有姓何人,见其叶夜交,异于余草,意其有灵,采服其根。老而不衰,头发愈黑,即因其人,名曰何首乌也。一云何首乌,即其人姓名也。

《山居备用·神仙服何首乌延年法》

右取何首乌根,一名桃柳藤,以铜竹刀薄切,米泔浸一宿,曝干。木杵臼捣末,新瓷器盛之,忌铁器。空心一钱,渐加二钱,酒服。治五痔腰膝之病,冷气心痛,积年劳瘦痰癖风虚,长筋骨,益精髓,壮气驻颜,黑髭延年。久服令人有子。又曰:服何首乌,不可吃茶。

唐《李文公集·何首乌方录》

僧文象好养生术。元和七年三月十八日,朝茅山,遇老人于华阳洞口。告僧曰:"汝有倦相,吾授汝秘方。有何首乌者,顺州南河县人,祖能嗣,本名田儿。天生阉嗜酒,年五十八,因醉夜归,卧野中。及醒,见田中有藤两本,相远三尺,苗蔓相交。久乃解,解合三四。心异之,遂掘根持问村野人,无能名。曝而干之,有乡人麦良戏而曰:'汝阉也,汝老无子。此藤根异而夜以合,其神药。汝盍饵之。'田儿乃饰末酒服,经七宿,忽思人道。累旬,力轻健,欲不制,遂娶寡妇曾氏。田儿因常饵之,加食两钱匕。百余日,旧疾皆愈,反有少容,遂生男。乡人异之,十年生数男,俱号为药。告田儿曰:'此交藤也,服之可寿百六十岁,而古方本草不载。吾传于师,亦得之于河南。吾服之遂有子。吾本好静,以此药害于静,因绝不服。汝偶饵之,乃天幸。'因为田儿尽纪其功,而改田儿名能嗣焉。年百六十岁乃卒,男女一十九人。子庭服,亦百六十岁,男子三十人。子首乌服之,年百三十岁,男女二十一人。

安期《叙交藤》

云:交藤,味甘温无毒。主五痔,腰腹中冷气宿疾。长筋益精,令人多子。能食,益气

力，长肤延年。一名野苗，一名交茎，一名夜合，一名地精，一名桃柳藤。生顺州河南县田中，岭南诸州往往有之。有苗大如木，藟光泽，形如桃柳叶。其皆偏独单，皆生不相对。有雌雄，雌者苗色黄白，雄者黄赤。其生相远，夜则苗蔓交。或隐化不见。春末、夏中、初秋三时，候晴明日，兼雄雌采之。烈日曝干，散服，酒下良。采时尽其根，勿洗，承润以布帛拭去泥土。勿损皮，蜜器贮之，每月再曝。凡服偶日，二、四、六、八日。是服讫，以衣服汗出导引。尤忌猪羊肉血。"老人言讫，遂别去。其行如疾风。浙东知院殿中，盍侍御识何首乌。尝饵其药，言其功如所传。出宾州牛头山，苗如革藓蔓生，根如杯拳。削去黑皮，生啖之。南人因呼为何首乌。元和八年八月录。

《许彦周诗话》

古诗云：上山采交藤，交藤何首乌。服之令人多欲，生子。

川乌

《本草》

味辛甘温，大热，有大毒。主中风，恶风洗出汗，除寒湿湿逆上气，破积聚寒热，胸上痰冷食不下，心腹冷疾，脐间痛，肩脾痛，不可俯仰，目中痛，不可久视。又堕胎，其汁煎之，名射罔，杀禽兽。

射罔，味苦有大毒，疗尸疰症坚及头中风，痹痛，一名奚毒，一名即子乌啄。

乌啄，音讳。味辛微温，有大毒主风湿，丈夫肾湿，阴囊痒，寒热历节，掣引腰痛，不能行步，痈肿脓结，又堕胎。生朗陵山谷，采荫干。长三寸已上为天雄，莽草为之使。反半夏、栝楼、贝母、白敛、白及、恶藜芦。

相乌

《本草》

味苦主阴痿，一名乌葵，如兰香，赤茎。生山阳，五月十五日采，阴干。

一丈乌

《五代史·后梁寇彦卿传》

彦卿，开封人。身长八尺，隆准方面。语音如钟，工骑射，好《书》、《史》，善伺太祖意，动作皆如昔。太祖尝曰："敬翔、刘捍、寇彦卿，皆天为我生之。"其爱之如此，赐以乘马

"一丈乌。"

剑脊乌

《夷坚志》

干道六年，武康山间产一种蛇，名曰："剑脊乌。"大而善走，逢人则昂首而立。其尾著地不及寸，须急趋避之，乃免其害。

斋斋名十一

遇斋

宋赵蕃《淳熙藁》

周愚卿用荀卿氏之语,以遇名斋,从余求诗,为赋古意一首

世俗争知竞冶容,纷纷墙穴交相从。谁知亦有秉正色,奉养辛勤供织春。过期不嫁心不悔,偃蹇数夫终德配。君不见,兰生林下久含章,得时可以充君佩。

存斋

《临川志》

金溪县象山槐堂书院,有堂扁"存斋"。

宋《朱晦庵大全集·存斋记》

予吏于同安而游于其学,尝私以所闻,语其士之与予游者,于是得许生升之,为人而敬爱之。比予之辞吏也,请与俱归,以共卒其讲业焉。一日,生请于予曰:升之来也,吾亲与一二昆弟,相为筑环堵之室于敝庐之左,将归翳蓬藋而居焉。惟夫子为知升之志,敢请所以名之者而幸教之,则升之愿。予辞谢不获,因念与生相从于今六七年,视其学专用心于内,而世之所屑,一豪不以介于其间。尝窃以为生之学,盖有意乎孟氏所谓存其心者。于是以"存"名其斋而告之曰:予不敏,何足以知吾子? 然今也以是名子之斋,则于吾子之志,窃自以为庶几焉耳矣。而曰必告子以其名之之说,则是说也,吾子既自知之,予又奚以语吾子? 抑尝闻之,人之所以位天地之中而为万物之灵者,心而已矣。然心之为体,不可以闻见得,不可以思虑求。谓之有物则不得于言,谓之无物则日用之间无适而非是也。君子于此,亦将何所用其力哉! 必有事焉而勿正,心勿忘,勿助长,则存之之道也。如是而存,存而久,久而熟,心之为体,必将了然有见乎参倚之间而无一息之不存矣。此

予所以名斋之说。吾子以为如何？生作而对曰：此固升之所愿学而病未能者，请书而记诸屋壁，庶乎其有以自砺也。予不获让，因书以授之，俾归刻焉。绍兴二十八年九月甲申。新安朱熹记。

墨庄叶清父以存名斋，而属予发其义。予谓存一也，而《易》以性，曰：诚性存，存是也。《孟子》以心言，曰"操则存，存其心"是也。二者同乎否乎？曰：性即理也，而主是理者心也。其心存则其理存。《易》与《孟子》之言，一而二，二而一者也。然《易》言诚之存性者一，而《孟子》于存心，盖屡言。夫不以操舍存亡之机为甚可畏乎。尧舜性之，不待操而存者也，然且兢兢焉，业业焉，不敢少肆也。汤武身之，则不能无事乎操矣。故曰：以礼制心，惧一念之非礼而不能存也。曰无贰尔心，惧一念之或贰而不能存也。圣犹如此，学者其可以自放乎！敬者所以保吾之存，《中庸》之戒不睹，《曲礼》之"俨若思"，所当深体也。欲者所以害吾之存，《孟子》之寡，周子之无，所当渐进也。虽然，有儒者之存，有老氏之存。儒者之存，存吾之诚理也。而老氏之为说，则曰："绵绵若存，用之不勤。"其末流又有所谓存想之法，则皆以气为本而非主乎理矣。清父顾兼取之。予惧清父之贰而失其所存也。夫学莫恶于多歧，莫贵于主一。清父其姑舍是而颛求于吾儒之学，持守之坚，涵养之熟，未闻心存而气不与俱者。清父其思焉。

《张南轩集·存斋记》

太极动而二气形，二气形而万物化生，人与物俱本乎此者也。原物之始，亦岂有不善者哉！其善者，天地之性也，而孟子道性善独归之人者何哉？盖人禀二气之正，而物则其繁气也。人之性善，非被命受生之后而其性旋有是善也。性本善，而人禀夫气之正，初不隔其全然者耳。若物则为气所昏而不能以自通也，惟人存夫天地之性，故有所主宰而为人之心，所以异乎庶物者，独在于此也。是以君子贵于存之。存之则在此，不存则孰知其极哉！存之则有物，不存则果何所有哉？故主一无适，敬之方也，无适则一矣，主一则敬矣。存之之道，曷要于此乎？诚能从事焉，真积力久，则有所存者将洋洋乎察于上下而不可掩。工用无穷，变化日生，性可得而全矣。吾友吕季克敏而好义，以存名斋，其志远矣。属予为之记。若予者盖芘芘自保之不暇，而何以善于友朋？然则斯记也，非特以勉季克，且将以自警欤？

元程《礼部集·存斋记》

余客京师，以句读之学，教都人之子。张君文昭踵门请曰："仆家雍阳有读书之室，曰'存斋'，愿为之记。"余谢不能。他日又来，又谢之，既而来益数，谢之如初，则投简愀然不怿，曰："敏文欺我哉。何见绝也？"盖王君敏文善于辞令，深知文昭而厚于余，闵余老而无闻，亦欲朋友之知余也，故称许过当而文昭实来，余岂能言者哉？用是自愧。虽然，若终无一言，是孤文昭之望而成敏文之欺，殆于不可，乃书其简而复之曰："余读《孟子》书，至'人之所以异于禽兽者几希'，未尝不慨然而感。人与禽兽果何异哉？亦惟有仁义之心焉尔。君子存之则为君子，小人去之则为小人，而况于禽兽乎？孔子曰：'操则存，舍则亡'。亦以人心之出入无常而不能存乎仁义也。仁义，心之德也，心存则仁义存矣。仁义存则施之四体而喻，达之家国天下，无所处而不宜矣。人道不几于尽乎？君子也，庶民也，禽兽也，同此生也，而贵贱悬绝若此者，存不存之间而已。家有宝玉，则必固袭藏，谨守护，使盗贼不得窥窃，是以能久存仁义之于身，非特宝玉之重也。而不知所以存之，以忘于私

欲之盗贼，可谓知乎？有天下者存天下，有一国者存一国，有家者存其家。仕者存乎位，农工商贾存乎业，士君子存乎仁义。今张君修孔孟之学而以存名斋，其不堕于庶民而为君子之归也审矣。然又闻之，恃其存者，未必能存也。惟惧其亡者，而后能保其存。故《易》曰：'其亡其亡，系于包桑。'张君其亦知惧也哉！余老生之常谈也，不足以记夫斋也。如欲得奇辞杰论以为斋宠光，则缙绅先生在，其往请之必有徵也，恶以余言为哉。"

张耒诗《寄题睢阳张文昭存斋》

之子山房结数楹，静无尘累已撄宁。此心炯炯同千载，吾道皇皇有六经。雨后仪刑山更好，窗前意思草长青。功夫要在存存熟，便是斋居座右铭。

《杨诚斋集·存斋铭》

永兴吴君，其丞吉水，名斋房曰存。谒予铭之。铭曰：天爽天精，孔神孔明。肇域彼中扃，宅是环庭。我有神舍，弗撤于夜。寇入在宇，我出在野。在宇一斯，其从千之。在野怀归，室是远而。将圣有续，予为孟孙之族。导汝归宿，寇则逐逐。匪子汝归，汝弗去兮。匪彼汝寇，汝弗居兮。汝室载宁，汝挟载宏，宗庙百官，畴不汝或承。尼曰尧墙，有巍斯煌。有陟斯昂，则莫我敢当。道腴义梁，诗冠礼裳，有操无亡，畴莫知其乡。

杨万里雕像

《魏鹤山大全集·年节叟子才存斋铭》

人之一心，虚灵公溥。中天地立，以奠广宇。气化流行，阴阳寒暑。职职并区，芸芸同宇。或飞或跃，或散或聚。发见在彼，吾若无与。有触吾前，豁然呈露。而有至近，饮食男女。习矣不察，行矣不著。是无显微，存不存故。存之奈何？以敬为主。勿正勿忘，勿长勿助。在立则见，无行不与。吾非能之，尝事斯语。敢述所闻，以告节甫。

《叶水心集·存斋铭》

《孟》存以心，《易》存以性。其入道义，其出爱敬，此真存邪，众善所门，如彼聚粟。常完仓囷。性因物迷，心与事往，必谨司之，勿抑勿放。勿辄有为，勿堕空寂，是固无存，执妄为得。壮矣弋阳，观竹青苍。厥壤甚夷，水广山长。土迫征求，下怜愁苦。依其永存，以作民怙。

《黄文献公集·存斋铭》为唐实之作

惟皇上帝，降此良心。总摄万化，其德孔仁。虚灵不昧，神妙不测，养而勿害，则靡有忒。为圣为贤，立此人极。诱交于前，倏变而迁。凝冰焦火，飞天沦渊。乃兽乃禽，徒习人言。验厥操舍，实未尝妄。欲知所存，先求其放。膏车秣马，不皇厥居，驰骛如是，欲存可乎？利欲轸辖，是究是图。所乐在此，欲其可乎？肌肤弗会，筋骸弗束，言肆则诞，行峨则踣。自旦及昼，梏之反覆，虽有夜气，亦惟不足。我视斯扁，万里来归，禽兽是丑，圣贤

是依。方其未发,当养其微,及其将发,当察其机。宾主有辨,动静无违,以是为学,则殆庶几。

赵汝回诗《题赖若谷存斋》

湛湛方寸天,清泠如止水。其止涵空明,其溃汩泥滓。操之恍若遗,舍之渺何倚。瞬息苟不诚,愚智从此始。一篇中庸书,千古防意垒。吾子善守之,勉勉集众美。独不见邻家翁,驱鸡呼犬斜阳中。

养斋

宋姚成一《雪坡集·养斋记》

予性质苦狷急,遇物触即莫能受,甚病之。思自药。一日静坐,得一字曰"养"。榜以名斋,自警也。养之义大矣哉。养则弘,不养则隘。养则充,不养则馁。德以养纯,才以养裕,学问以养涵深,器识以养广大。孰为养?盖有要道,养其大者为大人,养樲棘而舍梧槚,养一指而失肩背,非养之善。养之善,莫若养气。心者气之主,莫若养心。心之不能养,忿与欲败之也。忿不瘳吾戈矛,欲未净吾陷井,忿必惩,欲必窒,然后可以持志而养气。气善养,则充且弘矣。充且弘则所养正而圣功寓矣。岂止药吾性质之病而已哉。虽然,惩忿窒欲,养之善也。奚而惩?奚而窒?曰独不闻周夫子之言乎?澹则欲心平,和则躁心释。

直养斋

元《萧勤斋集·直养斋铭》

万物所资,均乎一气。孰其尸之?曰维上帝。帝命人极,健顺五常,气则偕行,莫御莫量。顺理为直,得养则大。袭正助忘,匪理斯害。凡中有主,所向无前。拔山盖世,古亦有焉。敬义夹持,俯仰无愧。上下同流,勇何足议。不忧不惧,不疑所行。何物事功,撼吾灵扃。矫矫裴君,炎黄其学。从事于斯,受说先觉。系余小子,愿学未能。敢铭君斋,实维自铭。

适斋

宋华镇《云溪居士集·道州录事厅适斋记》

元祐壬申岁,余来为营道郡督邮。越明年冬十月,葺舍馆之西颓庑,设户牖以为室,

既成，目之为适斋。客有过而疑之，曰："吾闻适，当也。物有当于心而无忤于意，然后适。若夫资雅材，抱道术以游乎可用之世，行既久而步不进，日向晚而道则远。主郡簿书于放逐傲人之地，俯眉高拱，与众进退庭下，捷步不异胥史，组绶不足以为六尺之华，廪稍不足以饱数口之腹，续短裨薄，关构榱桷，方风雨飘濡之虑，曾何物之有当而无忤也，而谓之适耶？"予起而应之曰：客闻求廉氏之二子乎？昔求氏与廉氏同里□也，求氏家富而宦达，日患失其所有而务得无已，终年戚戚以忧。廉氏农圃也，食其力，仅免其冻馁，不羡涯分之外，终年熙熙以游。若吾子之所谓，则高位厚禄，金朱华屋为可适，而卑官薄廪，华圭之门，青绿之品为不可适已。吾恐特未定也。吾之所谓适者，适于己之谓也，非适人之所适也。人之所适者，物也。物不足则有时而不适。己之所适者，道也。道无往而不在，则己无入而不适。世之道不足者，视名位禄养车服室宇之丽，切切然以为己之所宜保而不得去，兹其乐也，乃所以为苦欤？人之所恶夫犴狱牢系者，谓其锢絷而不可去也。今贵富之人，无道以处之而累于物，则高位厚禄华服美宇，曾何异犴狱牢系锢絷之地耶？至于欣捧一檄，折腰斗升，所养在中，浩然自得者，曾不知卑飞之为劳，数粒之为薄，抢揄控地，时止时行，则其忧也，乃所以为乐欤？物之所贵乎春台太牢者，谓其赏心餍腹也。今微贱之士，有道以自居而亡于其为，则卑官薄廪，圭荜之门，青绿之品，曾何异于春台太牢、餍赏之所耶？若然，则世之所谓适者，果在己不在物。而吾之为适斋不妄。言毕，客惭而退。

元《程雪楼集·适斋说》

物各有所适，坎井之蛙，东海之鳖，数仞之鷃，九万里之鹏，其处身之大小高下不齐，而其适一也。君子之于贫富贵贱也，亦然。世之处贫贱者，或怫然而热中，或怳然而失志，焦然若不能以终日。一旦而富贵，则骄则盈，盖终其身而未尝有一日之适，是曾二虫之不若也，谁谓人为灵于物者哉？豫章胡先生诚叟，名其居室便坐之所曰"适"。先生方布衣时，以明经史、通诗赋进士业讲授乡里，其气浩然，其容泽然，其议论轩昂震荡，闻者竦立，无一毫憔悴不自得之态。既而位郡博士，同时行辈衮衮台省矣，以先生名闻，始授朝命，又屈为海陵教官。先生不以居卑为羞，处约为怨，单车之任，其志气犹布衣时，真能适者也。余谓适者无所往而不适，不适者无所往而适。富贵而适，可能也，贫贱而适，难能也。能其所难能，岂不能其所可能哉？先生今日之适如此，他日之适从可知也。夫古之当大事、立大功者，类非悻悻小丈夫所能也。耕于野，筑于岩，渔于水滨，若将终身，及其出而任天下之重，若固有之，不少动其心焉。所谓适则无所往而不适者也。先生适者也，当路多知之者。行台治书侍御史李元让工小篆，既为作"适斋"二大字。而中丞徐子方诗以美之，属而和者十数。余少从先生学，知之尤深，故为著其说。

宋喻良能《香山集·次陆务观韵
题姚复之秀才适斋》

姚子神情处处便，床头周易杖头钱。逢僧与语闲终日，遣客归休醉欲眠。应觉此生如寄耳，何妨一室且萧然。无心更觅封侯事，纳履谁能博一编。

《楼攻愧先生集·陈天成用东坡
赵清献高斋诗韵赋适斋次韵》

二公晚辞轩冕劳，两斋莫辨适与高。尝登云山仰清献，平地著屋山周遭。白头日过

适斋下,钓游尚想随儿曹。方从家舅与俱隐,野鹤谁能鸣九皋。加我数年未纳禄,解去簪祓甘同袍。世间此事要识破,差处不可容一毫。颍川尉仙赋长句,数寸之管烦君操。欲追险韵继坡老,词锋犀锐真吹毛。舅家见诗勉续貂,长松相倚惭青篙。我今无复望禄仕,不应招我更由敖。

息斋

宋《方秋崖集》《息斋诗》

尘绿长逐众人忙,不抵斋扉一枕凉。世路险巇吾倦矣,底须辛苦为膏梁。

曾丰《撙斋诗·题刘武翼息斋》

天地一从开辟始,左旋右转长不已。诘所以然氙使之。君独不为气所使。平生由气今自由,三平二满过即休。千里收回渥洼马,十年养熟汋山牛。本来无动那得静,关著一毫还是剩。虽任鹊安头上巢,更防人打耳边磬。

《陈后山集·次韵
苏公题欧阳叔弼息斋》

行者悲故里,居者爱吾庐。生须着锥地,何赖汗牛书。丈室八尺床,称子闭门居。百为会有还,一足不愿余。纷纷老幼间,失得了悬虚。客在醉则眠,听我莫问渠。论胜已绝倒,句妙方愁予。竹几无留尘,霜畦有余蔬。相从十五年,不为食有鱼。时须一俯仰,君可贷遽篨。

元《程雪楼集·郭梅西息斋》

阴向秀蓁测,阳从小雪看。千年启龟蛰,六月养鹏抟。隐几天机熟,闭门人境宽。悠悠八十返,静处得奇观。

请息斋

宋《范石湖集·请息斋书事三首》

覆雨翻云转手成,纷纷抟薄可怜生。天无寒暑无时令,人不炎凉不世情。栩栩算来俱蝶梦,喈喈能有几鸡鸣。冰山侧畔红尘涨,不隔瑶台月露清。

刻木牵丝罢戏场,祭终雨后两相忘。门虽有雀尚廷尉,食已无鱼休孟尝。虱里趋时真是贼,虎中宣力任为伥。篱东舍北谁情话,鸡语鸥盟意却长。

聚螨醢边闹似雷,乞儿争肯向寒灰。长平失势见何晚,栗里息交归去来。休问江湖鱼有沫,但蕲云水鹤无媒。岩扉岫幌牢扃锁,不是渔樵不与开。

题请息斋六言十首

洞门昼挂铁锁,阁道秋生绿苔。蓍下略同龟伏,瓜中且免蝇来。

多谢纷纷云雨,相忘渺渺江湖。坐隅但忌占鹏,屋上何烦誉乌。

滟滪年年如马,太行日日摧车。笑中恐有义府,泣里难防叔鱼。

见影蛮犹铋铋,闻声龙尚狺狺。问谁毛生名纸,知我角出车轮。

不惜人扶难拜,非关我醉欲眠。劳君敬枯木耳,恐汝见湿灰焉。

税驾今吾将老,结庐此地不喧。恐妨蝴蝶同梦,笑倩颠党守门。

口边一任醭去,鼻孔慵将涕收。闲门冷落车辙,空室团栾话头。

冷暖旧雨今雨,是非一波万波。壁下禅枯达磨,室中病着维摩。

亲戚自有情话,来往都无杂言。酒熟径须相报,文成聊与细论。

园丁以时白事,山客终日相陪。竹比平安报到,花依次第折来。

踵息斋

宋张文潜诗

物之有知者恃息,物之有息知为贼。天长地久载元气,天地无心故无极。君知一身谁主持,六尘缘影工伎儿。发生变幻不暂止,今汝鼻息无停时。喘呼呀呷生至死,去本已远何由归。直人嗒然吾丧我,能使炎火为寒灰。中空无宰气不使,内自升降如灵龟。深之又深乃至踵,根深蒂固凝不动。超然内外无死地,梨枣华实龙虎用。真人示我尺素书,万卷丹经不劳诵。他年录髭对铜狄,却视吾斋真作梦。

分斋

元王恽《秋涧集·李清甫分斋诗》

鹢飞不□丈寻间,鹏翼云垂九万抟。每自忖量彝秉外,就中增损一毫难。洗心侠习从多可,放眼青天达观。拈取榜斋才只字,此身还有泰山安。

王景初《兰轩集·题李清臣分斋》

命有穷通非我力,性无加损是天然。斋居更要分明看,物物中间大极全。

一段良田与众分,短长高下各均匀。藩篱有限休侵过,侵过藩篱是别人。

《刘文简公集·书李清臣分斋》

乾坤万里无非分,一一还须分内看。进退存亡俱不失,圣人容易众人难。

圣人容易众人难,一篑终成九仞山。独有分斋深着力,簿书鞍马十年闲。

安分斋

宋陈元晋《渔墅类藁·安分斋铭》

大钧块圠,品制万殊。鹏背摩云,龟尾曳涂。夔则不足,蚿则有余。穷通丰啬,工拙知愚。造物何心,分量尔拘。宰相歇后,将军人奴。夫子辙环,终老匹夫。冶铜弄臣,饱死侏儒。原宪肘见,穷栖绳枢。达人大观,其中石如。嗟世之人,役知劬劬。效尤尽虎,助长续凫。为鼠发机,为雀投珠。曾不却顾,不资其躯。吾侪乐天,厚养燕需。患不自信,镂之坐隅。

梦斋

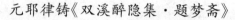

元耶律铸《双溪醉隐集·题梦斋》

文府中书五色衣,含章未吐凤先飞。可堪历历将今是,又对春风较昨非。

得鹿欢呼事已非。可能蕉覆却空归。多情最是兰窗蝶,长绕琼华蕊上飞。

顺斋

中华传世藏书

永乐大典 精华本

元蒲道原《顺斋丛藁·顺斋记》

愚自幼读书,至于中年粗知向,方思为端居警省之所,遂营小屋一楹于室之北偏,榜曰"顺斋。"客有过余,坐定而问曰:仆闻士生于世,读圣人经以植立其志,刚毅正直,不苟悦,不诡随,屹然如砥柱之于颓波。今吾子名斋以顺,殆恐委靡而不振,窃有疑焉。余曰:客诚过爱,相愚以道,恐其蹉跌而失中也,敢不佩服忠告之益。虽然,愚有所见,愿卒陈以求教。夫天地之大,俯察仰观,日月之运,江河之流,四时之行,百物之生,苟有舛逆,则为灾为荒矣。上而国家,发号施令,建侯行师,苟不豫顺,则众不服矣。下而农圃,寒耕热耘,昼作夕息,苟不顺序,则生不遂矣。微而至于物,川泳云飞,秋蛰春启,陆行薮集,巢居穴处,无不顺以生者,况于人乎?夫人之生,有秉彝之性,圣人亦循其自然以立道。如禹之治水,行所无事,非如告子栝楼矫揉戕贼之也。及其立教,皆曰天叙天秩,其品之大者,父子之亲,君臣之义,长幼之序,夫妇之别,朋友之信,吾当日讲焉。使涣然水释,怡然理顺,而验于日用常行之间。苟为不然,则沦胥禽犊矣。盖顺之字,乃理之用也。虽天地之大,事物之微,不可违者,此愚所以服膺而不敢失。今客规我以委靡随人,无乃孟氏所讥公孙衍、张仪者?夫仪、衍俗称为大丈夫,而以妾妇之顺事人,此逆理之甚,乌得为真顺乎?客闻之,踧踖似有愧色,拱而言曰:仆夏葛而冬裘,渴饮而饥食,所谓居其中而不自知者。今闻吾子之言,则顺之时义大矣哉。客既退,遂书为之记。

《顺斋箴》

禹之行水,行所无事。子思言道,率性之谓。顺义之大,于斯可知。孝弟忠信,以我而推。天秩自然,岂人所强。惟理之归,大中无党。毫厘之察,或为诡随。妾妇之道,不衍则仪。美哉斯堂,有铭昭若。寿卿居之,视此无怍。

宋葛元承诗《题韩伯直顺斋》

路如直弦万古新,平吾方寸是经纶。一元静转凭何力,日月序行天地春。

怡顺斋

元《陆子方集·怡顺斋记》

杜元凯序《春秋内传》云:优而柔之,厌而饫之,涣然冰释,怡然理顺,然后为得也。先儒以为此数语,非深知读书之味者不能道。元凯有左氏癖,因其癖也,故得其趣。岂惟左氏?凡读经书者,不得其理,则不得其趣。抑左氏长于议论而短于理。如"君子曰"之类,背理亦多,以其善叙事也,学者爱其浮华,而读之者亦不觉其浸润之入人深也。然理一

也,有义理之理,有文理之理。左氏于文理,可谓顺矣,特不纯于义理耳。读者尚为之怡然,而况于圣贤之经书乎?而况于义理之至顺者乎?筌者在鱼,得鱼而忘筌。蹄者在兔,得兔而忘蹄。言者在意,得意而忘言。所谓意者,亦顺乎理而已。理顺则意乐,乐则乌可已。乌可已,则不知手之舞之足之蹈之。昔庖丁善解牛,手之所触,肩之所倚,足之所履,膝之所踦,皆中,理解也。其言曰:"臣之解牛之时,所见无非牛者。三年之后,未尝见全牛也。见其理也,以神遇而不以目视。恢恢乎游刃有余地矣,提刀而立,为之四顾,为之踌躇满志。"即怡然理顺之譬也,虽然,此文理之理,非义理之理也。桓公读书堂上,斫轮者笑之,斫轮之妙,得之于手而应于心,口不能言,父不能以喻其子,子不能以受之父,此理之至也。古之人与其不可传者死矣。所读之书则古人之糟粕耳,以书观书,而不以理观书,乌能造其奥之深而为之跃然也哉!余友夏君仲实,博学而强识,稽古而能文,与其弟仲宾友爱甚笃。于所居之东偏筑室三间,榜曰"怡顺",昆季藏修于内,焚膏继日,埙篪唱和,常棣之华哗然,乡人皆称之。黄君子高为之作记,亦既发明兄弟怡怡之乐矣。而于元凯书中隽永之味,未之及也。余复衍其义焉。嗟夫!技叶扶疏,根本之拨也。华藻敷腴,朴素之漓也。今世之士负学问,矜文词,烨然取光宠于一时者,有之矣。反而求之阃门之内,伦纪之间,放利而多怨,挟财而致争,伤手足之谊,失妯娌之欢,有耕夫贩妇之所不敢为者,而读书之家或为之。是非吾书之过,学而不思,致知而不力行之过也。若然,则呻吟裘氏之地,虽三年而为儒,亦何益哉。仲实闻余言,怡然曰:"请书之。"遂书以为后记。

弘斋

《宋史·李燔传》

燔往建阳从朱熹学,熹告以曾子弘毅之语,且曰:"致远固以毅,而任重贵乎弘也。"燔退,而以"弘"名其斋而自警焉。

元吴澂《支言集·弘斋记》

士之贵乎弘者,何也?天地之所以为天地,吾之所以为心也。苟不能充其心体之大以与天地同,是于心体之全有未尽也。心体之全有未尽,则吾心所具之理,其未能知、未能行者众矣。夫与天地同其大者,心体之本然也。心之量,所以贵乎弘也,与心量之不弘者,知行未百十之一二而已。哆然自足,盈溢矜傲,谓人莫己若也。此无他,其心隘陋,不足以藏贮故尔。惟其弘也。是以愈多而视之若寡,愈有而视之若无。盖心量宽洪,而其容受无限极也。集贤侍读学士中山王结仪伯,读圣贤之书,以圣贤自期,名其斋居之所曰"弘"。按:曾子之言,弘与毅不偏举也。毅如乾之健,弘如坤之广。毅以进其德,弘以居其业。不毅则功力间断而不能日新,不弘则容量狭小而不能富有,二者缺一不可也。昔南康李文定先生字燔敬,予登科之后,年三十五始受学于朱子。朱子告以曾子弘毅之说,于是文定归而取弘之一字名斋室。朱子兼言其二,而李氏专取其一,何哉?文定自揆其平日所学,颇近于毅而或歉于弘,故取其所歉以自励,若古人佩韦佩弦之意,所以矫其偏也。然则仪伯弘斋之扁,其亦犹文定名弘斋之意乎?前修之己事可法,固不待于予言也。

王氏之名斋与李氏不殊,庸敢援其事证以志于弘斋之屋壁。

许有壬《至正集·弘斋记》

人生天地间,以藐焉一身参而三之,亦有道乎。穷虽独善,若进德居业之富,讨论资揽之备。大而民彝物则,繁而酬酢日用,莫不总括其理而积于其身,及达而兼善也。尧舜其君,三代其民,囿一世于泰和,以至鸟兽草木,亦各使之遂其生育之道。天下事物纷错垒沓,莫不有以容之,容之者何? 弘之谓也。弘也者,隘之反也。此得彼遗,即隘矣,虽莫不有以容之,亦莫不有以利之也。夫子曰:人能弘道。言人有知,思可以大其所有之理也。子张曰:执德不弘。言有所得,守之太狭,则轻喜易足,有一善自以为天下莫已若矣。道而曰弘,我之力也。德而曰弘,我之量也。圣人示人用力之方,才高意广,失于僻者,亦有以充其量也。承旨开府公,器宇汪汪若千顷陂,扁斋曰"弘",日与儒士讲学其中。蚤袭宿卫,历奉常太禧宣徽翰林宗正,宥密皆有声,所以大其理守其得者,已至矣。噫! 士大夫读书非不博也。才气非不赡也,而其成就卒于无称,何哉? 患不弘尔。圣人大管仲之功而小其器者,岂不以其不知圣贤大学之道,故局量褊浅,规模卑狭,功烈如彼而已乎。公于是理讲明已熟,用力已至,然任重道远。又有毅焉,曾子曰:士不可以不弘毅。于是而求所以为弘者,则内外交修,本末兼尽,他日见诸事业,绰绰有余裕,恢恢有余地矣。公命为记,辑先儒绪论而为之书。

宋《项安世集·弘斋诗》

刚健中正纯粹精,含弘光大品物亨。两仪成列易道行,有首无腹非人形。李侯毅甚将无朋,少年读《易》老愈明。以龙代马变始生,以九代七坤始神。与天同德体必弘,负载万古非蚕蚕。我无笔力回子鲸,赠之有西铭。

平 斋

《秋浦新志》

在青阳县厅后,绍定癸巳,乔幼闻重修。

廊 斋

宋王质《雪山集·次通守韵题廊斋》

遥传碧落入新除,早向清都卜定居。金勒鸣珂班退后,玉堂挥翰酒醒余。试听掣动铃条响,惊看飞来锦帕舒。甘露堂前正秋色,集贤如堵望相如。

蜕斋

元《刘文简公集·盖希颜蜕斋诗》

物蜕蜕以迹,人蜕蜕以心。是心本虚寂,欲蜕安所任。岂知虚寂内,而有利欲侵。荏苒初未觉,酒酣与渊沉。所以为学者,惟贵资道深。涵养既有素,本源讵难寻。凿石出美玉,披沙得良金。仙仙蜕禅壳,豁豁遗巢禽。超然事物表,无愧古与今。此为蜕心说,请为蜕斋箴。

几年游沣水,深觉蜕斋贤。脱略分华域,逍遥性理天。异端吾久病,古学于今传。安得青灯夜,论心对榻眠。

冽斋

《建安志》

县厅东偏有井泉极清冽,宋绍兴二十年,韩元吉榜曰"冽斋"。

远斋

宋包宏齐《弊帚稿略·远斋记》

予友上饶徐致远,卜居王溪之南为藏修游息之所。后负古城之山,前揖南涧之谷,中有渊然一泓依栖霞山,曰"霞泉",泉之下辟小斋。斋外梅竹相与照映,盖致远心地洒然而境地之胜亦如之,况深于琴,精于诗,鼓于斯,赋于斯,则山鸣泉响,梅动竹应,若皆知音者。尝求名于予,予曰"何必他求以字,名曰'远斋'可乎?昔陶靖节结庐人境,而心远地偏者,亦如是耳。"此十五年前语也。兹予被命来司闽臬,致远实偕行,因语前事曰:"名既自君立则发挥远意以记吾斋,岂宜复他属。"予曰:"记则不能,尝试评之。人之智识志愿,最喜乎远而恶乎近。苟智识之所及者远,则可以成远业。志愿之所期者远,则可以经远猷。否则卑污浅陋,见不逾乎目睫,行不越乎寻丈,固无望其远到矣。夫远孰有远于天地者乎?周行一百七万九百余里,天之远也。自东极至于西垂,自南极至于北垂,各二亿三万三千里余,地之远也。人而欲同其远,则何以哉?然此特天地之象形,犹未足以为远也。有象有形则有限有穷,惟非象非形,无声无臭,则所谓道也。天特此道之成象,地特此道之成形。道则神无方,而易无体,岂里数之所能计而百千万亿之所能筹哉。故虽未始离乎天地之间,未始出乎象形之外,而广矣大矣。其远不御,莫究其限量,莫诘其终穷矣。抑予闻之曰:仁之为道远行者,莫能至也。又曰:仁远乎哉,我欲仁斯仁至矣。然则果远乎? 果不远乎? 亦惟知远之近者。斯可以入德乎? 放之弥满六合,欲之退藏于密,则虽远而非远也。密莫密于此心,此心之神,倏然在九天之上,倏然在九地之下,又倏然在八极之外。往来不测莫知其乡,则又非远而远也。不以远为远而以不远为远,斯真知远矣。此斋虽小,中具宇宙。此斋非近,宇宙非远,于此斋而鼓琴,将眇宇宙,皆琴声也。于此斋而赋诗,将眇宇宙,皆诗句也。推此智识,充此志愿,则近如目前之小得失,小利害,尚足以动吾心而置秋毫之欣戚哉。致远有晋宋间人物风度者也,当自有契于此。予言赘矣。"致远曰:命之矣,请书以为吾远斋记。

元《程雪楼集·远斋记》

余来京师十年始筑室,室之东偏敞一斋为游息之所,名曰"远",客疑焉。解之曰:余生长东南,望燕山在天上。四海一家,得以薄技出入周卫,违亲数千里,非远乎? 余之始至也,栖于南城之南,凡八迁而宅于兹。国中□□地,余不得有,乃僻在城隅,距旧栖又一舍,而赢非远乎? 客何疑? 客曰:子之言则然,大鹏九万里一息,二城相望尺只,日三数往复,腹犹果。然白云含虽数千里外,以志养志,如在膝下,子以为远,未之思也。客去遂记于斋壁。至元二十四年夏五月甲寅。广平程某记。

己丑除夜留远斋十绝

无寻子美千间处,且管相如四壁休。风雨震凌都过了,一年直为远斋留。

无奈星翁苦见尤,岁君已丑我何仇。殷勤欲且留君住,街鼓无端送土牛。

排行弟妹捧椒盘,应说凝儿未了官。昨日有人江外去,家书只写道平安。

去岁金陵坊里住,疏梅的铄两三花。今年闰后花开早,定到墙阴萼绿华。

老大庭闱在盱水,漂零儿女落秦淮。感时怀抱思亲甚,料得吾儿说远斋。

何年呼得灶为君,鼻是烟窗耳是铛。深夜乞灵余不会,但令分我胶牙饧。

钟馗曾是开元见,从此人间鬼日多。明是将无来作有,撑眉弩目奈人何。

今年悟得修真诀,巷柳园桃一并无。却笑尘缘终未断,杜诗韩集当麻姑。

都无柏酒与椒盘,止有年华上鬓端。一盏油灯充蜡炬,夜深炯炯寸心丹。

十载班行沐异恩,归来未望属车尘。沨阴明日东风动,万岁声中拜圣人。

阎复集《远斋铭》

吾友钜夫,自洪之燕,有宅一区,有田一廛。举头见日,尺五去天。以远名斋,义或不

然。彼美钜夫,学为通儒。秉内相权,乘御史车。庆流千载,道济八区。由是言之,不亦远乎。

吴徵《支言集》

集贤学士程公,十年于朝,日近清光,而亲舍乃数千里。今以行台侍御史得旨南还,庶几便养而回望阙廷。又二千里外,日以近者人子之乐,日以远者人臣之忧,此远斋所为作也。夫忠臣孝子之眷眷于君亲也。一以朝夕左右为乐,然亦难乎两全矣。子之爱亲不可解于心,臣之事君无所逃于天地间,惟其所在而致其道,岂以远近间哉。余既从公观光于上国,又将从公而南,与公同其乐,而不同其忧者,思有以纾公之忧焉,为是言也。或曰:近多惧,远多誉,人所乐而公忧之,何也? 之言也,读《易》而未知易之所以易,何足以知公之之心。吴澄书。

经远斋

宋《袁蒙斋集·武学经远斋题名记》

止戈为武,武有七德,经远名斋,经世云乎哉。经德也,禁暴,戢兵,保大,定功,安民,和众,丰财,是谓七德。经之为言常也,常保是德,必学而后可。学殖也,殖之固,德乃常矣。汉人有云:缙绅之儒守和亲,介胄之士言征伐。今或易之,缙绅谈兵而介胄且议和矣。呜呼! 此乃学不明之过也。孟子曰:入以事其父兄,出以事其长上,可使制挺以挞秦楚之坚甲利兵。格言大训,超于和战之外,而独探本原如此。自纲常不明,人心没溺,利欲中平,居视父兄长上为何事? 驱之行阵,曳兵而走,此其源委。盖上无礼,下无学,势所必至,是乃为国隐忧,区区和战,又不足云矣。斋旧有题名,今复新之,哀姓氏勒坚珉以贻后,匪徒为利禄计而已。经德止戈之义,朝夕观省,于以助丽泽讲习之功,抑以副圣朝乐育之意云。

留远斋

宋《刘后村集·题陈复祖节推留远斋诗》

留取蔡公诗,夫君志可知。试看鸾锻翼,岂若豹留皮。夜柏无阳艳,朝花有夕披。长公真样子,何必远求师。

心远斋

李俊民《鹤鸣集·郎文炳心远斋》

窃笑滥巾北岳,那能补衲中条。自有胃中丘壑,不妨隐向市朝。

元元遗山诗

茅斋迫官居,尘土日蓬勃。道人掩关坐,挂眼无外物。明窗一蒲团,濯足晨埋发。一片万古心,清潭雨明月。

止性如止水,惜身如惜玉。妇姑得相安,久矣脱羁束。儿童挟书至,灯火催夜读。自是周太常,生平耐幽独。

清远斋

元《陆厚幼壮俚语》

李子云清远斋,友识皆诗之,子云忽求予作,故歌以寄之。

古人养志必闲居,况复先生世业儒。潇洒襟怀何所似,一轮秋月莹水壶。

泠泠东榻泉声近,楚楚西窗竹影多。幸得生平古书富,门开俗客不相过。

无事围棋消白日,有时洗砚写黄庭。呼童净扫阶前地,报道今朝有鹤翎。

功名过眼几彭韩,势利捐生一触蛮。谁似晴窗凭几坐,卷帘静看隔州山。

阶草无名吐绿芽,东风肯入读书家。小桃唯解谀春色,开遍邻墙几树花。

雨压熇尘过午天,簟纹如水枕书眠。起来屋角斜阳在,更续商彝一缕烟。

桂子浮香搅夜寒,藤床坐久怯衣单。月娥似厌秋空淡,高挂天心白玉盘。

晴松落雪四檐声,风动书帏灿灿灯。特为梅花觅新句,诗成砚沼已生冰。

素屏素几绝尘侵,一曲琅然绿绮琴。弹彻履霜天月午,满庭仙李匝重阴。

孤灯风雨对床眠,客里逢君又十年。今日湖山携手处,白云不动水涵天。

常斋

宋《李澹轩集·题吴微仲常斋》

人心非无常,自为外物禁。喜怒烈火炽,宠辱铦锋森。从兹失本然,至理而浮沉。达人解其会,魔军讵能侵。盘石可转移,明月犹晴阴。卓然有所立,此道古与今。颜渊无终食,孟子不动心。充君名斋志,前修端可寻。

达石情忘倦,移山志必通。朝朝勤畚运,井井策新功。

安常斋

白君举《寓斋集·题何天衢安常斋》

有车即乘车,有马即乘马。车马苟不来,逍遥步中野。聚则宜于冬,葛则宜于夏。贵贱有去来,吾从而高下。高牙皂纛旗,岂是长随者。时运一朝去,其物如土苴。惟存一束书,穷通不相舍。

浩斋

宋《杨诚斋集·浩斋记》

某所亲,安福刘彦与以书来曰:先君子得伊洛之学于文定胡先生,以"浩"名斋,宦游北南,清贫没齿,竟未克就斋房之一椽。其不肖孤得中,追惟先志,大惧实坠以贻前之羞,悬鹑捽,茹铢积,取余以作新此斋。子吾先君子故人也。愿记其成以假其孤光,先君子尚有知其不衔于九京矣。某得书摄衣正冠端拜言曰:某自少懵学,先奉直令求师于安福,拜清纯先生刘公为师,而卢溪王先生及浩斋先生俱以国士知。我浩斋又馆我,每出而问业于清纯,入而听诲于浩斋。浩斋一日问曰:"子见河南夫子书乎?"曰:"未也。"退而求观之,则惊喜顿足。叹曰:六经语孟之后,乃有此书乎?某今也,年六十有三矣。师友零落殆尽,道不加修,德不加进,不但四十五十无闻而已,然不虚此生者,犹以粗有闻于浩斋也。彦与能承先志作此斋,先生于是为有后矣。是可不记。或曰:先生之浩,盖将天地之塞。今斋房乃尔隘耶。某曰:此已广矣,昔者先生名斋而未屋也。有问之以斋焉在者,先生曰:吾斋也,天地间无所不在。因指其书簏曰:"即吾斋也。"此已广矣,先生讳延直,字谔卿,登绍兴乙丑进士第,终官左宣教郎,知临江军新喻县,以奉议郎致仕。

题周鲠臣浩斋诗

浩翁曲肱一浩斋,焉知庙廊与蒿莱。此翁定复死不死,旧斋又新有贤子。斋前种树初如椽,如今过云欲造天。作人谁无半点气,草动风惊便心醉。回山倒海不关身,古人与我各何人。杉溪老人是翁友,拈出问渠渠领否。

《马子才集》《浩斋记》

舜视弃天下如弃敝屣,伊尹以不义禄之天下,而不顾舜伊尹之轻天下如此哉。古之人所以成就大事,当危疑之机,颠覆之变,处置甚暇而不乱,唯轻天下者能之。今夫操刀而断壶,执匕以饭稻者,皆是也。至于屠龙鲙蛟刺虎之役,则束手战栗而不敢发者,其气慑也。干越许淳翁于其所居之东开室读书名之曰浩斋而求予记。予请以一斋之事言之,则所谓浩然者,可以立见而不惑。今子之洒扫是室也,异时之洒扫天下,有异于此乎? 今子之整斋图书,拂拭几案,卧琴于床,挂剑于壁,冠佩在上,屦杖在下,异时之辅相天子措置公卿大夫百执之士,下至于庶人,微至于万物,有异于此乎? 子有役而呼童子,小不如意,则必叱而去之,奔走颠倒。唯子所指,异时将百万之骑,大战于阴山之墟,朔野之北,微吟而轻呼? 使熊罴豺虎之猛,毕皆赴敌,万死而不顾,亦有异于此乎? 子或志倦体疲,神昏欠伸,抚髀露腹,便然酣卧乎一榻之上,异日之厌功名,舜富贵,归休乎江湖之间,泉石之畔,高尚以养德,醉吟而适真,亦有异于此乎? 子之居是斋也,试以此观之,则所谓浩然者,岂不壮哉。予尝患士气卑弱,不足与立,子有志于此言,则其自负必无敌于天下矣。予之阅人亦多矣,为利仅耳,喜津津出颜间,而手足跃跃然摇动,小不谐世,则摧败挫辱,作儿女声,有可怜憔悴之色,此何谓也。予将求子以语同侪,而论心尚有此态,则可以相视一笑。

《陈耆卿筼窗集·浩斋记》

天地之间,千变万化。得失成败,是非荣辱。如鱼鳞,如蜟毛,相摩相激,不知其息。卒然遇之,则足以使人喜,使人悲,使人疑愕而惊悸。有能壁立不动而高视物表者,兹不谓之气乎? 气之所在,不三事而贵,不九鼎而富,不松柏而悦,不花卉而荣,盖惟己大物小而天下莫之能入也。然是气也,不可以强索,不可以伪假。强索者枵,伪假者败,故莫若求其所以气。夫气非能求之为难,乃得其所求之为难,人莫不有是浩然者也。而或至于苶然愦然者,求之于外而非内也。求之于外而非内,则必至于客博主子,贼母终日,求为浩然而不能浩然也。夫有义理之气,有血气之气。义理之气,不怒而威。血气之气,怒而不威。怒而不威者,气益纵益小。不怒而威者,气益平益大。今欲求其所以大,毋欲速,毋拄虚,主敬以为根,立义以为的。羹墙焉,参衡焉,日周流乎是理之中而罔敢逾越。迨其久也,完粹纯熟,正大高明。如养桐梓,日化月长而植者不知,则所谓浩然者,于是乎在。夫然后可以达,可以穷,可以乐,可以忧,可以咏,可以说毁。盖物之戈戟者千万而我不二,物胜我邪,我

伊尹

胜物邪。郡博士姚君以浩名斋而徵记于予，予役役酬世，未知操存之诀，自谋不暇而胡能有益于博士。姑诵所闻求发药云尔，以博士之气而又求其所以气行于天下，其为浩也孰御？

欧阳守道《异斋稿·浩斋说》

君知所谓浩然之气，又求说于余。孟子以来，诸老先生之发明，予不复为君道。请言两战，当两战时，非特直者气盈，曲者气亦盈也。气之方盈，虽使孙吴观阵，苏张往来，其间莫能决其胜负。虽然，请少待之，直者将士，可使败而不可使挫。曲者惟无败，败则士尤其将，将尤其上矣。谁挫之？彼自挫也。是则，气非难于盈，难于持久。判曲者不在旁观，不在众说，而常在于主帅倏然发露之本心。心之公理不可掩也，常试论之。气有实有虚，实气浩然之真，虚气浩然之似。实者至劲健而最和平，正气之常也。虚者笙簧暴而卒消靡，客气之暂也。君往者介予谒后村先生，德人君子之容貌辞气，君既望之即之听之矣。别去几年，今不达千里再往，真有心于亲炙者欤。予索居久于夙昔之见，未有进也，幸持予虚实之说，以请益。

养浩斋

《蒲阴志》

养浩斋在学门之右。

宋汪澡《浮溪集·长兴
刘林宗养浩斋记》

养浩斋者何？长城子刘子燕居之室也。曷为名之以养浩？先君子之志也。先君子之志奈何？子刘子先君子以直道事三君，知无不言，言无不尽。虽雷霆作于其侧，震风凌雨交于其前，未尝少降色辞，卒以是贬死。不唯不悔，而将终又以养浩然之气属其子。故子刘子以名其斋，奚取乎浩然尔。夫浩然者，人所受于天地之气也。所以使之常浩然者，学问也，夫气存乎方寸之地，而至乎充塞天地之间，可谓盛矣。使物得以贰之，岂复有气也哉？故以我胜物，则所以为刚，大者在我。以物胜我，则所以为刚，大者在物。胡不观诸水乎？水天下之至柔也，而驰骋天下之至坚，非以其万折必东而物莫之能御故耶。此君子贵乎有所养也。子刘子养之以何道？子刘子年二十余，家苕溪之上，有屋数椽，先畴数百亩，父书千余卷。居其屋，食其田、读其书。惟圣人之道是求，先人之志是承。非其事不问也，非其人不交也。积之岁月，庶几其常浩然乎。然则浩然之气何以见？夫贫、富、贵、贱、死、生、祸、福，是八者，皆足以入吾胸中而为吾浩然之寇。今子刘子年甚富，气甚锐，方出游乎万物之间，其亦慎所择哉。苟明于所择而先有以待之，异时立乎朝廷之上，正色乎人主之前，招之不来，麾之不去，决是非邪正于立谈，使人皆曰：刘氏有子。则浩然之气见矣。噫！此自子刘子所有也，予曷为记之？曰：子刘子之先君子，予之畏友也。子刘子以为先君子没而，予尝闻其一二，书其言于座右，则如见其先君子焉。故属笔于予而予亦因以自警也。

元杨弘道《小亨集·养浩斋记》

余以正大元年监麟游酒税,初识曲子安,居县学为童子师,项背微偻,布褐委然,目赤且湿,苍髯模糊不见颐领。县人云:子安生乾州,居此几三十年矣,生理萧条。自始迄今,衣食之奉如一。一日谒余而进曰:仆以养浩名所居之室,闻先生尝从事于斯文,愿求文以记之。余不欲违其意,亦不能从其请,但笑而谢焉。退而思曰:孟子圣人之徒也,其论浩然之气,曰难言也。至大至刚,以直养而无害,则塞于天地之间。夫名者,实之华也,故为是名也,必求有以副。养浩之名,子安副之哉。余平昔喜孟子之书,修其天爵不肯枉尺直寻,威武不能屈,说大人则藐之,诵之于口,著之于心。事之以为行,述之以为文,而自待其身亦已至矣。以兵凶破产,失其生生之资,乃俯首监差中,亦孟子所谓抱关击拆者比也。夫仕有尊卑制禄之称,今也,仕之卑者不为制禄,而斗水束刍绳之以法。举手蹈足辄挂罪罟,折腰于里胥,屈膝于县吏。平昔所养,消沮殆尽。于是昼惭形影,夜惭梦寐,饮惭瓯盂,食惭匕筋。他日复见子安,其形貌堂堂乎美丈夫也,布褐鲜鲜然美衣服也,气充乎其浩然矣。因笑曰:无乃自视不足而所见者然耶。

许有壬《至正集·题广平
何文美养浩斋》

操舍存亡贵自知,一斋容膝有余师。神龙渊底潜珍处,文豹山中隐雾时。要使寻常塞天地,休教物欲间豪厘。相门堂构非难事,希圣功夫在有为。

黄杨诗《养浩斋为陶彦弘赋》

弘也何充扩,轩题养浩名。本无功利念,能达圣贤情。玉树春晖暖,冰壶霁月明。慎言母失馐,万汇自生成。

寓庵诗《养浩斋》

名配乾坤了不磨,古今惟有一邹轲。寄言养浩轩中叟,必竟心中似得麽。一作胸襟。

顾斋

宋《张南轩集》《顾斋铭》

广汉张某,名华阳宇文绍节之斋曰顾,且为之铭。

人之立身,言行为大。惟言易出,惟行易怠。伊昔君子,聿思其艰。严其枢机,立是防闲。于其有言,则顾厥为。毫厘之浮,则为自欺。克谨于出,内而不外。确乎其言,惟实是对。于其操行,则顾厥言。须臾弗践,则为己愆。履薄临深,战兢自持。确乎其行,惟实是依。表里交正,动静迭资。若唱而和,若影而随。伊昔君子,胡不惕惕。勉哉勿渝,是敬是保。

魏鹤山《大全集·顾斋铭》

潼川严师夔过予江阳，孜孜焉敏学而审问，与之语气听神受，将以研覈理道，释回矫偏。惟君子之归，非若世之剽窃语言为谀世诬民计也。尝从容言曰："昔者吾摘《中庸》语，名吾斋庐曰顾，夫子其为我铭之。"呜呼！斯为学之大端也，予曷敢辞。铭曰："仲尼之道，博大如天，仰高而钻坚，似不可企及。然而其言曰：君子之道四，丘未能一焉。夫事父事君，与施诸兄弟朋友之间，此庸德庸言耳。而仲尼自名以发于词，子思不讳以著于篇。人谓德愈盛则词愈谦，岂知知愈明则言愈艰。言之艰则言必顾行，知之明则行必顾言。谓顾者何？《诗》之"乃眷西顾"，《书》之开厥顾天，反求孰察？周览还观，盖反覆而视后，非果敢而直前。呜呼！子韶其尚勉旃，此众人之所易而仲尼之所难。

蔡九峰诗《题范伯诗顾斋》

时人欲作圣贤归，反己由来自不欺。谈话每虞无十步，持循长恐有虚辞。□踣踣固不为兹必，蹯蹯宁求可善斯。契系此心常目在，一诚之外靡余师。

芸斋

《朱晦庵大全集·芸斋记》

友人徐元聘，有田舍一区，旁治轩窗，明洁可喜，暇日与子弟讲学其间而问名于熹，熹故为农知田意。尝谓孟子言：人病舍其田而芸人之田。所求于人者重，所以自任者轻，最为善喻。今徐君课其子弟而学于田间，姑以芸名斋，使学者即事而思之，则内外之分定，而力之所肆不于人之田矣。霜露既繁，实而食之，所以不愿人之膏粱之味也。徐君以熹言为然，故书以遗之云。

简斋

《舆地纪胜》

宋陈参政去非，尝假馆郡圃，其所居室自谓"简斋"，其名甚著。

元牟巘《陵阳集·简斋记》

人之有宗族，犹水之有源委，木之有根干，其所从来远矣。司马子长班孟坚皆尝自叙，李翱及旧史皆称韩氏自叙。其先本汉司空稜颖川人，后徙陈留中。昌黎，韩文公之先世也。世之自叙率本诸此。惟陈氏本京人，继徙眉之青神，太常公徙雒阳。长子忱京东转运使，靖康中，运使子慈州司士参军，挥避地蒲之猗氏，遂家焉。简斋则太常次子恂之孙也。靖康南来，绍兴间参知政事。以疾请去，除资政殿学士，知湖州，归老乌墩之精舍。

既殁,遂窆于归安县广德乡上强里之岩山,南北隔绝二百五十余年,两房子孙簪缨不绝,但不复相闻。区宇混一以来,参军之五世孙损斋公,来为浙东廉访使,参政之五世孙亘,访损斋浙东,叙兄弟焉。离而复合,夫岂偶然,损斋慨念水木本源,自澜东竭告来言,拜简斋之墓。汉人以过家上冢为荣,公之此行盖为得之。俾子识其颠末,将刻石列之家祠。予与简斋之先俱蜀人,今寓于言,窃嘉公尊祖敬宗之义,不敢以固陋云。

陈《简斋集·题简斋》

我窗三尺余,可以阅晦明。北省虽巨丽,无此风竹声。不着散花女,而况使鬼兄。世间多岐路,居士绳床平。未知阮遥集,几屐了平生。领军一屋鞋,千载笑绝缨。槐阴自入户,知我喜新晴。觅句方未了,简斋真虚名。

太简斋

宋刘行简《茗溪集·太简
斋即事》二首

太简老人家似客,室中犹恨未空虚。筋挛步涩常须酒,日入窗昏始废言。

晓来人报雪遮门,委苍萧条郭似村。自酌瓮醅能软饱,借人布被得奇温。

敬简斋

《邵阳志·通判宜兴沈纶诗》

谨独渊源妙莫窥,史君行己自能推。纷纭狱市贵毋扰,俯仰天人了不欺。燕寝凝神香袅袅,公庭省事物熙熙。致群尧舜无他术,却笑龚黄未必知。

事简斋

《建安志》

崇安县有事简斋,淳熙间,知县王斋舆于厅事之东建。

刚斋

元许有壬《至正集·刚斋铭》

地官主司观君志能,扁斋曰刚,诸公剖析几尽。安阳许有壬发其未尽之义,铭之曰:"惟士尚志,志充乎气。曰惟至大,刚实与配。兹阳为美,阴柔则戾。君子小人,一反而异。世方同执,笑言区区。害则鼠窜,利则水趋。推是为人,流弊何极。居而丧德,出而误国。圣人有欢,未见其人。欲焉得刚,一语万钧。桂林佐幕,已见行事。岂曰吾非,吾刚未至。珍重邹书,异辞同义。直养无害,充塞天地。"

迁斋

周益公《平园续藁·迁斋铭》

竹亭二斋,右置司马文正公像,业公著述,其间即公自铭曰:"为政正名,或以为迁。"温公曰:�

奚孔之徒与?

逸斋

元《曹文贞公集·题 马莘卿逸斋》二首

飞潜动植满尘寰,造化纷更不蹔闲。珍重幽人明此道,洗心观物老夷山。

虚名到底不关身,识破归来有几人。落落斋居嘉逐客,百年诗酒四时春。

审斋

宋潘良贵《默成居士集》

沈文伯,特立独行之士也,好善如饥渴,疾恶如仇雠,赴人之急如救焚拯溺,志刚气劲,不为世俗屈折。掌教于婺,日与诸生讲明道艺,论说古今,亹亹不倦。暇日辟斋自适,求名于予。予以审名之。文伯曰:"愿闻其义。"斋曰:"道之不明也,贤者过之。公贤矣,或惧其过,使凡有为而加审焉。古人不难及过非所病也。"文伯曰:"唯。"乃作《审斋铭》。

昧而思智,钝而思利。虽单厥心,卒莫能至。明而思疑,敏而思迟。匪曰不能,是诚不为。审之为言,资明济敏。子克行之,是谓平准。中而大匠取法焉,人其有不允乎?

钝斋

元《程雪楼集·钝斋铭》

銛故恒割,久则必讹。骥于驽骀,其行实多。顺流加驲,抵石败波,疾走翱飞,终婴祸罗。维此君子,焉知其他。保此钝迟,以毓天和。百岁独长,如援鲁戈。美哉象贤,一唯一阿。匪直绪余,其德同科。吾有拙璞,尔琢尔磋。久不溃成,锥则屡磨。铭以讯之,今者若何。

如斋

元吴澂《支言集·如斋诗》

五金同入大冶炉,洪纤厚薄各异模。孰高孰下孰修短,孰为不足孰有余。浩劫变成只须臾,百年何事分戚愉。至人谓性不谓命,性惟一本分万殊。君家画出大极图,谁知大极本来无。道有所如还不是,如如不动乃真如。

自如斋

宋《吕居仁集·自如斋诗》

朝为事所夺,莫为饥所驱。不知六合间,何人能自如。永新段夫子,屋小心有余。教子有家法,逃禅犹作书。

积斋

元宋本《至治集·积斋记》

予与广川李君德臣。始相识于南,时李君年十八九,形颀然气锐而岸,貌渥赭以泽。读书问学甚谨,不接人,间有为率刚以自遂,予畏之。又十年见于京师,颀然者无加损。渥赭以泽者,顾少苍然矣。愕问其老,则曰:"吾日镜吾,吾貌固未变于前。"耳其言,观其

行事,则颇欲弃异与人为同。其锐而岸者,乃稍趋浑然之域,复愕其尔。则曰:"吾行事自若,吾气亦未始变前。"盖其貌日与一气,日与居不自觉也。然予乡畏之者,转而爱之矣。既且见其于人事大致细故,至市井器物若良,皆能究之。则又愕问之,蹙然曰:"吾既别子,吾父谢事家食,吾母又弃养,吾不得如前日读书。走徐扬道,路无宁岁,故颇习人物情态之嵬琐者耳。"予益知人家于学,不若道路于学。方册于学,不若从事于学。昔韩子得李平者,河中时,两人皆未冠,未通人事。既十四年遇之下邳,则皆有妻子,自谓无复昔时。无度量之心,而思旧,多可笑者。李君固异昔矣,不知予视前何以。问李君,李君不肯攻予短。方自谓久废业,闻京师有国学者,大夫士之薮也。又慕朝廷设科取士,官使之故来游焉,将复修其已废者。而窃有意俊,造之选,取传说,道积于厥躬语。揭斋曰积,以自励,幸记以起吾意。予谓说论学繇敏繇修繇怀始至积,非谓可,忽然一旦即积之也。予欲李君之德,若其貌,繇泽以苍学,若其气,繇锐岸而浑然。又欲李君之德之学之苍以浑然者,若貌与气不自觉,若予旁观者觉也。若是,则道真可积诸躬矣。其方则予又欲李君酬事酢物,壹是以此。世为徐扬道路,继自今至老,为别予十年,则人不畏以爱,若予者讵有既其积。又讵止区区已废方册之程,其获将百科第,苟德与学不貌与气若而形之若,虽久不加损,或又有少退却,则子不知矣。敢以是记斋,资李君自励,若商书曲折,则具儒先之说。与哓哓于诵,孳孳于缀辞,俯焉纂钞,强聒以讲说者,李君亦自能,皆无藉予尚口,而道之积,殆亦不专在是也。

畏斋

宋陈耆卿《筼窗集·畏斋记》

畏斋者,铁沆少初读书之室也。少初读书自《论语》始,得三畏之说,欲终身焉。且以名其斋,名斋匪难也,求无愧此名难哉。夫畏入德之户也,人无所畏,则何事不可为。三畏,畏之大者也,其中又有大者焉。大莫于天命,天命者,天所赋之正理也。天以是理赋人,人以得是理而为人,一息不存,则障其天阂其性。名虽为人而实无以远于禽兽。故君子畏之,且天理不在远。四端五常之道,其大者也,缕而计之则一语默必有天,一动作必有天,知其为天,则人欲无时而得肆矣。不知其为天,则人欲无时而不肆矣。故人知有轰然之雷霆,而不知其有隐然者焉。隐然者理而轰然者特形声尔。夫小人之无忌惮者,虽雷霆未必畏也。知畏者,虽无雷霆亦畏也。《大学》之道贵于谨独,独者,人所不知而己所独知之地也。然则少初之畏,不必衣冠佩玉,坐此斋然后见。一出焉,一入焉,藏修而游息焉,澄其心君,静其志帅,避欲如避仇,去邪如去囚。是心常若天之临乎其前而折旋乎其侧,则一发以上,动有轨度,积之而久。则清明在躬,左右逢原,泮奂优游,无入而不自得。盖天理本非强人之物,所谓畏者,亦非终于焦劳惴缩而已也。少初公台子,脱异富贵而欲从事于斯,可谓有志也已。能充其志,则圣贤可以驯致,不然则未免为乡人。少初勉之。

《永平志·马遂初畏斋铭》

不耻不仁,不畏不义,苟有是心,何所不至。是故小人,弗畏人畏,彼君子兮,小人之

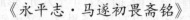

异,始也知畏,终也无畏。故能俯仰天地,而心不愧。

格斋

宋李壁诗

一物具一理,皆有极则处。索焉而不精,于德何所据。

杨诚斋诗

读书轮何知,问羊马何与。二理仍两心,终无研究处。

周益公诗

世事环无端,圣功并有讫。欲知至不至,客验物交物。

魏了翁诗

水非石之钻,索非木之锯。一日复一日,会有豁时处。

元斋

宋《刘漫塘先生集·元斋说赠陈孟明》

陈孟明辟斋以居,而徵名于漫塘叟刘某,叟命曰"元斋",而语之曰:子闻之乎,元者,善之长,气之始,冠乎四德而运行乎四时者也。尝试与子验之。一日之气,朝而升,昼而盈,莫而收,夕而息,息矣而复升焉。四时之气,春而生,夏而长,秋而敛,冬而藏,藏矣而复生焉。孰主张是,岂非元气犹存,则虽其息也,藏也,固无害于日之朝。岁之春耶,子之先擢儒科者数世,虽身不大显而以文名者,不可胜数。盖方是时,突而弁者皆士林之秀,弱而弄者皆简编笔墨也,故其效如此。年来似少异矣,孟明不饮酒,不博塞以游而甚好学。又谨于事亲,陈氏之元气,其在斯软。故为大书以名其斋而复为说其义,使仰而观,俯而思,益求其所未至,且告族之同志,相与勉旃云。

姚成一《雪坡集·书元斋跋后》

漫塘立斋二先生,某生晚不及识,陈君实以元斋说与跋示。某得观遗翰,九拜敬叹前哲已往,一字一墨皆可历代宝也。虽然,盍求其义,夫元万善之所从始也。故曰:善之长,元包四德,如仁之包四端,元即仁也。故曰:君子体仁而足以长人,体元之仁,天地间何莫非吾生意。又奚止复一家之元气,如先世之取科第而已哉。愿因先生以元名斋之义而求仁焉,庶无负二先生之说之跋之意。

元王恽《秋涧集·元斋为仲希赋》

平生襟度玉无瑕,天马精神出渥洼。北海罇罍无暇日,德公宾主到通家。山高仰止人皆慕,斋用元名意匪夸。教子以经平日事,不应遗实取其华。

李太初诗《为濮阳主簿赋》

一气中含万善根,夫何为善即吾仁。不烦力剖藩篱破,已觉轩中浩浩春。

忠斋

宋林希逸诗《题吴司户忠斋》

事业心期在汉廷,师生莫讶共斋名。当年取履封留者,入梦祇因住谷城。

盘斋

宋《赵君鼎集》《盘斋诗》

退之送李愿,归欤两山间。而今乃有此,坐能悦吾颜。

《宜春志》严嘉宾诗

孔明天下士,当年卧南阳。一室傥已定,未害志四方。盘斋诚有余,辗转意味长。攒书以为娱,殖兰以为芳。四友置左右,圣贤味中央。要为陋巷回,抑作干禄张。何当膏吾车,相从以徜徉。

《刘漫塘集·题盘斋诗》

不到盘斋十一年,旧时梧柳已参天。应乘天上浮云去,忍看梁间淡月篇。

蟠斋

宋《刘云龙先生集·蟠斋记》

安成刘君公济,于其暇日。合里之亲且旧,相与觞予于所居之西偏。酒数行,顾予而言曰:"是乃吾平日语人所谓蟠斋者也。请因以诿予,且斋之前坏瘠不沃而隆洼高埤之所附,水潴不流而浊挠弗蠲之所钟,外漫客土古道傍出,其下怒蛙盘鸥迭相鸣喧,而不材之拱木,毁折之丛篁,与夫幽芳野蔓,藤萝鬖鬖相为纷披,而不知四时之有流转,此蟠之地

也。吾之屋视桷与栌，几挠而若将弗支也。视其隅与四阿，几颓且靡而似无所投足也，而吾不以为陋。圭窬隙壁，仅能蔽风雨脱嚣埃，而其间丛书数千卷，足以时其探讨。暇则弹琴弄棋，足以娱玩其耳目心志，此蟠之居也。方吾少时，知所以从事乎学，则知所以从事乎世，日数千百言，落笔立就。中间咎降而影索，途修而步艰，志有余而力不抗，连试礼部辄斥弗遇，人生安与乐耳。赤孰知其他，此吾之所以蟠也。然世之人方且蹑穹台，临广囿，睇清漪之渺渺，掇茂植之芳香，以侈其游观。而吾则易之以卑汙狭陋之地，飞梦重霤，绮疏青琐，百金之壮丽，以至髹髤刻镂，藻绘彪炳，矗如幻化者，不知其几区，而吾则易之以容足之所。彼得志之士，策肥茹鲜缓佩而青朱，了无不可意者，吾则易之以平居无事之隙。是三者吾率皆易之，而若将无俟乎世，则谓之蟠也固宜。"予于是复之曰：古之人谁不欲达者，达卒不可得，然后深居远逐，不在东间在南阡。瓜畴芋区，口步可见到。宅居廛而田负郭，家有乳鸡丰豚以卒徂岁，且暮杖策恣儿童相邀戏，此事不得志而去，与欲进而无所从者之所为也。今君齿刚而气浑，一切无有是事，则宜与夫追念三径之就荒，退思倦鸟之知还者异矣。奈何终役役有此土以处也耶，既而曰我知之矣。且世固有钝其始而终自利，休于塞而通必至者。使物而无蟠，则孰且为己哉。今兹明天子于上，贤士大夫自以为无若此时为可以得志，何患不勉尔。吾将见其运符志偶，雷奋蛰而烛破幽，须远且大，正在异日，则是斋之设，其殆有激而已。虽君亦无能终留也，故为之卒其说，使君之所寓名于蟠者如此。

易斋

《上饶志》

易斋者，故知柳州青社宋授传道之所居，与其所自号也。幼从其舅徽猷阁待制。广川董芬令升读书，未尝出门。令丰城知永康权发遣柳州，俱有可纪，易斋之铭。尹谏议所作，谓易生于难，难生于易。其铭则曰：惟易之为，匪难之虑。习行夷途，九折先度。凡易必难，百无一可。安处骨肉，如雠在左。既善其易，将知其难。当暑备裘，终身不寒。

居易斋

宋李方叔《济南集·会居易斋分韵》

君子何乐胥，清夜以文会。篇章各纷挐，锦组贯珠贝。高谭生清风，石齿漱湍濑。安得楼兰肉，充庖余炙脍。

元吴哲诗《题盛本初居易斋卷》

自分驱驰嫩，那知践履深。风云难强会，箕颖亦何心。屑屑斋门瑟，悠悠梁父吟。周行信如砥，吾道孰销沉。

重斋

宋《黄勉斋集·家恭伯重斋记》

眉山家恭伯,名其读书之斋曰"重",取夫子不重则学不固之义,属干记:干窃闻大学之道,以格物致知诚意正心修身为本。而推之云:以斋家治国平天下。格物致知,又以居敬为本焉。先儒论居敬之方,则曰主一之谓敬。又曰整斋严肃,则心便一。整斋严肃,夫子所谓重而又居敬之本也。容貌之庄,言词之谨,非致饰于外,制于外所以养其中也。轻浅浮躁,其中可知矣。何以究此理之精微,存此心之纯汉字哉。世之学者,溺心于文词功利之末,固非大学之所当务。志于学而不得其要,则又舍近鹜远,惮拘检而乐放肆,其于学亦岂能有得耶?恭伯负奇才,摅说论,擢高科,守其家学之传,汲汲然以读书讲道为事,而又必以重为先。可谓得为学之要矣。然则以弘毅而任斯道之重,以斯道而任天下之重,亦由是而益用力于大学之道而已。恭伯勉之哉,恭伯名抑,令为嘉定府学教授。

清斋

国朝《宋濂集》

义中胜禅师结室于中天竺,取《契经》语名之曰"清斋"。词林宗工,各出新意,侈张而斧藻之意,赤至矣。全室翁同云巢,丈人以义中证修近道,必欲得予言。予学日坠,何足以与此。然而清斋者,香严妙悟之所,义中既体其名,则法其道亦宜也。不然,何取于清哉。无相居士为说偈曰:中竺有虚室,八窗皆洞然。触目无碍者,有境皆摄入。烟霞草木石,鸟兽昆虫等。以至世间事,何物不可状。此以何因绿,独名为清斋。纤尘了不生,正以清净故。昔有一童子,尝居清净室。冥寂于至道,见焚沉水香。由是作思惟,香虽根于木。非火则不发,大纵能燎原。炽然不可遏,苟非蕅香木。香气从何起,因知木为自。烟火乃为他,自他共和合。无因能行空,观兹四相义。幻有即空相,四大所合成。其法亦复然,又况水火聚。烟气未曾升,鼻观已先通。缘我有鼻故,香乃从鼻入。我若无鼻时,墙壁尾砾等。尾砾与墙壁,未闻知有香。皆由自性起,不假外物故。又况二物者,斯须即变灭。唯存灰烬余,欲求是香者。去来杳无迹,毕竟性空故。吾性本来空,虽空无不摄。不落有无间,妙香无去来。因兹悟密圆,发明无漏果。得证香严号,二十五玄圣。各说最初事,成道由圆通。七大十八界,各各有所入。久近虽两异,偏圆或二殊。其教已开显,遍行即圆融。悟理既一同,谁复分远近。圣性无不通,顺逆皆方便。主伴实相济,后先了不别。敷演真实义,普度有情众。闻者当悟省,胜师取契经。揭名其斋居,当行无上道。真证圆通智,若外而不内。如龟毛兔角,欲见不可得。居士说偈已,忽见清斋东。烂然大月轮,跃出瀛海中。光明悉照烛,清澈无纤翳。特为作证明,表此清静法。

素斋

宋《李忠定公集·素斋箴》

不白不彩,不质不文。绘事为后,素居其先。皓皓易汗,营营易点。术斯以往,其慎所染。闲邪复礼,友士之仁。以文会之,反相吾真。抱此以居,处子之秀。出则事君,惟道之就。鄙华胜实,恶紫夺朱。惟正惟中,以卷以舒。勿贪夫位,勿慕夫禄。有义有命,死生祸福。昔者夫子,从事于斯。体道拯溺,涅而不缁。殊途同归,何思何虑。养心浩然,独守其素。

临江萧君建功作素斋而求言于余,庶几有志于道者,作此箴以示之。建炎戊申十月晦日书于崇阳僧舍。

积素斋

元张志道诗《积素斋为成谊叔参政作》

高人治斋庐,丹□斥不御。流云护储胥,积雪在牖户。光凝水壶秋,色夺壁月曙。恍然觌古初,元气涵太素。有美斋中人,皎洁若振鹭。白贲守圣谟,玄文匪予慕。融此一色纯,岂但崇朝故。趣淡谢众华,境虚发深悟。黄扉岂素意,夙志安所遇。永坚贞白心,式为我皇度。

贡泰父诗《赋成谊叔积素斋》

飞雪委阶下,颢采满中堂。明月更被之,窗户流辉光。夜深时起望,星斗低以昂。庭树度疏影,林花散微香。忽若白玉堂,众羽分颉颃。凉飙飒然至,坐觉激肝肠。徘回复徘回,衣露白如霜。

《永丰县志》

县厅百楹有积素斋,在县厅之东。

坚白斋

元胡居敬《樗隐集·坚白斋记》

余幼读《徐偃王碑》,知徐氏为三衢名族,代有闻人。往岁承乏词林,与衢士徐志尹同署文学,酝籍蔚为儒林之彦。今游番禺复识郡守徐公炳文,侃侃乎松柏之姿,皎皎乎冰霜之操,信徐氏之多贤也。公尝名其读书之所曰"坚白斋",搢绅咸颂咏其美。仆不敏,谨稽其章旨为公续陈之,佛肸之召夫子也。知赵氏不足与有为,欲得圣人行道以济时也。圣人或行或止，其动以天，子路未知耳，譬物之坚白焉，磨之而不磷也。涅之而不缁也，佛肸能况我哉，学者则异乎是矣。金至刚也，或化为绕指之柔。衣本素也，或为风尘所缁。理固然耳，在圣人则不然。其坚也，犹山岳峻峭，震雷不能破之。其白也，犹白雪之白，凝尘不能污之。盖圣人之德，纯乎乾刚，濯以江汉，暴以秋阳，皜皜乎其洁也，谁得而磷缁之。吁，圣人者万世之标准也，去之数千载，遗书尚存。观其书，迹其事，圣人德容可思可法，无徒慕其名也。吾观公秉心坚正而不为物挠，操行洁白而不为欲迁，盖知学圣贤者，宜以坚白名斋也。古昔座右有铭，咸以自警，公藏修于斯，游息于斯，循名思义，进德孰有涯，始书是语与同志者讲焉。

白贲斋

国朝钱宰《临安集·白贲斋记》

夫天下之至文无饰也。天道无为而日月星辰丽焉，地道无为而山川草木丽焉，圣道无为而礼乐典章丽焉，使天地圣人有所造为而然。夫岂天下之至文哉。上古之世，天朴未散不动而敬，不言而信，无为而化，而至文已寓于其间矣。及其淳风绕，俗漓施之以青黄，加之以丹腹，而正色乱矣。淆之以金石，乱之以丝簧，而大音隳矣。和之以甘辛，调之以盐醢，而五味失矣。恦之以雕文刻镂，紘之以黼绣纂组，而大朴散矣。任之以才智技能，运之以精神巧力，役之以思虑营为，纵之好恶，庄矜诞谩，选懁奰诉，悲愁逸乐，而天下之文始侈靡溃烂，汗漫不可止约，而忘其性命之真矣。是故圣人出而化天下，将以复其淳焉。大礼必简，大乐必易。大圭不琢，大羹不和。尊之尚玄酒也，俎之尚生鱼也，笾之告燔炙也，贵饮食之本也。乐之尚苇籥也，贵其质也。辂之尚越席也，尊其称也。莞簟之尚藻秸也，幂之尚疏布也，器之尚陶匏也，莫不朴素纯懿，浑然天成，不假琢饰，不藉涂塈，不事修为施之礼乐典章诚敬。是将可以假于天地，可以交于神明，可以感于人民事物。非天下之至文，孰能与于此哉。临海有洪原羽者，笃学而尚质，疾世之文胜而侈靡也。扁其斋居曰"白贲"，殆将驯致夫文柔成贲之象，而不使过于文焉。故余道古昔圣人至文之寓于朴素者告之。虽然，至文无饰，惟圣者能之。圣人法天地之至文，君子固未易至也。传曰：衣锦尚裼，恶其文著也。君子将不得以圣人为法哉。

内白斋

元《王沂伊滨集·内白斋》

动息祛百虑，纷华谢群妍。静专外治定，敬直内乃专。悠悠天光发，皎皎水鉴悬。友照但一室，流辉昭八埏。敛舒岂徒尔，恒久贵自然。如何蚩蚩者，敢昧苍苍天。纷持白黑辨，而契内外篇。蹩蹩惑所入，焉能探其玄。永怀保贞素，橘颂乃陈言。

玄同斋

元韩性《五云漫藁·跋
邓牧心玄同斋记》

牧心寓山阴时,尝示余游记。若他著述数十篇,其议论有取于释老者为多,及读此卷,举三氏之同异而索言之辩矣。然三氏同异,未可以一语尽。至所谓利欲寇人易乘所忽,则可谓名言。此卷松雪翁所书,尤人之所爱重也。

道玄斋

元胡居敬《樗隐集·道玄斋记》

清江杨氏世为良医师,士大夫咸宗尚之,至于道玄不知其几世矣。道玄擅医名于时,尤好儒术。辟丈室聚轩孔之书,咸刊左右,暇则端坐讽玩,研极旨要,盖深有志于兹道也。搢绅之士号之曰"道玄斋",属予绎其义。夫道充满乎天地,散见于事物。日月星辰之运行,山岳河江之流峙,皆道也。大而三纲五常,小而方技之属,亦道也。人受天地之中以生,与天地参而为三,亦充夫,是道之大者而已。道而至于玄,斯为极矣。但玄之一字,凡儒书所言,若天之玄,舜之玄德,其义或殊也。老子曰:玄之又玄,则玄者至美至善而无以加之谓也。老氏之所谓玄,其《易》《书》之所谓神乎? 老氏之学,大概以清净为宗,以养性要其说,与轩辕相近似。汉初治其言以黄帝、老子并称,良有以也道玄观乎黄帝老子孔氏之书区别其源流,究极乎同异,掇其同乎道者以治吾心,以修吾身,则斯道之玄无以易矣。穷而独善,守此道也。达而兼善,推此为良相良医,司乎济物。无二道也,道玄之学,能究斯道之玄矣。医之道通乎神圣工巧,独非玄乎。搢绅之咸尊道玄曰"玄斋",先生真知言也。道玄之大,父志可翁年九十余,视听不衰,学行益著,则斯道之玄,盖世守之矣。吾闻杨氏系出岷峨,盖子云之裔。子云作大玄千数百言似《周易》,其书具在质诸家学,尚有足徵否乎? 幸以语我。

遥碧斋

宋李昭玘诗《宿慈氏遥碧斋有感》

斋榜无名书。高僧邀我暂淹留,细话朱幡此屡游。不见清谈飞尘尾,空流悲泪拂银钩。淮山胜地千年在,人物才华一梦休。欲作招魂吊余恨,晚烟疏雨不胜愁。

泛碧斋

宋《陈默堂集·和李舍人留题泛碧斋》

山脚回环插远浔,碧琉璃上玉为岭。共怜采鹢风前试,正值沧波雨后深。应为菁鲈轻去国,遂含胡越尽同心。川此去为舟楫,也念江湖有陆沉。

《陪知县夜饮泛碧斋尔用前韵》

暑雨初收水拍浔,溪光南北影千岑。移舟为爱玻璨阔,放盏那知琥珀深。缓带小风来水面,倚栏凉月转天心。酒酣更驻凌波袜,直待银河夜色沉。

《李忠定公集·泛碧斋诗》

画斋初泛碧溪浔,十里津平叠翠岑。拍岸烟波梅雨细,连天芳草领云深。愧烦断取西湖景,暂慰倾思北阙心。好是清霄山吐月,水光天影共沉沉。

《六月十八日,同陈兴宗、邓成彦、邓志宏早会凝翠阁,晚游泛碧斋》

高阁凝虚翠,虚斋泛碧川。七峰连秀色,万户锁晴烟。风物悲游子,登临集众贤。伊蒲修净供。香雾缭芳延。嗜酒陶元亮,狂吟白乐天。嫩菱披紫角,新勤擘红圆。文字真清饮,溪山结胜缘。画桥横蟏蛛,绣岭卧蜿蜒。落日生氛霭,移舟信沂沿。星河光耿耿,风露气涓涓。山吐三更月,人游半夜船。乱萤行熠耀,宿鹭立联拳。尽兴忘归棹,衔盃约倒莲。乘槎疑犯汉,衔气欲登仙。但有诗千首,何妨谪九年。深惭二三子,陪我亦萧然。

同罗畴老邓季明燕凝翠阁泛碧斋

法界惟心在处安,胜游须信得时难。云峰远并山峰碧,天影深摇溪影寒。去国不知流落恨,亲仁且尽笑谈欢。夜凉风露生舟楫,皓月遥升白玉盘。

玄润斋

《龙虎志》

在龙虎山。

宋濂记

信之龙虎山为汉天师裔孙传道之所,四方之士从其学者无虚时。元重纪至元已卯,山之耆德朱君一真,以谓学者之来为求道也,不博以文则道何繇成。博文必有师,不有田以养之,则师弟子之羞服百需之具。奚所取给而赖以不坏,乃捐腴田若干为学田庄,俾其曾孙李弘范主之。越十三年,朱君卒,兵乱事寝。至正甲辰,朱君之门人,史君鎔直惧不克继师志,复益以己田百四十亩,命弘范兴学事。弘范亦自感旧,斥田五十亩,即山中易隙地,辟斋舍为讲诵之区。以一百五十亩增为学田,授斋之长者世守之,名其斋曰"玄润。"于是弘范曰:"斯可以成二师之志矣。然吾居鄱阳,兄弟皆夭死无嗣,不图祖祢将无所食,吾责可辞。"复选从弟之子义实为嗣,作室数楹于楷杷山之阳。扁曰"肇堂",以奉。其先堂之旁构斋题曰"玄润",以教其子孙,亦以田百五十亩隶马。弘范复曰:"斯可以延吾亲之祀矣。"师之德不可废也。入田七十五亩于上清宫之祠,附祀其师史君而以其祢配之。弘范又曰:"吾志稍行矣。然不托之文,乌足以知吾朱、史二师嘉惠学者之仁,后人继续之力哉。"乃属其友邓君仲修来请记其玄润斋,欲著二师之续也。道家祖老子,老子之学该博闲阔而尤深于礼。当世大儒多曾北面问之矣。其学之博,非必守一术以建习礼之本,必不弃人伦,以忘亲。后世或失之,去老子之道远矣。朱、史二君独能以博文诲学者,固为善于学道。弘范既著二师之事,又图其亲与师之祀,不亦违礼之本矣乎。非知道者不能也,夫学于斯斋者学道而已。予嘉弘范之所为近道而得先后之序也。并书以为学者法焉。

虚白斋

《应天府志》

在应天府冶城山,道士陈玉琳建。

《危素记》

夫胶辖万变,而志不为之乱,明白四达而智不为之凿,此古之学道者,所以大过人也。漆园氏谓之撄宁,其以是欤?陈君玉琳学老子法于宣城之玄妙观,既而主金陵之玄妙观。昔我文宗出居江南,数登冶城山,观在其处,眷遇甚厚。及即皇帝位,改"玄妙"为"大元兴永寿观",升宫锡君虚白之号,乃题其斋曰"虚白",昭君赐也。侍御史济南张公书其额,又为著铭。而缙绅之士多为之记,君又属笔于临川危素。素,惟昔文宗旧劳于外,周知民事,公卿大夫士有文武才德知能者,悉取而用焉。至于方外之臣,虽长往于山林,无事乎禄爵而亦不欲遗乎其贤仁哉。帝王之用心也,君能遭值休明,锡厥嘉号,所以知君为深矣。夫虚室生白,惟至者能之,君为人慷慨好义。处当东南都会之地,又其宫有大兴作,应接繁夥,规画纤悉,自它人观之,鲜不厌倦者。而君处之,恬然若无所事,苟非深有得于其学,能如是乎?世之人焚其和栅,其里者求一息之安,窥一阕之明,且不可得,盖亦可悲也哉。然则君之于道信用所受,亦岂秦汉之方士能与知耶?是以名斋之义,虽屡辞不敢为之记,而亦卒不能终辞也。

台

七佛台

《舆地纪胜》

在顺庆府南，充清居山君子峰后。又有凤足、佛足灵迹之异，见冯楫《经藏记》。

七宝台

《长安志》

怀远坊有大云经寺，当中宝阁崇百尺，时人谓之七宝台。

又云：唐仪凤二年，于光宅坊掘得石函，有佛舍利骨万余粒，遂立光宅寺。武太后始建七宝台，因改寺额焉。

《酉阳杂俎》

七宝台甚显，登之四极眼界。其上层窗下尉迟画，下层窗下吴道玄书，皆非得其意也。

十八贤台

周密《澄怀录》

周子充游庐山，谒隆禅师塔，其前为十八贤台。

七宝台

《江州志》

德化县西南六十里掷笔峰。因石为台,环列石坐一十有八。昔慧远与社贤憩此,下临绝壑。今东林土台,乃其续筑也。

《舆地纪胜》

南康东林寺,新罗岩之东二里,有十八贤,为莲社慧远法师以下十八人。

宋陈舜俞诗

台下衣冠已化尘,台前颜色尚如新。林泉合是修行社,岩穴谁非避世人。好鸟岂知当日事,幽花何似昔时春。老僧不解论今古,应笑徘徊问隐沦。

文殊台

《盱江前志》

南城县南四十里,福山总持禅院有文殊台。

《新城志》

在新城县西南四十里,福山寺开山时,有文殊现,因此作台。

《舆地纪胜》

《庐山记》云:文殊台在掷笔峰间。会昌毁寺,东林寺二僧藏文殊瑞像于此。

文殊台、诗台在香炉峰下,东望狮子峰。

五台山里现文殊,人指此台名似虚。正为东峰有狮子,恐曾高跨入匡庐。

天王台

《峡山神异记》

唐广德中癸卯岁,夏四月十七日,览公修葺诸台。中路忽见四小儿来,将谓有客上寺。拟迎至寺,复无一人。数日又见童儿四人,览公遂问曰:"乞垂姓名。"童曰:"吾乃海上四天王。"览公问曰:"何现此相?"童曰:"时人惊畏,故现此身,卫护精舍。"遂于西禺山上磨香石北三步造四台,仍塑四天王焉。

《元一统志》

天王台在河间府城北门里,少东有方台一所,高约三丈有余。北去城约近百步,上有古殿堂一间,并献殿全,内塑毗沙门天王圣像。一在大名路府城中,唐庄宗所筑。

《三山志》

福州保安里有天王台。

《大同志》

天王台在于城北,外有旧城遗址,系元魏所建离宫。今立无祀鬼神坛。

宋《李若水集·开德天王台诗》

还家十日坐井底,北风吹我上高台。亭亭寒日光彩薄,幕空云影低徘徊。半折老木卧崖腹,衔枯野鹊时而来。沙飞客眼展不尽,雄楼向我争崔嵬。故人天涯云水隔,童背酒壶聊自开。胸中磊砢浇不下,旁人已嘲红满腮。西湖百步水作界,北城万瓦烟成堆。十年黄土涴双足,把筇今日踏霜苔。登高能赋我辈事,莫惜淡墨留墙隈。后日重来拂石坐,山阴陈迹空自哀。

《王履道集·夜登天王台》

月色镕银烂不收,萧然风露欲中秋。天河澄淡星芒小,云海溟濛夜气浮。台影迥无群木碍,琴声清入素商流。高吟此地容吾和,长啸西山想独游。

元《许衡集·天王台诗》

楼阁荆榛几变更,登临因见古今情。当年胜迹无从问,依旧春风草又生。

滕牧诗

新晴特特赏春华，上到危栏日已斜。垂柳不遮霸客恨，四围山色满城花。

罗汉台

宋刘克庄诗

海岛五百士，刘郎虑亦深。不似阿罗汉，神通无处寻。

金刚台

《光州志》

在固始县城南一百四十里，宋时民人避兵处。

《宋史》

吴渊，字道父，为屯田使。朝廷付渊以光、丰、蕲之事，凡创司空山、燕家山、金刚台三大砦。

宋朱翌诗

儿子门生交说勤，要翁一出步溪云。金刚台近城三里，玉友醅新盏十分。反照江山红半敛，小春桃李暖如薰。心灰已冷无机事，戏象争棋亦谩云。

禅师台

《太平寰宇记》

在萍乡县东五十五里。

桂师台

《江州志》

瑞昌县西百二十里，有桂师台。在桃花山石台下，出泉冬夏如一，祷雨甚验。

花首台

《元一统志》

《惠州罗浮记》:洞中常有五百花首真人游会。唐开元二十六年,敕建此台,名花首。

《惠阳县志》

乾末多罗,唐开元二十六年,自西竺国以铁释迦像一躯,长一丈六尺,泛海而来,欲贡中国。至番禺,举之不动。天宝二载中,使何行成奉诏祭罗浮山,闻罗浮有花首菩萨之迹,施财建花首台于山下,因奏请其像置之。

金粟台

《元一统志》

在福州万岁寺。王闽时塑金粟像,名金粟台。郭浮诗云:云凝香篆迷禅刹,风卷潮声出海门。

佛影台

远公《康山集》

佛影台在西方那伽阿罗国南古仙人石室中。以晋义熙八年,因罽宾禅师南国律学道士,共立此台。

唐李邕诗云:"影图面西来。"影图,谓佛影也。后乃建寺以奉之。

甘露台

《丰城县志》

淳熙壬寅,感山海慧寺经藏成,四方祷祈辐凑,有甘露降于寺隅者三。主僧晓莹为台扁曰"甘露"。莹,俗姓管,邑人,径山宗杲法嗣。杲窜岭外十七年,莹与之俱。杲后得旨南归,终于径山,付以法衣。莹善为诗文,自号云卧庵,有《雪窗集》及《云卧纪谈》《罗湖

杂录·禅门三传》行于世。

宋刘言史诗

偶至无尘空翠间,雨花甘露境闲闲。身心未寂终为累,非想天中独退还。

姚成一诗

有唐太和年,宫中亦甘露。曾不如此台,空山自甘露。

讲师曾此雨天花,台筑山椒几岁华。一盖云峰擎羽葆,四盘江水走龙蛇。好教绝顶峻嶒出,莫放浓阴荟蔚遮。应有醍醐余味在,僧房试觅一杯茶。

禅月台

宋韩淲诗

此台已芜没,禅月彼一时。得句僧窗下,空留洗墨池。

渺渺凉风起,木犀相次开。举家空自住,过客有谁来。已是冰溪棹,更寻禅月台。郁乎湖海气,鸥鸟莫惊猜。

山路难嫌脚力登,尽高高处又冯陵。岂无道院烧仙药,定有僧龛供佛灯。一任荐绅多习熟,都缘书册易因仍。屋头巷尾谁连壁,凉冷秋来老莫胜。

贯休一去二百载,犹得灵山照玉溪。不是台高可留客,秋来人要觅诗题。

僧清知野逸,禅月有高台。自是登山去,谁非入寺来。孤花明密叶,落絮起荒苔。香篆茶瓯久,昏钟我未回。

寻得残僧上月台,雨云清薄未全开。茶瓯坐久酒杯举,桂树落香黄菊来。

凉风吹雨过城头,不近重阳不是秋。断送清樽欺老病,吹台供得几多愁。

蛩动一台秋气深,酒浮灯影唤微吟。不禁骚雅多悲兴,且与枯禅话息心。

斋余洗钵施生台,此路闲通一线开。笑杀渊明沽酒远,推将谁去挽谁来。

朱韦斋诗

玉峰点寥廓,霄汉疑可梯。玉水环城阴,滟滟方拍堤。层台擅二美,吾策一时携。何当蜡吾屐,更欲照以犀。尘劳不相赦,竟类穷途迷。我生麋鹿尔,不羡驾辂骊。向来丘壑怀,语发人所诋。长安黑头公,玉勒朝金闺。山林出戏言,广已无端倪。谁收遮日手,归把耕雨犁。

纷纷尘土中,等是舞瓮鸡。颇闻山水间,幽于饭藿藜。行当践此语,绝境同攀跻。

孔武仲诗

物有贱而贵,劝公收桦皮。自能生烈火,何用爇香脂。山径狂风夜,茅檐密雪时。金莲猝难买,唯此颇相宜。

素月寒光好,高斋夜已扃。影难穿密纸,光稍泛疏棂。皎洁临书案,朦胧到砚屏。沉吟忆丹桂,更欲步中庭。

《草泉集·访徐季益于禅月台》

郡郭凡几到,兹台独未登。遗踪问禅月,文士得徐陵。坐久意亡悫,景骄诗不胜。灵山何许是,空翠涌千层。

五色云台

《东阳志》

义乌县。高僧智者大师,梁天监中,武帝延师于等觉殿,设礼欲令师先见形相。师合掌入瓶中,结跏趺坐,少顷化五色云台而出。帝北面受戒,亲执弟子之礼。

乘云台

《舆地纪胜》

在福州雪峰寺,僧希运与一僧同登,转盼之间,其僧忽腾云而去,运呀然而际之。

披云台

宋葛胜仲诗

深公出东都,山色已清好。流行沧江上,快意时绝倒。洗尽眼界尘,招提迹如扫。众挽来灵山,世故亦相恼。平生爱山心,不厌更幽讨。扪萝开细岑,脱履藉丰草。聊烦坡陀石,坐此突兀老。是身端如云,去住殊未保。孤峰起孤烟,晴湖漾晴昊,宾主两忘言,可为知者道。

雨花台

《建康志》

在城南三里，据冈阜最高处，俯瞰城闉。旧传梁武帝时，有云光法师讲经于此，感天雨花，故赐名山谦之。《丹阳记》云：江南登览之地三：曰甘露，曰雨华，曰陵歙。建炎之后，台址仅存。后人乃请均庆院旧额，即此基建寺，又坏于大。隆兴元年，留守陈公之茂重筑此台，创一堂名总秀，而徙均庆院于台之下。淳祐中，吴公渊重修。宝祐初，王埜又加修饰，自书其扁。咸淳元年夏，五马公光祖既新乌衣园，或谓台与园相颉颃，亦不可以不治，乃并撤而新之。高广视旧加倍，缭以修垣，旁建披屋，又累石数百级，以便登陟。作门通衢，以严启闭。江山观览之胜，为金陵第一矣。

宋马光祖记

雨花台胜甲江南，事详郡乘。余公余一往，则台屹甚崇，万象环集，山川城郭，江淮吞吐，如拱如赴，而顾瞻吾台，藩拔级夷，反若歉然有不足当者。度材更缮，不两月告成。既成，率宾佐落之。余抚栏作而言曰：嗟呼！地以山川胜，山川以人胜，而人之所以胜者，何哉？今吾与二三子登斯台也，仰而观之，行阙奂如。赵元镇、张德远之所建请，犹凛有生气。俯而观之，长江渺如，韩蕲国、虞雍公战胜之迹，尚可一二数也。子以是而观之，其亦有概于心否欤？向皆如晋元奕辈，把酒清谭，脱落世事，则虽茂弘新亭，士行石城，遗迹之丘墟久矣，而况所谓雨花台者。然则吾与若纵容无事，相与游此也，而可不知其所自耶？知其所自，则当监其所为矣。吾老矣，何能为？惟闻诵此山，移说东庐山故事，则跃然有所契。金盆石室，谅不终寒我盟，然前所谓元镇诸贤之事，其卒付之登临一概而已乎。《诗》曰："高山仰止，景行行止。"又曰："以似以续，续古之人。"吾敢以是为二三子勉，二三子有不勉者耶？乃相与离席而谢曰："敢不勉！"因笔以为之记。

刘潜夫诗

昔日讲师何处在，高台犹有雨花名。有时宝向泥寻得，一片山无草敢生。落日罄残邻寺闭，晴天牛上废陵耕。登临不用深怀古，君看钟山几个争。

王安石诗

盘互长干有绝陉，并包佳丽入江亭。新霜浦淑绵绵静，薄晚林峦往往青。南上欲穷牛渚怪，北寻难忘草堂灵。篮舆却走垂杨陌，已载寒云一两星。

杨杰诗

空书来震旦，康乐造渊微。贝叶深山译，曼花半夜飞。香清虽透笔，蕊散不霑衣。旧社白莲老，远公应望归。

周必大诗

岁晚相逢古帝乡,长松百尺傲冰霜。青鞋踏遍南江岸,更赋名花似漫郎。
传道诗仙折简来,破寒雪屋为君开。要将好句夸张籍,故放歌谣史部才。

天女来参复上人,逆知君动雨花心。故令六出缤纷下,免使荒台更重临。

马野亭诗

居士室中天女现,生公台上雨花悬。只因妙语倾人听,非有真花堕我前。却似文章
称锦丽,亦如咳唾说珠圆。不知谁向痴人道,令望虚空眼欲穿。

张汤诗

不谭仁义只谭空。一看参差在个中。台上缤纷花正雨,城边一阵已西风。
君王自有君王业,何事区区翻贝叶。雨花名台非识奇,要使后人知覆辙。

罗必元诗

萧帝倾心向佛家,谩言天女坠天花。庐僧一叶横江去,回首梁园日脚斜。

张槊诗

莫说南朝胜概繁,只今近郭已江村。台荒浪绝曼花坠,事往空余古意存。瓯缺正绿
轻纳景,鼎分谁谓不如孙。滔滔千载兴亡恨,尽付凭栏对月樽。

刘端之诗

六朝宫苑帝王州,何事兴衰若置邮。可是战争收拾后,却将歌舞破除休。千门静锁
梧桐雨,万堞深笼薜荔秋。试陟雨花台上望,夕阳烟水替人愁。

卢寿老诗

辒车行晓快新游,更上雨花台上头。看不厌人浑是景,清无极处奈何秋。地完龙虎
堂堂立,江泊鲸鲵衮衮流。一带黄山是淮土,依然望弗见神州。

郭功父诗

云公说法时,诸天雨名花。此事古老传,岂为虚语夸。至今数亩地,长松肖龙蛇。下
不生蔓草,上不存栖鸦。夜或散瑞光,烂若赤城霞。沿崖仅可到,狭径宁容车。严严渤海
公,好古心无涯。携筇徐步至,极眺频吁嗟。不惟古佛迹,绝景采幽遐。城郭如钩环,井
庐杂禾麻。青山断绿野,白水连平沙。翔帆出天镜,叠鼓传掺挝。又复听归橹,大泽鸣雁
驾。云烟失浦溆,霜雪摧兼葭。顾瞻指掌间,千里无毫差。中天二龙飞,此邦恃犬牙。纳
土业已缓,何殊井中蛙。神兵半夜集,城裂如剖瓜。唯仁乃无敌,四海同一家。我公乘闲
来,式宴宾亦嘉。作亭当旧址,海月浮窗纱。举杯莫辞酒,越女弹琵琶。为我谢云公,亦
有三春葩。真法忌拣择,岂校静与哗。酩酊马上归,鬓发从鬖髿。

城南五里近,驱车稍停休。层台临古刹,欣陪清净游。凭高送远目,考古思名流。更读琳琅篇,叙事何其周。尸黎与法云,接迹居岩幽。趣将金仙谐,行匪斜径田。至今手植松,千丈腾龙蚪。悟发时异众,妙龄已依刘。夫华无根蒂,应讲来飞浮。帝释昔举手,此理谁可侔。迩采表前踪,新亭压鳌头。空渚栖古月,大江浴清秋。旷怀出十地,壮气横九州。三山连天门,水府卧金牛。故国罗绮灭,深宫榛莽留。兴亡千岁间,愁绪如缲抽。惟余北岭云,无心自悠悠。高鸿正飞冥,罗网安得收。公等真丈夫,问学皆渊丘。不应持使旄,归合登瀛洲。桓桓鼎鼐司,落落金马俦。君臣若尧舜,明良互赓酬。胡为慕瞿昙,玄微解而优。愿舒三日霖,尉此旱岁求。乾坤涵润泽,使我醒两眸。咄嗟勿重陈,玉树后庭讴。

王质诗

乱草踏秋碧,斜阳立晚红。天低昏海雾,江阔渡淮风。台有余基壮,碑无旧观丰。愁人惜倦眼,不敢送归鸿。

李和父诗

不见梁时说法僧,一台芳草自青青。满山码瑙殷红子,空验天花旧点灵。

周伯弻诗

细藓柔莎锁旧堆,昔年曾见异僧回。如何天上飞灵雨,不为人间洗劫厌。江接潮头诸脉应,地连岗势一支来。只今不假虚无事,别是春风歌舞台。

叶梦得诗

言经朱雀桁,复度白鸡年。去岁辛酉。谢公不可见,废垒蔓草缠。三日瞰坰牧,所怀多昔贤。坡陀北城下,谁可作九泉。石头控峥嵘,目尽西南天。定都记孔明,赤壁方凯旋。孙权定都,孔明初劝之。惟初鼎足计,用意良已虔。更作长干行,秦淮乱清涟。残春扫余花,密叶未有蝉。高台略四远,绿野浮竿眠。午阴久未移,幽景为我延。使君固不凡,况有佳客先。老大百虑息,爨余岂遗烟。了知尘外心,本自无间然。

唐仲友诗

竟夕飞花一尺围,今朝晴色荷神禧。共寻萧寺因乘兴,直上高台是爱奇。鸡鹊余寒通北极。凤凰斜照落西垂。诗成似得江山助,莫遣金陵胜侣知。

促膝红炉拥囱围,浅斟竹叶介繁禧。明年雪里人应健,醉客诗成语益奇。戏掬巧争肌玉莹,快飧不省鬓丝垂,归来鼻息春雷动,晴日三竿总未知。

因时兴灭易成空,更向层台觅旧踪。江渚余寒栖白鹭,山岗晴色转青龙。风烟暖入千林景,丝管春生万井容。堪笑冷官诗思苦,绝尘高韵以难从。

刘龙洲诗

寒意湿烟草,浮生吹浪花。绕台皆峻岭,陈迹一飞霞。子醉辞吐凤,吾狂字落鸦。儿

童应笑客,风飐角巾斜。

方岳诗

孤云落日倚西风,历历兴亡望眼中。山人六朝青未了,江浮五马恨无穷。客愁已付葡萄绿,迳雨空余玛瑙红。我亦欲谈当世事,无人唤醒紫髯翁。

史浩诗

试扶鸠策上烟霞,尚想当年天雨花。潮熟野航归别浦,雪乾宿鹭点晴沙。高连西竺三千界,俯眺南阳十万家。更欲云开穷远目,郁葱起处认中华。

李之仪诗

流传胜致有无间,投老方能一倚栏。千里江山来极目,万家烟雨锁初寒。奸雄几许埋榛莽,笑语何妨拥蕙兰。便觉寸阴真可惜,须将酒量为君宽。

胜游自有经年约,佳客难同信步来。无复风烟翳寒日,渐催花柳映高台。云光故事空陈迹,玉树遗音失旧哀。今昔循环等相视。欲寻归路更迟回。

李峒诗

雨花台北倚晴空。烟草阡西是故宫。日暮六龙归海上,夜深孤鹤语城中。山连巴蜀势犹在,江截华夷气不通。欲问兴亡遗老尽,长林对面起清风。

梁大用诗

春城一望半桑麻,倚杖东风感物华。山为人知难聚宝,台从僧去不飞花。江吞楚尾波涛险,地接吴头道路赊。不独眼前风景异,夕阳烟草遍天涯。

梁隆吉诗

春中景物尚凄然,小立崇台古树边。潮信不嫌城寂寞,山光似与客留连。英雄马鬣无余地,气势龙蟠得几年。眼底兴亡总闲事,不如有酒醉花前。

元陈刚中诗

巍台千仞梵王家,云淡秦淮月映沙。天雨宝花今不见,空闻人唱后庭花。

赵子昂诗

雨花台上看晴空。万里风烟入望中。人物车书南北混,江山襟带古今同。昆虫未蛰霜先霣,凤鸟不鸣江自东。绿鬓刘伶缘醉死,往寻荒冢酹西风。

丁复诗

城郭江山只旧时,野园村巷总新诗。衣冠昔日繁华地,锦绣春风婀娜枝。慷慨莫歌是周室黍,升平方报汉房芝。愿闻圣主贤臣颂,最是王褒鬓未丝。

国朝贝廷臣诗

行行出城南,登高望三丘。雉堞壮天居,宫殿若云浮。星分斗牛野,水合江汉流。苍然淮上山,聚米当马头。气已无朔漠,人今冠中州。慷慨忆当时,远近开朱楼。仙人翠羽帐,王母姗瑚钩。貂蝉蔼七贵,车马从五侯。光辉互照耀,意气何绸缪。皇威复禹迹,风气移荒陬。千屯夹虎士,万斛回龙舟。将军卫霍功,相国房杜谋。我来览奇观,发兴属清秋。已将函谷并,遂与洛阳侔。所悲迫衰谢,蒙汜安可留。目送桃叶远,水深凫雁洲。清谈晒诸老,匡时忘远猷。庶穷八极旷,慰此千里游。

高启诗

大江来从万山中,山势尽与江流东。钟山如龙独西上,欲破巨浪乘长风。江山相雄不相让,形势争夸天下壮。秦皇空此瘞黄金,佳气葱葱至今王。我怀郁塞何由开,酒酣走上城南台。坐觉苍茫万古意,远自荒烟落日之中来。石头城下涛声怒,武骑千群谁敢渡。黄旗入洛竟何祥,铁锁横江未为固。前三国,后六朝,草生宫阙何萧萧。英雄乘时务割据,几度战血流寒潮。我生幸逢圣人起南国,祸乱初平事休息。纵今四海永为家,不用长江限南北。

《曾宗泐文集·雨花台送客》

梁朝雨花台,近在城南陌。不见讲经人,空林淡秋色。登高俯大江,目送千里客。白鸟下沧波,孤帆远山碧。

宋《王淮文集·满江红》

踏遍江南,予岂为,解衣推食。谩赢得烟波短棹,月楼长笛。看剑功名心已死,积薪涕泪,今谁滴。想中原一望一伤情,英雄客。 形势地,还如昔;谈笑里,封侯觅。岂有于前代,无于今日?龙豹莫藏韬略手,犬羊快扫腥膻迹。看诸公事业,卜枭卢何劳掷?

《王云焕文集·沁园春》

四十君王,三百载间,兴亡一家。叹幕府峰高,生涯社燕;烟脂井暗,富贵飞花。山骨呈羞,江声带恨,磨尽英雄岁月赊。君知否,是枋头灞上,着数全差。

倚空长剑吁嗟,奈争战年来似乱麻。但苍陵古冢,白杨啼鸩,庄园废沼,青草鸣蛙。旗盖东南,风涛天堑。难比兴王隙地些,休凝伫望长安,路杳夕照愁鸦。

《白君瑞文集·水调歌头》

凉吹拂衣袂,助我上高台。云檐风栋,窗户绝纤埃。四绕江山雄丽,万古盘龙踞虎,壮气锁崔嵬。二水中分远,艇子自归来。

望白云,迎碧汉,俯长淮。铎声到耳,亭亭孤塔现林隈。烟惹宫城深树,日照酒楼帘幕。物象眼前排,长啸下梯径,欲去更徘徊。

《韩元吉文集·水调歌头》

泽国又秋晚，天际有飞鸿。中原何在，极目千里暮云重。今古长干桥下，遗恨都随流水，西去几时东。斜日动歌管，萸菊舞西风。

江南岸，淮南渡，草连空。石城潮落，寂寞烟树锁离宫。且斗樽前酒美，莫问楼头佳丽。往事有无中，却笑东山老，拥鼻与谁同。

《吴公渊词·满江红》

秋后钟山，苍翠色，可供餐食。登临处，怨桃旧曲，催梅新笛。江近苹风随汛落，峰高松露和云滴。叹头童，齿龀已成翁，犹为客。

老怀抱，非畴昔；欢意思，须寻觅。人间世假饶百岁，苦无多日。已没风云豪志气，只思烟水闲踪迹。问何年同老转溪滨渔钩掷。

《吴公潜词·满江红》

玛瑙岗头，右酾酒，左持螯食。怀旧处磨东冶，剑弄青溪笛。望事尚嫌山是障，醉中要卷江无滴。这一堆，心事总成灰，苍波客。

叹俯仰，成今昔；愁易搅，欢难觅。正平芜远树，落霞残日。自笑频招猿鹤怨，相期蚤混渔樵迹。把是非得失，与荣枯虚空掷。

法华台

宋张舜民《郴行录》

潭州升中寺，后有法华台，高绝山顶。僧法崇者，笺《法华经》于此。有杉橹数本，其大如菌云，陶士衡手植也。

郑刚中诗

湘西岳麓法华台，四十年中又再来。惟石与松如雅故，问僧并寺已尘埃。区区独恨恩难报，负负无言志已颓。退宿道林愁不寐，四檐春雨杂惊雷。

郭功父诗

南出长沙城，西渡潇湘水。谁铺碧鲛绡，迥秀黄金底。中分橘直洲，隐若鳌背起。府邑古称雄，地势信少比。苟非仁义图，畴将甲兵洗，晓色烟雾开，人家明镜里，斯须舍舟楫，纵步踏兰芷。遥遥望松门，物象愈奇伟。枝叶既不繁，霜雪讵能毁。传云陶将军，屯营手植此。至今凌云气，犹如大君子。才过清风峡，路转不容跬。尘寰自此隔，佛界朗瞻跂。层梯上重门，绘塑光炜炜。皓鹤去无踪，寒泉但清沚。遂登法华台，平日瞰千里。返惊人世界，堑壁徒为耳。连甍十万户，罗列在按几。想当韩杜诗，荆榛晦遗址。不见湘西

篇,唯夸道林美。幸同刘子来,纵视眼不眯。作诗君莫谦,前辈尚可拟。挥笔方争豪,求心翻自鄙。请看梁上题,半是泉中鬼。白发缠利名,何由外生死。道师深悟禅,软语听詹詹。明驱三乘车,济我岸超彼。台名将谓何,此喻有深理。香色存天然,了不染泥滓。救物运真悲,得法终日喜。

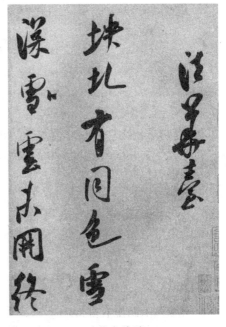

法华台诗贴

张栻诗

山间景物转流年,台上风光处处传。放目便应云梦小,凭栏平挹祝融巅。忽寻故国占天际,谁看孤舟系岸边。百感还将山下去,肯同槁木堕深禅。

国朝顾棣诗

环山疑化城,维中屹高台。昔年智谁构,宝座青莲开。上贮大乘经,诸佛多演说。字字灿金泥,行行翻贝叶。老僧结跏坐,淡然忘世氛。欲参西来意,终日诵云云。

《郡县志》

法华台在永新县北十里。

《夷陵志》

法华台在远安县鹿溪山西六里。

《宝庆府志》

法华台在本府邵阳县城外三里,东山绝顶,下瞰长江,实邵阳之胜概。兵燹台废,止存石壁一座。

陈琰诗

流水西来绕乱山,山包曲折几重滩,烟云出入搜寻易,人世兴亡入画难。南楚归舟牵客思,西风脱叶转秋寒。年华渐晚边城远,凝望中天更倚栏。

金经台

元王逢诗

缥帙白象签,金书贝多叶。稍披四句偈,已断七支业。

翻经台

《溧阳志》

梅福翻经台在灵宝观。按：本传福居家，常以此读书养性为事。元始中，王莽颛政，福一朝弃妻子去，至今传以为仙。其后人有见福于会稽者，变名姓为吴市门卒，或尝寓此也。元丰中，封福为寿春真人。

《临川志》

谢康乐翻经台在郡城宝应寺。《宋书》云：谢灵运为临川内史时，于此翻译《涅槃经》，因以为号。

唐《颜鲁公集·宝应寺翻经台记》

抚州城东南四里有翻经台。宋康乐侯谢公，元嘉初于此翻译《涅槃经》，因以为号。公讳灵运，陈郡阳夏人也。祖玄，晋车骑将军。父瑗，秘书郎。公幼颖悟好学，博览群书。文章之美，江左莫逮，以袭祖爵，世人宗之盛称。谢康乐初为刘毅卫军，从事中郎太子左率。出为永嘉太守，郡有名山水。公素爱好肆意邀游，称疾去职。于始宁县修营故墅，傍山带江，尽幽居之美，因著《山居赋》并自注之。与隐士王弘之等游放为娱，有终焉之志。每一诗至，郡邑莫不竞写，宿昔之间士庶，皆遍征为秘书监，再召不赴。太祖使范泰与书郭奖之，乃出就职，寻迁侍中，日夕引见，赏遇甚厚。多疾不朝，赐假东归免官。与从弟惠连，东海何长瑜，颖川荀道雍，泰山羊璿之，以文章赏会，时人谓之四友。寻山登赏常着木屐，上则去其前齿，下则去其后齿。会稽太守孟凯事佛精恳，公谓之曰："得道应须惠业，丈人生天应在灵运前，成佛必在灵运后。"凯深恨之此言，后遂表公有异志。公驰出自陈，太祖知见诬，除临川内史。公以县无谶所翻《大涅盘经》语小朴质，不甚流靡，品数疏简，初学者难以措怀，乃与沙门范惠，严佳慧观，依旧泥洹经，共为润色，勒成三十六卷。义理昭畅，质文相宜，历代宝之，盛行于天下。其余感神征应如《高僧传》所说。邈乎阶扃不改，栋宇俱无，真卿叨刺是邦。兹用忾息，有高行头陀僧智清，绪发洪誓，精心住持，请以佛迹寺僧什喻。仙台观道士谭仙岩同力增修，指其恢复，目是法堂之遗构，克崇先达之高踪，百里而遥，四山不逼，三休而上，十地方超。经行之业既崇，斗薮之功斯楙。大历己酉岁四月丙午，都人士庶相与大会设严供而落马，以真卿业于斯文见咨纪述。后之君子，其忘增修乎？铭曰：摩诃般若，解脱法身。是则涅槃，众经中尊。昙无肇允，严观是因。实赖同德，弘兹法轮。谢公发挥，精义入神。理绝史野，文兼郁彬。一垂刊削，百代咸遵。遗迹忽睹，高台嶙峋。载悲徂谢，曷践音尘。真卿愀然，悯故孰新。檀那衣钵，悉力经纶。不日复之，周邦仰仁。缅怀敦恭，子亦何人。从愿神交，愧非德邻。刻名金石，永永不泯。

唐白居易诗

一会灵山犹未散，重翻贝叶有来由。是名精进才开眼，岩玉无端石点头。

包结诗

野蔓高台下,前朝记不诬。金文翻古偈,汉字变胡书。彩线风飘断,缃缣火炉余。破云开白日,穿水照芙蕖。科斗频更改,庵园几遍锄,真门兼逸韵,两欲慕相如。

宋梅询诗

灵运曾此台,冥心住幽寂。重译叶上书,深藏林中迹。遗文传竹素,野蔓侵苔碧。登览兴未休,苍山日将夕。

谢逸诗

吾祖牧临汝,滞颂清公庭。胥吏退雁鹜,疏帘挂寒厅。鼓角唤幽梦,草色池塘青。双旌引五马,驾言出郊坰。是蹑云端屐,手展贝叶经。税驾妙高台,几研陈轩楹。朱墨纷在眼,梵宇森如星。台倾人已寂,声名蔼余馨。想公忘言处,角挂山中麢。

姚铉诗

康乐悟元机,寂寥比栖息。经翻贝叶文,台近莲华石。

郭功父诗

盥手天池水,熏毫海渚香。翻成多少秩,台石尚辉光。

李则范诗

五马穿林诘曲来,崇丘尽处访遗台。平看列岫螺千颗,四顾春田酒一杯。偶尔登临成缥缈,恨无资致可徘徊。古人不作谁由问,细草幽花自在开。

赵叔灵诗

胜事如飞去不还,无人更立白云间。西风落尽贝多叶,明月自来天竺山。岩桂影寒泉暗滴,玉炉香减藓空斑。孤猿亦有斜阳恨,莫道三声是等闲。

强几圣诗

失道从僧指,穷高听鸟呼。千山四回抱,一径百盘纡。人事空今昔,台基倘有无。吟边岚气夕,落日伴猿孤。

沈辽诗

不见康乐初翻经,崇台百尺但有名。当时妙意遥可想,木叶落尽青山横。

元冯子振诗

休休瓶钵倦投林,觉海澄源濯性灵。谁料客儿朝拥履,能同佛子夜翻经。示菩萨相莲叶碧,问涅槃心柏树青。若见远公投净社,是中秽杂未宜听。

陈樵诗

石函朱机曙云中，云散台高万象空。枝重有时来白鸟，雨残无处著晴虹。血书贝叶三年碧，秋入罗衣半袂红。几度山人同听法，翠微深处石池龙。

《盱江志》

在麻源第三谷，谢灵运翻经之地。

《豫章志》

晋隆安四年，刺史胡尚书舍宅建崇胜禅院，于井东北十五里之双岭，有谢灵运翻经台，亦号康乐台。

《江宁县志》

翻经台在梓桐山下，基存。

东翻经台

《九域志》

谢灵运翻经台，在南康东林寺。又云南康军有翻经东、西台，乃谢灵运翻经之所。

《南康志》

在星子县东南山，有巨石平坦，下临大江，世传晋谢灵运翻经台之所。王太史《清隐寺记》：所谓其东则谢康乐翻经台，即此处也。灵运，玄之孙也。袭封康乐公，性好山水，幽峻必造，虽岩障数十里，莫不登蹑。尝着木屐，上山则去前齿，下山则去后齿。今庐山与都昌，并有翻经台，其遗迹也。

《元一统志》

在都昌县西南七里，东、西有翻经台，石壁精舍旧基，皆谢灵运旧游之所。《润泉日记》：昔谢灵运与僧同于此翻佛国《涅槃经》，为南本三十卷，即《南康志》所载处。

宋李彭诗

枉渚映寒林，野航飞鸟急。不见康乐侯，衡门烟际入。

西翻经台

《南康志》

在星子县西南七里石壁之右,乃康乐旧游之地。《文选》:康乐石壁精舍还湖中。诗云:昏旦变气候,山水含清辉。"精舍"即翻经台。

晒经台

《舆地纪胜》

在湖广随州应山县东南三十里。昔唐三藏取经,到此山晒之,因名。

写经台

《元一统志》

在新繁县。汉末有勾居士常于台上摇笔书空曰:"吾为诸天写经。"后雨,台上独不霑湿。有僧过其下曰:"此必异人写经处,空中有宝盖遮。"楼台侧有石若砚,目为居士砚。

《荆州志》

在江陵县东。《旧经云》:刘虬翻金刚经于此地。

阅经台

《奉化县志》

清凉山右为夏林山,绝顶有黄公阅经台石址。

看经台

《台州府赤城》

志太平兴国寺有僧智顗看经台。

烧经台

僧殊隐诗

　　汉明帝时,佛法初入东土。摩腾三藏与道家比法烧经於此台。因名。
摩腾三藏离乡时,白马追风入汉畿。验法烧经台尚在,夕阳芳草秘玄机。

斗圣台

《河南志》

汉明帝建白马寺以处摩腾,寺有斗圣台。二俗云:摩腾与诸善信,较圣义之所。

说法台

《元一统志》

　　隋开皇十三年所建,二祖慧可说法于此,今属成安县。《成安县志》:在县西南三里,
遗址犹存。

宋《员九华先生集·虎丘生公说法台》

折天一径入林幽,乱石牙牙蹲虎丘。不为生公夜点首,世间般若自头头。

课诵台

《庐陵志》

宝严院在县西,梁时有僧自虔州渥山采结此庵。唐天宝中,僧利涉筑课诵台,凿聪明泉。明皇召至京师,德宗加咸通吉祥院。

生台

宋黄庭坚《豫章集·无等院生台铭》

阿利底母,众以血食为命。探怀取婴儿,而其父母愁痛。如来威力,为开甘露门。乃救清净众。受食施已分。称诵五如来,及佛金口敕。粒粒遍十方,施众生饱满。彼阿利眷属,化形来受供。若有弹射者,死堕畜生道。若彼悭贪心,谓少不饱众。是人违佛敕,死入饿鬼道。司马竦旦泰,母夫人白氏,凿石作生台,以施无量,故获福亦无量。

喂生台

《海录碎事》

薛逢游废寺诗:草荒留客院,泥卧喂生台。

施鸟石台

唐李颀诗《觉公院施鸟石台》

石台置香饭,斋后施诸禽。童子亦知善,众生无惧心。苔痕苍晓露,盘势出香林。锡杖或围绕,吾师一念深。

妙高台

《延平志》

郡治之北有招衍堂,堂之后台曰"妙高。"

《镇江志》

龙游寺在金山,有台曰"妙高。"元祐初主僧了元立,苏东坡有诗。

宋苏东坡诗

我欲乘飞车,东访赤松子。蓬莱不可到,弱水三万里。不如金山去,清风半帆耳。中有妙高台,云峰自孤起。仰观初无路,谁信平如砥。台中老比丘,碧眼照窗几。巉巉玉为骨,凛凛霜入齿。机锋不可触,千偈如翻水。何须寻德云,即此比丘是。长生未暇学,请学长不死。

周衡之诗

妙高台上金为界,不二门中铁作关。万古云根擎梵刹,六朝山色入僧阑。浮沉世事风涛外,突兀楼台宇宙间。往古兴亡多少恨,夕阳送尽暮春寒。

杨诚斋诗

金山未到时,羡渠奄有万里之长江。金山既到兮,长江不见,只见千步廊。老夫平生不奈事,点检风光难可意。老僧觉我见睫眉,引入妙高台上嬉。不知老僧有妙手,卷舒江山在怀袖。挂上西窗方杖间,长江浮在炉烟端,长江南边千万山,一时飞入两眼寒。最爱檐前绝奇处,江心嵬然景纯墓,僧言道许乃浪传,龙宫特书珠贝编。初云谢灵运,爱山如爱命。掇取天台雁荡怪石头,叠作假山立中流。又云王逸少,草圣入神妙。天赐琉璃笔格玉砚屏,仍将大江作陶泓。老夫闻二说,沉吟未能决。长年抵死催上船,徘徊欲去空茫然。

周孚诗

江云隐檐楹,海月净窗几。安得德云来,与渠同徙倚。

《南海志》

妙高台在南海县灵洲宝陀寺,去城六十里,有宝陀山架亭其上。江水环绕,景趣可人。南宦者必叙舟登览焉。

东坡诗云

灵峰山上宝陀寺,白发东坡又到来。前世德云令我是,依稀犹记妙高台。

石刻犹存，涿郡卢挚代祀南海，回舟次灵洲登妙高台，读东坡诗，遂和其韵。

老子扁舟日暮回，眼花不甚见如来。凭谁借取罗浮月，挂向胥江玉镜台。

曹丰诗

《灵洲妙高台》

水心浮石出，洲背嵊成山。草木仙家种，楼台梵氏关。全轮缁衲老，长与白云闲。隔岸风烟好，终嫌是世间。

元《黄文献公集·题雪宝妙高台诗》

偶为清游宿梵宫，凌晨试上最高峰。水翻雪色寒犹落，云掩丹光远更重。旧有一僧能跨虎，近闻三洞尽藏龙。下方车马应难到，烟际唯听日暮钟。

灵应台

《长安志》

万年县有灵应台，去县六十里，近在终南山。《太平广记》：长安城南四十里有灵母谷，谷中有灵应台，台上有塔。众传观世音曾见身于此。

唐白居易诗

临高始见人寰小，对远方知色界空。回首却归朝市去，一秭米落太仓中。

无碍台

《长安志》

去肇庆府九十里，有无碍台。

般若台

《崧台志·西征记》

曰：姚兴起般若台，下作须弥山，四面岩岭，重嶂峭崖，神禽怪兽，靡不毕有。仙人佛

像,变化万端。林木嘉草,一代所无也。

《苏州志》

在吴县西二里。晋穆侯何准拾宅置东北角,有般若桥,时人呼作朱明寺桥是也。

《倦游杂录》

唐陈文叔常持《金刚经》,有铜山县陈约,为冥司所追,见地下筑台,问之云:是般若台。筑之待陈文叔《涅槃经》。如来自金棺嵝身而出,座般若台。

宋《宋景文公集·台州白云山北
净名庵般若台记》

建塔庙,散香华,奉经曲,摄受妄而为功德,有为者为之。虽然佛灭度二千年,世与法交相丧。浊劫下根,讹为愚冥,非广示像法,无以震动而倾骇之。使趋善良,神道化时,岂得而已。沙门长吉,当兹世为功德者也。初师以释于之秀来上都,会释场高选,义学僧敷演祖教,名在籍右,姑与龙象为徒,而觉华余辉,注射物境,颇作歌诗杂拟,辄自翼其宗,由是益为人闻。俄诏赐紫方袍,号梵才大师。胜流钦风,多所延供。久之厌著谢去。复山林之游,岁在降娄,始还台州。州守悦其风,虚净名庵以舍之。惟师行严而身修,寓旷而气安,能示方便,悦可大众。居三年道益光明,台人异焉。捐金抵璧,踵往瞻事。四方来者,与麻苇俱,乃辟精庐而肆之。刊林衡,镂岩椒,棘如而堂蝐如而庭者,且数百。遮朝熏夜被,供拟尤具,九年复作一成台,置《大般若经》六百篇,及刻千劫佛像。彼货与力,不募自至,弗可赀纪。师复砭肤取血,书《维摩经》。质神为要,又欲推慧命而广之,乃谋于公卿大人。于是龙图阁直学士南阳叶君倡始吁谋,分缮宝典。凡台阁方面知名士数十族,丛喜选舍,参记写庸。阅三年台成,纳经奉像,虔而安之。黑白相趋,距跃围绕,以为去圣滋远,有能驾其说,植德于人,令佛威神。巍巍现前,如亲炙面命不在是经乎?因是经读诵,悟入掊五蕴泯空色,揽万异为一真,其为福又可称重邪?仆顷题游,乐其誓愿之就,且枉锡顾,我丐辞以永传。因宣是义而偈之曰:台屹而崇,摧我慢而恭兮。经华而精,竦我怠而诚兮。像严而显,破吾魔而善兮。报我四恩,常不灭而存兮。师闻之谓余言为信,若其营综之烈,投施之众,日月之谨,大概具之。至夫笔不可文,言不能宣者,仆与师均寄一叹而已。时庆历二年八月中旬记。至五年台成刻石。

曹勋诗《题黄湾真如山般若台》

真如山中龙象宅,前三后三率禅客。珍公提唱悟本心,一指不留庭下柏。我来春事梅已玉,仍吸灵泉酌寒碧。会看海印发光时,台前璧月连天白。

波若台

《晋书载记》

姚兴既托意于佛道,公卿已下莫不钦附。沙门自远而至者五千余人,起浮图于永贵里,立波若台于中宫。《长安志》:姚秦逍遥园,有波若台,鸠摩罗什译经处。

般舟台

唐《柳宗元集·般舟和尚碑》

和尚即崇岭作精室。辟林荑刿岩峦,殿舍宏大,廊庑修直。凡南方人颛念佛三昧者,必由于是,命曰"般舟台"焉。

香顶台

宋刘言史诗《桂江中题香顶台》

岢岢香积凌空翠,天上名花落幽地。老僧相对竟无言,山鸟却呼诸佛字。

天光台

《楞严经》

忽有昆庐遮那踞天光台,千佛围绕百亿国土,及与莲花俱时出现。

光明云台

《华严·十地品》

于上虚空中成大光明云纲台。又《法花忏仪》云:愿此香花遍十方,以为微妙光明台。

紫金台

《净土忏仪》

但惟安养净业,捷直可修,即得阿弥陀佛。观音势至现在其前,送紫金台授手接引。

花成云台

《仁王经》

尔时十六大国王,复散八万四千般若波罗密花于虚空中,变成白云台。

乘金台

《佛祖统纪》

覃异法师集众,告曰:"吾生净土时至,当乘金台随佛西迈。"澡身端坐,结印而逝。

喂蚊台

《佛祖统纪》

如湛法师平时少睡,夏月坐草莽中,口诵《法花》袒身施蚊。门人谓师年高,宜息苦行。师曰:"翾飞之类,安值妙乘,所冀唼我血,闻我经,以此为缘耳。"后人回表其处为"喂蚊台"。

银台金台

《佛祖统记》

仲闵法师顺寂之日,集众升堂,登师子座,跌足而坐。忽见银台自西至,师曰:"吾平生解第一义,誓取金台,今乃若此。"瞑目而化。

明镜当台

《碧岩录》

如明镜当台,明珠在掌,胡来胡现,汉来汉现。

铁锯和三台

《禅林僧宝传》

天宁楷禅师作五偈述其门风,其四曰:铁锯和三台。偈曰:不是宫商调,谁人和一场。伯牙何所措,此曲旧来长。

大高台

《西域记》

羯朱嗢祇罗国北境伽河不远,有大高台。垒砖石而以建焉。

舞三台

《五灯会元》

因禅师偈云:岩上桃花开,花从何处采。灵云才一见,回首舞三台。详僧字。

真佛灵台

《宗镜录》

引懒瓒和尚歌云:莫谩求真佛。真佛不可见。妙性及灵台,何曾受熏练。

孤灯照夜台

《大藏一览》

引古德云:一盏孤灯照夜台,上床别了袜和鞋。三魂七魄梦中去,天晓知他来不来。

升智慧台

《正法念处经》

智者不放逸,能断于放逸。则升智慧台,得无上安隐。详念字

灵光台

《古尊宿语录》

龙门《远题灵光台壁》:政和七年,院成别于南山下作灵光台。台上立双浮图,西向见日没处,是谓归根收藏之旨也。一窣堵波,以奉前后宗师,化尽报体。一窣堵波,用安十方禅僧,火后遗骨。是二者,爱彰寂灭之道,殊途而同归,万灵咸会者也。吾之朽骨亦藏于此,世世宜遵守之,长而且久。与夫虚空齐寿者,斯双塔之所以建也。其年寒食日住山清远,记并述二偈云:吾初欲作真常语,更恐真常暗流注。不如不语人共知,人欲知之反劳虑。崖头浮图示其相,台上野云飞不住。周游独步或可追,锦绣谷中归舍去。

百体溃散此日言,一物长灵异时语。此日长灵犹可知,异时溃散凭谁举。可知所以有生灭,解举方能忘取与。光明寂照遍河沙,慎匆于中论尔汝。

阶前下马台

《颂古联珠》

怀安军云顶山德敷禅师嗣护国远,成都帅请就衙陛座。有乐营将出礼拜,起回顾下马台曰。"口吸尽西江水,即不问,请师吞却,阶前下马台。"师展两手唱曰:"细抹将来营将猛,笑翁堪颂吞却阶前下马台,逢人有口亦难开。戏衫莫怪重拈出,曾是村歌社舞来"。

鹫台

《元一统志》

台州台山孤峭特耸,形势肖,西国灵鹫,因呼为鹫台。

灵塔台

《三山志》

灵塔台在候官县永宁里,旧记灵塔寺。晋太康三年置,武德二年赐额。

清源台

《隋志》

汉明帝遣郎中蔡愔,秦景使天竺求佛经,得四十二章,因立白马寺。其经缄于兰台石室,又画像于清源台,及显节陵上。《文苑英华》云:南宫画像,送於清源之台。

转水台

《莆阳志》

在兴化县东北兜率院之西。旧云:穷山之巅有泉源如车轮在黄茅中,东碍大石,西流永福县界崖壑中。唐末有陆禅师者,以乡民苦旱,直至泉所振杖大喝"石开水转",而东溉田数百顷,师遂结庐居焉。乾符三年,于石上趺坐而化。至今旱岁,远近迎水,其应如响。绍兴三年,福清县官以祷而得济,建为香火祠,私以妙云大师为号奉之。乾道二年,县官请于朝,封慈济大师。

江家台

《临安志》

杭州府沂靖惠王府东有僧院,地势隆,特名江家台。经始于淳祐甲辰,越巳酉岁庆成。

高四土台

《太平广记》

唐宣律师在净业寺修道,宣师以感通记,问天人云:"今西京城西高四土台,俗谚云是仓颉造书台,如何云隶书字,古时已有?"答云:"仓颉于此台上。增土造台,观鸟迹者,非无其事,且仓颉传此土,罕知其源。"或云黄帝之臣。或云古帝王也。鸟迹之书,时变一途。今所绝有。无益之言,不劳述也。又有天人姓陆,名玄畅,乘谒律师云:"弟子是周穆王时,生在初天,本是迦叶佛。时天为通化,故周时暂现。所问高四土台者,其本迦叶佛,于此第三会,说法度人。至穆王时,文殊目连化穆王,从之,即列子所谓化人者是也。"化人示穆王云:高四台是迦叶佛说法处,因造三会道场。至秦穆公时,扶风获一石佛,穆公不识,弃马坊中,秽污此像。护神瞋令,公染疾。公又梦游上帝,极被责。疏觉侍臣由余,由余答云:臣闻周穆王时有化人来此土,云是佛神。穆王信之,于终南山造中天台,高千余尺。基址现存。又

黑均贴花两系罐

于仓颉台神庙名三会道场。公今所患,殆非佛为之耶。公闻大怖,语由余曰:"吾近获一石人,衣冠非今所制,弃之马坊,得非此是佛神耶?"由余闻往视之,曰:"此真佛神也。"公取像澡浴,安清净处,遂放光。公欲造佛像,无工人。又问由余,曰:"昔穆王造寺之侧,应有工匠。"遂于高四台南村内得一老人,姓王名安,年百八十,自云曾于三会道场见人造之。臣今年老无力,不能作,所住村北有兄弟四人,曾为诸匠诸匠执作。请追共造。依言作之,成一铜像,公大悦赏之,彼人得财,造功德于上台上,造重阁高三百尺,时人号之高四台。或曰高四楼。其人姓高,大者名四。或言凡弟四人,同立故也。或取大兄名以目之,故有高四之名。

清凉寺台

《建康志》宋刘龙洲诗

江南江北许多山,到处登临得凭栏。老木换丹霜有信,怒涛拍岸水生寒。倦游半世乌三匝,往事千年指一弹。落日正西催上马,依依回首望长安。

构象台

梁《江文通集·构象台赋》

曰上妙兮道之精,道之精兮俗为名。名可宗兮圣风立,立圣风兮滋教生。写经记兮寄图刹,画影像兮在丹青。起净法兮出西海,流梵音兮至南溟。纲紫宙兮洽万品,冠璇宇兮济群生。余汨阻兮至南国,迹已徂兮心未扃。立孤台兮山岫,架半空兮江汀。累青杉于洞构,积红石于林楹。云八重兮七色,山十影兮九形。金灯兮江篱,环轩兮匝池。相思兮豫章,戴雪兮抱霜。栽异木而同秀,钟杂草而一香。苔藓生兮封石户,莲花舒兮绣池梁。伊日月之寂寂,无人音兮与马迹。凝禅情于云径,守息心于端石,永结意于鹫山,长憔悴而不惜。

宴坐台

宋黄燕诗

老僧坐见万物空,往往终日居此台。破衣兀坐若枯木,山鸟不怕行莓苔。

化人台

宋易士达诗

富贵功名一窖尘,白头人送黑头人。若教总识玄玄理,劫火何曾焚法身。

三清台

《五代史》

闽王昶好巫,拜道士谭紫霄为正一先生,又拜陈守元为天师。而妖人林兴以巫见幸,事无大小,兴辄以宝皇语命之而后行。守元教昶起三清台三层,以黄金千斤铸宝皇,及无始天尊、太上老君像。日焚龙脑薰陆诸香数斤,作乐于台下,昼夜声不绝,云如此可求大还丹。

三姑台

唐顾况诗《寻桃花岭潘三姑台》

桃花岭下觉天低,人上青山马隔溪。行到仙姑学仙处,还如刘阮二郎迷。

三玄台

《三元玉检》

三幺台,《玉检紫文》《九天真书》在其内。

八仙台

《吉安府永新志》

八仙台在永新县胜乡玉笋里。

《凤阳府图志》

八仙台在盱眙县,东三里有八仙座石,故名。下有神仙洗肠池。

《景定志》

八仙台在宋行宫御苑东北。

《相台志》

八仙台在白龙堂东。七贤八仙皆古传其名云。有隐士神仙之流,尝会于此,其事未详。

九仙台

《舆地纪胜》

九仙台在临江府玉笥山上。

《泽州陵川县志》

九仙台在县南六十里古贤庄,周围相距三里,高千仞,三面泉流。古老相传,九仙曾会于此,因名。

九天关台

《洞真玄经》

九天关台上有上皇太真,高帝玉名及后圣真人,簿录、太虚、玉宸监典之。

玉清台

《大洞王经诀》

太帝所处有玉清台,又有散花台。

散花台

见上。

玉真台

《安仁县志》

在县后,唐柳真君尝欲建基其上,至今石壁上题墨犹存。

宋赵彦端诗

春色无穷巷,农乡有太和。病嗟闻道晚,贫喜得闲多。草径供徐步,邻花获屡过。层台宜杭榭,谁与买烟波。

真武台

在州西北隅,高三丈余,旧有真武庙,今台存。

仙台

《元一统志》

在赤水废县北五里。苏振撰《冯盖罗记》云:有山曰龙多仙台,腹有冗,仅容一人,迤登而出于冢,石负土草木生焉。相传有冯盖罗者,炼丹其上。晋永嘉三年七月十五日,举家七十人仙去。

《潼川志》

仙台在州南保和观西,即保和真人登仙之地,近别增筑云。

《宋李孝七集》

余客崇寿,日暮少揭华齐,望见东崦中有廇廲,因问何民所栖。贞居云:任玉女之祠也。玉女父敷,居此仙去。玉女亦仙观,即敦故宅也,祠玉女仙去之地。明日因从贞居,策杖上观,所谓玉女祠。石岩所栖,是名仙台,盉既归,为赋道上所见。

东崦有仙台,仰见地势隔。冬日转清丽,过午得散策。山花亦逶迤,山鸟鸣格磔。独行大树下,其石尽玉脉。路经福乡井,帝子所栖魄。会意一筦尔。吾道未褊迫。阮生竟何物,但作眼青白。何如张山人,致此扪虱客。

元刘因诗

碣石来海际,西南奄全燕。中有学仙台,燕平欲升天。燕平骨已朽,遗台犹相传。虽复生青松,岁久摧为烟。极目望海波,不见三山岭。三山巨鳌簪,山人蚖虺然。使无不足论,信有亦可怜。大块如洪炉,金石能久坚。天地会有尽,何物为神仙。空山无笙鹤,落日下饥鸢。今古非一台,浩叹秋风前。

仙人台

《元一统志》

在临颖县界内,仙人杨子山尝居此。

《宣城志》

在正山上有仙人台,仙人园。旧有石刻,漫不可辩,有龙祠祷雨辄应。

《泾川志》

仙人台在峻溪石纲坑,溪流环绕,有一孤峰特立,崖石险峻,于绝顶上有石台。父老相传云:昔葛仙翁炼丹于此,然人之迹所不能及,故其遗迹莫详焉。

《临安志》

仙人台,一在钱塘县北四十五里,天目山云封庵北。一在县西崖嵲山,跨虚亭下数步。一在县西七里山,有石坛,古传徐伍二仙修真之地,上极平旷。一在县东二十五里,落云山之巅,四面壁峭。上有石棋盘,枰路如新。下有石室,广十于丈。石室之前,列石屏风,高数十仞。一在钱塘县北乌省溪,去县三十五里。

《上元县志》

仙人台在幕府山西,有石棋盘。说者云:有仙人对奕于此,故徐君平幕府山诗云:仙去棋枰草,白繁是也。宫苑记云、阆风亭、甘露亭、瑶台皆在覆舟山上。

《永丰县志》

县南二十里有圣岭高十余里。相传五季间,夜有神人数十震动其上。及旦视之,忽有土城周围数里,因以得名。前有峻峰,名仙人台。

《太平寰宇记》

在胶水县县东北五十里青山下。

《列仙传》

胶东公沙宿饮白鹤泉得仙,常游石台之上,即此也。其台四绝,今不可登陟。

《郡县志》

仙人台在蕲州北大浮山之巅,旧传四人于此登仙。

仙人台在王屋县东四十里,大行山西。俗说王子晋于此升仙,亦谓之控鹤台。

《昌黎县志》

仙人台在城北一十里,其山最高,上平如台,有刻仙人像,及石棋盘存。

吴仙台

《南康志》

星子县西北一里有吴仙台,乃吴真君磨剑之所。

鲁仙台

《春陵图经》

在定远县何侯宅之西,武德后皆以鲁女仙,故名鲁女观,又曰鲁仙台。

皇仙台

《南康志》

台在南岩岭之颠,高三十余丈。祥符经已有台名。昔皇甫道人登此仙去,故为名。尝立亭榭,望极四境,陈魏公先祷于山,乃梦神来谒,人以为即皇仙也。

东华仙台

《上清洞真玉经·太上八景章》

皆刻于东华仙台,不宣于世也。

董真人台

《元一统志》

在分宜县南五十里,岭有巨石坦平,世传董真人炼丹之地,旧有庙,今废。

羽人台

元舒岳祥诗

夜静秋清月朗天,时时霜鹤唳芝田。筑台正与仙人约,少驻人间五百年。

仙女台

《元一统志》

在永兴县北三十里西门山中有高台,其平如掌,世传昔有三小鬟,至此问津,望其台而入,竟不复见。一在梓潼县东九里紫禽山北。《旧经》云:昔后蜀李特公主每夏泛龙舟登仙女台游戏,一云避暑台。

《宜春志》

仙女台在城内东南隅,与宜春台相望。

《舆地纪胜》

仙女台在郁林州南流县。一在郴州永兴县之西门山。

《凤阳志》

仙女台一在叠玉峰。一在霍丘县南一百六十里。

《沔阳州志》

仙女台在州之西四十里,地名范溉市,奠石湖畔。《列仙传》云:江妃二女皆丽服华妆,佩两明珠,大如鸡卵。游于江汉之湄,逢郑交甫悦之。不知其神,遂与言曰:“愿请子之佩。”二女解珠与交甫,去数十步,女忽不见,佩亦失之。

仙女台在分宜县南五里,有二峰,世传有牧羊者登山,遇两仙童对奕。语之曰:"此上界也。子下界人,何为至此?"今其村名下界。

唐皎然诗

寂寂旧来田,何时女得仙。应无鸡犬在,空有子孙传。古木花犹发,荒台路未迁。暮飞云一片,疑是欲归年。

宋李俊民《鹤鸣集·诸友联句》

上清真女玉童颜(李涉)石坐苔花自古班。(王禹偁)云雨今归何处去。(窦庠)受人祭享占人山。郭震

避暑台

见上。

玉女台

《太平寰宇记》

在登封县东四十五里。《嵩山记》云:北有玉女三台山,昔汉武帝东游过此,见山有学仙女,帝往观之,遂号为玉女三台,与嵩高连亘也。《嵩高山记》:山有玉女台,云汉武帝三仙玉女,因以名台。

《舆地纪胜》

玉女台在大剑山绝顶上,峭壁万仞。下瞰古道,行人如蚁。世传玉女于此炼丹,轻举台上,圆围数丈,草不滋生。又有小石刻云:玉女炼丹之所。

《方舆胜览》

玉女台在林虑县,高九百尺。

唐沈佺期诗

岳馆孤峰玉女台

文女台

《南康志》

文女真人名慧通，东晋时学道于黄龙山，一旦仙去。今山腰有石台，乃真人飞升之处，号文女台。

仙姑台

《舆地纪胜》

在吉安府永丰县娇原。

云仙台

《瑞阳志》

在上高县西七十里之箬坑。旧祇陀近地有云仙台，俗传其上常有风云相吹嘘，如闻仙乐声，以故得名，今为栖真院。

元屏之诗

台殿青冥外，团团海月凉。隔帘闻凤管，秉烛奏霓裳。铜爵晨霞眩，金盘夕露浓。仙人不复返，愁杀海生桑。

蜕仙台

《元一统志》

在英德郡东十五里碧落洞，石壁险绝，中有人蜕，骨皆勾连。宋崇宁间，广帅王涣之北归，跻攀观焉，目为蜕仙台，好事者因凿石函贮之。

余靖诗云

幽鸟前贤恨到难，泉声清浅出岩间。驱驰宦路重来此，尘世难逢特地闲。

碧落洞在英德县城南五十里，有石室深邃，悬石如霓旌羽盖状，一涧中流。昔有蜕骨皆勾留，号为蜕仙台，石壁多有名贤镌题。

飞仙台

《相台志》

在相州府廨敏功堂东北。元祐中建，今构两檐观音殿于其上。台北十余步，逾巷后圃内，有故休逸台，少北面山亭故基。金节度使耶律熙戴建养素楼于其上，今废。

列仙台

《北道刊误志》

东京开封府开封县仓垣城有苍颉冢、列仙台。

升仙台

《陕西志》

升仙台在秦州西南一十五里。

《太平寰宇记》

在宁化县西四十里，亦名香炉石。旧传隋义宁间，有刘熊二道士修炼其间，白日飞升，居人为创升仙台，刻二像于石壁。祈祷应验，今台废而像存。一在岭南林州，宣和间有道士号竹马先生。土人传云：至金初腾空而去。

《松江府上海县志》

升仙台在隆福寺前，遗址尚存。按：《旧志》引《续仙传》云：王可交初居松江南，后入四明山，不复出。初无上升之事，或传为王淡交不事绳检，能为诗语，多滑稽，似傲世者，非可交也。然龙江感行诗石刻云：上有王可交升仙坛，则或者之说，有未然也。今其台巍然，老树丛杂，吊古请龙者，必为游观焉。

去秦州西南七里在大霄观,老子于此升仙,故有此台。元丰中蒋之奇题诗云:"玉台尤在碧山层,想像真仙为勉登。况是仙风久倾挹,何当骑鹿共飞升。"

登仙台

戴延之《西征记》

嵩,中岳也。东谓大室,西谓少室,相去七十里,嵩高,总名也。汉武帝作登仙台,在少室峰下。

《元一统志》

登仙台在郁林县北,山路旁接仙女岭,山上或闻宴鼓之声,则岁丰人安。闻战鼓之声,则兵戈。

卷之二千八百八 八灰

总叙

《周礼·笾人》

馈食之笾，其实乾蕲。注：蕲，梅干也。

《礼记·内则》

桃诸梅诸。

《山海经》

《中山经·中次九经》：踞山，其木多梅。

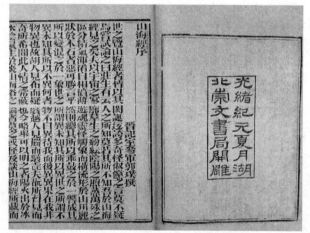

《山海经》书影

《镇江志》

梅有白有红，花皆五出。其实有圆消梅、葱管消梅、金定梅、苦梅。未熟曰青梅，熟曰黄梅。惟千叶者，花而不实。

《悦生随抄》

卉木皆盛春气而后发生者，以木旺于寅卯然也。独梅开以冬，其故何哉？盖东方动以生风，风生木，故曲直作酸，则酸者木之性，唯梅之味最酸，乃得气之正。方水为之毋以生之，则易感，故梅先众木而花。

《瓮牗闲评》

《玉篇》云:"楳与梅同"。《字说》云:"楳用作羹,和异味而合之如媒也。"然则梅李字亦可作李矣。陆佃《埤雅》:梅,一名柟,杏类也。其实酢。子赤者材坚,子白者材脆。华在果子华中尤香。俗云梅花优于香,桃花优于色。故天下之美有不得而兼者多矣。若荔枝无好华,牡丹无美实,亦其类也。《记》曰:爽其穷与梅花先桃李而华,女失婚姻之时,则感己之不如,亦梅花虽先桃李,然其著实,乃更在后。则婚姻之年,或未慊也。故诗人以兴焉。《诗》曰:"摽有梅,其实七分"。"摽有梅,其实三分。""摽有梅,顷筐塈之。"则婚姻尤晚矣,得及男女之时而已。盖始于季秋,终仲春者,婚姻之时也。三十而娶,二十而嫁者,男女之时也。《周南》婚姻以时,《召南》则男女得以及时而已。且及者,汲汲之词,此其所以浅迫而为《召南》。然则鲁、卫之政,兄弟也。周、召之化,其父子欤?《诗》曰:"墓门有梅,有鸮萃止。"言墓门之隧,既非梅之所宜生,而鸮之为物,食葚而甘之以自美,非梅之所能养而美之者也。犹之陈佗无良,师傅养成其质,以至于不义。且鸮所鸣,民有祸,则恶加于万民之譬也。今江、湘、二浙四五月之间,梅欲黄落,则水润土溽,础壁皆汗,蒸郁成雨,其霏如雾,谓之梅雨。沾衣服,皆败黦。故自江以南,三月雨谓之迎梅,五月雨谓之送梅,转淮而北则否。亦梅至北方,多变而成杏,故人有不识梅者,地气使然也。《传》曰:"五月有落梅风,江淮以为信风,亦华信风之类。"贾思勰曰:"按梅花早而白,杏花晚而红。梅实小而酸,杏实大而甜。梅可以调鼎,杏则不任此用。世人或不能辨,言梅杏为一物,此则此人不识梅也。"《诗》曰:"终南何有? 有条有梅。君子至止,锦衣狐裘。"条,柚也。盖柚渡淮而为枳,梅变而成杏。今终南之所生,有条有梅,而材实成焉,则山之所以美,化乃在乎此。以譬则人君之道化也。《书》曰:"若作酒醴,尔惟麹蘖。若作和羹,尔惟盐梅。"盖造而始之者,麹蘖也。调而成之者,盐梅也。高宗之于傅说,始命之曰"用汝作砺"。言命汝作此而已。所谓格则庸者也。终命之曰"尔惟麹蘖""尔惟盐梅",则其所以待之厚矣。盖麹蘖所以作酒故也,盐梅所以作和羹故也。《七命》云:"爗以秋橙,酢以春梅"。正言春梅者春实尚青吐酢故也。《淮南子注》曰:"一梅不足为百人酸"。喻少不能有所信。故曰金重于羽者,岂谓一钩金与一舆羽之谓哉! 旧说,大庾岭上梅,南枝落,北枝始华,故文,二人向阳为从,向阴为比。士之趋向,不可不慎也。

《事类蒙求》

屈原作《离骚》,取众芳草,独不及梅。

杨诚斋《和梅诗序》

《楚骚》远取江梅杜若,而近舍梅,岂偶遗之哉? 鲁苍山诗:"少陵忘却浑闲事,更有《离骚》忘却梅。"

《事类合璧》

梅之来久矣。考之前载,其始见于炎帝之经。至于《诗》《书》,靡不称述。自是以来,汉见于上林苑,魏见于曹林,晋见于江南,南北朝宋见于含章宫,梁见于扬州法曹廨舍,隋又见于罗浮松林间。花之名始著见于墨客骚人之手者不一,下逮李唐而至于本朝,其赋咏何多也! 然其品类亦甚蕃,有非一言之所能尽。虽其间谱之者不一而足,亦不过随所得而为之,是岂一人两耳目所可得而遍及耶? 以见天地之大,造物之巧,穷之而不可胜穷也。物皆然,况梅乎? 君子谓水陆草木之花,可爱者甚众,而梅也独先天下而春,是故首及之。

《老学庵笔记》

宋初尚文,选当时文人,专意此书,故梅必称驿使。至庆历后,恶其陈腐,故一洗之。

《齐民要术》

种梅杏。《尔雅》曰:"梅,柟也。时英,梅也。"郭璞注曰:梅似杏,实醋。英梅未闻。《广志》曰:蜀名梅蔟,大如鸡子。梅杏皆可以为油脯。黄梅以熟蔟作之。《诗义疏》云:梅,杏类也。树及叶皆如杏而黑耳。实赤于杏而醋,亦可生啖也。煮而曝干为苏,置羹藿齑中,又可含以香,口亦密藏而食。《西京杂记》曰:侯梅、朱梅、同心梅、紫蒂梅、胭脂梅、丽枝梅。

早梅

范石湖《梅谱》

早梅,花胜。直脚梅,吴中春晚二月始烂熳。独此品于冬至前已开,故得早名。钱塘湖上亦有一种,尤开早。余尝重阳日亲折之,有"横枝对菊开"之句。行都卖花者争先为奇,冬初折未开枝,置浴室中,薰蒸令拆,强名早梅,终琐碎无香。余顷守桂林,立春梅已过,无夕则尝青子,皆非风土之正。杜子美诗云:"梅蕊腊前破,梅花年后多。"惟冬春之交正是花时耳。

曾慥《类说》

王沂公、曾布衣以所业授吕文穆公蒙正,有早梅诗云:"雪中未问和羹事,且向百花头上开。"文穆曰:"此生已安排作状元宰相矣。"后皆然。

《石林燕语》

宋朝状元为相者四人:吕文穆公、王文正公、李文定公、宋元宪公。文穆登第十二年拜相,文正二十一年,文定二十九年,元宪二十七年。文正、文定皆再入,而文穆三入,为尤盛。初,文正行卷见薛简肃公,其首篇《早梅》云:"如今未说和羹事,且向百花头上开。"简肃读之喜曰:"足下殆将作状元了,做宰相耶。"

马明叟《实宾录》

五代僧齐己善于风雅,郑谷任袁齐己,一日携所为诗往谒之。中有《早梅》云:"前村深雪里,昨夜数枝开。"谷笑曰:"数枝非早也,未若一枝为佳"。齐己跃然,叩地设拜。

王铚《刬录》

《早梅花赋》

韵胜群卉，花称早梅。禀天质之至美，凌岁寒而独开。标致甚高，敛孤芳而静吐；阳和未动，搀春色以先回原。夫尤物之生，英姿特异，方隆冬之届候，属祈寒之鼎至。瞻远岫兮无色，盼丛条兮失翠。彼美倦姿，复存幽致。春风万里，报南国之佳人；香艳一枝，富东君之妙意。观夫离类绝俗，含新吐奇，妙有江山之兴，萧然风露之姿。气韵雅甚，精神远而。雪满南枝，想梁园之未赋；春生寒谷，鄙邹律之潜吹。其时掩冉半开，娉婷一笑，绚红日以朝映，耿青灯之夜照。何耶？秀句不足以咏其妍，徐熙淡墨不足以传其妙。城隅璀璨，遥瞻妍女之殊；月下横斜，乍识鲛人之燎。至若霜岛寒雾，江村晚晴，竹外烟袅，松间雪清。恼远客以魂断，悦幽人之眼明。语其能则洁而无滓，穷其用则大而难名。傥遇兵尘，可止三军之渴。如逢鼎味，堪调一相之羹。譬夫豪杰之士，岂流俗之能移？节义之夫，虽厄穷而愈厉。时当摇落之后，气极严凝之际，兹梅也，排风日而迥出，傲霜雪而独丽。色靡竟于阳春，志可期于晚岁。所以兴动钱塘之老，妙语增新；香贻陇首之人，芳期远契。彼清露兮，被三径之菊。彼光风兮，泛九畹之兰。歆红渠于夏永，破丹杏于春寒。丽质鲜妍，则比我已远。高情潇洒，而方兹实难。塞曲悲凉，望作南楼之弄；诗、魂飞动，尚留东阁之观。于是倚槛凝神，巡檐搔首，眷落英之着袂，折粉香而在手。吾方破闷，析醒于此焉。信花中之未有。

唐谢燮诗

迎春故早发，独自不疑寒。畏落众花后，无人别意看。

《杜工部集》

和裴迪登蜀州东亭送客
逢早梅相忆见寄

东阁官梅动诗兴，远如何逊在扬州。起得称情。此时对雪遥相忆，送客逢春可自由。幸不折来伤岁暮，若为看去乱乡愁。亦宛委沉着。江边一树垂垂发，朝夕催人自白头。梦弼曰：何逊尝为广陵记室。按《集》，有扬州早梅诗。葛常之《韵语阳秋》云："杜诗'东阁官梅动诗兴，还如何逊在扬州。'按：逊传无扬州事，而《逊集》亦无扬州梅花诗，但有《早梅诗》云：'兔园标物字，惊时最是梅。衔霜当路发，映雪凝寒开。枝横却月观，花绕凌风台。应知早飘落，故逐上春来。'杜公前诗乃逢早梅而作，故用何逊事。又：'朝洒长门泣，夕驱临邛杯。应知早飘落，故逐上春来。'却月、凌风，皆扬州台观名尔。近时有妄人，假东坡名作《老杜事实》一编，无一事有据。至谓逊作扬州法曹，庙舍有梅一株，吟咏其下，岂不误学者？"

《韩昌黎集·春雪间早梅》间或作映。

梅将雪共春,彩艳不相因。逐吹能争密,排枝巧妒新。谁令香满座？独使净无尘。芳意饶呈瑞,寒光助照人。玲珑开已遍,点缀坐来频。那是俱疑似,须知两逼真。荧煌初乱眼,浩荡忽迷神。未许琼华比,从将玉树亲。"从将"或作"将从"。 孙日:扬雄《甘泉赋》:"翠玉树之青葱兮,璧马群之磷磷"先期迎献岁。韩日:《楚词》:献岁发春。更伴占兹辰或作晨。愿得长辉映。轻微敢自珍。微或作严。

《柳宗元集》

早梅发高树,迥映楚天碧,朔吹飙夜香,飙与飘同。繁霜滋晓白。欲为万里赠,杳杳山水隔。寒英坐销落,何用慰远客。

戎昱诗

一树寒梅白玉条,迥临村路傍溪桥。应缘近水花先发,疑是经春雪未销。

李义山诗《酬崔八早梅
有赠帘示之作》

知访寒梅过野塘,夕留金勒为回肠。谢郎衣袖初翻雪,荀令薰炉更换香。何处拂胸资蝶粉,几时涂额藉蜂黄。维摩一室虽多病,亦要天花作道场。

许浑《郢州集》闻薛先辈
陪大夫看早梅回寄

涧梅寒正发,莫信笛中吹。素艳雪凝树,清香风满枝。折惊山鸟散,携任野蜂随。今日从公醉,何人倒接釭。

吴融诗《灵池县见早梅》

时太尉中书令,京兆公奉诏讨蜀,余在幕中。

小园晴日见寒梅,一寸乡心万里回。春日落时抛笠泽,战尘飞处上琴台。楼身未识登龙地,落笔元非倚马材。待勒燕然归未得,雪枝南畔少徘徊。

罗邺诗《早梅》

缀雪枝条似有情,凌寒澹注笑妆成。冻香飘处宜春早,素艳开时混月明。迁客岭头悲袅袅,美人帘下妒盈盈。满园桃李虽堪赏,且要东风晚始生。

崔道融诗对早梅寄友人二首

忆得前年君寄诗,海边三见早梅词。与君犹是海边客,又见早梅花发时。

忆得去年有遗恨,花前未醉到无花。清芳一夜月通白,先脱寒衣送酒家。

李绅诗《早梅》

早梅花满枝枝发，东风报春春未彻。紫萼迎风玉珠裂，杨柳未黄莺结舌。委素飘香照新月，桥边一树伤离别。游荡行人莫攀折，不竞江南艳阳节。任落东风伴春雪。

元微之诗《赋得春雪映早梅》

飞舞先春雪，因依上早梅。一枝方渐笑，六出已同开。积素光逾密，真花节暗催。抟风飘不散，见睍忽偏摧。郢曲琴空奏，羌音笛自衰。今朝两成咏，翻挟昔人材。

方玄英诗《胡中丞早梅》

不独闲花不共时，一株寒艳尚参差。凌晨未喷含霜朵，应候先开亚水枝。芬郁合将兰并茂，凝明应与雪相知。谢公吟赏愁飘落，可得更拈长笛吹。

陆凯诗《寄早梅》

折梅逢驿使，寄陇头人。江南无所有，聊赠一枝春。

僧齐己诗《早梅》

万木冻欲折，孤根暖独回。前村深雪里，昨夜一枝开。风递幽香出，禽窥素艳来。明年如应律，先发映春台。

朱庆余诗

天然根性异，万物尽难陪。自古承春早，严冬斗雪开。艳寒宜雨露，香冷隔尘埃。堪把依松竹，良途一处栽。

张舜民《郴行录·舟行
湘岸，见早梅盛开》

江上篱边见早梅，天寒地暖数枝开。为怜北客漂流远，偷报东君信息回。香气轻于新酿熟，襟怀重似故人来。舟中莫问无兼有，急急呼儿贯酒杯。

梅圣俞诗《早梅》

江南近腊时，梅亚雪中枝。一夜欲开尽，百花犹未知。人心空共惜，天意不教迟。莫迓无浓艳，芳筵最好吹。

依韵答僧圆觉早梅

江南自寒苦，花不与时同。清向三冬足，香传一国中。云湖藏旧市，雪树认新丰。未有亏冰素，随妆入汉宫。

《李跨鳌集·次韵子温早梅》

霜多未叶太孤寒，欲向春前倒树开。莫道东风无意在，余香看即度墙来。

早梅

寂寞玄崖宅有神,冷香寒色漏天真。感深暖日常为力,杰出飞霜恐后春。千里故人何以寄,一枝幽意望谁亲。孤标若值芳华菀,羞与妖红碧树邻。

邵子《击壤集·和商洛章子厚长官早梅》

只应王母专经巧,剪碎天边乱白云。无限清香与清艳,樽前饫享尽输君。

梅覆春溪水绕山,梅花烂熳水潺湲。南秦地暖开仍早,北至春初已数番。

群芳万品递相催,若说高标独有梅。会得东君无别意,为怜清淡使先开。

霜扶清节高高起,风驾寒香远远留。太守多情客多感,金樽倒尽是良筹。

和商守宋郎中早梅

山南地似岭南温,腊月梅开已浃辰。耻与百花争俗罢,独殊群艳占先春。角中飘去凄于骨,苗农吹来妙入神。秀额妆残黏素粉,画梁歌暖起轻尘。宰君惜艳献州牧,太守分香及野人。手把数枝重叠嗅,忍教芳酒不濡唇。

王安石《临川集·次韵次道忆太平州宅早梅》

次道,宋敏求也。参知政事绶之子,常为太平州,欧公诸人皆有送行诗。

大梁春费宝刀催,宋之问《立春日侍宴赋》:"剪彩花诗今年春,色早应为剪刀催。"不似湖阴有早梅。王敦举兵至湖阴,晋明帝微行视其营垒,由是乐府有《湖阴曲》,即今《太平州》是也。韩偓诗:"中宵忽见动葭灰,料得南枝有早梅。"今日盘中着剪彩,当时花下就传杯。梁简文《梅诗》:"定须还剪彩,学作两三枝。散粉成初蝶,剪彩作新梅。"杜诗:"传杯不放杯。"纷纷自向江城落,杳杳难随驿使来。知忆旧游还想见,西南枝上月徘徊。

曹子健诗

明月照高楼,流光正徘徊。

白诗

西园飞盖处,依旧月徘徊。

《苏魏公集·和签判郡圃早梅》

绿萼丹跗炫素光,东园先见一枝芳。凌晨露点铅胡粉,满槛风飘水麝香。味入和羹来传野,声随边角动渔阳。山亭最好通宵赏,微雪相辉映月廊。

《强祠部集·次韵公胜早梅》

昨夜寒梅忽一枝,早如常岁合开时。欲冬天地恩先及,未雪园林色易知。世眼已教容易赏,晓风何用再三吹。若论霜菊无多晚,只此春葩若较迟。

黄庭坚《豫章集·次韵
中玉早梅》二首

按蕊争先公不嗔,知公家有似梅人。何时各得自由去,相逐扬州作好春。《庄子》曰:"见似人者。"而喜老杜诗:"东阁官梅动诗兴,还如何逊在扬州。"此时对雪遥相忆,送客逢春可自由。乐天诗:"好作开成第二春。"

折得寒香不露机,小窗斜日两三枝。罗帷翠幕深调护,已被游蜂圣得知。此诗亦以戏中玉之歌舞者,李贺《将进酒》曰:"罗帏绣幕围春风"。《汉书·张汤传》:调护之尤厚退之。盆池诗:"夜半青蛙圣得知。"

谢送早梅二首

簸船结缆北风嗔,霜落千林憔悴人。欲问江南近消息,喜君贻我一枝春。

探请东君第一机,水边风日笑横枝。鸳鸯浮弄婵娟影,白鹭窥鱼凝不知。

《杨龟山集·用前韵和早梅二首》

楚国春归早,寒梅处处开。月和清艳冷,天与靓妆来。东阁诗魂动,南枝岁律回。萧然冰雪态,无处觅轻埃。

星驭经行处,梅花忽已开。只疑春信早,先拥使旌来。嫩萼红初破,寒柯绿未回。凌霜半含月,皎皎绝纤埃。

陆游《剑南续藁·早梅绝句》

东坞梅初动,香来托意深。明知在篱外,行到却难寻。

《陈默堂集·山寺早梅》三首

竹篱茅舍近前溪,烟淡风微月上迟。认得暗香来去处,夜寒无路觅横枝。

冰雪情怀未遽开,芝兰风味已先回。故人隔岁无因见,一夜月明何处来。

丹萼犹含绰约肌,水边篱落雪晴时。此间妙得无言意,只有西湖处士诗。

王十朋《梅溪集·早梅》

北陆寒未半,南枝春已回。方于雪中种,便向雪中开。

次韵咎监务早梅

群芳避路放梅开,奔走游人踏砌苔。半树溪边冲雪破,一枝头上带春回。月移瘦影供吟兴,风荐幽香袭酒杯。刚被西湖都道尽,至今诗客句难裁。

途中见早梅

山行初逢建子月,始见寒梅第一枝。遥想吾庐亦如此,谁能千里赠相思。梅花发处思家切,竹间水际出横枝。暗香疏影和新月,自是离情禁不得。触物那堪此时节,春前腊后定归来,要看溪上千株雪。

《朱晦庵集·早梅》

霜风殊未高,杖策荒园里。仙子别经年,相看共惊喜。

次韵秀野早梅

可爱红芳爱素芳,多情珍重老刘郎。疏英的皪尊中景,微月黄昏句里香。胸次自怜真玉雪,人间何处有冰霜。巡檐说尽心期事,肯醉家人锦瑟傍。

胡铨《澹庵集》

千林闲无伴,独秀益孤明。索笑延幽赏,闻香失宿醒。天教清到骨,我岂淡无情。睡起黄昏月,花边洗破觥。

张镃《湖南集·敬和东宫早梅二首》

月质风裳不受尘,独从天上巧呈新。情知压倒横斜语,青震专回万木春。

乾坤连夜玉为尘,照映冰容面面新。句妙莫疑难属和,真成白雪对阳春。

吴芾《湖山集·坐间见装成早梅数枝》

正欲攀条折蕊看,忽惊枝上雪斑斑。不知妙手新装缀,误使衰翁为解颜。

又和黄清表惠早梅

姑射风姿绝点埃,年年长是腊前开。方疑今岁无消息,多谢君能折取来。

和咎通彦早梅韵

岁岁梅花破腊开,赏花尝记坐苍苔。今年似觉寒犹未,昨夜不知春已回。喜有暗香供雅客,可无佳句助深杯。须知不比闲桃李,莫把金刀取次裁。

胡寅《斐然集·早梅》

何事悲摇落,空林有早春。光辉一笑粲,领略万花新。看去疑山雪,攀来效席珍。妙香风递远,秀影月传真。肌冷冰难躤,妆初粉未匀。商量开瘦蕊,剩得占芳辰。

赵蕃《淳熙藁》

客长沙邢园堂下，梅花一蕚先开，有怀成父斯远二首。时闻朱先生辞江西宪节归旧，隐恨不与，斯远同上谒也。

老树发青枝，晴多雨亦奇。一花成独破，病眼得先窥。又作殊方见，还成寄远诗。不知闽与浙，何处念乖离？

亦到溪南否？还能念我不？梅花今次第，客子政飘浮。师法真难得，微官盍罢休。饥寒还累我，癙寐只关忧。

《蔡九峰集·早梅寄周纯》

臣因赵丞相谪居南恩，得旨自便。

秋风日日吹芳草，山北山南迹如扫。江梅一夜暗将春，疏影横斜水边道。道逢驿使江南归，袖中袖出天香老。英姿独步霜雪中，清癯只为风流早。

和吴伯纶早梅

篱落当岁暮，春至无人知。鸾鹤倏尔集，蜂蝶还先期。月落步疏影，空明见幽姿。香气谁与达，赖有清风吹。

和介卿唐石道中早梅

六曲溪头处士家，年年篱落万枝花。怪来驿使无消息，却报烟村一树斜。

杨诚斋《南海集·西园早梅二首》

已刻酥花趁腊前，更围蜡糁等春妍。不知天巧能多少，一朵梅花占两年。

小朵生来便瘦斜，蕊宫桂殿即渠家。只言瘴雨无南雪，为底横枝雪作花。

陈造《江湖长翁集·次韵石湖
居士瓶中早梅二首》

诗翁静三昧，筇枝辟间横。小阁自清绝，幽芳从瘦生。巧当窗影见，时映烛花明。底用寻春去，冲寒踏月行。

罗帏护春色，群木未昭苏。绝胜翻香坐，聊陪琢句癯。天资使静独，凉影倚空无。后夜逢姑射，仙家白玉台。翁约相遇。

韩淲《涧泉集·折南垅
早梅选送周国正》

送客逢花小棹飞，折来谁与岁寒期。老身不忍看千树，明眼须容荐一枝。意象春融知玩索，咏歌物妙想舒迟。孤高比玉人之德，公岂寻香逐色思。

曹彦约《昌谷集·次韵李晦父炎早梅》

华颠淡色催人老,造化无功春不早。翰林风月恣推排,万马一空三峡倒。冷暖从渠入世情,孤贞为我参幽抱。单于未觉鼎彝催,不与人间障烦恼。

王鲁斋《甲寅藁·早梅有感》

新阳来复未十日,窗外梅花已狼籍。暗光烘过冰雪融,微风不动暗香密。急呼清樽相尉藉,无数落英坠巾帙。儿童但喜花开早,太早翻令我心笃。今年寒色苦未老,户穴不固泄万蛰。造化不禽何以张,不然生道几于息。明言岁事未足言,深忧南气日驰北。谁道东君庾岭来,煮酒银瓶荐嘉宾。

李公明诗《早梅》

东风才了又西风,群木山中叶叶空。只有梅花吹不尽,依然新白抱新红。

《章玉堂集》

照夜直为明月侣,倚风先作艳阳媒。多情欲著红妆面,故上含章白玉台。

王炎《双溪类藁》

似无还有暗香来,知是春风到早梅。一岁一番花似玉,老人见得几番开。

翁灵舒诗《舍外早梅》

行遍江村未有梅,一花忽向暖枝开。黄蜂何处知消息,便解寻香隔舍来。

詹琲诗《雨后溪边见早梅》

老干疏枝浸寒碧,浅香孤韵带微霜。迎风破萼未全折,含笑佳人对晓妆。一本:老干疏枝浸寒碧,浅香孤韵湛清晨。招魂不用开屏障,惟有诗情当写真。

胡仲弓《苇航集·次韵早梅》

枝头未受雪霜摧,偏傍江南暖处开。不是东君私造物,有何凭据作花魁。

邓申伯诗《早梅》

荒村野水小春时,纵有梅开人得知。几度携筇无觅处,今朝映竹忽横枝。脱非入骨清香动,恐被传神淡墨欺。酸意中含和鼎实,相期远到诵黄诗。